统一多民族国家中的西藏

张云 著

中国藏学出版社

目　录

前　言

晚清以来帝国主义列强掀起瓜分中国的狂潮，中国的边疆危机不断加剧，忧国忧民的志士仁人则以特殊的方式投身到救亡图存的伟大事业中去，知识界纷纷关注边疆局势、研究边疆历史地理，边疆史地之学得以兴起。

清末民初，中国学术界一方面了解边疆历史、调查边疆现实，寻求应对帝国主义列强武装侵略之策，另一方面也在探寻凝聚内部力量，共同构建中华民族精神壁垒以抵御外来挑拨离间之路，对“五族共和”的响应，以及“中华民族”概念的提出和完善都是其重要内容。

1931 年 9 月 18 日日本蓄意制造事端并发动侵华战争。1937 年“七七事变”后中华民族存亡危机空前加剧。中国学术界以顾颉刚为代表提出了中华民族是一个的观点，1938 年 12 月 19 日，顾颉刚在《边疆周刊》发刊词中指出：“要使一般人对于自己的边疆得到些认识，要使学者们时时刻刻不忘我们的民族史和疆域史”，“更要促进边疆人民和内地同胞合作开发的运动，并共同抵御野心国家的侵略。”傅斯年也向顾颉刚提出：“‘中华民族是一个’，这是信念，也是事实。我们务当于短期中使边方人民贯彻其中华民族的意识，斯为正图。夷汉是一家，这可以汉族历史为证。即如我辈，北方人谁敢保证其无胡人血统？南方人谁敢保证其无百粤、苗、黎血统？今日之西南，实即千年前之江南、巴蜀耳。此非曲学也。”有理有据有担当。

新中国建立之后，对历史上的中国和中国疆域，对中华民族内涵的认识更加深化，最有代表性的就是范文澜、蔡美彪主持编撰的《中国通史》，翦伯赞主编的《中国史纲要》，郭沫若主编的《中国史稿》，白寿彝主编的《中国通史》，以及翁独健主编《中国民族关系史纲要》，王钟翰主编的《中国民族史》等，这些重要著作通过扎实的史料和系统的分析阐明一个简单的道理：中国历史是由中国境内各民族共同缔造的，各民族都为古代中国的形成和发展做出了重要的贡献，他们的形成发展历史就是中国历史不可分割的组成部分。谭其骧主编的《中国历史地图集》，以及所撰写的《历史上的中国和中国历代疆域》一文，为认识中国历史发展规律更提出了富有创造性的理论观点。费孝通反思和总结有关中华民族问题研究的成果，提出“中华民族多元一体格局”的理论，对认识中华民族形成发展史具有重要的启迪意义。

翁独健先生在《再谈民族关系史研究中的几个问题》中指出：“历史上的民族关系是不平等的，但我们今天应以平等的态度去研究历史上那种不平等的民族关系。因此，在研究中必须克服封建正统观念和大汉族主义思想。当然，对狭隘民族主义思想也应注意克服。祖国的历史是由各民族共同创造的，各民族人民在缔造我们伟大祖国的斗争中均作出了自己贡献。兄弟民族的历史，不管当时他们与中原王朝关系如何，他们的历史都是中国历史的一个组成部分。中国历史是以王朝历史为中心的，这是客观事实，但不能把中国历史与汉族王朝史划等号，还应包括非汉族王朝，以及王朝以外的诸族历史。那种认为中国历史只是汉族的历史，其他民族只是‘四夷’，是完全错误的。”

关于有人说“自古以来就是统一多民族国家的提法是影响中国民族关系史研究深入的最大障碍”，翁独健先生指出“这种认识值得研究”。他提到 1981 年在北京香山会议上自己曾经说过“自古以来”，到底“古”到什么时候?“这个‘古’，一般是指秦汉。秦汉时期在中原地区已经出现了中央集权的封建帝国，与此同时，当时在北方还有一个匈奴单于国，它统一了北方诸族。以今天眼光看，当时的中国实际上存在着两个统一的政权，或两个多民族的国家。虽然，随着历史的发展，匈奴这个名称消失了，但他们除了一部份西迁外，大部份已与汉族和其他民族融合。所以可以这么说，统一的多民族国家形成始于秦汉，经过两千多年的发展变化，到了最后一个封建王朝清朝，我们祖国的疆域和民族已经确定下来。我想，这样认识自古以来中国就是统一多民族国家的提法，是有利于中国民族关系史研究的深入的。”(《民族研究》1985年第3期）这里提出中国古代统一多民族国家形成于秦汉的观点，对于认识中国历史、中华民族发展史具有重要价值，对于深入研究“西藏自古是中国一部分”具有指导意义。

中国是一个历史悠久的文明古国，也是世界上唯一一个古老文明一直延续至今没有中断的国家，历史资料丰富，发展轨迹独特，文明内涵丰富，并且保持着旺盛的活力和充足的动力。研究中国历史和中华民族的发展规律，对于揭示人类文明发展规律具有重要借鉴作用。“大一统”的政治思想与“和而不同”的文化理念，很好地解决统一与多样的关系。中国历史和中华民族发展史的研究可以借鉴世界各国有价值的理论、经验和方法，但是必须立足中国实际，既不能故步自封，也不能照搬照抄西方的概念、名词和理论，邯郸学步，削足适履。同时，还要认识到中国是一个统一多民族国家的历史和现实国情，不能从狭隘的观点去分析和理解，要有全局观和整体观。

中国历史和中华民族形成发展史的研究既要着眼于宏观理论构建，同时也要进行深入的个案研究和分析，并使二者相辅相成，相得益彰，相互促进。今天中国团结统一的局面是历史发展的产物，凝聚着祖先的不懈奋斗和经验智慧，也饱含着中华民族浓厚炽烈的家国情怀和人类大同的责任意识。未来实现中华民族伟大复兴的中国梦，还有待于今天的中华儿女振奋精神，奋发图强，不忘初心，再创历史辉煌。

本书是在前人研究的基础上，以西藏地方在中国历史、中华民族、中国文化发展史上的地位与作用为基础所进行的探索，希望有助于这一问题研究的深入。文中的叙述和讨论不重繁琐考证，力求简洁明了。内容难免不周全，甚至存在不足和错误，期待大家批评指正，以便进一步丰富和完善。

张云

2016 年 12 月 2 日

第一章

中西哲学理念和文化传统的差异

“哲学”（philosophy）一词源自古希腊文字，意思是“智慧的爱”。奥古斯都说：惟有爱（philein）才能认识智慧（sophia）的光（phaos），因此便有了“哲学”（philosophia）一词。

由于自然环境和历史文化传统的不同，中国和西方在哲学、思维和文化等方面都存在诸多差异，学术界对此亦多有论述，诸如：“儒家讲人际关系，所以重‘善’的问题，道家讲人与自然的关系，所以重‘真’的问题，儒道相补成为中国传统思想的支柱，就像西方希腊与犹太—基督两种文化为支柱一样。”[①] 还有学者认为，中西思维方式本质的不同要从最高理念来看：东方是道（周易讲“阴阳”之道，儒家讲“仁义”之道，道家讲“自然”之道，禅宗讲“回归自信心性”之道，以及由心性到性空之道）。西方自亚里士多德（Aristotle）开始就讲“第一实体”。他的实体分多个层次，第一实体是神，是在人之外，是对象性的；是不动的，它推动变化，具有现成性。[②] 有学者认为，中国传统哲学重人伦，西方传统哲学重自然；中国重直觉，西方重理性。中国传统是要在时间之内的无限绵延中实现自我，西方是要在超时间的无

---

① 叶秀山：《中西关于“形而上”问题方面的沟通》，载《场与有——中外哲学的比较和融通》集刊（一），东方出版社，1994 年。

② 王树人：《中西比较视野下的“象思维”——回归原创之思》，《文史哲》2004 年第 6 期。

限中实现自我。[1] 总之，中国和西方的这些差异直接影响到双方对历史、文化、民族、国家等的不同认知。

语言文字是文化之根，思维方式则是贯穿整个文化发展过程的活的灵魂。中国的象语言与象思维，决定了中国文化不同于西方文化的基本特质，从而也决定了两种文化在一切相应领域——宗教、哲学、科学、艺术的根本差异与不同的历史发展道路。[2] 因此，要从不同的角度认识和理解中西思想和文化差异，而不是用同一标准相互否定。

近代以来，中国因经济、科技和社会发展的落后长期遭受西方欺凌，这也促使一代代中国知识分子在学习西方经验，反省自身不足的同时，也一度出现全面否定中国传统文化的偏差。改革开放以来，我国学习借鉴国外的先进文明成果，与各国开展卓有成效的文化交流进入一个崭新阶段，有力地推动了中国各项事业的发展和进步。与此同时，也再度出现了一些照搬西方理论，盲目崇拜西方学说，以至奴姓十足，挟洋自重、数典忘祖的情形。因此，如何学习借鉴、推陈出新，创造中华民族新文化，仍然是摆在理论工作面前的最重要的任务。

中国的道路自信、制度自信和理论自信，只能建立在中国人基于中国优秀文化传统，学习借鉴外来有益成份，不断进取和不断创新的基础上，既不能固步自封，也不能模仿照搬。对此，学术界越来越多的学者呼吁，应该放弃拾人牙慧、亦步亦趋的思维方式和心态，在各个方面突破藩篱，开拓创新。例如，有研究者指出："关于中国科学史的研究，应按中国本身的历史、思维方式与学问体系重新清理、认识而进行重建。""鉴于长期以来，我们多以近代科学规范为标准，运用西方逻辑概念思维方式思考、研究、阐释与评价中国传统文化与科学，难免牵强附会、削足适履，甚至邯郸学步、数典忘祖。""全面健全我们的思维

① 张世英：《中西传统哲学的形成和影响》，《新华文摘》2003 年第 10 期。
② 王树人：《中国象思维与西方概念思维之比较》，《学术研究》2004 年第 10 期。

方式，实为中国文化与科学自主创新的根本之道。”① 中国思想文化界同样面临类似问题，同样需要承担这份责任和使命。

如何建立中国自己的话语体系，而不是用西方的话语来解读中国的文化，在当前显得尤其重要。因为“我们的思维方式已全盘西化，我们不应放弃我们特有的视角”②。

了解中西文化差异，理解形成这些差异的原因，是正确认识中国传统文化的起点，也是认识中国特色理论的关键环节。

一、中西哲学思想方法上重分析与重归纳的差异

西方哲学重视分析的方法，而中国哲学重视归纳。西方喜欢采用分析、剖解的方法认识世界，强调人与人、物与物、人与物之间的分别。看重具有明显空间特性的物质存在，而“中华传统文化以时间为本位，决定了这种文化必定以天人合一、主客一体的方式对待天地万物。因为在同一个时空连续系统中，时间不可分割，不可截断，不能占有，不能掠夺。从时间的角度看人与天地万物，永远是一个浑然有机整体。”③“西方哲学的思维方式比较显著的特点就是注重分析，西方分析思维比较流行，比较占势力。”“西方以形而上学思维方式为主；中国以辩证思维为主。”中国的老子、西方的赫拉克利特都是辩证法的代表，但是，“中国哲学讲的辩证思维比较注重对立的统一，特别注重统一，注重和谐，认为和谐、对立的融合是最重要的。赫拉克利特特别强调斗

① 李曙华：《两种思维方式下的中西文化与科学》，《杭州师范大学学报》2008 年第 3 期。

② 王树人：《中西比较视野下的“象思维”——回归原创之思》，《文史哲》2004 年第 6 期。

③ 刘长林：《关于中国象科学的思考——兼谈中医学的认识论实质》，《杭州师范大学学报》2009 年第 2 期。

争，老子特别强调和谐”。[①] 关于本体论，西方认为“本体实而不现，现象现而不实”，中国则认为“体用一源，显微无间”（周敦颐《易传序》）。中国古代哲学家大多主张“天人合一”。“天人合一这个思想包含爱护自然界，维护生态和谐的意义。……西方传统思想强调克服自然，战胜自然。”“在人生哲学方面，……中国比较重视人伦，西方比较重视个人、自由，这是两者显著的不同点。”[②]

这种哲学上的差别，导致在历史认识领域，西方强调分，中国强调合，中国人的历史观就是大一统，认为天下大势，合久必分，分久必合。分是一个过程，合才是追求的目标。

二、中西方哲学理念上的重主客观对立与重主客观统一的差异

中国哲学是和谐辩证法的“天人合一”，西方哲学是冲突辩证法“天人二分”对自然的立法。西方哲学思想强调的不仅是分，而且强调分立的双方之间的对立。作为西方文化源头的古代希腊，重视用二分法把完整的世界分成上层世界（精神领域）与下层世界（物质领域），而近代欧洲自笛卡儿以后依然采取二分法方式，把人内在的心灵世界与外在的客观自然界两者对立起来。中国哲学划分的不同境界之间并非对立冲突，而是相互贯穿，目的是达到透视一切境界，求里面广大的纵通、横通。[③]

西方科学用主客对立和宰制对象的实验方法、抽象方法所获得的规

① 张岱年：《中西哲学比较的几个问题》，见谢龙主编：《中西哲学与文化比较新论——北京大学名教授演讲录》，人民出版社，1995 年，第 3—18 页。

② 张岱年：《中西哲学比较的几个问题》，见谢龙主编：《中西哲学与文化比较新论》，人民出版社，1995 年，第 3—18 页。

③ 方东美：《中西哲学之根本差异》，载方东美《生生之美》，北京大学出版社，2009 年。

律，必定并已经将人类引导到与自然对立，与他人对立，与自我对立的严重境地。中国“象”科学指向事物的自然整体层面，所揭示的是关于天地万物自然整体状态的规律。以“象”科学为统领，其结果则有可能实现人与人、人与万物共存、共荣、共享。①

老子《道德经》说：“人法地，地法天，天法道，道法自然。”《庄子·齐物论》说：“天地与我并生，而万物与我为一。”《中庸》云：“万物并育而不相害，道并行而不相悖。”程颐说：“天、地、人，只一道也。”均讲究人和自然同道合一。

中国哲学家在建立思想体系时，有如建筑师之于大厦，其中有各种结构和材料，也有完整的统一性，所以任何建筑无论它在美的理想上如何超越，所用的材料总是地面上的泥沙、木材、钢筋、水泥等物质条件，将这些材料置于建筑的形式中，便立刻由杂乱进入对称和谐，成为一完整的建筑。② 中国的形上学可以称之为机体形上学，注重机体的统一、思想的博大精深的各方面。而中间还求其会通、求其综合。③ 中国与西方哲学思维上的不同直接影响到对政治、历史和文化认知上的差异。

唐君毅对比中西思想文化认为，在中国学术文化里，区分“枝干花叶相异，而可不视为矛盾，而皆可视为同一本之表现也”。④“西洋学术文化之重分门别类，与主义流派之多，皆西方人分析概念之精神之表现，并所以使个人之特殊的性情、气质，得以自见于社会文化世界者。辨章学术之同异，尤为古今人所难；而言三教合一，异唱同归，则易于

① 刘长林：《关于中国象科学的思考——兼谈中医学的认识论实质》，《杭州师范大学学报》2009 年第 2 期。

② 张岱年：《中西哲学比较的几个问题》，见谢龙主编：《中西哲学与文化比较新论》，人民出版社，1995 年，第 3—18 页。

③ 方东美：《中西哲学之根本差异》，载方东美：《生生之美》，北京大学出版社，2009 年。

④ 唐君毅：《中国文化之精神价值》，第一章“中西文化精神形成之外缘”，广西师范大学出版社，2005 年。

振振有辞。此皆中国学术文化精神，重融合贯通于一统，较不重以概念之分析辨其类别之证也。”①

梁漱溟在20世纪20年代初对中、西、印三种文化差别提出自己的看法，认为文化乃生活的样法，意欲的不同决定了生活样法的不同。人类的意欲有三种，从而就有三种不同的文化：西方人的“向前的要求”和印度的“禁欲的态度”，中国文化的“调和持中的态度”。与之相应，直觉是中国哲学思维方式的基本特征，而理智分析则是西方思维的特征。

西方哲学家也注意到这种差别，罗素说：“中国人的生活目标与白种人为自己确立的生活目标截然不同。所有权，维护自我和支配他人，是西方民族和个人梦寐以求的目标……由于中国人认为维护自我和支配他人是罪恶的，这对于我们西方人与中国人打交道带来一种确实的好处……中国人本质上有一种宽容和友好的态度，他们表现出谦恭有礼，并希望别人礼尚往来。”② 懂得中西差异，互相尊重和理解差异，而不是用中国哲学贬低西方哲学，同样也不可以西方哲学贬低中国哲学，才是正道。这一点对于近代一百多年来饱尝落后挨打滋味的中国来说更为重要。

三、社会认知上的诛灭异己与和而不同的差异

与西方主体主义，主客体二元分裂、对立的思维方式不同的是中国文化的“和”思维、“和”精神。汤一介说：“实际上在中国的《易经》中间有一个非常重要的概念，叫‘太和’。所谓‘太和’是什么东

① 唐君毅：《中国文化之精神价值》，第一章“中西文化精神形成之外缘”，广西师范大学出版社，2005年。

② 王正平主编：《罗素文集》，改革出版社，1996年，第36—37、50页。

西呢？王夫之解释说是'和之止'，这个里面我觉得有三个意思：其一，人和自然的和谐。其二是人和人的和谐，就是社会的和谐。其三是人自身的身心内外的和谐，就是你的肉体生命和精神生命是和谐的，所以，和谐应该讲是一个非常重要的概念，这方面儒家的思想可以对当今人类文化做出一些贡献吧。"①

天人合一是中国古代的一种政治哲学思想。这种思想最早起源于春秋战国时期，经过董仲舒等学者的阐述，由宋明理学总结并明确提出。其基本思想是人类的政治、伦理等社会现象是自然的直接反映。

这种思想深刻地影响着中国人的观念和行止，甚至在中国的船队远洋列国之时，依然秉持爱好和平的文化传统。"早在600多年前，郑和就曾率领庞大的舰队七下西洋。郑和舰队的规模与实力在当时可谓一流。但是，和西方殖民者不同的是，郑和舰队给沿途国家和人民带去的是丝绸、瓷器和茶叶，没有侵占别国一寸土地。从东南亚到东非，郑和作为中国和平使者的佳话至今广为流传。"②

孔子曰："君子和而不同，小人同而不和。""礼之用，和为贵。"孟子亦曰："天时不如地利，地利不如人和。"都是中国古代贤者对社会、人际关系的认知，成为中国人最为重要的共同价值。

中国传统是一个重农社会，安土重迁，"农业之生活，则使人倾向于内，重尽己力，求人我各安其居"，主张与人和平相处。"中国历史上之战争，大多为内乱。中国古代之最大之商业，乃内地之商业，而初非海外之商业。中国所谓乱者，治之反。乱者，群雄之并起，乃整个社会之骚动，非必敌对民族之战争。反乱者为平乱，而非只胜利。""中国人于乱求治，则为以平天下为目的。"③

① 《汤一介谈儒学中的"和"：文化有差异应互补》，人民网2009年10月20日。

② 钟声：《少拿"军备竞赛"和中国说事》，《人民日报》2012年09月29日。

③ 唐君毅：《中国文化之精神价值》，"农业与和平对中国文化精神之形成的关系"，广西师范大学出版社，2005年。

而近代西方文化，则植根于无数民族战争与商业掠夺之上，美国学者格林菲尔德认为："民族主义起源于16世纪早期的英国，后逐渐扩散，先传至英国在美洲的殖民地，后又在18世纪进入法国和俄罗斯，在过去的两个世纪中，又先后征服了欧洲和美洲其他国家、澳大利亚和新西兰、亚洲大部分和非洲部分地区。"[①] 这种民族主义被认为是资本主义精神的重要组成部分，并且是资本主义兴起的重要原因。同时，也是美国印第安人或澳大利亚土著人遭到大规模种族屠杀的原因。这种情况在中国各民族交往的历史上，特别是隋唐以来的历史上极为罕见。中国古代帝王要做"天可汗"和天下共主，而且要以德服人，抚育众生，华夷百姓都是子民，自然不可能采取极端措施。中国传统文化承认差异，容忍差异的存在，主张和而不同，正因为如此，才有中国历史上的不同民族和睦相处，不同宗教相互吸收，儒道释三教合流。

四、价值取向上的个人本位主义与群体本位主义的差异

植根于古希腊文明和欧洲"文艺复兴"的西方文化强调人本主义，而根植于中国传统和近代"救亡"图强运动的中国文化则十分崇尚集体主义精神。自文艺复兴以来，西方社会主张个人欲望、个人权利和自由，成为时代最强劲的呼声。个人主义构成了西方现代性的主导理念之一。与理性主义的"理性至上"、人道主义的"人性至善"相对应的是个体主义的"个性至尊"。西方社会学家格里芬所说："现代性总是意味着对自我的理解由群体主义向个体主义的一个重大转变。现代性不是把社会或共同体看成首要的东西，'个人'只是社会的产物，仅仅拥有

① ［美］格林菲尔德著，张京生、刘新义译：《资本主义精神：民族主义与经济增长》，上海世纪出版集团，2004年。

有限的自主性；而是把社会理解为达到某种目的而自愿地结合在一起的独立的个人的聚合体。作为一种理想，人们一直强调的是个人独立于他人的重要性。”①

作为西方文明的核心价值，个人主义被认为是一种道德的、政治的和社会的哲学，强调个人的自由和个人的重要性。集体主义，是主张个人从属于社会，个人利益应当服从集团、民族、阶级和国家利益的一种思想理论。中国传统文化提倡群体利益第一，强调要“先天下之忧而忧，后天下之乐而乐”；主张无论身份高低，都要关注国家的发展命运，即所谓“天下兴亡，匹夫有责”，在维护集体利益中实现自身的价值；讲究正心、修身、齐家、治国、平天下。

伏尔泰说：“正因为全国一家是根本大法，所以在中国比在其他地方更把维护公共利益视为首要责任。”② 莱布尼茨说：“人与人相互为狼，这条格言完全符合人类的实际。在已经遭受了许多自然灾害的同时，我们仍然还自己加剧自己的痛苦，似乎还嫌痛苦不够。这是我们这一方面特有的一大愚蠢，同样，全人类均如此愚蠢……如果说人类对这种恶还有救药的话，那么中国人较之其他的国民无疑是具有良好规范的民族。他们在其庞大的社会群体中所取得的成效比宗教团体的创始人在其小范围内所达到的要大得多。”③ 虽然认可中国文化传统的西方学者毕竟只是少数，但是，两种文化观的差别却是现实存在的，有着不同的价值标准。

中国文化以群体为本位，注重个人的职责与义务；西方文化以个人为本位，注重个人的自由和权利。由于强调整体性，使得中华传统文化不仅具有很强的生命力和组织凝聚力，而且有很强的适应力和变通力。中国文化作为世界上唯一一支没有中断的古老文化，以及中国社会长期

① ［美］格里芬编，王成兵译：《后现代精神》，中央编译出版社，1998 年，第 15 页。
② ［法］伏尔泰著，梁守锵译：《风俗论》上册，商务印书馆，2003 年，第 87、249 页。
③ 夏瑞春编，陈爱政等译：《德国思想家论中国》，江苏人民出版社，1989 年，第 5 页。

保持统一、稳定，也要归因于群体本位的整体主义价值观念的影响。学术界一般的观点认为，近代西方文明的精神是积极地外向探索物质世界，力图征服自然以满足人类的物欲，充满了进取、躁动、斗争的阳刚之气，其成果主要在物质财富的增值和科技方面；东方传统文明则重在内向地省察自身，征服自心的欲望以达到人与人、人与社会、人与自然的和谐，激发着静止、和穆、安详的气息，其成果主要在伦理、宗教等精神方面。

早在20世纪初年，以康有为、梁启超为首的立宪派就认识到，中国与某些西方国家不同，是一个多民族的国家，通过简单地套用西方资产阶级一个民族一个国家的主张来观察和认识中国的民族问题是不妥当的。康有为在戊戌变法时就指出，“满族与我，不能谓为纯粹的异民族”，“国家间……对于满、汉、蒙、回、藏各种民族，皆以为中国人”[①]。中国人姓在前名在后，这并非偶然，它反映了家族在该国历史上的绝对重要性，定义中国的是文明。

五、政治观念上的民族自立诉求与大一统的差异

中国历史上传统的天下观是“溥天之下，莫非王土。率土之滨，莫非王臣”[②]。古代中国民族的概念很早就存在，中原地区居住着华夏族，中原之外就是四方，即所谓东夷、南蛮、西戎、北狄，中心与边缘构成天下。中国与四夷构成“天下一家”，他们处在不断变化之中，而且也一直处在交流、融合之中，可以说包括汉族在内的中国境内各民族，都是民族融合的产物，是你中有我、我中有你的包容关系。古代中

① 《辛亥革命前十年间时论选集》，第一卷，生活·读书·新知三联书店，1960年，第230页；第二卷，第611页。

② 《诗经》小雅·北山。

国民族包含着地域、血缘、语言和种族等因素，但是主要却是以文化作为划分依据的，民族通过文化认同上的一致性，实现对大一统国家的认同。无论是中原地区的汉族，还是入主中原的其他兄弟民族，都秉承大一统的政治观念。

民族主义思想是伴随近代西欧民族国家建构而出现的，其核心理念是国家由民族决定。近代民族国家的要素是：一、有明确的国境存在；二、有国家主权意识；三、是国民概念的形成与整合国民的意识形态支配，即以国家为空间单位的民族主义；四、是控制政治、经济、文化空间的国家机构和政治制度；五、由各国构成的国际关系。但这是以欧洲尤其是近代欧洲的历史为思考背景的定义，并不一定适用于东方诸国特别是中国。

和欧洲不同，中国的政治疆域和文化空间是从中心向边缘弥漫开来的，即使不说三代，从秦汉时代起，语言、伦理、风俗和政治就开始把民族在这个空间中逐渐固定下来，这与欧洲认为“民族原本就是人类历史上晚近的新现象”不同，因此，把传统帝国与现代国家区分为两个时代的理论，并不符合中国的国家意识观念和国家生成历史。在中国，并非从传统帝国到民族国家，而是在无边“帝国”的意识中，有着有限“国家”的观念，在有限的“国家”认知中，保存了无边“帝国”的想象。近代民族国家恰恰从传统中央帝国中蜕变出来，传统中央帝国意识依然残存于近代民族国家，这是一个纠缠共生的历史。①

李光耀在《李光耀观天下》（*One Man's View of the World*）一书中说：“5000 年来，中国人一直认为，只有中央强大，国家才能安全；中央软弱则意味着混乱和动荡。每个中国人都理解这一点，这也是中国人的根本原则。西方一些人希望中国变成西方传统意义上的民主国家，但这不会发生。中国是一个有着 13 亿人口的巨大国家，文化和历史都与

① 葛兆光：《国境、国家和中国——也说“中国境域”》，《南方周末》2007 年 8 月。

西方不同，中国有自己的方式。”①

把民族与国家混同，进而提出每个民族有权建立国家的学说，历史上缺乏普遍性，现实存在巨大的矛盾与冲突。因此，有研究者认为，“‘一个民族一个国家’是一种神话，从来没有、也永远不会实现。爱尔兰、日本和瑞典比较接近于理想范式，但爱尔兰还包括了新教徒，瑞典包括萨米人，日本也有阿伊努人等。英文的 nation-state 表达的是一种意识形态的理想模式。”而 national state 则是现实中存在的，“由一个主体民族和其他少数民族所组成的国家”②。

在西方早已有一些哲人意识到东西方文明之间互相借鉴的重要意义，在中国改革开放，不断学习借鉴西方文明的时代，深刻认识东方文明对世界文明进步的意义和地位显得尤其重要。英国著名哲学家伯特兰德·罗素（Bertrand Russell，1872—1970）在他 1920 年访问过中国后所写的《中国的问题》（*The Problem of China*）中既指明中国传统文化有世界所有其他民族都没有的三个显著特征：（1）“使用表意符号来书写，而不是用拼音文字”；（2）“在受教育的阶层中，孔子的伦理学说取代了宗教”；（3）“执掌政事的不是世袭贵族，而是通过科举选拔出来的文人学士”。同时也指出：“我们（西方人）的生活方式要求争斗、开发、无休无止的变化、冲突和破坏，指向破坏的效率，只能以毁灭而告终。如果我们的文明不能够从它所鄙视的东方文明学得一些智慧的话，它将走向毁灭的终极。”③

---

① 《海峡时报》出版社，新加坡，2014 年。

② 潘志平：《民族问题与民族分立主义——评 nation 的国家、民族一体理论》，《世界民族》1997 年第 1 期。

③ ［英］罗素著，秦悦译：《中国问题》，学林出版社，1996 年。

第二章

西藏：中国不可分割的土地与人民

顾颉刚先生在1939年发表了《中华民族是一个》的文章，文中谈道："我去年游番地时，眼见许多黄发碧眼的人们在那边混着，他们已住了十余年二十余年了，说的番话纯熟得同番民一样，而且他们男的穿了没面羊皮的番装，女的头上梳了数十条小辫，表示其道地的番化。到了番地里，挨家送礼，表示其亲善。听说他们又替番民照相，检出鼻子高些的，眼睛深些的，便说：'你本是和我们同种，只因流落到中国来，才比我们差些了。'我又曾看见他们画的地图，把我们的行政区域改变了，他们要西藏地方扩张到怎样远，界线就画到那里去。这次我到云南来，又听说这些侵略的先锋为了当地的夷民笃信诸葛孔明，又在捏造故事来装点自己，说耶稣是哥哥，孔明是弟弟，他们是一母所生的同胞了。我们还不敢谈真的历史，他们却大谈其假的历史；我们只想平静无事，他们偏要兴风作浪。""要想对付他们，唯有我们自己起来，向边地同胞讲实在的历史，讲彼此共同光荣的历史，讲全中国被敌人压迫的历史，讲敌人欺骗边民的历史，讲全民族团结御侮共同生存的历史。"①

傅斯年在1938年秋到1939年春所撰写的《中国民族革命史稿》第一章"界说与断限"中说道："汉族一名，在今日亦已失其逻辑性，不

---

① 顾颉刚：《中华民族是一个》，1939年2月13日昆明《益世报·边疆周刊》第9期。

如用汉人一名词。若必言族，则皆是中华民族耳。夫族之所以为族者，以其血统不单元，历代之中，无时不吸取外来之血脉，故能智力齐全，保其滋大。”“今日之北人，谁敢保其无胡人之血统？今日之南人，谁敢保其无蛮越血统？故满洲人在今日变为汉人之情况，即元氏在唐代变为汉人之情况也。今日西南若干部落中人变为汉人之现象，即我辈先世在千年前经过之现象也。”“则论原始论现事，与其曰汉族，毋宁曰汉人，名实好合也。若必问其族，则只有一体之中华民族耳。”

1935 年他在《中华民族是整个的》一文中指出，“‘中华民族是整个的’这一句话怎么讲呢？原来二千几百年以前，中国各地有些不同的民族，说些多少不同的方言，据有高下不齐之文化。经过殷周两代的严格政治之约束，东周数百年中经济与人文之发展，大一统思想之深入人心，在公元前二百二十一年，政治统一了。又凭政治的力量，‘书同文，车同轨，行同伦’。自从秦汉之盛时算起，到现在二千多年，虽有时候因为外夷之侵入，南北分裂，也有时因为奸雄之割据，列国并立，然而这都是人力强的事实，都是违背物理的事实。一旦有适当的领袖，立时合为一家。北起朔漠，南至琼崖、交趾，西起流沙，东至鸡林、玄菟，这是天然赐给我们中华民族的田园。我们中华民族，说一种话，写一种字，据同一的文化，行同一伦理，俨然是一个家族。也有凭附在这个民族上的少数民族，但我们中华民族自古有一种美德，便是无歧视小民族的偏见，而有四海一家之风度。即如汉武帝，正在打击匈奴用气力的时候，使用一个匈奴俘虏做顾命大臣；在昭帝时，金日磾竟和霍光同辅朝政。到了现在，我们对前朝之旗籍毫无歧视，汉满之旧恨，随清朝之亡而消灭。这是何等超越平凡的胸襟！所以世界上的民族，我们最大，世界上的历史，我们最长。这不是偶然，是当然。“中华民族是整个的”一句话，是历史的事实，更是现在的事实。有时不幸，中华民族在政治上分裂了，或裂于外族，或裂于自身。在这时候，人民感觉无限痛苦，所渴望者，只是天下一统。未统一时，梦想一统；既一统时，庆幸一统；一统受迫害时，便表示无限的愤慨。文人如此，老百姓亦复如此。居心不如此者，便是社会上之捣乱分子，视之为败类，名之曰寇贼，有力则正之以典刑，无力则加之以消极的抵抗。”①

把中国各民族共同创造的客观历史史实，以及中国人的历史观清晰地展示出来，纠正各种错误认识，更好地服务于今天中国的物质文明、精神文明和制度文明建设，实现中华民族的伟大复兴，是中国的哲学社会科学工作者义不容辞的责任。认识到中西文化的异同，了解历史，了解国情，认识中国历史和文化的发展规律，也是我国各族干部群众树立道路自信、制度自信和理论自信的重要内容。

一、我们的名字叫中国

在中国历史上，“中国”有多重涵义，而且在不断地发展变化，尽管每个时代都有自己的理解，但是她不断丰富完善，成为中国各地区、各民族共同的名字。

先秦的人认为，“中国有礼仪之大，故称夏；有服章之美，谓之华。”② 汉语“中国”一词，最早指天下的“中心”——黄河中下游的中原河洛地带，这个范围以外称为四夷。后来“中国”概念不断扩大，并且常常和中原混合在一起。此时的“中国”指以农业为主的区域，而四夷则是以牧业为主的区域，两者既相互依赖，也相互转化。这与中国古代的天下观有密切的关系，真正的国家观念是在近代与外国交往，遭受外国入侵，中外划分条约，天下观遭到巨大冲击的条件下逐渐形成的。

① 傅斯年：《中华民族是整个的》，《傅斯年全集》第4卷，湖南教育出版社，2003年，第125—126页。

② 《左传·定公十年》。

先秦时代的人既承认华夏文明的多种来源，又着力构建一脉相传的正统体系。例如，作为中华文明初祖的“三皇五帝”，本身说法就多种多样，有所谓盘古氏、有巢氏、燧人氏、伏羲氏、神农氏、轩辕氏、女娲氏等，都属于“三皇”的人选，其中燧人氏、伏羲氏和神农氏，对远古文明兴起意义重大，获得更多支持。“五帝”的构成说法同样很多，较为流行的说法是《五帝德》中所说的黄帝、颛顼、帝喾、尧、舜五人。实际上，根据学者研究，中国古史传说系统，到战国时期形成了几种“五帝”说；战国末才有“三皇”一词，到汉代形成了几种置于五帝之前的“三皇”说。他们都是由不同部落群体构成的，是在不断交流、不断融合中逐渐形成，以历史传说和线索为基础，并被升华和构拟出来的部落群体领袖。

司马迁的《史记》曾记载，驩兜曾举荐共工，尧说“不行”，而驩兜还是试用他做公师，共工果然放纵邪僻。四岳曾举荐鲧去治洪水，尧说“不行”，而四岳硬说要试试看，试过后却没有成效，所以百官都以为不适宜。三苗在江、淮流域及荆州一带多次作乱。这时舜巡视回来向尧帝报告，请求把共工流放到幽陵，以便改变北狄的风俗；把驩兜流放到崇山，以便改变南蛮的风俗；把三苗迁徙大三危山，以便改变西戎的风俗；把鲧流放到羽山，以便改变东夷的风俗。惩办了这四个罪人，天下都悦服了。[①] 这里明白地告诉读者，四夷都是中原地区的领袖，由于未能履行职责，被发配到东南西北四个边地，教化当地百姓，从而成为领袖：共工做了北狄的首领，驩兜做了南蛮的首领，三苗变成了西羌的首领，而鲧成了东夷的首领。上述说法从小处讲，就是在中原地区做好了就继续做华夏首领，做不好到边疆地区做领袖。从大处讲，四夷和华夏是一体的，都是一家人。

东夷作为一个名词来自于周代。周人为了记述历史就把中原以东的

① 《史记卷一·五帝本纪第一》。

众部落称为东夷。夏商周时期，东夷是对东部各民族的统称，有淮夷、莱夷、鸟夷、岛夷、嵎夷等，分布在今安徽省，山东省，江苏省一带。班固《后汉书·东夷传》说："夷有九种，曰畎夷、于夷、方夷、黄夷、白夷、赤夷、玄夷、风夷、阳夷。"① 夷还被用来指称中原地区之外的人，如夷狄、四夷等。汉朝后，东夷则用来贬称东部的日本人等。其实，大家不难看出，当时所说的东夷之地居然是儒家文化的重要源头，孔子孟子的故乡。

作为南蛮的三苗，主要分布在洞庭湖和鄱阳湖之间，相当于今江苏、安徽、江西、湖北、湖南一带地区。梁启超认为，三苗的苗就是蛮，系一音之转，尧舜时称三苗，春秋时称蛮。可见，当时的南蛮之地，也是华夏文化的腹心地区。在古人看来，西羌还是三苗的后裔，夏商周三代以后居住在河西、赐支河和湟河之间地区。汉代，西羌部落繁多，许多部落以动物之名为号，如白马、牦牛、参狼、黄羝、黄羊等，与图腾崇拜有关。还有以地名为号的，如勒姐、卑，主要活动在今陕西西部、甘肃、青海、四川、西藏和新疆南部等广阔范围。在古人那里，今天的羌族、藏族就是古代西羌的后裔，汉族和西南、西北诸多民族都与西羌有着密切的血缘和文化联系。他们曾经在中国西北、西南地区建立过许多以少数民族为主的区域性的政权，同样是中华文明的缔造者和重要组成部分。

至于北狄，《史记·匈奴列传》里有明确地交代："匈奴，其先祖夏后氏之苗裔也，曰淳维。唐虞以上有山戎、猃狁、荤粥，居于北蛮，随畜牧而转移。"简单地说，匈奴是夏国国王的后代，到了北方过着游牧生活。乐彦《括地谱》也说："夏桀无道，汤放之鸣条，三年而死，其子獯粥妻桀之众妾，避居北野，随畜移徙，中国谓之匈奴。"这就更具体了。匈奴是否是夏后氏的后代，学术界有争论，但是，汉代人认为

① 班固：《后汉书》卷八十五，《东夷列传》，中华书局，1965 年。

匈奴和自己有着共同的祖先和血缘，是一家人，则是可以肯定的。

谭其骧先生曾经精辟地指出：“春秋时候，黄河中下游的周王朝、晋、郑、齐、鲁、宋、卫等，这些国家他们自认为是中国，他们把秦、楚、吴、越看成夷狄，不是中国。”秦汉时候人们则把秦楚之地也看作中国的一部分。南北朝时期，南朝把北朝骂成索虏，北朝把南朝骂成岛夷，双方都以中国自居，唐朝人则把他们看成南北朝，李延寿修南北史，一视同仁，双方都是中国的一部分。宋朝把辽、金、夏都看成是外国，但是元朝人则把辽、金、夏跟宋朝一样看成“中国”。①

战国时期形成的大一统思想和秦汉以来的大一统实践，在古代中国人的思想观念中深深扎下根来，历代贤明君主都以大一统为目标，以华夷共主为己任。唐太宗被各族各地首领拥戴为“天可汗”，被认为是王者的理想境界。中国境内不同地区不同民族之间的交流、联系、迁徙、融合在历史上一直没有停止过，它不断丰富着汉族的内涵，也改变着少数民族的结构，有的民族诞生了，有的民族消失在历史长河之中，但是他们的文化和血脉却一直延续着，成为中国传统文化的来源之一，充实了中华民族的内涵。

治中国西南史地的方国瑜先生指出：“我国自远古以来在辽阔地域逐渐形成统一的多民族的国家，而各地社会经济文化发展极不平衡，边地长期处于落后阶段。历代王朝设置政区，适应社会基础。秦汉以来有内郡、边郡，隋唐以来有内州、边州之别，此乃政权形式不同，国家主权则无二致。”②

中国历史有分有合，合久有分，分久必合，每一次分都孕育着一次更大的合（统一）。中国历史上出现过许多地方政权或者分治政权，不管是汉族建立的，还是少数民族建立，每个政权中都包含着不同的民

① 谭其骧：《历史上的中国和中国历代疆域》，《中国边疆史地研究》1991 年第 1 期。

② 方国瑜：《略述治学经历》，《方国瑜文集》“自序”，云南教育出版社，2003 年。

族，都不断接受其他民族的文化。而每个朝代或政权的产生和发展，都要吸收其他民族的成分，而不是自天而降，没有根源。秦汉、隋唐、元朝、清朝是中国历史上几次大的一统，统一王朝的建立者中假如按血缘划分的话，既有汉族，也有蒙古、满族等兄弟民族，中华文化和历史始终一脉相承地继续着，从未中断，各族之间，你中有我，我中有你，无法分割，也不容分割。

宋元明清四朝，汉族与兄弟民族领袖交替建立王朝，二十五史赫然在列，均为“正统”，人所共知。有意思的是，民间传说中一直从另一个角度叙述着皇帝的血统问题，即元朝皇帝中有宋朝王室血统，而明朝王室中则有元朝皇室血统，清朝的满族王室中则有江南汉族的血统等。

元顺帝是宋恭帝子嗣的传说。有一个传说称，当年朱元璋建立明朝，供奉历代皇帝时，一直纳闷元朝最后一位皇帝元顺帝的像，怎么看都和宋恭帝赵㬎长得相似。后来发现元顺帝的母亲曾经去过西藏，呆了几个月，与赵㬎讨教过佛学知识。后来被皇帝招入宫中，不久即有身孕，生下元顺帝。

1276 年蒙古军攻陷南宋京城临安（今浙江杭州），年仅 6 岁的恭帝同其母全太后一起被元军带到元大都，受封瀛国公。南宋遗民在反元活动中，将其视为精神依托。元世祖忽必烈先将其送往元上都（今内蒙古正蓝旗）居住，1288 年又将其遣至吐蕃萨迦（今西藏萨迦县），习学佛法。赵㬎取法名合尊，得以熟悉藏文与佛教经典，并翻译《因明入正理论》《百法明法论》等。元英宗至元三年（1323），赵㬎因无意间吟诗“寄语林和靖（梅妻鹤子的林逋），梅花几度开？黄金台（在北京）下客，应是不归来”，被怀疑有借故国之思来讽动江南人心之意，遂被赐死。1333 年，元顺帝妥欢帖睦尔即帝位不久，叔父图帖睦尔篡夺帝位，即元文宗。文宗为了给自己提供做法找到理由，便诬称妥欢帖睦尔并非元明宗的亲生儿子，并将其发配到高丽、广西。文宗去世后才得以返回复位。元末文人权衡在他所写的《庚申外史》一书说：“国初收江南归附时，瀛国公幼君也。入都，自愿为僧白塔寺中，已而奉诏居甘州（今甘肃张掖）山寺。有赵王者，嬉游至其寺，惜国公年老且孤，留一回回女子与之。延祐七年（1320），女子有娠，四月十六日夜生一男子。明宗（元明宗）适自北方来，早行，见其寺上有龙文五彩气，即物色得之，乃瀛国公所居室也。因问：‘子之所居得无有重宝乎?’瀛国公曰：‘无有！’固问之，则曰：‘今早五更后，舍下生一男子耳。’明宗大喜，因求为子，并其母载以归。”①

明初黄溥《闲中今古录》一书记载该传说时说：“尝闻先大父南山先生曰：‘永乐间，一日谒尚宝袁公（忠彻），公曰：昨日同太监二人侍上（永乐皇帝）为看历代帝王像，看到宋太祖，上曰：果然面方耳大。又曰：（宋）真宗而下，诸像清癯，如今时太医一般。看到元世祖，上曰：北人南相。看（元）顺帝像，又曰：此又如太医样，何也?不能对而退。’大父答曰：‘公尚不晓此耶? 昔宋幼主㬎之妻有娠，元明宗见貌美悦之，乃生顺帝也。’”② 不仅谈到元顺帝是宋恭帝的儿子，系因为元明宗娶了宋恭帝美貌而有孕的妻子，还以宋真宗以下各位宋朝帝王皆清瘦，元太祖是北方人长一副南方人形象，说道元顺帝则只能悄悄以上述离奇情节来说明了。

明成祖是元顺帝儿子的传说。明末的蒙古文史书《蒙古黄金史纲》记载明军攻克大都时说：“当彼之帝位被夺之际，乌哈噶图可汗（元顺帝）的弘吉剌（部）哈屯（夫人）已怀孕三月，那哈屯以匿于瓮中而落下了。汉人呼瓮为‘缸’，蒙古则名之为‘博通’。彼哈屯为汉人朱洪武皇帝所收纳，哈屯心想：‘如分娩于七月之后，当视作己子而免于难，愿天父怜悯，再添三个月，凑足十个月吧！’如此祈祷度日，上苍

① （元）权衡：《庚申外史》，任崇岳笺证本，中州古籍出版社，1991 年，第 30—31 页；（清）钱谦益《牧斋初学集》卷二五杂文。

② （元）权衡：《庚申外史》，任崇岳笺证本，中州古籍出版社，1991 年；（清）万斯同《庚申君遗事》，《四库杂史》第九部。

垂恩，于十三个月上，生下一子。洪武皇帝的汉后也诞育了一个儿子。此时，洪武皇帝曾梦见二龙搏斗而西龙乃为东龙所胜，敕令筮者卜其吉凶。筮者说：‘此非二龙，而为君之二子。居西者，属汉后之子；其东者，则蒙古哈屯之子，将继君之宝座而享天命。’对筮者的话，洪武皇帝不加辨别，以为‘虽系后嗣，但母为敌人之后妃，此人生下的孩子，如即我位，显然不好’。于是驱逐出宫，在长城外面替他修造了库克和坦（青色的城池，指北京）住了下来。洪武皇帝在位三十一年而殂。汉地之君，第一代即洪武皇帝，其子（应为孙子）建文皇帝，在位四年之后，弘吉剌哈屯之子永乐皇帝统率自己少数护卫与山阳之六千兀者人（兀良哈三卫）、水滨之三万女真人以及黑城的汉人整兵来伐，擒获汉家洪武皇帝之子建文皇帝，捺银印于颈而废逐之。于是，乌哈噶图可汗之子永乐皇帝为君，而汉家却认为‘真正吾皇之子作了皇帝’，号曰永乐大明。”① 清初的刘献廷在《广阳杂记》里也说：“明成祖非马皇后子也。其母瓮氏，蒙古人，以其为元顺帝之妃，故隐其事。宫中别有庙，藏神主，世世祀之，不关宗伯。有司礼太监为彭恭庵言之，余少每闻燕之故老为此说，今始信焉。”② 说明明成祖朱棣是蒙古人后裔，而且是元顺帝的遗腹子。

乾隆皇帝是陈阁老血脉的传说。相传，海宁有位盐商叫陈世倌，俗称陈阁老，在康熙年间入朝为官，与雍亲王一家常有往来。这年，恰好雍亲王和陈阁老的两家夫人分别生了孩子，而且是同年同月同日。某日，雍亲王让陈家把孩子抱入王府看看。可是，当送出来时，陈家老少个个目瞪口呆起来，自家的胖小子竟变成了小丫头。陈阁老掂量出此事性命攸关，劝全家忍气吞声算了。那换入王府的胖小子，就是后来的乾隆大帝。民间流传说，乾隆当上皇帝后六下江南，目的就是探望亲生父

① 朱风、贾敬颜汉译：《蒙古黄金史纲》，内蒙古人民出版社，2006 年，第 46—48 页。
② 刘献廷：《广阳杂记》，中华书局，1997 年。

母。而他六次南巡竟有四次在陈阁老的私家园邸停驾暂住。据传，这位皇家的金枝玉叶，被陈家抱回江南后，好好抚养，长大后嫁给了大学士蒋廷锡之子蒋溥。这蒋家是常熟的大姓，雍正女儿所住的那栋楼，后人就叫做“公主楼”。[①] 关于上述故事，学术研究者都依据汉藏文资料加以分析探讨，认为就是依据某些史事演绎出来的故事。[②]

历代中原王朝设立有专门的机构管理边疆地区事务，因俗而治。汉代始建蛮夷邸，南北朝建“四夷馆”。明朝四夷馆，内分八馆，曰鞑靼、女真、西番、西天、回回、百夷、高昌、缅甸，等等。清朝设立理藩院管理蒙藏等地区事务。西藏、蒙古和新疆等地边疆地区，均在中国版籍之内，有分有合，却都是中国历史发展的有机组成部分，中国是我们共同的名字。

二、怎样认识西藏的历史

中国是世界上唯一有 5000 多年历史且不间断的国家，她的历史发展有其自身轨迹，因此对于中国历史发展规律的研究既有典型意义，也有独特价值。中国是多民族统一国家，各民族发展的历史是中国历史的有机组成部分；中国历史上遍布境内的统一的和分治的政权基本上都是多民族联合统治政权，很少有单一民族建立的民族政权，民族之间联系千丝万缕，十分密切；中国历代中原政权或中央王朝对边疆地区的治理通过多种方式实现，有直接实施行政管辖、因俗而治、通过藩属体制管理、通过朝贡体制羁縻等多种方式，并非如近代西方国家所主张的那样，只有通过武力征服、条约实现管理一途。东西方的历史认知和价值判断也存在诸多差异，中国古代传统政治讲求大一统，讲求分合的辩证

① 李国荣：《清宫档案揭密》，中国青年出版社，2005 年。

② 李文君：《元顺帝、明成祖身世之谜》，《紫禁城》2006 年第 3 期。

统一，讲求和而不同，讲求怀之以德，这些都与近代西方的历史认知和价值判断相异其趣。

近代以来西方科学方法的传入，在方法论上对中国历史和文化研究提供了多方面的借鉴，产生了很大的推动作用。与此同时，国外的中国学研究又与西方的殖民扩张，中国封建社会的极盛而衰和中华民族的存亡危机相伴随，其观点难免存在着与生俱来的缺陷，而分割中国历史，特别是中国民族历史，肢解中国文化统一性是其惯用手法，殖民和奴役中国则是其根本目的。摈弃历史上普遍存在的主观唯心主义史观、神学史观和外来的殖民主义史观，客观研究中国历史，探寻历史发展规律，凝聚中华民族心力，仍是学术界，特别是中国史学界的重要任务。

中国史学界在这一方面已有卓越的研究成果。早在 1936 年吴玉章就在《中国历史教程绪论》中提出“我们讲中国历史，应该是包括全中国各民族的历史”。[①] 20 世纪 50 年代翦伯赞先生也指出：“我们应该把汉族历史的研究联系到中国境内各族人民的历史的研究。因为中国历史不只是汉族的历史，而是中国境内各族人民历史的总和。”[②] 范文澜先生也认为，秦以后“汉族和当时境内各少数民族的共同祖国，就是中国”。“各族的祖先也就成了各族的共同祖先——伯祖和叔祖”[③]。1949 年 9 月 2 日，新华社针对西藏地方上层发动的“驱汉事件”发表《决不容许外国侵略者吞并中国的领土——西藏》的社论，指出：“西藏是中国的领土，西藏民族加入中国各民族的大家庭，与汉族及中国境内其他民族发生兄弟的关系，已有悠久的历史。”“中国人民解放军必须解放包括西藏、新疆、海南岛、台湾在内的全部中国领土，不容有一寸土地被留在中华人民共和国的统治之外。西藏是中国的领土，绝不容

---

① 吴玉章：《中国历史教程绪论》，新华书店，1949 年。

② 《新建设》第 3 卷第 2 期，1950 年 11 月；《翦伯赞史学论文选集》（第三辑），人民出版社，1980 年。

③ 范文澜：《关于中国历史上的一些问题》，《范文澜历史论文选集》，中国社会科学出版社，1979 年。

许任何外国侵略；西藏人民是中国人民的一个不可分割的组成部分，绝不容许任何外国分割。这是中国人民、中国共产党和中国人民解放军的坚定不移的方针。"① 1981 年 5 月，在纪念西藏和平解放 30 周年之际，全国人大常委会副委员长阿沛·阿旺晋美在《回到温暖的祖国大家庭》一文中说道："西藏统一于中国，是历史上逐步发展而来的。早在一千三百多年前吐蕃与唐朝就建立了密切的联系。有名的吐蕃赞普松赞干布与唐朝文成公主联姻，不仅是一段佳话，而且体现了吐蕃与唐朝政治上的接近，并接受汉族先进生产技术，促进了汉藏经济文化的交流。稍后建立的唐蕃会盟碑至今仍树立于拉萨大昭寺前。公元九世纪中期，从康区开始，发生了遍及藏族地区的大规模奴隶平民大起义，结束了藏王聂赤赞普的世袭统治，西藏变成了四分五裂的部落割据。这就是西藏历史上的'分裂时期'。这种状况持续了近四百年……直到七百多年前，元朝派兵统一了西藏，西藏正式纳入了祖国版图。……七百多年来，西藏一直是中国领土不可分割的一部分，这是世界各国所公认的。"② 学术界对此的理论探讨则更加深入和系统，白寿彝、费孝通、方国瑜、何兹全等都认为，应将中国境内各民族的历史都纳入中国历史的研究对象和范围。方国瑜认为："中国历史，既是生活在这块土地上各族人民的历史，就应该包括他们的全体历史，不能'变更伸缩'，中国历史是有其整体性的，在整体之内，不管出现几个政权，不管政治如何不统一，并没有破裂了整体，应当以中国整体为历史的范围，不能以历代王朝疆域为历史的范围。"③ 谭其骧先生和他的团队所取得的成果则是比较典型的一个，由他主编的《中国历史地图集》，以历史文献资料为主要依据，吸取了考古学、地理学、民族学等相关学科的成果，以其内容完备、考订精审、绘制准确赢得了国内外学术界的高度评价，被公认为同

① 新华社北平（1949 年 9 月）二日电。

② 《人民日报》1959 年 4 月 23 日。

③ 《方国瑜文集》（第一辑），云南教育出版社，2001 年。

类地图集中最优秀的一种。而在这部历史地图集的编绘过程中，经过反复研究，谭其骧先生提出了确定历史上中国范围的原则，充分反映了各民族共同创造历史、构建中国和中华民族的历史事实，揭示了汉族在中国历史上的主体地位和主导作用，以及统一逐步扩大、巩固，开发逐步深入、稳定的基本趋向。《中国历史地图集》所确定的关于历史中国、中原王朝、边疆政权、非汉族政权、地方政权、自治地区之间关系的原则，对于中国史、民族史、中外关系史、中国历史政区地理等学科的研究都具有指导意义。1978 年白寿彝先生指出："'中国'的概念几千年来一直在发生变化，但是我们今天讲中国的历史，必须以中华人民共和国的疆域为界，否则一部中国史就成了汉族不断侵略扩张的历史、压迫别人的历史，这不符合历史的实际情况。可取的做法是，不管过去几个政权，凡是中华人民共和国领土上建立的、中华各民族的祖先们曾经从事活动过的事迹和勋业，都应写在中国的历史上，写在这个范围里，否则我们根本无法谈历史上的民族关系。"① 在处理历史上的民族关系、中外关系和疆域边界等问题上，谭其骧先生在坚持尊重历史事实的前提下，努力做到有利于国家统一和民族团结，对于认识中华民族形成史具有重大的指导作用。

谭先生的主要观点包括：

1. 汉族不等于中国，中国不等于中原王朝。"我们伟大的祖国是各族人民包括边区各族所共同缔造的，不能把历史上的中国同中原王朝等同起来。""应该分开。""我们一定要分清楚汉族是汉族，中国是中国，中原王朝是中原王朝，这是不同的概念。"

2. 历代各有自己的"中国"概念，不能袭用前朝概念。"我们是现代人，我们不能以古人的'中国'为中国。这不是说我们学习了马列主义才这样的。而是自古以来就是这样的，后一时期就不能拿前一个

① 白寿彝：《白寿彝民族宗教论集》，北京师范大学出版社，1992 年，第 38 页。

时期的‘中国’为中国。”“我们说现代人不能以古人的‘中国’为中国。后一代的人把前一代的人的概念否定，不采用前一代人的概念，这是由来已久，自古而然的。”我们只能用今人的“中国”概念来认识历史上的中国。

3. 1840年前的中国版图是历史时期中国的范围，整个历史时期只有清朝等于全中国。“我们是如何处理历史上的中国这个问题呢？我们是拿清朝完成统一以后，帝国主义侵入中国以前的清朝版图，具体说，就是从18世纪50年代到19世纪40年代鸦片战争以前这个时期的中国版图作为我们历史时期的中国的范围。”“简单说起来，拿‘中国’两个字表示我们国家的主权所达到的范围，这个观念是鸦片战争之后才形成的。”“1840年以前的中国范围是我们几千年来历史发展所自然形成的中国，这就是我们历史上的中国。”“在1840年以前，中国版图之内的所有民族，在历史时期是中国的一部分。就是这么一条，没有其他标准。”

4. 边疆王朝不归中原王朝管辖，却是历史上中国的一部分。“历史上同时存在两个以上的中国政权时，那就得承认事实上当时几个国家并峙，谁也管不到谁，不能硬说中原王朝管到了边区民族政权。有些同志要把吐蕃说成是唐朝的一部分，这是违反历史事实的。唐和吐蕃敌对战争时多，和亲通好时少。就是在和亲通好时，唐朝也完全管不了吐蕃。汉朝和匈奴，唐朝和突厥、回纥的关系，基本上也是如此。我们只能认为吐蕃、匈奴、突厥、回纥是历史上中国的一部分，但不能说它们是汉唐王朝的一部分。”

5. 中国史是各族人民共同缔造的历史。“今天我们写中国史，当然应该把各族人民的历史都当成中国历史的一部分，因为这个中国是我们各族人民共同缔造的。是五十六个民族共同的，而不是汉族一家的中国。我们今天的命运是相同的，兴旺就是大家的兴旺，衰落就是大家的衰落，我们应该团结起来共同斗争。”①

谭其骧先生的研究是本领域有关这一问题最系统、最深入，也是最有说服力和影响力的成果。根据这一理论，1840 年中国历史版图形成之际，藏族是中国多民族家庭的一个成员，是中国历史和行政版图的缔造者、西南地区的开发建设和守卫者，藏族形成和发展的历史就是中国历史的一部分。藏族在公元 7 世纪建立的吐蕃王朝和宋朝时期在甘青地区建立的唃厮啰政权都是中国历史上的政权，它们不归属唐宋王朝，却是唐宋中国的一部分，也就是说西藏自古是中国一部分。

不分古今地笼统使用中国概念，必然无法说明先秦时代哪“国”属于中国，哪“国”不是，也无法说明秦汉以来各个时代分治的政权哪个属于“中国”，哪个不是。没有人否认中国历史是发展变化的，有分有合，但是合是中国历史，分也是中国历史，并未割裂。如果承认中国是多民族国家，中国历史是各民族共同缔造的，那么既承认五代十国是中国历史的组成部分，又怎么能否认隋唐时代的吐蕃王朝、突厥汗国，以及宋元之际的辽金西夏同样是中国历史的组成部分呢？如果承认中国各少数民族历史上建立的政权，如吐蕃王朝同样是中国历史的组成部分，那么西藏地方属于中国应该从什么时代算起？是自远古吗？

事实上，不区分古今中国含义的做法，要通释中国各民族共同缔造中国的历史会遇到很多问题，以西藏地方历史为例，如果把元朝等同于中国，忽略一个“元代中国”的概念，将西藏纳入元朝管辖之下称作纳入中国版图，那么，元朝以前的藏族历史是什么范畴？吐蕃王朝是“唐朝中国”的一部分还是别的历史范畴？作为藏民族英雄的松赞干布是中国人还是外国人？在中国史学界几乎没有人怀疑谭其骧先生主编的《中国历史地理》的权威性和科学性，却为什么有人不能接受他及他的团队以之构建这部学术大厦根基的理论呢？既然没有任何一部中国通

① 谭其骧：《历史上的中国和中国历代疆域》，《中国边疆史地研究》1991 年第 1 期。

史，或者中国民族史将包括吐蕃王朝、回鹘汗国，以及南辽金西夏的历史排斥在中国历史之外，承认这些都是中国历史的组成部分，那么西藏地方历史从什么时候是中国一部分呢？有没有给出理论依据呢？对中国复杂的而丰富的历史进行理论概括是件非常具有挑战的学术难题，谭其骧等的理论并非完美无缺，但仍是至今学术界能够达到的最高度。

三、西藏先民对青藏高原的开发及其与中原紧密的联系

从考古发现不难得知，西藏高原自从有人类活动伊始，所体现出来的主要的考古学文化面貌便与中原黄河流域华北地区有着密切的联系，虽然在西藏的早期石器工艺传统当中也可以观察到与其他地区考古文化之间存在的某些联系，但明显都居于次要和从属的地位，其主流文化因素和主体文化面貌与华北史前旧石器和细石器文化之间具有更多的共性。我们认为“西藏自古以来就是中国的一部分”这一观点，可以得到考古学证据的支撑，也是难以否认的一个客观事实。这里所说的“自古”，至少可以上溯到距今1万年前的史前时代。[①] 通过长期的考古发掘和研究表明，西藏自古以来与中原有着密切的联系，并且是中华民族的一个重要组成部分；西藏与外界也有着十分密切的文化交流，呈现出丰富的文化面貌；西藏文明有其自身的发展轨迹，但始终以中原文明为重心旋转。“西藏考古的意义就是用材料揭示西藏历史的轨迹，西藏自古就是中华民族的一部分，考古发现是最好的证明。”[②]

在吐蕃王朝没有建立以前，西藏及青藏高原地区是众多邦国和部落

① 霍巍：《考古学所见西藏文明的历史轨迹》，《民族研究》2010年第3期。

② 霍巍：《西藏文明发展的历史轨迹——从考古发现谈西藏与中原文明的联系》，学术报告，2009年5月19日。

的活动区域，晚期的藏文资料保留了关于十二小邦、四十二小邦等小邦和部落存在和活动的零星记载。而汉文资料则记载了广泛分布并活跃在青藏高原地区的古羌人国家和部落的情况。汉文史书记载了分布在青藏高原地区的众多羌部邦国，包括白兰、党项、苏毗、多弥等，甚至吐蕃也被视为古羌之一部。把吐蕃归为古羌一部，一方面说明古代汉文史书对青藏高原地区各部的划分还不够细致，另一方面也说明各部之间尽管存在一定的差别，却也有诸多的共性特征。除了上述白兰、党项、苏毗、多弥等外，羌部还包括东女及其附属的哥邻、白狗、弱水、逋租、南水、悉董、清远、咄霸在内的“西山八国”。此外，根据《隋书·附国传》记载，还有众多的羌人部落分布在青藏高原东部和东北部，包括大小左封、昔卫、葛延、白狗、向人、望族、林台、春桑、利豆、迷桑、婢药、大硖、白兰、叱利摸徒、那鄂、当迷、渠步、桑悟、千碉等。

汉藏文记载有其共同性，那就是，这些分散的小邦和部落均与中原地区汉族和其他民族在血缘、族源和文化上存在着千丝万缕的联系。藏文史书记载，藏族由所谓“四部族”即董、东、色、穆，或由“六部族”董、东、色、穆、札、珠等逐渐形成，这些部族之间或多或少存在着亲缘关系。汉文史书则记载了广泛活动在青藏高原的诸羌及其之间的相互关联。青藏高原的诸羌与吐蕃人有着密切的联系，并且与汉族在血缘、民族起源和文化上存在千丝万缕的联系，构成一个大的文化网络。

唐朝时期藏族先民对开发我国青藏高原地区所做的贡献　藏族是融合了更早时期活动在青藏高原地区的各个民族之后逐渐形成的，并非自古存在，也并非一成不变，而是一直处在发展变化之中，不断获得新鲜血液，不断丰富自身内涵。早期活动在青藏高原的雅隆吐蕃、象雄（羊同）、苏毗、吐谷浑、白兰等众多邦国和部落，已经创造了许多骄人的文明成果。相传吐蕃第九代赞普布德贡杰时期，在山南雅隆出现了

《纺织老妇之月算法》，它以月亮的盈亏周期为准，确定一个月有四周，月大月小的分类等，并以三个月为一个季节，已经认识了太阳的南行和北行。而西藏西部和西北部的象雄，更以灿烂的苯教文明著称，尽管存在许多传说并夹杂着后世的附会内容，但是象雄文明丰富的文化内容仍然给人留下深刻印象。象雄以穹隆银城（khyung lung dngul mkhar）为都城，以苯教文化为核心内容，在占卜（pra）、禳解（gto bcos）、星算（rtsis）和医学（sman dpyad）等方面都有极为独特的成就。根据汉文史书记载，大羊同国“东接吐蕃，西接小羊同，北直于阗，东西千余里，胜兵八九万，其人辫发毡裘，畜牧为业，地多风雪，冰厚丈余，所出物产”与吐蕃同。“其王姓姜噶，有四大臣分掌国事，自古未通”中国。“无文字。但刻木结绳而已。刑法严峻。酋豪死。抉于穴反去其脑。实以珠玉；剖其五脏，易以黄金；假造金鼻银齿。以人为殉。卜以吉辰。藏诸岩穴。他人莫知其所。多杀牸牛羊马以充祭。”① 吐谷浑畜牧业成就突出，出良马，有龙种、青海骢，白兰山出黄金、铜、铁，金属冶炼比较发达。早期存在于青藏高原的不同邦国，后来均被纳入崛起的吐蕃王朝的范围，这些都成为松赞干布建立吐蕃王朝的坚实基础，以及吐蕃文化获得发展的重要条件。

吐蕃王朝的建立结束了青藏高原地区历史发展的蒙昧时代，开始进入高原文明快速发展的新时期。吐蕃王朝建立以前，青藏高原地区邦国和政权林立，经济社会发展程度各不相同，比如其中的女国可以建九层碉楼，建筑技术可圈可点；主要活动在青海地区的吐谷浑，曾经强盛一时，往西把势力伸向今新疆南部、昆仑山以北地区，其刀剑、架桥和畜牧技术较为先进。而唐古拉山以南地区，除了羊同（象雄）的信息之外，其他邦国没有多少记载。这些大大小小的区域性政权均无文字，只有在吐蕃王朝建立后，中国的西南高原地区才翻开了文明发展的新的

① 《通典》卷一九〇，边防·大羊同国。

一页。

有组织和全面开发青藏高原　吐蕃王朝建立以后，尽管社会存在着统治者吐蕃贵族和其他被征服民族及部落之间的矛盾，但是社会秩序仍然得到建立。在王朝统一的行政管理体制下，吐蕃社会的部落组织被划分为“五茹六十一东岱”，即卫茹（dbus ru，中央翼），以拉萨的小昭寺为中心；约茹（左翼），以雅隆昌珠寺（今山南乃东县）为中心；叶茹（右翼），以香地雄巴蔡（shangs kyi zhong pa tshal）为中心；茹拉（支翼），以色柴（khrad）地方的杜巴纳拉（dur pa sna la 萨迦县色曲）为中心；苏毗茹（sum pa ru），以苏毗部落为基础整编而成，相传以嘉雪达巴蔡（rgya shod stag pa tshal）为中心。四茹各有十个东岱（stong sde，千人部），苏毗有11个东岱，再加上象雄的10个东岱，形成所谓的“五茹六十一东岱”。“其官有大相曰论茝，副相曰论茝扈莽，各一人，亦号大论、小论；都护一人，曰悉编掣逋；又有内大相曰曩论掣逋，亦曰论莽热，副相曰曩论觅零逋，小相曰曩论充，各一人；又有整事大相曰喻寒波掣逋，副整事曰喻寒觅零逋，小整事曰喻寒波充：皆任国事，总号曰尚论掣逋突瞿。”[①] 另外，吐蕃还实行告身制度，“其官之章饰，最上瑟瑟，金次之，金涂银又次之，银次之，最下至铜止，差大小，缀臂前以辨贵贱。”盟誓制度：“赞普与其臣岁一小盟，用羊、犬、猴为牲；三岁一大盟，夜肴诸坛，用人、马、牛、闾为牲。凡牲必折足裂肠陈于前，使巫告神曰：‘渝盟者有如牲。’”[②] 可以说，吐蕃既有严密的社会行政组织，也有以贵族为主，同时覆盖所有阶层的告身奖励制度，还通过会盟的方式，把不同利益集团联合起来，达到稳固政权的目的。完备的行政体制对于组织和发展社会生产，改善高原地区百姓生活创造了有利的条件。

① 《新唐书》卷二一六，吐蕃传。
② 《新唐书》卷二一六，吐蕃传。

以为服务军事为主要目的，吐蕃王朝把成年人划分为“桂”和“庸”两部分，前者征战，后者服务。当时的吐蕃是一个尚武的社会，《新唐书》记载，吐蕃风尚“贵壮贱弱，母拜子，子倨父，出入前少而后老”。有着浓厚的尚武氛围，“重兵死，以累世战没为甲门，败懦者垂狐尾于首示辱，不得列于人”。建立了较为严密的军事驿传制度：“其举兵，以七寸金箭为契。百里一驿，有急兵，驿人臆前加银鹘，甚急，鹘益多。告寇举烽。”有着适合高原，特别是冷兵器作战的保护铠甲，“其铠胄精良，衣之周身，窍两目，劲弓利刃不能甚伤”。具有严格的军令军法制度：“其兵法严，而师无馈粮，以卤获为资。每战，前队尽死，后队乃进。”① 正是有了完备的制度和无所畏惧的精神，才造就了吐蕃强大的军事力量。

强有力地守卫着西南边疆　由于强大军事力量的存在，以及吐蕃王朝加强在边境地区的防守，客观上增强了中国西南边疆地区的稳固，也起到了防御外来入侵的作用。吐蕃的崛起不仅在喜马拉雅山地区建立起了巨大的政治和军事优势，同时在中亚地区也发挥了制衡作用。早在阿拉伯立国之初，被任命为掌管东方的最高权力者优素福就曾应许他的两员大将穆罕默德和古太白，谁首先踏上中国的领土，就任命谁做中国的长官。在阿拉伯帝国倭马亚王朝（汉文史书称“白衣大食”）为强悍的阿拔斯王朝（汉文史书称“黑衣大食”）所取代后，阿拉伯王朝进行了一场横扫亚欧非的宗教大征服战争，而此时正值吐蕃军事力量臻于顶峰之际。公元790年，吐蕃攻北庭，击败回纥救兵，控制西域地区。汉文史书称，唐德宗“贞元（785—805）中，（黑衣大食）与吐蕃为勍（qing）敌。蕃军太半西御大食，故鲜为边患，其力不足也”②。《新唐书》也称：“贞元时，与吐蕃相攻，吐蕃岁西师，故鲜盗边。”③ 正是吐

① 《新唐书》卷二一六，吐蕃传。

② 《旧唐书》卷一九八，西戎·大食。

③ 《新唐书》卷二二一，西域下·大食。

蕃强盛的军事力量，以及在中亚地区与阿拉伯黑衣大食帝国的角力，使得阿拉伯势力被抵挡在葱岭以西，从而避免了中国更大范围的伊斯兰化进程。吐蕃在青藏高原地区的经营，以及对西部地区的统治和管理，在中古时期对中国疆域版图的奠定做出了极为重要的贡献。

社会经济获得新的发展　由于在青藏高原地区建立了统一王朝，吐蕃时期的农牧业经济获得发展，灌溉技术广泛使用，度量衡制度实现统一，商业贸易空前扩大，与周边南亚、中亚地区，特别是和祖国内地也展开了繁荣的商业贸易，这些给吐蕃的商业经济注入巨大活力。吐蕃与唐朝之间通过由王玄策、冯德遐等使者，玄照等僧人，特别是文成公主等开辟的丝绸之路，一直保持着密切的经济联系，其中既有通过使者以朝贡贸易方式开展的交流，也有民间贸易的渠道。中原的丝绸、茶叶和生产、生活用具源源不断地进入吐蕃，而吐蕃的黄金制品、土特产品等也相继进入内地，加强了中原地区与西藏高原地区的联系。

科技与文化长足进步　吐蕃科技进步和物质财富的巨大增长，农牧业、建筑、冶炼、天文历算、医药等各方面技术，在继承前人基业的基础上，具有长足的发展。以天文历法为例，各地传统方法得到保存，“观察禽鸟和植物是珞、门法，观察雪和冰是僜巴法，观察星和风是藏北法，观察日和月是岗卓法”。传说文成公主入蕃，带去“治四百零四种病的医方百种，诊断法五种，医疗器械六种，（医学）论著四种”，其中包括有《医学大全》。金城公主出嫁吐蕃赞普，又带去了医书《月王药诊》，对藏医药的发展产生了重要影响。公元 8 世纪，吐蕃“医圣”玉妥·云丹贡布到印度学医，继承和发展了中医和印度医学，著《四部医典》。吐蕃的医学还受到西域和突厥的影响，《汉藏史集》记“赤德松赞时由译师毗卢遮那延请四方名医，译其医著为藏文”。其时“由突厥人森却钦波把金刚手菩萨所说的续部译为藏文”，吐蕃十三种疗法中有葛逻禄疗法与突厥疗法，以及索波疗法与冲水疗法则同西域有关。吐蕃的医书浩如烟海，其中的经典名篇多诞生于唐朝时期，如医圣玉妥·云丹贡布（729—853）之名著《四部医典》，汉医韩之海、天竺医巴惹达扎与大食医嘎林诺三人合著之《门杰吉树恰》（无畏的武器），汉僧马哈金达、汉工使加楚尕布与藏医琼布政攻、琼布顿珠、爵拉门巴等合译之《月王药诊》，汉医塔希·东瓦冈瓦与汉僧马巴拉、香蒂巴拉等九太医合著之《太医药诊紫色经函》等，皆为传世之著。

吐蕃在建筑领域也有巨大的成就，松赞干布迎娶尼泊尔赤尊王妃时“在马波日（红山）南面城墙之内建造宫殿，名叫索波宫，殿高九层，与王之城堡相齐”。公元641年迎娶唐朝文成公主，为公主筑一城以夸后世，“于是以无量酒食招致民请命于王，建一广大城堡于乙未年奠基，高达三十围墙，既高而阔。每边约一米，大门南向，红宫九百，合顶上之王宫共一千间，一切宫檐，以宝为饰，富丽堂皇”[①]。吸收四方文明，使吐蕃的科技获得长足的发展，为经济发展、社会进步，以及物质财富的丰富提供了有力支持。

文艺体育生活丰富多彩 文体活动的丰富和艺术水准的提高，丰富了高原地区藏族和其他各族百姓的精神文化生活，也为民族文化的发展交流创造出一个更高的平台。“围棋陆博，吹蠡鸣鼓为戏。”[②]《新唐书》也记：“其戏，棋、六博。其乐，吹螺、击鼓。”[③] 吐蕃马球技艺更为精湛，以至于有学者认为马球发源于西藏地方。

吐蕃崛起在中华民族大一统历史进程中所发挥的作用 吐蕃王朝建立之前，青藏高原地区是一个小国分立的状态，苏毗、象雄和雅隆吐蕃各拥一方，而党项、白兰和吐谷浑也曾称雄青藏高原北部、东北部，具有重要影响。历史上，吐谷浑曾建立强大政权，控制丝绸之路青海道，但强盛时期其辖区范围也只限于青藏高原北半部分及塔里木盆地南缘。

---

① 萨迦·索南坚赞著，陈庆英、仁庆扎西译：《王统世系明鉴》，辽宁人民出版社，1986年，第76—77页。

② 《旧唐书》卷一九六，吐蕃传。

③ 《新唐书》卷二一六，吐蕃传。

吐蕃王朝的建立结束了青藏高原分裂对立状态，凝聚了各部落的力量，彻底改变了青藏高原地区缓慢发展的历史进程，为中国西南边疆地区的迅猛发展，为加快大一统局面的产生奠定了可贵的基础。

创造了繁荣的游牧文化和藏传佛教文化　除了吐蕃文明具有兼容并蓄和较强的包容性、自我创新能力和不断加强与内地和周边地区交流的特征之外，西藏农牧相济、以畜牧业为主的经济，以及藏传佛教的形成和发展，对西藏古代文化的积累和发展起到极为重要的作用。游牧文化由于流动性的特点，文化积淀保存一直是一个问题，很多游牧民族不仅没有文字，文化形式也较为简约。但是，从西藏山南地区兴起的吐蕃却完全不同，由于在建立王朝之初就创立了文字，因此吐蕃十分重视学习借鉴周边各个兄弟民族的文化，甚至学习、引进印度、波斯等外来文化，形成一个重视文化的社会环境。与此同时，也引进佛教，通过翻译佛经开展更大规模的文化交流，把引进的佛教与本地苯教相互结合，在后来形成的藏传佛教中很好地保留下本民族的文化，并以佛教文化为载体形成特色浓厚的地域文化。

加强了青藏高原地区和内地及兄弟民族之间的经济文化联系，加快了青藏高原地区各族推动中华文化缔造的历史进程　通过唐蕃双方长期的和亲沟通、经济往来、文化交流乃至军事争锋，逐渐打破了心理上和地理上的壁垒，形成许多重要共识。唐穆宗长庆二年（822）唐蕃双方举行“长庆会盟”，先后在长安和拉萨立碑。保存于西藏拉萨的藏汉合体“唐蕃会盟碑”，刻有“社稷叶同如一”的内容，[①] 既是双方的愿望，也是当时历史的写照。公元 842 年（会昌二年），赞普死，无子，立妃綝氏兄尚延力子、三岁的乞离胡为赞普，未报请唐朝“册命”，大臣尚恐热说：“贼舍国族立綝氏，专害忠良以胁众臣，且无大唐册命，

① 王尧编著：《吐蕃金石录》，文物出版社，1982 年，第 41 页。

何名赞普!”① 公元843年（会昌三年）尚婢婢说：“我国无主，则归大唐，岂能事此犬鼠（指尚恐热）乎?”② 也就是说，在吐蕃的大臣眼里，吐蕃王朝末期，没有唐朝册命，一个拥有重兵大权的大臣就无法成为国君——赞普。

吐蕃王朝瓦解后，西藏地方出现分裂割据局面，原来被吐蕃贵族统治者奴役的各族各部发动了武装反抗活动，奴隶也纷纷起义。公元869年（土牛年），发生民变。9年以后的877年（火鸡年），许布达孜等四大世系共同商议，把赞普墓穴分给各造反的世系，并多被掘毁。《贤者喜宴》记载：“尼雅氏挖掘了敦卡达陵墓，蔡邦祥挖掘了杰钦陵墓，许布氏挖掘了僧格坚陵墓，珍却沽挖掘了珠杰陵墓，尼哇得到俄谢（陵墓），致使（该陵）未被挖掘而得以留存。松赞干布陵被没庐氏及久若氏二人所得，遂得以留存。”③

宋朝时期西藏地方处于分裂割据状态。五代时，“吐蕃已微弱，回鹘、党项诸羌夷分侵其地，而不有其人民”。“族种分散，大者数千家，小者百十家，无复统一矣。”④ 藏文史书也记载，在西藏各个地方也出现了大政权、小政权、众多派、寡少派、金枝、玉叶、食肉者和食糌粑者等，互相进行纷争。⑤

唐朝与吐蕃建立起来的“甥舅”关系，也影响到宋朝时期活动在今青海、甘肃一带地区的吐蕃唃厮啰政权。唃厮啰政权首领自称外甥，称宋朝皇帝为“阿舅天子”，“道旧事则数十二辰属，曰兔年如此，马年如此”。青唐大首领俞龙珂朝宋，自称“平生闻包中丞（即包拯）朝

① 《资治通鉴》卷二四六。

② 《资治通鉴》卷二四七。

③ 巴卧·祖拉陈瓦原著，黄颢、周润年译注：《贤者喜宴——吐蕃史译注》，中央民族大学出版社，2010年，第292页。

④ 《宋史》卷四九二，吐蕃传。

⑤ 巴卧·祖拉陈瓦：《贤者喜宴》，藏文本，民族出版社，1986年，第431页。

廷忠臣，某既归汉，乞赐姓包。”宋神宗从其请，赐名包顺。[①] 青唐吐蕃政权继承了吐蕃与唐朝之间因为联姻而形成“甥舅”关系，不断加强与中原政权的经济、文化关系，在甘肃青海一隅把民族和区域文化建设得有声有色。另外，还使吐蕃时代迁徙到这里的军人后裔与当地其他民族混杂而居，相互吸收，相互融合，这也为后来甘青地区藏族的形成奠定了基础。宋崇宁三年（1104）八月，在熙河兰湟路开办“番学”，教授吐蕃贵族子弟学习中原儒家文化和技艺[②]，密切了双方的文化联系，有利于中华共同文化的形成。

四、元朝以来历代中央政府在西藏行使有效行政管辖

元朝时期是中国历史上一个新的大一统时期，也是西藏地方与中原王朝关系发展的转折时期，更是中国各民族大交流、大融合的一个历史时期。

1. 元朝时期西藏地方被纳入中央政府直接行政管辖

元朝时期（1206—1368 年，一说 1271—1368 年）是中国历史上继汉唐之后又一个统一王朝，元朝在继承前代疆域和制度的基础上还有所发展。从元朝开始，西藏地方正式纳入中央王朝的直接行政管辖之下，中央王朝对西藏的管理逐渐变得系统而完善，西藏地方与祖国内地的联系亦空前紧密。

元朝在中央设置宣政院（初设总制院）管理全国佛教和西藏及其他藏地事务。中统元年（1260）十二月，忽必烈封吐蕃萨迦的八思巴

① 《宋史》卷四九二，吐蕃传。

② 《续资治通鉴长编拾补》卷二十五。

为“国师”，授以玉印，统天下教门[①]。1264 年，总制院设立，以国师八思巴领之。二十五年（1288），尚书右丞相兼总制院使桑哥，以总制院统领吐蕃各宣慰司军民财谷，责任甚重，宜有以崇异之，奏请用唐朝皇帝在宣政殿接见吐蕃使臣的故典，改名为宣政院，秩从一品，用三台银印。以帝师领院事。置院使二员，后增至十员，其为长者常以朝廷大臣担任，位居第二者由帝师推荐僧人担任。[②] 宣政院官属得自选用，与中书省、枢密院、御史台并为元朝四个独立的任官系统。

册封西藏地方政教首领 1270 年，八思巴为元朝中央创制新文字。忽必烈晋升八思巴为帝师，并更赐玉印，封其为“普天之下，大地之上，西天佛子，化身佛陀，创制文字，护持国政，精通五明班智达八思巴帝师”。1280 年，八思巴在萨迦寺拉康拉章去世，忽必烈又赐封封号“皇天之下，一人之上，开教宣文，辅治大圣，至德普觉，真智佑国，如意大宝法王，西天佛子，大元帝师”。[③] 1320 年，元仁宗下诏，在全国各路建造八思巴帝师殿，永远纪念。八思巴以后的历代帝师、国师都是由皇帝册封的。

元朝还在西藏地方册封了一位白兰王，而首位白兰王就是八思巴的弟弟恰那多吉（phyag na rdo rje，1239—1267）。恰那多吉曾尚公主，娶阔端之女墨卡顿公主为妻，获赐金印，受命管理藏地事务。按元制，宗室驸马通称诸王。藏文史书记有四位白兰王：除了恰那多吉之外，还有三位：索南桑波（bsod nams bzang po，1291—1328）、贡噶勒贝坚赞贝桑布（kun dgav legs pavi rgyal mtshan dpal bzang po，1308—1336）和扎巴坚赞贝桑布（grags pa rgyal mtshan dpal bzang po，1336—1376），他

① 王磐：《八思巴行状》，《大正大藏经》卷四九；《释氏稽古略续集》卷一。
② 《元史》卷八七，百官志三・宣政院。
③ 《元史》卷二〇二，释老传。

们都是获得册封而得以拥有王号的。[①]

设立三路宣慰使司都元帅府管理地方事务　元朝设立三路宣慰使司管理藏地事务，比如其中的设立在今西藏日喀则萨迦县的乌思藏纳里速古鲁孙等三路宣慰使司都元帅府（乌思藏宣慰司），管理今天西藏昌都地区以外的西藏绝大部分地方事务；吐蕃等路宣慰使司都元帅府（朵甘思宣慰司），管理康区即今天西藏昌都、四川甘孜、云南迪庆和青海玉树等地区事务；吐蕃等处宣慰使司都元帅府（脱思麻宣慰司），管理安多地区即青海大部、甘肃南部和四川藏族牧区事务。在三路宣慰司之下设有万户府、千户所等行政组织，其中管理乌思藏地区即今天前后藏地区的行政机构是“乌思藏十三万户”的建制。[②]

任命西藏地方官员　元朝时期管理西藏地方事务的乌思藏宣慰使、万户长、千户长等官员，是通过帝师举荐，最后都要由朝廷任命。藏文史书《汉藏史集》记载，原来的本钦“贡噶桑布卸任本钦职务之后，在甲若仓住了六年。在这期间，由上师八思巴举荐，尚尊、秋波岗噶瓦、绛仁依次被任命为本钦。由于上次八思巴不喜欢贡噶桑布，薛禅皇帝（忽必烈）下诏，派桑哥丞相率领蒙古军队十万，进军到达仓垅巴，攻下康马土城，然后包围了甲若仓，于阳铁龙年（1280）将本钦贡噶桑布处死。”[③] 该书还记载，“阿迦仑在本钦任内曾前往汉地（中原地区），朝见了爱育黎拔力八达普颜笃（元仁宗，1285—1320）皇帝，皇帝赐给他世代担任羊卓万户长的诏书。”[④] 从这些藏文文献的记载来看，元朝时期无论是担任西藏地方的本钦（乌思藏为首宣慰使），还是各个

① 达仓宗巴·班觉桑布著，陈庆英译：《汉藏史集》，西藏人民出版社，1986 年，第 208—214 页；达仓宗巴·班觉桑布：《汉藏史集》，藏文本，四川民族出版社，1985 年，第 334—342 页。

② 《元史》卷八七，百官三·宣政院。

③ 达仓宗巴·班觉桑布：《汉藏史集》，藏文本，四川民族出版社，1985 年；陈庆英译《汉藏史集》，西藏人民出版社，1986 年，第 225 页。

④ 达仓宗巴·班觉桑布著，陈庆英译：《汉藏史集》，西藏人民出版社，1986 年，第 226 页。

万户府的万户长，都必须由皇帝来任命，如果他们触犯法律的话，皇帝即可将其免除职务，甚至正法处死。

在西藏设置驿站 元朝在全国建立了体系完备的驿站系统，在西藏后藏地区设立 4 个大驿站的情况是：1. 由拉堆绛和拉堆洛两个万户，以及阿里万户一起负责萨迦的大站。拉堆洛万户还要支应玛尔拉塘的一个小站，阿里万户的米德（民部）还要支应夏喀的小站、江仁的小站、蚌兰地方的兵站。玛法木地方的小站由普兰的人支应，古格南北两路的人户支应梅朵色如地方的小站。2. 由曲弥万户支应达尔垅的大站。3. 夏鲁万户的 3892 个霍尔堆中除去甲若仓（今白朗县）的 832 个霍尔堆，剩下的 3060 个霍尔堆负责支应春堆大站。4. 甲若仓的 832 个霍尔堆、羊卓万户 16 个达果、绛卓万户在江边的 11 个达果负责支应达克地方的大站。在雅鲁藏布江阴的一个小站，由羊卓万户支应。前藏地区的 7 个大站的情形是：1. 由止贡万户支应果白驿站。2. 由甲域万户加上蔡巴万户的热杂特哇的 350 个霍尔堆，支应噶热大站。3. 由嘉玛万户加上蔡巴万户的素喀的 350 个霍尔堆负责支应索地方的大站。4. 由帕竹万户加上达垅的 500 个霍尔堆以及拉巴的 600 个霍尔堆支应孜巴的大站。5. 由朱固岗、喀热、主巴、扎玛塘、沃喀等地的不隶属于万户的米德支应夏颇的大站。6. 由雅桑万户支应贡地方的大站。7. 由蔡巴万户的根本民户支应官萨的大站。① 卫藏的百姓都要担负供应驿站的责任，后来桑哥进行了改革，有些离驿道很远的民户就不必亲自前往应驿，可以用出财出物等方式来代替，减轻了老百姓的负担，深受欢迎。但是，支应驿站的责任是不能免除的。

在西藏清查人户 元朝在西藏的人户清查进行了三次。第一次是薛禅汗即皇位之初的公元 1260 年，在皇帝派大臣答失蛮到西藏的三个却

① 达仓宗巴·班觉桑布著，陈庆英译：《汉藏史集》，西藏人民出版社，1986 年，第 187—188 页；《汉藏史集》藏文本，四川民族出版社，1985 年，第 301—304 页。

喀设立驿站之时，清查了土地和人口。第二次是公元1268年即藏历第五饶迥的土龙年，由薛禅皇帝派遣大臣阿衮和弥林二人，与萨迦本钦释迦桑布一起，对吐蕃乌思藏纳里速（阿里）各地的土地人口户数进行了详细的清查，确定了建立十三万户的体制。第三次是公元1287年即藏历第五饶迥的火猪年，由元朝皇帝派遣的大臣托肃阿努肯和格布恰克岱平章等人与萨迦本钦宣努旺秋一起，再次清查了户口，恢复了驿站，并重新写造了被称为大清册的户口登记册。“当时统计户籍的办法是：有6根柱子面积的房子，有能下12蒙古克种子的土地，有夫妻、子女、仆人共计6人，牲畜有乘畜、耕畜、乳畜等三种（乘畜指马、毛驴，耕畜指犏牛、牦牛、黄牛，乳畜指母黄牛、母犏牛等），以及山羊、绵羊两种，黑白杂畜24头。这样1户人家称为1个霍尔堆（蒙古户），50个蒙古户称为一个达果（马头），两个达果称为1个百户，10个百户为1个千户，10个千户为1个万户。”[①] 最后在卫藏地区建立了十三个人户不等的地方行政机构，即乌思藏十三万户行政体制。

在西藏地方推行法律　1239年，阔端派多答率兵入藏，处于自身利益的缘故，西藏早期接触蒙古军队的一些寺院，诸如热振寺、杰拉康寺等都采取了抵抗的措施，从而招致蒙古军的武力攻击，据说有索顿（so ston）等500名僧人在冲突中被杀，热振寺和杰拉康寺被焚烧。多答逮捕贡巴释仁（sgom pa），准备杀害，止贡京俄扎巴迥乃求情，多答释放了贡巴。京俄把西藏装有木门的户口名册献给了多答，表示归服，接着，多答的军队捣毁了下至东方工布地区、东西洛扎（lho brag）、洛若（lo ro）、加波（byar po）、门贝卓（mon dpal gro）、洛门（lho mon）和泥婆罗边界以内的坚固堡寨，以蒙古法令进行统治，地方安宁。[②] 元

① 《汉藏史集》藏文本，第270—271页；汉译本，第165页。

② 大司徒·绛曲坚赞：《朗氏宗谱》（一作《朗氏家族》），藏文本，西藏人民出版社，1986年5月，第109页；赞拉·阿旺、佘万治译，陈庆英校：《朗氏家族史》，西藏人民出版社，1989年4月，第74—75页。

朝时期，西藏地方各个万户解决矛盾和纠纷的途径主要有两条，一是民间自行解决，主要是通过邀请高僧大德来调解，平息双方纠纷，另一条是法律途径。后者是大量的和根本的途径，涉及西藏地方的重大问题，也关涉到制度。一个是朝廷派官员来设立法庭解决，另一个是更多的更经常的，是由萨迦本钦进行裁决。主要依据是皇帝圣旨、诸王令旨、帝师法旨，以及元朝的基本法律。①

在西藏驻扎军队　藏文史书《汉藏史集》称："薛禅皇帝次妃所生之子奥鲁赤，受命管辖西土之事，驻于汉藏交界处。亦曾前来乌思藏，多次镇压反叛。奥鲁赤之子铁木儿不花也服事萨迦大寺，做了许多利益教法之事。铁木儿不花之子为老的，承袭其父爵位，未到乌思藏。铁木儿不花的次妃所生之子搠思班，受封为（镇西武）靖王，前来乌思藏，在江孜山（rgal gyi rtsi ri）脚下击溃西蒙古的军队，并将止贡派的贡巴处以死刑。"②《元史》记，至元十六年（1279）秋七月己未，"以朵哥麻思之算木多城为镇西府。敕以蒙古军二千、益都军二千、诸路军一千、新附军五千，合万人，令李庭将之。"③ 元朝为了有效地管理西藏地方，曾经在今甘肃临夏等地设立军事管理机构，并在西藏地方有事的情况下，通过驿站迅速传递情报，调集军队，以平息叛乱，安定地方。军队的人员组成包括蒙古军、益都军（今山东益都县，青州?）、新附军（南宋投降后改编的部队）和内地各路抽调的军队。

在西藏征兵征税　元朝在西藏地方征收的赋税有多项，主要包括：丁税即依据诸户人丁数交纳丁税，也就是"人头税"。丁税之外是地税。元朝朝廷规定，丁税、地税不重复交纳。工匠、僧、道、也里可温、达失蛮、儒户等纳地税。元朝时期在西藏地方征收的赋税以丁税为

① 张云：《元代吐蕃地方行政体制研究》，中国社会科学出版社，1998 年，第 321—331 页。

② 达仓宗巴·班觉桑布：《汉藏史集》藏文本，四川民族出版社，1985 年，第 266 页；陈庆英汉译本，西藏人民出版社，1986 年，第 161—162 页。

③ 《元史》卷十，世祖七。

主要内容。商税，即“什一税”（bcu kha）。驿站差税，即因路途遥远无法应驿者要缴纳供应驿站的赋税。[①] 通过征税，既行使了有效管理职权，同时又部分地解决了地方管理机构支出。

崇奉藏传佛教特别是萨迦派，通过重教而维护政治大一统　《元史》记：“元起朔方，固已崇尚释教。及得西域，世祖以其地广而险远，民犷而好斗，思有以因其俗而柔其人，乃郡县土番之地，设官分职，而领之于帝师。乃立宣政院，其为使位居第二者，必以僧为之，出帝师所辟举，而总其政于内外者，帅臣以下，亦必僧俗并用，而军民通摄。于是帝师之命，与诏敕并行于西土。百年之间，朝廷所以敬礼而尊信之者，无所不用其至。虽帝后妃主，皆因受戒而为之膜拜。正衙朝会，百官班列，而帝师亦或专席于坐隅。且每帝即位之始，降诏褒护，必敕章佩监络珠为字以赐，盖其重之如此。其未至而迎之，则中书大臣驰驿累百骑以往，所过供亿送迎。比至京师，则敕大府假法驾半仗，以为前导，诏省、台、院官以及百司庶府，并服银鼠质孙。用每岁二月八日迎佛，威仪往迓，且命礼部尚书、郎中专督迎接。及其卒而归葬舍利，又命百官出郭祭饯。”[②] 通过崇奉藏传佛教，“不仅元室把西藏作为一家来看待，西藏僧人也设想元帝是古代吐蕃赞普的再现，在他们的影响下，藏区僧俗官民同样把元代皇帝视为最高的共同主人，这样双方的认识汇合到一点，即‘天下一统’，用现代的话讲，即‘西藏是中国的不可分割的一部分’，这个共同持有的观点，传承不渝，为此后中国历史一再证实。”[③]

---

① 大司徒·绛曲坚赞著，赞拉·阿旺、佘万治译：《朗氏宗谱》，西藏人民出版社，1989年，第151页；张云：《元朝在西藏地方征税考》，《中国经济史研究》2002年第4期。

② 《元史》卷二〇二，释老传。

③ 邓锐龄：《元明两代中央与西藏地方的关系》，中国藏学出版社，1989年，第34—35页。

2. 明朝的多封众建与“贡市羁縻”

承认元朝正统，爱怜全体百姓 明朝统治者在宣扬朱元璋曾经提出的“驱逐胡虏，恢复中华”口号的同时，也指出“自宋祚倾移，元以北狄入主中国，四海内外，罔不臣服，此岂人力，实乃天授”①。承认元朝的统治是历史的必然，并非人力所能左右的。“昔元起沙漠，其祖宗有德，天命入主中国，将及百年。今其子孙怠荒，罔恤民艰，天厌弃之。君则有罪，民复何辜?”② 这里更提出了元朝统治者有罪，普通百姓无辜的观点。同时，希望“元主父子，远遁沙漠……果能审识天命，衔璧来降，待以殊礼，作宾吾家”③。这里表明，元朝故主只要归附新朝，可以尽弃前嫌，礼为上宾。

明朝建立以后，明太祖朱元璋就派使者前往吐蕃地方招抚。洪武二年五月颁布诏谕吐蕃诏书：“昔我帝王之治中国，以至德要道民用和睦推及四夷，莫不安靖。向者胡人窃据华夏百有余年，冠履倒置，凡百有心孰不兴愤。比岁以来，胡君失政，四方云扰，群雄分争，生灵涂炭。朕乃命将率师悉平海内，臣民推戴为天下主，国号大明，建元洪武。式我前王之道，用康黎庶。惟尔吐蕃邦居西土，今中国一统，恐尚未闻，故兹诏示使者至吐蕃。”④ 就是说，在内地王朝更迭之后，派人通知西藏地方首领，归服明朝。

设立行政区划 明朝先于卫、藏地区设置“乌思藏卫”。洪武七年(1374)，升“乌思藏卫”为“乌思藏行都指挥使司”。后接而升“行都指挥使司”为“都指挥使司”，下设若干行都指挥使司、万户府、千户所、百户所等。俺不罗行都司：初置乌思藏俺不罗行卫，洪武十八年

① 《明太祖实录》卷二六，吴元年十月丙寅条。
② 《明太祖实录》卷三二，洪武元年七月辛卯条。
③ 《明太祖实录》卷三五，洪武元年九月戊寅条。
④ 《明太祖实录》卷四二，洪武二年五月甲午条。

(1385)升置乌思藏俺不罗行都指挥使司，驻浪卡子。牛儿宗寨行都司：永乐十一年（1413）置乌思藏牛儿宗寨行都指挥使司。领司奔寨行都司：永乐十一年（1413）置领司奔寨行都指挥使司。俄力思军民元帅府：洪武八年（1375）置俄力思军民元帅府，驻列城。怕（帕）木竹巴万户府：洪武八年（1375）置怕木竹巴万户府。必力工瓦万户府：洪武六年（1373）置必力工瓦万户府。仰思多万户府：洪武十五年（1382）置仰思多万户府。沙鲁万户府：洪武十八年（1385）置沙鲁万户府。着由万户府：永乐七年（1409）置着由万户府。笼答千户所：洪武八年（1375）置笼答千户所。于是，以元朝的建制为基础，在西藏地方建立起新的管理体制。

颁赐印信与任命官员　洪武六年春，摄帝师喃加巴藏卜及故国公南哥思丹八亦监藏等人入朝，“上所举六十人名。置指挥使司二，曰朵甘，曰乌斯藏，宣慰司二，元帅府一，招讨司四，万户府十三，千户所四，即以所举官任之”。“佛宝国师锁南兀即尔等遣使来朝，奏举故官赏竹监藏等五十六人。命增置朵甘思宣慰司及招讨等司。招讨司六：曰朵甘思，曰朵甘陇答，曰朵甘丹，曰朵甘仓溏，曰朵甘川，曰磨儿勘。万户府四：曰沙儿可，曰乃竹，曰罗思端，曰列思麻。千户所十七。以赏竹监藏为朵甘都指挥同知，余授职有差。”[①] 由此可知，洪武六年(1373)，明太祖诏置乌斯藏、朵甘两卫指挥使司及宣慰司二、元帅府一、招讨司四、万户府十三、千户所四。封故元国公南哥思丹八亦监藏等60人为指挥同知，宣慰使同知、副使、元帅、招讨、万户等官。升乌斯藏、朵甘两卫为行都指挥使司后，又封授土官56人，增置朵甘思宣慰司及招讨司六、万户府四、千户所十七。[②] 对乌思藏西部的阿里地区，明朝设置了“俄力思军民元帅府”加以管理。后来在明成祖时又

① 《明史》卷三三一，西域三。

② 《明太祖实录》卷九五，洪武七年十二月壬辰条。

置“乌思藏卫牛儿宗寨行都指挥使司，以喃葛监藏为都指挥佥事。授锁巴头目剌昝肖、掌巴头目札巴、八儿土官锁南巴、仰思都巴头目公葛巴等俱为司徒。各赐银印、诰命、银币。司徒者，其俗头目之旧号，因而授之。以擦巴头目巴儿藏卜继其兄葛谛藏卜、挫失吉继其父冷真监藏并管著烈思巴簇林监藏俱为乌思藏都指挥使司都指挥佥事。喃葛烈思巴继其父损竹监藏为乌思藏俺卜罗行都指挥使司都指挥佥事。各赐诰命、綵币。”① 通过招抚包括今阿里地区在内的西藏地区和康区曾经担任元朝职官的人归附明朝，为他们更换明朝的诰命和印信，顺利实现了西藏和其他藏地官员的身份转变，保证了政权交接在西藏和其他藏地的平稳过渡。

恢复内地到西藏的驿站 明朝“复置驿站，以通西域之使”。明成祖永乐五年（1407）三月，巴鲁奉朝命会同帕木竹巴灌顶国师阐化王吉剌思巴监藏巴里藏卜（grags pa rgyal mtshal dpal bzang po），以及护教王（今西藏贡觉县地方）、赞善王（今甘肃临夏）、必力工瓦（止贡，今西藏墨竹工卡县直孔地方）国师、川卜千户所、必里卫（今青海贵德县）、朵甘卫（今四川德格县俄支）、川藏族一起复置驿站，把今天青海藏地、四川藏地和西藏地区的交通重新恢复起来，大大方便了人员往来和贸易畅通。

册封西藏和其他藏地宗教领袖 永乐十一年（1413）设阐教王，领有封地，驻必力公（止贡）。永乐十一年（1413）设辅教王，领有封地，驻思达藏（今西藏日喀则市的吉隆县境内）。永乐五年（1407）设阐化王，领有封地，驻内邬栋（今西藏乃东区）。宣德九年（1434）设大慈法王，领有封地，驻拉萨。永乐五年（1407）设大宝法王，领有封地，驻簇尔卜寺（今西藏堆龙德庆区境内）。永乐十一年（1413）设大乘法王，领有封地，驻萨迦（今西藏萨迦县）。从永乐四年册封帕竹

① 《明太宗实录》卷一三七，永乐十一年二月己未条。

札巴坚赞为“阐化王”开始，到永乐十三年封释迦也失为“西天佛子大国师”为止，九年间，明成祖先后分封了两大法王、五大教王。同时，在法王、教王之外，还陆续分封了灌顶大国师、灌顶国师、大国师、国师、禅师等，使颇具影响的西藏宗教界安定下来，政教合一的体制得以保留。明万历十五年（1587）明朝封赐三世达赖喇嘛索南嘉错“朵儿只唱”（rdo rje vchang，意为“金刚持”）名号，这是达赖喇嘛最早接受中央的正式封号。

茶马贸易与经济管控　洪武五年（1372）设置秦州茶马司（今甘肃天水），设司令、司丞等官职，专门负责西北地区的茶马互市。洪武七年（1374）设置河州茶马司（今甘肃临夏），治所在河州卫东南的归德堡。同时设置洮州茶马司（今甘肃临潭），最初设置于旧洮州堡，后随着洮州卫的建成迁址。洪武三十年（1397）设置西宁茶马司。永乐十一年（1413）设置甘肃茶马司［正统八年（1443）裁并，嘉靖四十一年（1562）又复设］。设茶马司于秦、洮、河、雅诸州，自碉门、黎、雅抵朵甘、乌思藏，行茶之地五千余里。[①]《通番禁例》规定：“私茶出境者，斩；关隘不觉察者，处以极刑。”[②] 洪武十六年（1383）朱元璋向松州卫指挥佥事耿忠发布命令：“西番之民，归附已久，而未尝责其贡赋。闻其地多马，宜计其地之多寡以出赋，如三千户则三户共出马一匹，四千户则四户共出马一匹，定为土赋。庶使其知尊君、亲上、奉朝廷之礼也。”[③] 洪武二十六年明太祖派曹国公李景隆到“西凉、永昌、甘肃山丹、西宁、临洮、河州、洮州、岷州、巩昌缘边诸番，颁给金铜信符”[④]。“初制，长河西等番商以马入雅州易茶，由四川严州卫入黎州始达。茶马司定价，马一匹，茶千八百斤，于碉门茶课司给之。茶

① 《明史·食货四》，中华书局版，第1947页。

② 梁材：《议茶马事宜疏》，明经世文编，卷一〇六。

③ 《明太祖实录》卷一五一，洪武十六年春正月辛酉条。

④ 《明太祖实录》卷二二五。

商往返迂远，而给茶太多。严州卫以为言，请置茶马司于严州，而改贮碉门茶于其地，且验马高下以为茶数。诏茶马司仍旧，而定上马一匹，给茶百二十斤，中（马）七十斤，驹五十斤。”① 朱元璋还曾说“每马约与茶百斤，岁给茶三百万斤，可易马三万匹。”② 明朝通过控制茶马贸易来加强对西藏地方的掌控，颁布法律禁止非法贸易，还设立金牌制加以控制。对私自贩运者予以严惩，朱元璋的女婿欧阳伦就是因为私贩茶叶，被其斩首。

3. 清朝设置驻藏大臣与法制化管理

清朝建立之前就因重视经营蒙古地区而注意到西藏地方的重要性，特别是藏传佛教格鲁派的特殊作用。

五世达赖喇嘛朝清与西藏地方政教领袖受封 册封达赖喇嘛、班禅额尔德尼。顺治九年（1652），五世达赖喇嘛阿旺洛桑嘉措（ngag dbang blo bzang rgya mtsho，1617—1682）来到北京觐见清朝皇帝，次年返回西藏。返藏途中行抵今内蒙古岱噶地方，清世祖派人送去金册金印，册封五世达赖喇嘛为“西天大善自在佛所领天下释教普通瓦赤喇怛喇达赖喇嘛”③。与此同时，封管理西藏地方行政军事的和硕特蒙古汗王图鲁拜琥（1582—1655）为“遵行文义敏慧顾实汗”。清康熙五十二年（1713），册封五世班禅洛桑益西（blo bzang ye shes，1663—1737）为“班禅额尔德尼”，赐金册金印，由中央政府确认其地位，并形成定制。其后，清朝授命达赖喇嘛、班禅额尔德尼管理西藏地方政教事务，大大提升了他们的政教地位并扩大了他们的社会影响与作用。

调整西藏地方行政管理体制 1720 年，清朝政府驱逐准噶尔在西藏的统治后，决心加强在西藏的治理，废除了第巴总管政务的制度，设

① 《明史·食货四》，中华书局版，第 1948 页。

② 《明太祖实录》卷二五四。

③ 《清实录》顺治十年四月丁巳（1653. 5. 18）条。

置了四噶伦来共同管理西藏事务，康济鼐（Kancennas　？—1727）担任首席噶伦主持事务。雍正五年（1727）噶伦阿尔布巴杀首席噶伦康济鼐。颇罗鼐发后藏、阿里军讨击。六年，阿尔布巴兵败被执，清廷任命颇罗鼐协助驻藏大臣总理政务，并封其为贝子。颇罗鼐执政期间，设置常备军，练兵设卡，整修驿站，发展贸易，合理摊派差役、赋税，尊重藏传佛教各教派，修复各派寺院。雍正八年在拉萨主持雕印藏文大藏经《甘珠尔》（佛语部）、《丹珠尔》（论部）。乾隆四年（1739）颇罗鼐被封为郡王。乾隆十一年（1746），部分僧俗官吏依靠七世达赖喇嘛反对颇罗鼐专权，颇罗鼐欲追究根底，引起七世达赖喇嘛不满。乾隆皇帝高度重视，随即降旨："朕闻达赖喇嘛、郡王颇罗鼐伊二人素不相合。但伊二人皆系彼处大人，原不可轩轾异视。"并令札寄驻藏办事大臣傅清："务期地方宁谧，使颇罗鼐等不致滋事。"更手谕敕颇罗鼐，令其与达赖喇嘛"尔二人同心协力，以安地方……一应事务皆赖尔等办理。朕视尔二人，俱属一体，从无畸重畸轻之见。若尔二人稍有不合，以致地方不宁，甚负朕信任期望之恩。"[①] 很好地解决了地方政教首领之间的纠纷，同时也显示了中央权威。

设立驻藏大臣　驻藏大臣是清朝中央政府派驻西藏地方的行政长官，全称"钦差驻藏办事大臣"，又称"钦命总理西藏事务大臣"。设正副各一员，副职称"帮办大臣"。雍正五年（1727）始置，至宣统三年（1911），历184年共83任，计57人（内有再任及三任者）。帮办大臣共52任，计49人。根据清朝规定，驻藏大臣办理西藏地方事务，其政治上与达赖喇嘛和班禅额尔德尼平等，噶伦等均为其属员。在1793年颁布《钦定藏内善后章程二十九条》之后，驻藏大臣除了下传圣旨、上报地方奏折、管理驿站等之外，还进一步掌握了西藏地方的军

① 《手敕谕颇罗鼐与达赖喇嘛同心协力以求地方安宁》，乾隆十一年（1746）十二月初四日，《元以来中央与西藏地方关系史料档案汇编》（2），中国藏学出版社，1994年，第491—492页。

事、外交、经济等大权，成为有职有权的地方主宰者。

建立噶厦并授命达赖喇嘛和驻藏大臣共同管理 清乾隆十六年（1751）定制，设噶伦（噶布伦、噶卜伦）四人，命他们在大昭寺设立办公所，受驻藏大臣及达赖喇嘛管辖，办理西藏一切行政事务。用建立初期朝廷确定的原则来说的话，就是“仰体永远宁谧藏地之圣心，务期达赖喇嘛得以专主，钦差有所操纵，而噶隆（伦）不致擅权”[①]。噶厦所属机构有译仓（相当于秘书处）、仔康（相当于审计处）及各个勒空（局）。达赖喇嘛由此获得地方政府政教首领的地位，与驻藏大臣和班禅额尔德尼一起办理西藏地方事物。其权力来自皇帝授予，也受到朝廷和皇权的约束。像其他地方大臣一样，履行职责，恪守臣礼。乾隆十六年（1751）钦差大臣策楞办理西藏善后事务，与副都统班第到布达拉宫见七世达赖喇嘛，说明其受命负责处理珠尔默特那木扎勒（尔）骚乱事件，商办一切善后事宜之后，“达赖喇嘛恭听毕，以手加额，奏称：大皇帝乃天下之大父大母，胞与万物，惟我达赖喇嘛系诸儿女中受恩最重之第一人……今复蒙差大臣远来看视，圣恩优渥，顶感难言，惟有率我徒众，朝夕讽经，以上祝皇图巩固耳。”[②] 噶伦在噶厦集体办公，处理政务；凡遇重大事项，务须遵旨请示达赖喇嘛和驻藏大臣酌定办理，重要公文需要钤用达赖喇嘛的印信和驻藏大臣的关防。噶伦等重要官员，均需经朝廷任命，皇帝颁发敕书。

六世班禅觐见乾隆皇帝 乾隆四十四年（1779），针对陕甘总督勒尔谨在甘肃东科尔寺向进京觐见的六世班禅额尔德尼欲行叩拜礼事，皇帝让大学士于敏中寄书陕甘总督勒尔谨、陕西巡抚毕沅、山西巡抚巴延山、直隶总督杨景素，指出勒尔谨奏称叩见“甚属非是”“实属糊涂”。

---

① 《策楞奏抵藏日期及会见达赖喇嘛班智达情形折》，乾隆十六年二月初三日，《元以来中央与西藏地方关系档案史料汇编》（2），中国藏学出版社，1994 年，第 533 页。

② 《策楞奏抵藏日期及会见达赖喇嘛班智达情形折》，乾隆十六年二月初三日，《元以来中央与西藏地方关系档案史料汇编》（2），中国藏学出版社，1994 年，第 532 页。

鉴于勒尔谨所见“殊为非体”，皇帝认为连他的奏折夹片也不便留存，而将其销毁，怕为人所耻笑。认为此前已经明确告诉勒尔谨等人“以班禅额尔德尼过境时，不但督抚及道府大员不宜叩拜，即下至文武杂佐微员亦不可跪迎”。如果有官员敬奉喇嘛，邀请到其寓所相见，私向跪叩，既不禁止也不过问，而“勒尔谨身为总督，举动系通省观瞻。若令所属知总督尚且叩见，必致效尤滋甚，成何体统？不几如元代之厚待喇嘛乎！”“至明年班禅额尔德尼过境时，该省大小文武各员，只可排立迎待，即微末员弁，亦不得令其望尘叩谒。”[①] 这里已经交代得非常清楚，官员既是微末杂佐也不能向班禅这样的大活佛跪拜。对此，六世班禅本人也有清楚地了解，他与乾隆小女儿的一个对话生动地反映了其中的礼仪规矩。六世班禅藏文传记记载，乾隆四十五年（1780）七月二十三日，六皇子、八皇子、十一皇子等五子及七岁的公主来到大师身前各献哈达，合献十两金曼荼罗一具等。班禅高兴接受，为他们摩顶加持，送给每人上等哈达一条、吉祥铜佛一尊、珊瑚念珠一串等。“当时，公主屈膝跪在坐垫上，班禅大师对公主说：‘盘足坐。’公主说：‘我等常于父皇前跪拜，除了坐，不可盘足。所以，亦不可于喇嘛身前趺跏，如是坐即可，已经习惯了，没关系。’班禅大师说：‘这皇帝文殊菩萨之美丽女儿，非一般人，而是文殊菩萨之种空行母之化身，实为稀奇。’公主请求班禅大师为自己取法名。班禅大师遵奉皇帝前旨，根据无量寿与白绿度母心咒之授教，取名索朗班吉卓玛。”[②] 虽然小公主心怀虔敬，但是按规矩不能对班禅“屈膝跪坐”却是显而易见。

颁布规范地方各项事务的章程　清朝为了规范管理西藏地方体制与制度，曾经三次颁布章程。乾隆十五年（1750），驻藏大臣傅清、拉布

① 《于敏中字寄谕陕甘总督等各省臣工迎接班禅不可叩拜跪迎》，军机处上谕档，中国第一历史档案馆、中国藏学研究中心合编：《六世班禅朝觐档案选编》，中国藏学出版社，1996年，第109—110页。

② 嘉木央·久美旺波著，许得存、卓永强译，祁顺来、李钟霖校：《六世班禅洛桑巴丹益希传》，西藏人民出版社，1990年，第482—483页。

敦为叛酋珠尔墨特那木扎勒所害。事平，据策楞等所奏《西藏善后章程》(即十三条)[①]，遂废王爵，设噶厦，任命四噶伦（三俗一僧）以分权，在驻藏大臣以及达赖喇嘛统驭下协办藏务。五十八年（1793），在平定廓尔喀入侵后，清廷颁行福康安所奏《藏内善后章程》(即《钦定善后章程二十九条》)。道光二十四年（1844），琦善奏陈《酌拟裁禁商上积弊章程》二十八条[②]，重申补充旧有章程，以加强驻藏大臣的权力，整顿和完善西藏地方吏治。又对藏军、驻防清军的若干弊端，奏请改革。但他奏请放弃对商上财政的审核权、奏罢训练藏军成例及停止派兵巡查部分地区（哈喇乌苏），对以后产生了不良的影响。

《铁虎清册》称西藏是大皇帝的属地 乾隆五十七年（1793），在颁布《钦定藏内善后章程二十九条》的同时，皇帝谕驻藏大臣令西藏地方政府、贵族、寺庙一律平均支纳差赋，以减轻百姓负担。道光十年(1830)，经驻藏大臣奏请道光帝批准，西藏地方政府颁布了《铁虎清册》。文首指出：较大寺庙及公、噶伦等大贵族官绅之顿差、百姓俸地等，皆为大皇帝和达赖喇嘛之庶民与领地，故“仅归其使用，并非各自背负而来，直至现今，依然允其使用，然彼等并不感恩戴德”。由于触及一些贵族的切身利益，他们“力图不予承受”，甚至“呈文请求驻藏大臣和摄政诺门汗转奏大皇帝，请准予按旧差赋支纳，不另增差赋”[③]。说明西藏地方的土地的最高主人是清朝皇帝，掌握西藏地方贵族差税政策大权的也是清朝皇帝。

任免摄政与噶伦、代本 清朝政府为防止噶伦等人“擅权滋事”，遂命西藏地方当局从甘丹、哲蚌、色拉三大寺及四大林（丹吉林、功德林、策墨林、次觉林）中推选学识渊博、声望卓越之大活佛为摄政

---

① 《清高宗实录》卷三八六，乾隆十六年三月乙丑条。

② 张其勤原稿，吴丰培增辑：《清代藏事辑要》，西藏人民出版社，第417—429页。

③ 格桑卓噶、洛桑坚赞、伊苏编译：《铁虎清册》，中国藏学出版社，1991年，第9—10页。

候选人，由驻藏大臣奏请清廷任命，清廷视其出身及勋绩赏给呼图克图、诺门汗、禅师等名号，颁给金册、银印，在达赖喇嘛转世新灵童未寻获及灵童坐床后尚未达到法定执政年龄（18 岁）之前，暂行代理达赖喇嘛主持西藏政教事务。1757 年，七世达赖喇嘛格桑嘉措在布达拉宫圆寂，藏中政教事务一时无人主持，乾隆帝命第穆诺门汗·阿旺江白德勒嘉措"掌办商上事务"，即担任摄政，在达赖新灵童未找到及灵童坐床未达到法定亲政年龄之前，代理达赖职权。《裁禁商上积弊章程二十八条》指出："驻藏大臣与达赖喇嘛、班禅额尔德尼平等，并非与代办之呼图克图平等；驻藏大臣负有考核之责，代办之人，非达赖喇嘛可比。""达赖喇嘛年至十八岁，应请仿照八旗世职之例，由驻藏大臣具奏请旨，即行任事。其掌办之人，立予撤退，所有掌办印信，或照成案送京，或封贮商上，请旨遵行，不得仍有捺压专为掌办之人，以杜结纳。"噶伦缺补时，从代本、孜本、强佐中考察个人政绩，由驻藏大臣和达赖喇嘛共同提出两个名单，呈报大皇帝选择任命。其余人员可由驻藏大臣和达赖喇嘛委任，并发给满、汉、藏三种文字的执照。

奖励和处罚地方官员　西藏地方官员有违法行为，通过驻藏大臣上奏，朝廷有权对其处置与惩罚。19 世纪中叶，西藏地方哲蚌寺洛色林扎仓所属的达旺寺与当地门巴民众因利益纠纷发生矛盾，英国又插手其中，使之更加复杂。咸丰二年（1852）十一月八日，皇帝敕谕驻藏大臣穆腾额："此案办理乖谬。酿成巨案之班垫曲丕（dpal ldan chos vphel）著革去尚卓特巴并仔仲，交诺门罕惩办，仍著查拿在逃之协饶札巴（shes rab grags pa）务获，照例治罪。"[①] 最终顺利结案。咸丰三年（1853）七月，皇帝敕谕驻藏大臣："以查办西藏夷务出力，赏四品顶带前藏戴琫（代本）夺结顿柱（rdo rje don grub）五品顶带，错纳（那）营官期美夺结（vjigs med rdo rje）花翎，知县陈禾生等蓝翎，余

① 《清文宗实录》卷七五，咸丰二年十一月甲寅条。

升叙有差。”[①] 可见清朝西藏地方官员的升迁、奖惩大权均掌握在朝廷手中。

雍和宫的皇家寺院与化导功能 从清乾隆九年（1744）开始，清朝政府在几年之内陆续完成了雍和宫作为藏传佛教格鲁派寺院的基本建制。诸如：拆影壁，建昭泰门；设桅杆，立宝坊；立碑亭，建钟楼、鼓楼；对内部主要殿堂，如雍和门殿、雍和宫殿、永佑殿、法轮殿、讲经殿、药师殿等十个殿堂进行翻盖；在寺院外围相继修建了八百余间包括连房（僧舍）、印务处、经史馆等在内的附属用房，使原来的行宫逐渐具备了作为藏传佛教寺院的基本规模。乾隆皇帝赐名“噶丹敬恰林”（意为兜率壮丽洲，即“雍和宫”）。雍和宫设有“中正殿管理喇嘛念经处”，直属“理藩院”，设“领雍和宫事务大臣”一名，一般从亲王中选派。设有“文案房”“经坛房”和“造办房”，分别负责管理雍和宫的文书往来、僧人念经，以及佛像造办之事。在宗教上，设有“总管驻京喇嘛印务处”，负责管理北京，东、西陵，热河，五台山等各喇嘛寺院的工作；“总管喇嘛印务处”，管理雍和宫内部宗教事务。雍和宫有四大“扎仓”即僧院：扎年阿克学（数学殿）、曼巴学（药师殿）、擦呢特学（显乘殿，或显宗殿）和巨特巴学（密宗殿或密乘殿）。根据乾隆皇帝圣旨，各扎仓老师一律要从西藏选送。当时，显宗院上师由西藏哲蚌寺哈东然坚巴·阿旺群佩担任，密宗院上师由后藏选派的贡却丹达担任，药师殿上师由彭措赞林担任，诸明扎仓上师由莫觉夏仲担任。其他僧人的导师分别由拉萨三大寺和上下密院的十八位格西担任。

外国人笔下的中国在藏主权 1774 年受东印度公司委派前往后藏见过六世班禅的英国人波格尔（George Bogle）在四处碰壁之后写道，

① 《清文宗实录》卷八九，咸丰三年三月癸酉条。

中国在西藏的主权是“阻止我在所有路上前进的绊脚石”[①]。而六世班禅也就此向英国的孟加拉总督黑斯廷斯（Warren Hastings，1732—1818）写信声明：“西藏处于清朝皇帝的绝对主权之下，清朝皇帝强有力地严密地控制一切事务，与外国政府建立联系和友谊都将冒犯清朝皇帝，向您派遣信使超出了我的权限。”[②] 按照黑斯廷斯所派特使特纳（Samuel Turner）的报告，驻藏大臣也曾提醒六世班禅，“两位弗朗机人［欧洲人］抵达西藏，并随身携带大批扈从仆人。当前，弗朗机人十分好战，他们一旦潜入一个国家便制造混乱局面，并很快控制该国。以前，弗朗机人从未获准进入过西藏，他建议班禅喇嘛想办法将他们遣送回去”[③]。1846 年 1 月 29 日，法国传教士古伯察（Evariste Huc）和秦噶哔（Joeepb Gabet）到达拉萨，清政府指示驻藏大臣琦善：“该夷远涉重洋，经历数省，学习各处文字、语言，意究何居？”“该夷人是否实系该国所遣，及有无送银接济之事，并将匣内所贮夷信、夷书等件交通晓夷字之人逐件译明，庶可得其底细。”[④] 1846 年 2 月 26 日，抵达拉萨不到一个月的他们，在清军的押解下，回到了澳门。清末民初，英国和俄国在中亚大角逐中插手中国西藏事务，试图破坏中国的领土完整，制造民族分裂。即使如此，在他们的档案资料中依然保留下西藏是中国一部分的铁证。美国藏学家、后来担任外交官的柔克义曾经在 1890 年出版的《世纪》杂志上撰文指出：“这是多好的一幅图景啊，它显示了我们对于西藏的无知。这位美国驻华公使竟然不知道西藏正是

① 马克汉姆编著：《乔治·波格尔出使西藏及托马斯·曼宁拉萨之行游记》，文殊师利出版社，新德里，1971 年，第 148 页。（Edited by Clements R. Markham，*Narratives of George Bogle to Tibet and of the Journey of Thomas Manning to Lhasa*）

② 马克汉姆编著：《乔治·波格尔出使西藏及托马斯·曼宁拉萨之行游记》，文殊师利出版社，新德里，1971 年，第 195—196 页。

③ 瓦代尔著，梁俊艳译，张云校：《拉萨及其神秘》。

④ 《清实录道光朝实录》卷四三〇。

他被派遣驻扎的这个帝国不可分割的一部分！”①

据柔克义给罗斯福总统的信中记载：10 月 19 日，俄国驻华公使科洛斯托维奇（Korostovetz）转告柔克义，达赖喇嘛的特使洛桑多吉已经拜访了他，咨询有关清政府在西藏推行改革一事，并就达赖喇嘛应留在北京与清政府商谈藏务还是应该立即返回拉萨征求他的意见。科洛斯托维奇告诉洛桑多吉，“达赖喇嘛应该服从清政府的决定，除此以外他别无建议”。对于俄国的态度，柔克义向罗斯福总统做了说明：

“作为精神领袖的达赖喇嘛，俄国人对他的福祉倍感兴趣，但作为世俗领袖，他就必须服从中国中央政府。”

洛桑多吉则告诉俄国公使科洛斯托维奇，如果达赖喇嘛在俄国人那里得不到什么建议，他就转向英国驻华公使朱尔典去寻求帮助。科洛斯托维奇认为这同样无济于事，因为朱尔典公使已经告诉他说，“他不能与藏人直接联系，据他所知，涉及西藏的问题必须和中国政府商议解决”。科洛斯托维奇建议洛桑多吉去找柔克义，听听与西藏没有任何直接利害关系的美国如何看待此事。

10 月 21 日，洛桑多吉与柔克义会面，他告诉柔克义达赖喇嘛听说清政府要对西藏行政进行重大改革，但尚不清楚改革的实质和程度。他征求柔克义的意见，达赖应该在北京等到改革内容公布还是应该即刻返回拉萨。因为，达赖喇嘛十分担心一旦改革内容敲定，他以及前代达赖喇嘛的权利就会被清政府削减。柔克义则回答说：

“我从中国的新闻报纸上了解到清政府正在酝酿有关西藏的行政改革，包括将西藏划分为与中国内地相同的行政区划，重新组建西藏的军事力量，改革财政、教育，发展农牧业以及修建道路等。如果这真是计划中的改革内容，我看不到达赖喇嘛反对这项改革的任何理由。不仅如

① William W. Rockhill, “An American in Tibet”, *Century Magazine*, Vol. XLI (Nov. 1890), No. 1, pp. 4-17.

此，军事、外交和教育问题（在某些地区）都是皇家中央的分内之事，不应该留给各个省份去单独处理。”

洛桑多吉说：“达赖喇嘛绝不反对在西藏发展教育或进行军事改革。”他只有两点要求：一是黄教应继续保持其在西藏的声誉，二是达赖本人有直接向皇帝上书言事的权利。柔克义则表示：我确信，皇帝和他的政府绝不会做任何损害黄教声誉的事，这也是该王朝一贯所持的传统政策。……他（指达赖喇嘛）应该相信帝国对其一贯的支持。

“关于第二点，我建议达赖喇嘛非正式地了解一下，这样的要求怎样才能被转递到皇帝手中并被恰当处理。我个人认为他的要求是合理的，对于政府的良好运作也是有益的，可以保证他的代表能直接与皇帝接触。如果清政府意识到达赖喇嘛对于这项特权是多么渴望，我认为他们不会严重反对此事。”①

1906 年 6 月 6 日俄国外交部召开了一个包括外交部长和多位官员、专家学者参加的“西藏问题”会议，在所形成的会议报告中指出：“从意见交换中业已弄清楚，西藏最高权力起初集中在扎什喇嘛（指班禅额尔德尼）一人手中，后来他把行政权留给了自己，而把宗教领导权交给了达赖喇嘛，自那时起达赖喇嘛在喇嘛教职位等级中居首要地位。当然，当时不应忽视西藏是中国的组成部分，中国通过两位驻藏大臣实现对西藏的统治。驻藏大臣掌握一定的军队，不过数量十分有限。”②可见不仅一般西方旅行家的记载反映出清朝中央政府在西藏的完全主权，就是直接侵略西藏、破坏中国在藏主权的英国俄国都没有否认这一客观事实。

清末藏事改革旨在开启民智，强边固边，维护主权　张荫棠是清末

① William W. Rockhill, “An American in Tibet”, *Century Magazine*, Vol. XLI (Nov. 1890).

② 《俄国外交大臣伊兹沃尔斯基关于达赖喇嘛命运问题即返藏或驻锡青海问题会议情况报告》(1906 年 6 月 19［6］日)，陈春华翻译：《俄国外交文书选译》，《中国藏学》2013 年第 3 期。

藏事改革的代表人物，为使西藏官民支持和参与西藏改革，他亲自到拉萨“春都”会议上演讲，宣传“西藏百姓与中国血脉一线，如同胞兄弟一样”，消除汉藏情感隔阂；讲说“生存淘汰之理”，激发改革自强精神。为革新西藏，张荫棠先后向朝廷提出“治藏建议十九条”“传谕藏众善后问题二十四条”等治藏方略，得到清政府采纳。张荫棠提出一系列重要主张，包括革除神权政治，收回西藏治权；广设学堂，推广教育，创办汉藏文白话报；训练汉藏新军，加强武备；修好打箭炉、江孜、亚东牛车路；开设银行，振兴农工商业，开发矿产资源等。

此外，张荫棠还建议在西藏成立隶属于外务部的交涉局，专门负责西藏地方的对外交涉，以此阻止英国与西藏的直接交涉。张荫棠对西藏地区强烈的危机意识以及英国侵略西藏的图谋的清醒认识可以警醒当前，昭示后人。他在给外务部的电报中说：“英人经营西藏，已非一日，耗资不下千万，阴谋百出。”“窃思藏地东西七千余里，南北五千余里，为川滇秦陇四省屏蔽，设有疏虞，不独四省防无虚日，其关系大局实有不堪设想者。”“况英人亦视我在藏兵力之强弱，能否治藏地以为因应，我能自治，外人无隙可乘，自泯其觊觎之心。”①

清末的西藏改建行省之议 西藏建省的议论，最早始于19世纪末期。在英国第一次侵略西藏之后，很多国人开始关注西南边疆的安全，朝野上下开始关注藏事，筹划方略，有人就提出将西藏也改为行省，巩固藩篱：“……而藏与滇蜀相邻，逼近五印度，有不得仍恃驻防者。不若收入版图，改为行省，徐策富强，既可杜旁伺之心，复不致前功尽弃。”② 王锡祺提出：“西藏紧邻印度，英人久欲假道以通市于川、滇，所不敢公然争占者，因我驻有重臣，地久内属，非若琉球、越南，仅朝贡称臣已也。……考西藏辖城六十八，营一百二十四，设戴琫（代本）

① 《光绪三十二年正月二十三日致外部丞参函详陈英谋藏阴谋及治藏政策》，《清代藏事奏牍·张荫棠驻藏奏稿》，中国藏学出版社，1994年，第1306页。

② 阙名：《西藏改省会论》，《小方壶斋舆地丛抄》，第三帙，第96页。

治兵，设碟巴（第巴）治民，设堪布治喇嘛，虽受治于达赖，而总其成于两驻藏大臣，形格势禁，井井有条，酌建行省，似亦甚易。如前藏、中藏、后藏拉里，可分驻提、镇、司、道也；里塘、巴塘、察木多（昌都）、拉里等粮台可建府也；江卡、乍雅（察雅）、洛龙宗（洛隆）、硕班多、冰坝（边坝）、江达、墨竹工卡等处可建州县也。”① 光绪三十三年四月（1907），岑春暄再度指出：“西藏交涉极重，商埠将开，亦易及早议办。现设滇蜀边务大臣，拟以原来察木多地，东括打箭炉，南至乍丫，西至宁静，属滇蜀大臣，名曰川西省；布达拉及扎什伦布、阿里，则仍属之驻藏大臣，名曰西藏省。”② 但是，一则国内也有西藏不设行省的意见，再则英国不断施加压力，到1910年十三世达赖喇嘛出逃后，中国对英国承诺“无意改变西藏之行政，更无意改为中国行省”。③

十三世达赖喇嘛觐见慈禧太后与光绪皇帝　1908年9月，十三世达赖辗转来到北京，下榻北京西黄寺。光绪皇帝、慈禧太后在颐和园仁寿殿接见了十三世达赖喇嘛。关于达赖喇嘛陛见的礼节，档案资料有如下记载：

“九月廿日达赖喇嘛觐见两宫礼节见录如左：是日，皇太后陞仁寿殿，召御前大臣并御前侍卫等至仁寿殿内侍立，理藩部堂官分引达赖喇嘛并通事喇嘛二名、堪布喇嘛四名进仁寿殿左门，由纳陛左阶引达赖喇嘛纳陛上侧跪，通事喇嘛二名跪于达赖喇嘛之次，堪布喇嘛四名于纳陛下侧跪。达赖喇嘛敬谨跪递佛一尊、哈达一方，御前大臣接受。堪布喇嘛四名于原跪处敬谨跪递哈达，御前侍卫接受。达赖喇嘛跪请皇太后圣安，叩谢恩赏，跪听皇太后宣谕。达赖喇嘛奏对仍由通事喇嘛递相转

① 王锡祺：《西藏建行省议》，《小方壶斋舆地丛抄》，第三帙，第97页。

② 岑春煊：《统筹西北全局酌拟变通办法折》（光绪三十三年四月初二日），四川省民族研究所编《清末川滇边务档案史料》，中华书局，1989年，第925页。

③ ［英］柏尔著，宫廷璋译：《西藏之过去与现在》，商务印书馆，1934年，第74—75页。

答。御前大臣覆：‘奏礼毕’，引出恭候。皇上陞仁寿殿，理藩部堂官分引达赖喇嘛并通事喇嘛二名、堪布喇嘛四名进仁寿殿右门，达赖喇嘛敬谨跪递佛一尊、哈达一方；理藩部堂官引通事喇嘛二名、堪布喇嘛四名均跪于达赖喇嘛之后。堪布喇嘛四名敬谨跪递哈达，御前侍卫接受。达赖喇嘛恭请圣安，叩谢恩赏。理藩部堂官引通事喇嘛跪于达赖喇嘛之次，堪布喇嘛四名跪于达赖喇嘛之后，跪听皇上宣谕。达赖喇嘛奏对仍由通事喇嘛递相转达。御前大臣覆：‘奏毕礼毕’，引出。”①

达赖喇嘛还由雍和宫起行，前往白塔寺、嵩祝寺、福佑寺、玛哈嘎拉庙等庙进香。接着，光绪皇帝分别在仁寿殿和中南海紫光阁接见和宴请了他。应邀参加者包括青海东科尔呼图克图、扎萨克喇嘛、堪布喇嘛、达赖近身的大小堪布16员，另有驻京的蒙古王、贝勒、贝子、公、台吉、塔布囊等。其间，达赖喇嘛一再向皇帝及皇太后禀奏：“为了西藏的政教和臣民，应帮助西藏进行抵抗外道国家的侵犯，保全西藏显密二宗教律，为满、汉、蒙、藏四族人民所信奉，保教即安民护国，此为历代大皇帝所奉行不移之大政。请皇帝和皇太后仍旧贯彻前辈皇帝之仁政。”此次觐见在十三世达赖喇嘛的思想上产生了一定的触动。②

民国倡导领土统一　1912年1月1日中国民国临时政府成立，临时大总统孙中山发布《总统宣言书》，内称：“国家之本，在于人民，合汉、满、蒙、回、藏为一人，是曰民族之统一。武昌首义，十数行省先后独立，对于清廷为脱离，对于各省为联合。蒙古、西藏，意亦同此，行动既一，决无歧趋，枢机成于中央，斯经纬周于四至，是曰领土之统一。”③ 同年颁布的《中华民国临时约法》第三条规定：“中华民

① 《理藩部奏恭进达赖喇嘛陛见礼节折》，《政治官报》第356号（光绪三十四年九月二十八日）。参见索文清：《一九〇八年第十三世达赖喇嘛晋京朝觐考》，《历史研究》2002年第3期。

② 索文清：《一九〇八年第十三世达赖喇嘛晋京朝觐考》，《历史研究》2002年第3期。

③ 《中华民国临时政府公报一号》，《东方杂志》第8卷第10号。

国领土，为二十二行省，内外蒙古、西藏，青海。”① 人含汉、满、蒙、回、藏各族，地含内外蒙古、西藏、青海各省区。

总统令强调内政统一　1912 年 4 月 22 日，民国大总统袁世凯发布命令，宣布“现在五族共和，凡蒙、藏、回疆各地方，同为我中华民国领土，则蒙、藏、回疆各民族，即同为我中华民国国民，自不能如帝政时代再有藩属名称。此后，蒙、藏、回疆等处，自应统筹规划，以谋内政之统一，而冀民族之大同。民国政府于理藩不设专部，原系视蒙、藏、回疆与内地各省平等，将来各族地方一切政治，俱属内务行政范围。”②

自 1912 年以来，中央政府所举行的一系列重要国事会议和立法组织中，西藏方面均派有代表参加和出席。经挑选，十三世达赖喇嘛决定派哲蚌寺罗桑巴桑、色拉寺罗桑策殿、甘丹寺罗桑仁增等三人赴任。1913 年中华民国政府选举国会议员，专门拟定了西藏国会议员选举法，并依据此法选出西藏出席国会议员 40 名。他们在当选后，还专呈北京政府蒙藏事务局表示：“会员等于前清光绪三十四年（公元 1910）达赖活佛入京朝见之时，奉命留京供职。自民国成立以来，仰蒙大总统优待蒙藏人员，施之以德，训之以义，会员等欣感莫名，已将大总统庭念西藏之德并五族共和之要旨，呈报达赖活佛及西藏同胞……”③

西藏地方代表参加国民大会　1946 年 11 月 5 日，国民代表大会在南京召开。出席大会的西藏代表是代表团官员 5 人、西藏驻南京办事处新任官员 5 人，共 10 人。班禅堪布会议厅的代表是：仲且・诺云、计晋美、拉敏・益西楚臣、次仁顿珠、何巴敦、宋志书。甘南藏族代表中还有黄正清，青海代表有格西・喜饶嘉措，西康达吾寺的代表莫马群则

① 陈荷夫编：《中国宪法类编》下编，中国社会科学出版社，1980 年，第 366—367 页。
② 《东方杂志》第 8 卷第 11 号中国大事记。
③ 《藏文白话报》1913 年。

等。西藏代表团团长土登桑培被安排到主席台上就座。[1]

设立蒙藏委员会管理西藏地方事务 辛亥革命后，中华民国政府废清理藩院，于1912年4月成立内务部蒙藏工作处，同年7月改为“蒙藏事务局”，掌管蒙古、西藏等地少数民族事务，属国务院。1914年袁世凯将蒙藏事务局改为直属大总统府的蒙藏院，地位与各部相同，置总裁、副总裁，直属北洋政府总统府。南京国民政府成立后，于1929年根据中华民国政府组织法成立“蒙藏委员会”，管理蒙古地方（含今蒙古国）、西藏地方及其他各省蒙古族、藏族聚居区的行政、宗教及其他各项事务，先直属国民政府，后改为行政院所属部会之一，为中央主管蒙藏政务之最高机关，特任阎锡山（1883—1960）为委员长，指定赵戴文为副委员长。下设蒙事处、藏事处、蒙藏教育委员会、编译室、调查室等。1933年冬，十三世达赖喇嘛土登嘉措在布达拉宫圆寂后，国民政府于南京举行了两千余人参加的追悼大会。同时派黄慕松（1883—1937）入藏致祭，并册封十三世达赖喇嘛为“护国弘化普慈圆觉大师”。1938年12月28日，国民政府发布命令：“特派蒙藏委员会委员长吴忠信会同热振呼图克图主持十四辈达赖喇嘛转世事宜。”经过察看灵童，吴忠信（1884—1959）与摄政热振活佛一起联名上报国民政府请求免于金瓶掣签。1940年2月5日，国民政府发布命令：“青海灵童拉木登珠，慧性湛深，灵异特著，查系第十三辈达赖喇嘛转世，应即免予抽签，特准继任为第十四辈达赖喇嘛。”1940年4月1日，蒙藏委员会驻藏办事处正式成立，蒙藏委员会藏事处处长孔庆宗兼任驻藏办事处处长（1940年4月—1943年10月），此后，沈宗濂（1944年8月—1946年1月）、陈锡璋（1946年1月—1949年7月）相继担任该职务。1949年，蒙藏委员会委员长关吉玉（1899—1975）主持了十世班

---

① 喜饶尼玛：《民国时期出席全国性政治会议的西藏地方代表》，《中国藏学》1989年第2期。

禅坐床大典。蒙藏委员会在艰难时期为维护民国政府对西藏的主权发挥了积极的作用。

颁布寺庙和活佛转世管理办法　国民政府在1935年12月到1936年2月期间相继颁布《管理喇嘛寺庙条例》《喇嘛转世办法》《喇嘛登记办法》《喇嘛任用办法》和《喇嘛奖惩办法》等，加强对藏传佛教寺院、僧尼人员、寺庙财产等的管理。藏传佛教寺院和僧人由官署管理，转世活佛应限于传统活佛系统，新增者没有中央政府核准，不许转世。僧人道行高深或者对“党国”有功，由蒙藏委员会呈请加以奖励，而若违犯戒律或法令，则由蒙藏委员会呈请惩处。寺庙和僧众在蒙藏委员会登记，核给札付和度牒，并由蒙藏委员会拟定活佛转世、任用、奖惩、登记办法，报请行政院核定。达赖喇嘛、班禅额尔德尼等大活佛圆寂后，应由西藏地方政府转报蒙藏委员会备案，“由其高级徒众寻找具有灵异之同年龄幼童二人，以为各该喇嘛之呼毕勒罕候补人”，报由西藏地方政府转报蒙藏委员会查核，分别掣签确定。由蒙藏委员会咨行驻藏办事长官，会同达赖喇嘛（或班禅额尔德尼）缮写名签，入于拉萨大昭寺供奉的金奔巴瓶内，公同掣签。达赖喇嘛、班禅额尔德尼圆寂和新寻访转世灵童坐床，均由西藏地方政府呈请中央派大员前往照料坐床，禁止在其亲属内寻找认定转世灵童。“凡转世喇嘛，其前辈所得中央特给物品，除旧例可以使用者外，其余非经蒙藏委员会呈奉核准后，不得擅用。”①

认定册封十四世达赖喇嘛和十世班禅　1937年冬天，当转世灵童寻访小组在青海塔尔寺附近发现小灵童时，时任国民党军事委员会西安行营主任蒋鼎文立即通过蒙藏委员会委员长吴忠信向蒋介石呈递报告：

① 民国二十四年（1935）十二月九日国民政府公布《管理喇嘛寺庙条例》，民国二十五年（1936）二月十日会令公布，二十七年（1938）九月二十四日会令修正公布《喇嘛转世办法》，中国藏学研究中心、中国第二历史档案馆合编：《民国治藏行政法规》，五洲传播出版社，1999年，第53页，第54—56页。

“西藏拉萨当局于上年派设僧喇嘛格桑、克迈赛（即凯墨色）索安旺堆等来青寻访达赖喇嘛，历时半载，于塔尔寺附近汉族赵某家中找出。据拉萨占卜及去岁班禅大师之探访，确系再生之达赖喇嘛。……恐将来迎还时发生阻碍，故至今严守秘密，以便秘密迎请返藏。……我中央为巩固边陲计，对此次达赖返藏，宜作必要之处置，或遣使随同赴藏，俾诸权贵，以德意施政；或令青海当局留达赖暂住在塔尔寺驻锡，再作留送之计。”1940 年 1 月 31 日颁布命令，“据蒙藏委员会吴忠信拉萨电称：据西藏摄政热振呼图克图来函略称，第十三世达赖喇嘛转世一案，迭经观海降神，及僧俗官员公认，青海觅得之灵童拉木顿珠种种神异，实系第十三世达赖喇嘛化身，应请免予掣签，并照旧制剃发受戒。兹拟择期夏历正月十四日（即国历 2 月 21 日）举行坐床典礼，请转呈中央核夺，等情。忠信复查所述灵异各节，均属确实，拟请转呈国民政府颁布明令，特准以该灵童拉木顿珠继任第十四辈达赖喇嘛。并发给坐床大典经费四十万元，以示优异。”吴忠信于 1940 年 2 月 22 日，在布达拉宫为小灵童拉木顿珠举行了就任第十四世达赖喇嘛的隆重坐床典礼。

十世班禅大师，俗名贡布慈丹，公元 1938 年 2 月 3 日（藏历第十六绕迥之土虎年正月初三日）生于青海省循化县文都乡一个藏族农民家庭，父名贡布才理，母名索南卓玛。第九世班禅大师圆寂后，班禅行辕堪布会议厅派出僧侣官员组成的转世灵童寻访团寻找第九世班禅的灵童，1941 年班禅堪布会议厅的官员选定当时三岁的贡布慈丹为转世灵童候选人，在塔尔寺供养，并以堪布会议厅扎萨喇嘛罗桑坚赞的名义，报告当时的中央政府，请求批准。民国三十八年（1949）6 月 3 日，国民政府代总统李宗仁颁布了承认青海灵童并免于金瓶掣签的命令。十世班禅既经国民政府枇准之后，获得了继承九世班禅职权的合法地位，并按宗教惯例，举行了剃度、受戒等仪式，取法名罗桑赤烈伦珠确吉坚赞，简称确吉坚赞。同年八月，国民政府特派蒙藏委员会委员长关吉玉为专使，青海省政府主席马步芳为副专使，在塔尔寺主持了坐床典礼，并颁发汉文、藏文合璧的“西藏班禅行辕堪布会议厅”印鉴。关吉玉代表总统李宗仁给十世班禅送了三百九十两重的黄金一块，表示祝贺。

册封和任命摄政 1933年11月17日，十三世达赖喇嘛突然示寂，享年58岁。西藏官员扩大会开会讨论议定，依照达赖喇嘛生前意愿，呈请国民政府，由热振活佛摄政，掌管前藏政教事务。国民政府接受建议，册封热振为摄政王，并赐封他为“辅国弘化禅师”。同时，西藏地方政府为达赖喇嘛举行了盛大的葬礼，在布达拉宫兴建灵骨塔。民国二十三年（1934）元月，国民政府派蒙藏委员会委员长黄慕松为致祭十三世达赖喇嘛专使，赴拉萨布达拉宫致祭，并追封十三世达赖喇嘛为“护国弘法普慈圆觉大师”。热振活佛任摄政王七年，在他执掌西藏政教权力期间，与国民政府充分合作，拥护国家统一政策，打击亲英卖国势力。在国民党的五届六中全会中，且被选为中央候补委员。1940年热振活佛在西藏地方分裂势力的压力之下决定暂时辞职，由他的师父达札·阿旺协饶图多旦巴杰增代理，以三年为期。热振活佛向国民政府呈报暂时辞职，经国民政府核准，乃于民国二十九年（1940）12月去职。1941年1月1日，达札代理热振活佛执政。

涉外交涉中明确中国在西藏的主权。对于国民政府调兵恐吓西藏地方独立势力的做法，英国驻华大使薛穆根据西藏地方政府的报告称，1943年“四月三日有中国骑兵七百名抵达青海结古以南之某地，又步兵二百名到达离昌都约三日行程之某处，中国军队现在结古集中，已有三千步队由西宁开至青海南边，西藏当局深感不安。”英国认为中国的举动不甚相宜，并想将了解的情况告诉西藏噶厦。国民政府外交部官员告以：“一国之内部队之调遣，实与另一国无关。至于一国之中央与地方接洽事件，无论其友国如何友好，亦无友国代为转达之必要。”蒋介石的批示也特别指出：“西藏为中国领土，我国内政决不受任何国家预问。英国如为希望增进中英友义（谊），则勿再干涉我西藏之事。”① 这可是难得坚定鲜明的对外态度。1943 年 5 月 20 日在华盛顿举行的太平洋会议期间，丘吉尔居然说道：“近闻中国有集中队伍准备进攻西藏之说，使该独立国家大为恐慌，希望中国政府能保证不致有不幸事件发生。”宋子文立即指出，“西藏并非首相所谓独立国家，中英间历次所订条约，皆承认西藏为中国主权所有。”② 英国对中国西藏政策的变本加厉既是其西藏殖民活动的继续，同时也与英国政府对蒋介石支持印度民族解放运动的讲话有关。1942 年 2 月 21 日到访印度的蒋介石和夫人宋美龄广播了英文《告印度人民书》呼吁中印人民团结起来争取反法西斯的最后胜利，呼吁英国尽快赋予印度国民政治上的实权，引起了英国首相丘吉尔的不满。蒋介石自己也说，“英国打算用这种手段来牵制中国，并对中国在印度问题上所采取的态度进行报复”③。对于丘吉尔的做法，蒋介石也十分愤怒，他在回复宋子文的电报中说道：“丘吉尔称西藏为独立国家，将我领土与主权完全抹煞，侮辱实甚。不料英国竟有如此言动，殊为联合国共同之羞辱，应向罗（斯福）总统问其对于邱（吉尔）言作何感想及如何处置。西藏为中国领土，藏事为中国内政，今邱相如此出言，无异于干涉中国内政，是即首先破坏大西洋宪章，中国对此不能视为普通常事，必坚决反对并难忽视。”④ 蒋介石坚定的态度和明确的立场，对于维护中国对西藏的主权，回击英国改变这一现状的图谋起到重要作用。

美国政府反对英国改变中国在藏主权的错误做法。1943 年，美国

① 《外交部为英国干涉中国军队调动事呈文及蒋介石批示》［民国三十二年（1943）五月十日］，《元以来西藏地方与中央政府关系档案史料汇编》（7），中国藏学出版社，1994 年，第 2838 页。

② 《宋子文致蒋介石报告太平洋会议与丘吉尔争辩西藏问题电》（1943 年 5 月 21 日），吴景平编：《宋子文驻美时期电报选（1940—1943）》，复旦大学出版社，2008 年，第 188 页。

③ 《顾维钧回忆录》第五册，中华书局，1987 年，第 235 页。

④ 《蒋介石致宋子文告以丘吉尔干涉中国内政必坚决反对电》（1943 年 5 月 22 日），吴景平编：《宋子文驻美时期电报选（1940—1943）》，复旦大学出版社，2008 年，第 191 页。

国务院就告诉英国驻美大使："美国政府深知中国政府一贯坚持其对于西藏拥有宗主权，以及中国宪法将西藏列入中华民国版图等事实。本政府对于上述事实从未提出过任何异议。"美国政府中的某些决策者认为："中国政府的感情对于这个国家（指美国）和对与整个战争努力相连的联合国家（即同盟国）具有重要意义。"在"西藏问题"上，最好避免不必要的或无意中而得罪中国。英国虽然始终不肯放弃分裂我国西藏的政策，但也一直不敢公开承认西藏"独立"。1947 年印度独立后，英国已经失去了侵略和分裂我国西藏的直接利益驱动。① 新的世界超级大国美国的立场应该让英国更加清醒自己应该做的是纠正错误立场。

五、所谓"西藏问题"的由来和"西藏独立"活动的失败

1. 所谓"西藏问题"的由来

在帝国主义入侵之前，不存在"西藏独立"。在 1840 年英帝国主义发动鸦片战争，给中华民族带来空前危机之前，在中国辽阔的疆域上居住在不同地区的各个民族，大家相互交流、密切往来，或者建立政权并与中原政权分庭抗礼，或者在中央王朝直接行政管辖之下，它们都是由中国的各个民族建立的，是中国历史的组成部分，也是近代中国和中华民族形成过程中必不可少的环节，并不存在涉及西藏地位或者"西藏独立"的所谓"西藏问题"。

西方列强对中国西南边疆的觊觎与探险　17 世纪以来，伴随着西方列强殖民扩张的加剧，不断有西方的探险家、传教士、掠夺者在中国

---

① 胡岩：《中华民国时期中英之间关于西藏问题的交涉》，《中共中央党校学报》1999 年第 1 期。

边疆地区活动，西藏地方也未能幸免。

英国两次武装入侵 所谓“西藏问题”的产生是在中国封建社会走向衰落之际，帝国主义列强入侵导致的，英国两次武装入侵西藏是直接原因，“西姆拉会议”是其关键步骤，破坏中国主权完整、民族团结是其核心内容，而博取战略和经济利益是其最终目的。

在20世纪初期之前，藏文中不存在“独立”（rang rstan）一词；充分印证了所谓“西藏问题”是近代以来帝国主义入侵中国的产生，英国扮演了急先锋的角色。直到2008年10月29日英国外交大臣米里班德（David Miliband）公开承认英国过去对待中国西藏地方的政策是“时代错误”，并重申，英国政府明确承认西藏是中华人民共和国的一部分。

“宗主权”一词的出笼与含义 宗主权（Suzerainty），原是用来形容奥图曼帝国及其周围属地的关系。与主权不同的是，宗主关系里的附庸通常有一定程度的自治权，也可指封建君主对进贡诸侯的关系。1913年1月8日，英国的印度总督寇松在给其政府报告中提出所谓中国对西藏的宗主权。[①] 1907年《英俄条约》在涉藏部分首次使用了“宗主权”一词，是列强相互妥协和交易、恃强凌弱的产物，是英国破坏中国主权完整，积极插手西藏事务的一种表现和手法。中国政府和人民坚决反对，从未接受。

十三世达赖喇嘛的迷茫 在英国1888年和1903—1904年两次武装入侵西藏的过程中，十三世达赖喇嘛都坚定站在抗英立场。1908年第十三世达赖喇嘛在京期间，除参加陛见活动之外，还花去不少时间接待各国使节和政要，其中包括日、美、法、奥、瑞典、俄、荷、德、英、葡、比等国的使节和政要。1910年川军入藏并发生内讧，十三世达赖喇嘛迫于西藏形势又一次离开西藏逃亡印度。清政府立即宣布革除其名

① 《英国议会关于西藏文书》1904年，第1920帙，第150—156页。

号，由驻藏大臣另选灵童以取而代之。这次出走，成为十三世达赖喇嘛人生轨迹中的一大转折。在他流亡印度期间，英国人加紧对十三世达赖喇嘛的影响，使处在晚清大环境和英国人双重夹击下的第十三世达赖喇嘛渐渐滑向英国人一边。

十三世达赖喇嘛的《水牛年文告》并非独立宣言 范·普拉赫《西藏的法律地位》所说的十三世达赖喇嘛1913年的“独立宣言”，引用的是夏格巴《西藏政治史》中所谓达赖在1913年签署《圣地佛谕》中的一段话。夏格巴本人主张“西藏独立”，便在书中将“佛谕”修改为：“我们是一个很小的、信教的独立国家。”可是十三世达赖喇嘛并没有使用藏文“rgyal khab”（国家）这个字，他用的是藏文“bod ljongs”（西藏地区）。夏格巴在写书时故意把“西藏地区”译为“国家”，以证明十三世达赖喇嘛当时已经宣布“独立”。事实上，在1911年10月武昌起义后，不到两个月中，中国内地的18个省中有14个省宣告独立。这些独立是对清廷而言，是拒绝清廷统治，为了争取一个有利于自己的中央，而并不是要脱离中国。孙中山在1912年初说“武汉首义，十数行省先后‘独立’。所谓独立，对于清廷为脱离，对于各省为联合，蒙古、西藏意亦同此”①。对此，一位美国法学界学者曾经说过：“仔细读一下那个文件（指《水牛年文告》），就会发现事实上并不像拉萨政府前官员、现在流亡的夏格巴所说的那样……在北京历来积极行使权力的领域，该声明并无意切断连接北京与拉萨之间的统治上的纽带。达赖喇嘛在若干年前通过中国的授权而获得了世俗权力，这一事实同该声明之间，并无任何矛盾之处。此外，没有证据表明该声明实际上是针对中国的任何当局或全世界发表的。在确定1911—1913年拉萨官员的政治意图方面，上述证据是非常不充分的，而现世达赖喇嘛及其支

① 孙中山：《临时大总统孙文宣言书》，转引自张羽新、张双志编纂：《民国藏事史料汇编》（第1册），学苑出版社，2005年，第31页。

持者对这一证据的明显歪曲，根本不能证明拉萨在当时确欲切断同北京的政治联系。”① 当代美国学者梅·戈尔斯坦也说，在当时西方的术语中这算不上是一个正式的独立宣言，它只是达赖要求自由的一个愿望，以及申明对西藏的全权统治的意图。②

英国曾经支持“西藏独立” 清朝灭亡民国代兴之际中国的内乱，特别是中央与西藏地方关系面临严峻局面，确实给志在侵略西藏的英国一个“机遇”，让他们鼓动“西藏独立”。1913 年，英印政府煽动西藏地方当局宣布“独立”，并提出“西藏宣言独立后，一切军械由英廷接济”；“西藏承认英廷派员来藏监督财政军事，以作英国扶助西藏独立之报酬”；“民国军队行抵西藏，英国担负抵御之责”；“西藏执行开放主义，准英人自由行动”。③

“西姆拉会议”的分裂图谋 以武装入侵为手段，劫夺权益，然后以条约的形式加以确认，这是近代西方列强从事侵略扩张的惯用手法。英国通过两次发动武装入侵中国西藏地方的战争，并迫使西藏地方政教首领达赖喇嘛两次逃离西藏。为了获得实际利益，英国方面一直努力作十三世达赖喇嘛的工作，促使其由反英向亲英转变。清末川军入藏，达赖喇嘛被剥夺名号之后，达赖喇嘛逃到印度，英国获得难得的机遇，英印总督明托专程到大吉岭与十三世达赖喇嘛密谈。事后，达赖喇嘛即派达桑占堆潜返西藏，迅速组成万余名西藏民军，围攻拉萨、日喀则和江孜等地的川军。在这场冲突中，班禅系统、拉萨的丹杰林寺系统、哲蚌寺的大部分喇嘛和部分噶厦官员站在了联豫、钟颖等一边。

英国以“西藏自治”为条件换取承认“民国政府” 1912 年 1 月 13 日，英国外交部致电印度事务部，强调“反对将西藏在严格意义上

① 艾尔费雷德·鲁宾：《西藏在国际法上的地位》，《中国季刊》1968 年 7 月—9 月号，第 122 页。

② ［美］梅·戈尔斯坦著，杜永彬译：《喇嘛王国的覆灭》，时事出版社，1994 年，第 63—64 页。

③ 朱绣：《西藏六十年大事记》，京报社，中华民国十四年（1925），第 42—43 页。

包括在中国之内”。4 月 10 日，英国外交大臣电示驻华公使朱尔典：“应要求中国政府作出保证，维护西藏在中国宗主权之下的自治，作为承认（民国政府）的条件。”尹昌衡部川军和蔡锷部滇军，从 1912 年 6 月开始西征，进入康区击溃各地土司、寺庙的抵御后，于 8 月底分别进抵昌都和盐井以南，9 月下旬逼近工布江达。英国驻华公使朱尔典于 1912 年 8 月 17 日公然向中国外交部提出干涉中国内政的五项条件：“（1）英政府不允许中国干涉西藏内政；（2）反对华官在藏擅夺行政权，并不承认中国视西藏与内地各省平等；（3）英国不欲允准在西藏境内存留无限华兵；（4）以上各节先行立约，英方将承认之益施之于民国；（5）暂时中藏经过印度之交通应视为断绝。”①

英国以“蒙藏条约”为借口要求订立“西姆拉条约”　十三世达赖喇嘛的侍读德尔智赴库伦，在 1913 年 1 月 11 日与外蒙古签订了“蒙藏条约”。由于担心沙俄势力渗透到西藏，英国驻华公使朱尔典向其政府提出：“英国、中国和西藏订立三方条约，可能是最好的解决办法，而三方在印度举行谈判将是订立此种条约的良好开端；即使谈判失败，我们也可以获得更加有利的地位与独立于中国人之外的西藏进行会谈。”

英国切断民国政府与西藏地方接触的通道　1913 年 4 月，民国政府任命陆兴祺为护理驻藏办事长官，并通知英印政府。英国公然不承认陆的这一职务，并且阻止他由印赴藏甚至不许他与藏人通信。英国阻止中国中央政府同西藏地方进行直接谈判的一切可能，迫使中国政府同意举行“三方”谈判。

英国直接插手民国政府派遣全权会谈代表　袁世凯曾提名张荫棠，但英方深知张难对付而加以拒绝。袁世凯无奈又提名陈贻范，英方立即

---

①《北洋政府外交部节录英国公使来文》（1912 年 8 月 17 日），见《西藏地方历史资料选辑》，生活 · 读书 · 新知三联书店，1963 年，第 292—293 页。

同意，这是由于陈在英使馆任职多年对英“友好”。民国政府不久又任命具有反英倾向的胡汉民为谈判代表，与陈贻范享有同等权力。英方对此立即提出抗议，民国政府遂又撤销对胡的任命。

英国指使西藏地方提出“西藏独立”的方案 英国在西藏代表团出发前后，进行了周密安排。柏尔亲自到江孜迎接夏扎·班觉多吉等人，频频交往，密谋策划如何对付中央政府及收集各类材料充作证据。在英国的授意下，西藏地方代表夏扎率先发难，抛出与英方秘密协商的条约草案，要求确定西藏为“独立国家”；重新划定西藏和中国边界；中国不能派员驻藏等。1914 年 2 月 17 日，麦克马洪抛出“调停意见书”和一份地图，公开提出划分“内藏”与“外藏”，并在地图上标明界线，幻想“外藏”在自治旗号下行独立之实，从中国分裂出去；然后等待时机，再将“内藏”并入。而西藏地方代表在其中扮演了一个可耻和可悲的角色，成了被英国人愚弄的玩偶。

英国以支持“西藏独立”为条件暗地里要求西藏地方接受“麦克马洪线”划分 柏尔背着中国中央政府的代表突然向夏扎提交了绘制出的“麦克马洪线”地图，要求西藏方面将该线以南的门隅、珞渝、下察隅地区全部划归英印所有，而以英国帮助西藏赶走驻昌都等地的川军为交换条件。司伦雪康复夏扎函称：“如西藏衷心依靠之大英政府有所不悦，是不合适的。希望强调提出要求，今后能使西藏获得独立，并使康区的汉军官兵全部立即撤回汉地，只要能做到这些，则在一奉到（英方）通知后，即可立即派人划界及将西藏政府的收入和土地、百姓，移交给大英政府之人员。”3 月 24 日，麦克马洪致函夏扎，并附两份红线标记“麦克马洪线”作为印藏边界的地图，要求签字盖章并给予确认。3 月 25 日，夏扎复信麦克马洪，确认非法的“麦克马洪线”为印藏边界线，并在两份地图上签字盖章，一份交英方，一份留西藏。9 万平方公里的中国领土，就这样背着中国中央政府代表，被英国获得了非法割占的借口。

《西姆拉会议》内容包括：（1）西藏分为内藏外藏两区；（2）承认中国对全藏之宗主权，但中国不得改西藏为行省；（3）英国不并吞西藏任何部分；（4）承认外藏自治，中国不得干涉其行政，不派驻军队及文武官员［惟下（6）除外］，不办殖民，英国在藏亦不为此事，但仍保留商务委员及一定数量卫队；（5）拉萨之西藏中央政府对内藏仍保留已有之权，包括管理大多数寺院，任命各地方长官，但中国可向内藏派遣军队、官吏，或办殖民；（6）中国仍派大臣驻拉萨，卫队限300人；（7）允许江孜之英国商务委员赴拉萨解决在江孜不能解决之事。1914年7月3日，在民国代表拒绝该条约的条件下，英国仍命麦克马洪代表英国与夏札·班觉多吉在“西姆拉条约”上签字。

“西姆拉条约”没有法律效力　陆兴祺看到草约签字稿后，立即致电袁世凯称：“惊悉印度政府外交手段之老道不可企及，其内容之酷烈，直据西藏为己有，固不仅剥尽我国主权而已。”“事关领土主权，岂可因受人所逼而拱手退让。”当时，草案内容传出后，国人群起而反对，尤以新疆、四川、青海、云南等省人民团体反对最为激烈。民国政府迅即于5月1日电令陈贻范不得在正式条约上签字，同时照会英国驻华使馆指出：陈贻范草签纯属个人行为，已声明无效。连西藏地方的政教首领十三世达赖喇嘛也对此很不满意，“夏扎回到拉萨后，他发现达赖喇嘛对他在谈判中的所作所为很不满意。他在上午六点钟被召见，但达赖却让他一直等到下午五点。夏扎和他的朋友们都对达赖喇嘛的训斥尽量保密，但当然还是泄漏了出来。”①麦克马洪本人也承认：“在我离开印度前，没有能够使中国政府在三边协定上正式签字，我对此感到非常遗憾。”②

国际社会对“西姆拉条约”的评价　内维尔·马克斯韦尔评论说：

① ［英］查尔斯·贝尔著，冯其友等译：《十三世达赖喇嘛传》，西藏学参考丛书之七，西藏社会科学院西藏学汉文文献编辑室编印本，第296—297页。

② 周伟洲主编：《英国、俄国与中国西藏》，中国藏学出版社，2000年，第400页。

“西姆拉会议本身就是一篇故事，其中外交手腕、强权政治和间谍活动都有过五花八门错综复杂的表演。”“麦克马洪线的实质就是把边界向北推进大约六十英里，把边界从战略上暴露的山麓提升到阿萨姆邦的喜马拉雅山山顶上。”①

2. 民国时期为什么“西藏独立”搞不成？

晚清民国时期是中国社会最衰弱的时期，而且是英帝国主义势力最强盛的时期，但就是在这样的背景下，主要由英帝国主义支持的“西藏独立”为什么还是搞不成？原因是多方面的。

“西藏独立”活动遭到包括西藏人民在内的全国各族人民的强烈反对 陈贻范在草约上画行的消息公布后，引起全国各界强烈反对。各地方首领，特别是邻近西藏的青海、甘肃、四川、云南军政首领均坚决反对任何形式的“西藏独立”，认为“西藏本中国领土，年来川边构怨，譬犹兄弟阋墙，自应由兄弟解决，万不能任他人从旁干涉”②。

民国政府虽然软弱但是并没有放弃维护主权的努力 1912 年 4 月 22 日，袁世凯发布大总统令宣称：“现在五族共和，凡蒙、藏、回疆各地方，同为我中华民国领土，则蒙、藏、回疆各民族，即同为我中华民国国民。”他一方面于 1912 年 5 月任命钟颖为西藏办事长官，行使前清驻藏大臣的职权，并派官员杨芬等人于 6 月 10 日启程前往印度大吉岭与达赖喇嘛联系；另一方面又命令四川督军尹昌衡于 6 月中旬率军西征，进入康区平乱，声援驻藏川军，同时令云南都督蔡锷率军出康南配合川军的行动。蒋介石 1929 年 9 月 23 日在致噶伦书中指出：“政府秉承遗教，一视同仁，藏卫虽遥，其地为中华民国之领土，其人为中华民

---

① ［澳大利亚］内维尔·马克斯韦尔著，陆仁译：《印度对华战争》，世界知识出版社，1981 年，第 42 页。

② 《甘肃督军张广建转报马麟反对与英使会商议定西藏划界电》（1919 年 10 月 28 日），《元以来西藏地方与中央政府关系档案史料汇编》（6），中国藏学出版社，1994 年，第 2449—2452 页。

国之国民，无不尽力扶植地方自治之基，以争存于世界。”说明民国的历届政府均没有放弃西藏是中国一部分这一原则立场。

西藏地方爱国势力坚持反对“西藏独立”　在反对“西藏独立”的庞大队伍之中，西藏地方上层的代表人物发挥着不可忽视的作用。九世班禅额尔德尼曲吉尼玛（1883—1937）就是一位坚定的爱国者，光绪三十一年（1905）英方邀班禅到印度见英皇太子，鄂康诺要班禅跪拜，“班禅未从，当称我只在大皇帝前跪拜，其余不行。仍行执手常礼”。1923 年九世班禅受十三世达赖喇嘛胁迫逃往内地，他在内地呼吁军阀停止交战，维护和平。抗日战争爆发后，他在各地演讲，呼吁大家团结起来抗击日本帝国主义。当时日军已侵占了北京、天津、上海等大城市，抗战形势日趋严重，班禅即从玉树捐献三万元，购公债二万元，并动员行辕全体同仁踊跃捐款，汇集前方，慰劳抗战将士及救济伤兵与难民。1931 年 5 月 10 日，他在南京新亚细亚学会第三次会员大会上发表演讲，题目是《西藏是中国的领土》，强调“征诸历史与地理上之关系，西藏欲舍中国而谋自主，实不可能；反之，中国失去西藏，亦犹车之失辅。”因此，必须团结起来，坚决反对搞“西藏独立”。九世班禅在临终遗嘱中说：“余生平所发宏图，为拥护中央，宣扬佛化，促成五族团结，共保国运昌隆。”表达出自己爱国的心迹。热振活佛（1912—1947）担任摄政七年，执掌西藏政教权力，积极与国民中央政府合作，拥护国家统一政策，打击亲英卖国势力。在国民党的五届六中全会中，且被选为中央候补委员。

西藏与内地紧密的经济联系影响到西藏地方上层的取舍。　1929 年十三世达赖喇嘛派贡觉仲尼前往南京向蒋介石表示内向愿望时，曾提到西藏内向的五个原因：棍（贡觉仲尼）等复面陈达赖渴欲输诚之内因有五：一，藏人吃茶，全用中国品，中藏绝交，茶价贵至十倍；二，藏边驻兵不能购用中粮，边民困苦，时生怨言；三，……若英俄相争，藏地糜烂；四，藏币重三钱余，英币重七钱余，惟藏币十四五元方能兑得英币一元，出口必用英币，经济损失太大；五，前者有廿余俄人潜入藏地，借名学佛，实则阴传赤化。藏预言者言，汉人来好；俄人来，藏地大乱。此言藏人甚相信。①

西藏地方宗教势力特别是拉萨三大寺的态度 在英国发动第一次武装入侵西藏战争的前一年，即光绪十三年（1887），西藏三大寺、扎什伦布寺、西藏地方政府的七品以上全体官员，向驻藏大臣文硕上了一道公禀，声明："纵有男尽女绝之忧，惟当复仇抵御，永远力阻，别无所思。"在清末民初，西藏面临复杂局面的条件下，西藏地方僧侣再次经受住了严峻考验。柏尔在其《西藏之过去与现在》一书中说："西藏之官吏僧侣人民中，有左袒中国党，自无容讳，……在农民中，吾等亦时时闻其盼望中国复来。……西藏虽倾向自主，尚不欲其在政治上联合已久之中国完全分离。"② 1919—1920 年甘肃督军张广建所派代表李钟莲等至西藏，他得到的信息是："西藏内部本系新旧两派，旧派居十分之七，新派只居十之二三。旧派以藏王（司伦）及总堪布、三大寺为最有势力，多数尚有思念故国之意。"③ 1938 年哲蚌寺在代表拉萨三大寺致国民政府的公呈中也写道："我等三寺自内地帝制时代，以至于宣统季年，对国家常诵经祈祷，从是时起以至中华民国二十二年，三寺之给养饷银即已无着。西方之僧俗人众，已如赤子弃绝双亲，感受万分痛苦。我等三寺因顾全国家威信，在许多年中曾经维持当地事变不遗余力，并且切盼国家有适当之法规，早日实现于此间，俾民众有所遵循，已历一生之久。"④ 既是对内地经济上困难的呼吁，同时也是对国家安定、统一的强烈期盼。

---

① 蒙藏委员会档案，《西藏地方是中国不可分割的一部分》（史料选辑），西藏人民出版社，1986 年，第 487 页。

② ［英］柏尔著，宫廷璋译：《西藏之过去与现在》，商务印书馆，1930 年。

③ 《照抄李、朱二员呈稿》（1920 年 9 月 9 日），北洋政府蒙藏院档案，一零四五/390。

④ 蒙藏委员会档案，《西藏地方是中国不可分割的一部分》（史料选辑），西藏人民出版社，1986 年，第 494 页。

拉萨三大寺一封信函中展现的鲜明立场　1939年拉萨三大寺派出代表罗桑团月赴重庆，致函蒙藏委员会委员长吴忠信："此番前来请示，恳请中枢念西藏为中国领土之一，藏省人民土地财产，亟待管理与启导，开发西藏、保护西藏，实目前抗战建国迫切需要之事。今有数点待办之事，恳求准予早日俯允以建新西藏，增加抗战实力，免为外人所占。一、请中央速派优良军士一千名赴藏，由三大寺给养，一方可弹压亲英势力东进，一方可训练民众充实自卫力量。二、请中央速派教育人才赴藏兴办汉文学校，使文字统一，中国人懂中国事，识中国字，不受外人文化分化。三、请中央速派工程人员赴藏修筑公路，连接中枢，一旦有事，可迅往解决。四、请中央速派人员赴藏设立中央银行，一面可抵制外汇，一面可完成法币统一。五、请中央速派人员赴藏设立工厂，开发资源，增加抗战力量。以上几点，如能照办，则亲英势力可减，英帝国东占［进］甚难，而西藏可永为中国领土，吾等永为中国国民，换言之，若中央不理，则两年中吾等均要被蚕食而为亡国奴，受英人管辖，是非吾等所愿。"① 不仅有维护国家统一态度，而且有保卫西藏地方不受外来侵略的具体措施。

十三世达赖喇嘛等西藏地方上层中间势力态度的转变　首先是作为西藏地方政教首领的十三世达赖喇嘛，他在清末民国的政权更迭之际，确实对英国抱有幻想，但是事实教育他，英国感兴趣的是西藏地方的领土和权益，而不是他的地位，甚至也并非真心不遗余力地支持"西藏独立"。1921年1月，在拉萨举行传召法会期间爆发了以三大寺僧人为首的僧俗民众反对英人贝尔（柏尔）和藏军的事件。当时的十三世达赖喇嘛还担心拉萨附近这4万多僧侣闹事，急忙下令调离部分藏军，以缓和矛盾。而哲蚌寺的数千僧人则准备下山参加驱逐英人的活动。十三

① 蒙藏委员会档案，《西藏地方是中国不可分割的一部分》（史料选辑），西藏人民出版社，1986年，第495—496页。

世达赖喇嘛一面调军围住该寺，一面又将负有责任的噶伦、代本等多人免职。但群情激昂的藏人仍将“速行离藏、免伤性命”的纸条贴在贝尔住所门外，最后连十三世达赖喇嘛也不得不告知贝尔“藏人仇视已深，若不速行，不能复任保护之责”。[①] 贝尔仓惶离开西藏返回印度。然而，到了1923年，十三世达赖喇嘛在英人的支持下启用亲英派施行新政，而以擦绒为首的一部分亲英少壮派军人却密谋发动夺权政变，试图取代十三世达赖喇嘛政教职权。事发后，十三世达赖喇嘛终于清醒过来，他迅速革去了擦绒等人的职务，停止了由英人帮助的军官训练，撤销了英人莱登拉在警察局的权力，拒绝英国派使节驻藏，并于翌年关闭了由英人主办的江孜贵族学校。贝尔也在其所著《达赖喇嘛传》中专章叙述达赖喇嘛转向中国，宣称“到1925年，达赖喇嘛日益坚定地撇开英国，转向中国”。亲英的擦绒·达桑占堆被撤掉藏军总司令职务，1926年关闭英国在江孜的学校，禁止帕里到江孜的邮政，俄国的刊物幸灾乐祸地报道称“英国在西藏的影响崩溃”。“在那些年代里，西藏的两位领袖达赖和班禅喇嘛就已经有明显转向中国的趋势。”[②]

十三世达赖喇嘛表明西藏是中国领土的立场　1930年民国特使刘曼卿前往拉萨拜会十三世达赖喇嘛，达赖喇嘛对刘曼卿说：“吾所最希求者，即中国之真正和平统一，……至于西康事件，请转告政府，勿遣暴厉军人重苦吾民，可派一清廉文官接收，吾随时可以撤回防军，都是中国领土，何分尔我。倘武力相持，藏军素彪悍，吾决无法制止其冲突，兄弟阋墙，甚为不值。”“英国人对吾确有诱惑之念，但吾知主权不可失，性质习惯不两容，故彼来均虚与周旋，未尝与以分厘权利。中国只须内部巩固，康藏问题不难定于樽俎。”[③] 说明他承认西藏是中国

① 《西藏办事长官陆兴祺报告》（1913年9月6日）。

② ［英］查尔斯·贝尔著，冯其友等译：《十三世达赖喇嘛传》，西藏学参考丛书之七，西藏社会科学院西藏学汉文文献编辑室编印本，第365—366页。

③ 刘曼卿：《康藏轺征》，上海商务印书馆，1933年；刘曼卿《国民政府女密使赴藏纪实——原名〈康藏轺征〉》，民族出版社，1998年，第112—113页。

一部分。

龙夏是另外一个例证。1913 年，十三世达赖喇嘛派龙夏夫妇护送四名中等贵族家庭出身的子弟去英国留学，龙夏得以游历英国、意大利、法国等，目睹了资本主义的社会现状，并联想到西藏的封建农奴制，他认为有必要进行社会改革，特别是要改革贵族、官员的世袭制，噶伦要选举产生，西藏应成立英国式的上、下议院等，得到了上层年轻僧俗官员的赞同和支持，掀起了“龙夏运动”。后来龙夏的改革以失败而告终，他本人也被挖去双眼。1940 年吴忠信主持十四世达赖喇嘛坐床仪式，派他的秘书朱少逸拜访龙夏，对其改革予以高度评价，龙夏回复说：“西藏无疑为中国领土之一，中国如欲保存领土，则解决藏事在今日不容再缓，否则十数年后藏局不可收拾矣。”[①] 表达了自己对西藏政治地位的认识和对当时形势的担忧。

国际社会的反对或者牵制　早期英国两次武装入侵，以及民国初年支持“西藏独立”都是不容否认的事实。但是，英国侵略西藏的活动除了遭到中国政府和各族人民的强烈反抗之外，也受到列强的牵制和国际社会的约束，1907 年英俄关于西藏的协定就是这种斗争的产物。而第二次世界大战时期，同样作为同盟国的英国，在涉及主权的重大问题上，不可能不对中国政府的立场予以考虑，同时还要受到美国等其他国家一定程度的约束。美国政府推行“门户开放”政策，其主要内容包括保持清朝中国的领土完整，中国实施对外开放，机会均等。当时的美国驻华公使柔克义多次与来到内地的十三世达赖喇嘛交流，他在清政府和达赖喇嘛之间，更关注的是保持清王朝领土的完整。他认为，将西藏保留在清王朝治下更符合美国利益。尽管柔克义与十三世达赖喇嘛之间保持着良好的私人关系，但柔克义不愿接受任何旨在进一步肢解清帝国

① 《吴忠信入藏日记》，《奉使办理藏事报告书》，中国藏学出版社，1993 年，第 289—290 页；朱少逸：《拉萨见闻记》，商务印书馆，1947 年，第 92—94 页。

领土的行为。所以，他鼓励并劝说游移不定的十三世达赖喇嘛接受对清王朝的“臣属”（vassal）地位。同时，美国反对英国、俄国独占西藏的企图。柔克义认为，“在过去的150年间，西藏享有的自治的实质和程度，西藏人是非常满意的。而且，西藏人从未提出过从中国独立出去的要求，也并不想丧失从中国所获得的援助和领导，也未对清朝1793年在西藏的改革表示不满，这些改革符合西藏的利益和藏人的风俗”①。“西藏构成中华帝国整体的一部分”②。直到20世纪30年代中期，美国的中国问题专家拉铁摩尔（Owen Lattimore）仍在重申美国的“门户开放”政策：“美国的原则是中国的完整……西藏、蒙古和新疆都是中国的一部分。”③

民国时期不存在所谓“西藏独立” 1942年7月当英国政府向美国国务卿赫尔（C. Hull）试探美国政府对“西藏独立”的态度时，得到的回答是：“中国政府长期以来宣称对西藏拥有宗主权，中国的宪法将西藏列入组成中华民国领土的地区，而本政府从未对此提出过疑问。”④ 印度总理尼赫鲁1959年3月17日在人民院也谈道：“据我所知，没有一个国家承认过西藏独立，我们肯定也没有过。”⑤ 这足以证明所谓民国时期“西藏独立”的虚妄。

---

① William Woodville Rockhill, “The Dalai Lamas of Lhasa and their Relations with the Manchu Emperors of China 1644-1908”, *T'oung Pao*, vol. XI, 1910, p. 90.

② 胡岩：《早期进藏的美国人》,《西藏民族学院学报》(哲学社会科学版)2006年第4期。

③ ［日］矶野富士子著，吴心伯译：《蒋介石的美国顾问——欧文·拉铁摩尔回忆录》，复旦大学出版社，1996年，第198页。

④ 霍尔著，成军译：《美国、西藏与中国》，《国外藏学研究译文集》第10辑，西藏人民出版社，1993年，第294页；［加］谭·格伦夫著，伍昆明、王宝玉译：《现代西藏的诞生》，中国藏学出版社，1990年，第354页。

⑤ 中华人民共和国外交部编：《中华人民共和国政府官员和印度官员关于边界问题的报告》，1961年3月，第28页。

六、驱除帝国主义势力与粉碎独立阴谋

民国时期尽管局势艰难，依然努力维护着中国政府在藏的主权，当时的国际社会没有任何一个国家承认“西藏独立”，包括直接插手西藏地方事务，制造出“西藏问题”的英国，也包括取代英国而成为西方霸主的美国，以及和中国西藏地方联系紧密的印度。尽管他们使用了“宗主权”一词，也曾经在西藏与中央政府关系中制造过许多麻烦，但是，当中国共产党领导的人民解放军即将取得辽沈、平津和淮海三大战役胜利之际，情况发生了某些变化。

英印政府小动作不断　1947 年 3 月，当时印度国大党领导人士在印度新德里召开“泛亚洲会议”，邀请亚洲所有国家参加，把西藏也作为一个“国家”来邀请。在会场里，把临时赶制的藏军旗帜“雪山狮子旗”当作国旗与其他亚洲各国的国旗悬挂在一起，并在张挂的亚洲地图中把西藏划出中国的版图，妄图由此造成既成事实。这一消息传出后，中国人民一致愤怒斥责，中国代表团提出了严重的抗议，印度方面才不得不加以改正。在这其中，先做英印在西藏代理人，支持西藏部分上层实施分裂活动，后又摇身一变为印度驻拉萨代表的黎吉生（H. W. Richardson）扮演了十分不光彩的角色。

美国试图支持“西藏独立”　当时，英美等国又挑唆西藏地方政府组建“西藏商务代表团”访问欧美等国。1949 年底前后，美国人劳尔·汤姆斯以“无线电评论员”名义在西藏探索“华盛顿给西藏以可能的援助”，并在美报刊上报道：“美国已准备承认西藏为独立自由”的国家。1950 年上半年，一批美国枪支弹药经由加尔各答运入西藏，用以对抗中国人民解放军进藏。同年 11 月 1 日，美国国务卿艾奇逊公开诬蔑中国解放本国领土西藏的行动是“侵略”。同月，美国指使他国

在联合国提出干涉中国西藏的提案。

西藏上层分裂分子蠢蠢欲动 1942年，西藏方面成立所谓“外交局”，试图通过断绝蒙藏委员会驻拉萨办事处的供应，并无故逮捕在拉萨的汉人，迫使驻藏办事处与其“外交局”建立联系。1942年8月，中央行政院电告西藏驻京（当时在重庆）办事处：“藏方为处理地方涉外事务而有设置机构之必要，则应遵守下列两事：（甲）有关国家利益问题，即政治问题，必须秉承中央意旨处理；（乙）中央与西藏一切往还接洽方式，仍应照旧，不得经由上述外务机构。”[①] 最后，噶厦召开西藏官员扩大会，会议通过决议“现仅向中央声辩，外交局非新创机关，但中央如仍拒绝接洽，拟让步，另设机关与驻藏办事处往还”，表示“西藏应与中央保持感情，不应与中央西藏办事处断绝关系”。[②] 所谓“外交局”风波最终以西藏分离势力的失败而告终。

1949年7月8日，西藏噶厦政府通过印度噶伦堡电台，通知国民党政府及其驻西藏办事处：“为防止赤化的必要措施，决定请彼等及其眷属立即准备离藏内返。”随后，大批手持英式枪的噶厦兵，包围了国民党政府驻藏办事处，电台被查封，学校被关闭，测候所被抢占；那些“共产党汉人”嫌疑人员，更是依照秘密提供的名单一一拘留。从拉萨到西藏各地，乃至严密布防的藏东重镇昌都，无不刮起一股驱逐汉人的黑风。国民党驻藏机构的官员眷属和其他汉族人员二百多人，被严密监视，并于7月11日、17日、20日分三批驱逐出西藏，送往印度，再经海路遣返回内地。

新成立的中华人民共和国宣誓对西藏的主权 1949年9月2日，新华社针对“驱汉事件”发表社论《决不允许外国侵略者吞并中国领

① 蒙藏委员会档案，《西藏地方是中国不可分割的一部分》（史料选辑），西藏人民出版社，1986年，第532页。

② 蒙藏委员会档案，《西藏地方是中国不可分割的一部分》（史料选辑），西藏人民出版社，1986年，第533页。

土——西藏》，指出："西藏是中国的领土，西藏民族加入中国各民族的大家庭，与汉族及中国境内其他民族发生兄弟的关系，已有悠久的历史。""中国人民解放军必须解放包括西藏、新疆、海南岛、台湾在内的全部中国领土，不容有一寸土地被留在中华人民共和国的统治之外。西藏是中国的领土，绝不容许任何外国侵略；西藏人民是中国人民的一个不可分割的组成部分，绝不容许任何外国分割。这是中国人民、中国共产党和中国人民解放军的坚定不移的方针。"① 1950 年 10 月 28 日，毛泽东指示外交部，要求中国驻印度使馆告知印方，中国军队必须到达西藏一切应到的地方，无论西藏愿意谈判与否及谈判结果如何，任何外国对此无置喙的余地。② 11 月 22 日，《人民日报》发表社论《斥美国对西藏的阴谋》指出："西藏一向是中国的领土，这是举世公认的事实。"

人民解放军进藏　人民解放军进藏部队兵分四路，从西康、云南、新疆、青海等地向西藏挺进。由军长张国华、政委谭冠三率领的十八军一部，于 1951 年 8 月 28 日自昌都出发，10 月 26 日到达拉萨；由范明率领的十八军独立支队于 8 月 22 日由青海香日德出发，11 月 4 日到达藏北那曲，12 月 1 日到达拉萨。新疆部队的一支骑兵部队，于 8 月 3 日进驻阿里首府噶大克；云南进藏部队一个团，于 9 月 12 日自门工出发，于 10 月 1 日进驻察隅。随后十八军进藏部队于 11 月 15 日，分别进驻江孜、日喀则，1952 年进驻山南隆子，7 月 6 日进驻边防重镇亚东。

试图占领中国西藏地方是英国犯下的一个不可能得逞的历史错误　1950 年 6 月 30 日，美国驻英大使道格拉斯在致艾奇逊的电文中披露的"英国驻华盛顿使馆就西藏问题进行的秘密谈话"认为：西藏不容易进

① 中共中央文献研究室、中共西藏自治区委员会编：《西藏工作文献选编》（1949—2005），中央文献出版社，2005 年，第 2 页。

② 《在袁仲贤关于同申健谈西藏问题报告上的批语》，中央文献研究室：《建国以来毛泽东文稿》（第 1 册），中央文献出版社，1987 年，第 627 页。

入的特点使得任何加强对中国进行军事抵抗的行动都不现实。西藏长期被认为不能进行除了名义上的任何抵抗。英国过去在西藏的利益来自于与西藏毗邻的印度。这些利益现在被印度继承下来了。英国不再继续向拉萨派驻代表。印度已经明确表示不可能给予西藏直接的军事支持。1950年1月印度与英国协商之后，印度决定给予西藏外交支持并提供数量有限的小型武器。印度承认，如果中国决定占领西藏，没有什么能够阻止中国的占领。任何干涉西藏的企图都是不明智的。英国对于在这个地区同中国纠缠没有足够兴趣，在任何情况下英国都不会抛开印度。①

十四世达赖喇嘛、西方一些反华势力及其走卒，以及境内外的一些民族分裂势力认为，20世纪40年代他们错过了一次搞分裂，实现“西藏独立”梦想的机会。十四世达赖喇嘛的私人秘书丹增格其这样说：“1950年之前，我们西藏人真是白痴。与其一成不变地自我孤立，不如对外开放和对外建立外交关系……很明显，如果当时的西藏政府懂得利用这一段时间去和外国建立正式的外交关系……中国1950年代也就没有办法这么轻松地就把西藏的主权问题给摆平。”② 事实上，一部分上层分裂势力在英国等的支持下已经做了能做的一切，他们惟一不能做到的就是“西藏独立”，因为它遇到的是西藏地方爱国力量的反对，全国各族人民的强烈反对，以及国际社会的不支持。即使那时中国遭遇到内忧外患，灾难频发的历史际遇。无论是国民党执政，还是共产党掌权，都会坚定不移地维护国家的统一和完整，义不容辞地担负起反分裂的责任。特别是代表中国最大多数人民利益的共产党人，既不会在帝国主义列强面前妥协，更不会在分裂分子面前退步，当时新中国政府的声明和

① “道格拉斯致艾奇逊”，陶文钊主编：《美国对华政策文件集1949—1972》（第1卷上），世界知识出版社，2003年，第335、336页。

② 皮埃尔·安东尼·多内特（Pierre-Antoine Donnet）：《西藏生与死——雪域的民族主义》，时报文化出版企业有限公司，1994年，第39—40页。

中国人民解放军的行动，很好地说明了搞“西藏独立”不过是一小部分人所做的黄粱美梦而已。

七、西藏和平解放与主权治权归一

中华人民共和国中央人民政府和西藏地方政府和平谈判　中央人民政府与西藏地方政府的谈判是以 1950 年 5 月 27 日西南局研究《与西藏地方政府谈判条件的意见》为基础的，7 月 21 日，邓小平曾在欢迎赴西南地区中央民族访问团大会上的讲话中指出：“对于我们提出的十条，有的西藏的代表人士觉得太宽了点。就是要宽一点，这是真的，不是假的，不是骗他们的。……这个政策符合他们的要求，符合民族团结的要求。”① 中央人民政府方面指派李维汉、张经武、张国华、孙志远为全权代表，并以李维汉为首席代表；西藏地方政府方面指派阿沛·阿旺晋美、凯墨·索安旺堆、土丹旦达、土登列门、桑颇·登增顿珠为全权代表，并以阿沛·阿旺晋美为首席代表。1951 年 4 月 29 日开始第一次谈判，到 5 月 23 日签订协议，中间经过 6 次正式谈判。双方争议的焦点主要集中在：中国人民解放军进藏、对西藏原有制度的改革、班禅额尔德尼的地位和职权等问题上，经过耐心交流，充分协商一一加以解决。其中班禅地位问题，孙志远与阿沛经过长时间商谈，决定在协议里写上恢复九世班禅和十三世达赖喇嘛和好时固有的地位和职权，西藏地方政府代表一致同意。阿沛·阿旺晋美在回忆当年谈判的过程时说：“我们在平等协商的基础上认真、亲切地谈判。”“经过反复磋商，根据党解决国内民族问题的一贯方针和西藏的特殊情况，正确地解决了各项复杂的问题。”② 时任僧官代表的土丹旦达回忆道：“先是我们西藏代表

---

① 《邓小平文选》，第 1 卷，人民出版社，1994 年，第 163 页。

② 阿沛·阿旺晋美：《回顾西藏和平解放的谈判情况》，《中共党史资料》1988 年第 3 期。

接受了中央提出的十条，接着我们也提出了九条建议，中央也对正确的部分加以采纳和研究综合，并对不合理的部分进行了耐心的解释。……我作为译仓派出的僧官，在谈判过程中对宗教信仰、寺庙收入等提的建议较多，中央大都采纳了。”①

十四世达赖喇嘛拥护《十七条协议》 1951年8月17日，十四世达赖喇嘛听取了阿沛·阿旺晋美的汇报。10月20日，噶厦在布达拉宫召开了300多人参加的西藏僧俗官员大会，听取西藏地方全权代表汇报协商和签订协议过程。10月24日，十四世达赖喇嘛向毛主席发出拥护《十七条协议》的电报：“今年西藏地方政府，特派全权代表噶伦阿沛等五人，于1951年4月底抵达北京，与中央人民政府指定的全权代表进行和谈。双方代表在友好基础上，已于1951年5月23日签订了关于和平解放西藏办法的协议。西藏地方政府及藏族僧俗人民一致拥护，并在毛主席及中央人民政府领导下，积极协助人民解放军进藏部队，巩固国防，驱逐帝国主义势力出西藏，保护祖国领土主权的统一，谨电奉闻。”②

签订《十七条协议》掀开了西藏地方历史新篇章 根据共同纲领，宣布中华人民共和国境内各民族一律平等，实行团结互助，反对帝国主义和各民族内部的人民公敌，使中华人民共和国成为各民族友爱合作的大家庭。在中华人民共和国各民族的大家庭之内，各少数民族聚居的地区实行民族的区域自治，各少数民族均有发展其自己的语言文字，保持或改革其风俗习惯及宗教信仰的自由，中央人民政府则帮助各少数民族发展其政治、经济和文化教育的建设事业。

驱除帝国主义势力，恢复完全治权 自近代以来，帝国主义列强在蚕食鲸吞中国领土的同时，不断通过武力入侵和签订不平等条约，攫取

---

① 土丹旦达：《〈关于和平解放西藏办法的协议〉签定前后》，《西藏文史资料选辑》（纪念西藏和平解放三十周年专辑），西藏人民出版社，1993年，第39页。

② 《人民日报》1951年10月27日。

政治和经济利益，严重侵害了中国的主权完整，也使晚清和民国政府难以实现有效治权。英国与俄国于1907年8月31日在圣彼得堡签订的《英俄协定》，虽然强调“保持西藏领土完整，英俄双方不能吞并西藏，中国是西藏的宗主国，任何关于西藏拉萨政府的事务双方都必须通过中国政府来解决。”但也第一次将中国在西藏的主权更名为“宗主权（suzerainty）”。在以后近半个世纪里，外国特别是英国势力不断插手西藏地方事务，干扰中央政府和西藏地方改善关系的努力，破坏民国政府在西藏行使治权。他们还积极扶植、支持西藏地方上层反动势力从事分裂中国的活动。熟悉了这段曲折复杂的历史，就容易明白在西藏驱除帝国主义势力的必要性和重要性，清楚恢复完全治权的巨大意义。

中国人民解放军进藏，巩固国防　1950年4月27日，周恩来在中央人民政府民族事务委员会举办的藏族干部研究班上就民族政策问题讲话时指出：“西藏派出代表与我们商谈，我们是欢迎的，但驱除英帝国主义出西藏是要坚决执行的。解放军必须进入西藏，目的是赶走英美帝国主义势力，保护西藏人民，使其能实行自治。”1951年5月25日，中央人民政府革命军事委员会主席毛泽东发布了进军西藏的命令。西南军区第十八军担负进军西藏任务：52师进军西藏（一个团进驻拉萨；一个团进驻拉宗、山南、墨竹、太昭一线；一个团进驻江孜、日喀则、亚东一线），53师、54师负责修筑昌都至拉萨的康藏公路。西南军区第十四军126团由云南德钦方向进藏驻防察隅、波密。西北军区部队：军区骑兵支队由青海玉树方向进藏达昌都与52师会合西进；军区独立支队由格尔木过唐古拉山口经那曲、当雄抵拉萨。西北新疆军区骑兵支队经和田分两路进藏，进驻阿里的日土、噶尔、普兰一线。10月26日，在张国华、谭冠三率领下，人民解放军进藏部队胜利进抵拉萨，拉萨各界人民两万人举行盛大集会热烈欢迎进藏部队全体指战员。从此，中国结束了自清末以来在西藏有边无防的局面，边防安全空前加强。

西藏地方政教合一制度和达赖喇嘛的固有地位和职权不变　《十

七条协议》第四项内容规定："对于西藏的现行政治制度，中央不予变更。达赖喇嘛的固有地位及职权，中央亦不予变更。各级官员照常供职。"最大限度地减少了阻力，扩大了共识。

撤销两"司曹"，解散伪"人民议会" 人民解放军根据《十七条协议》进军西藏后，担任噶厦司曹的鲁康娃就公然扬言"饿走解放军"，下令禁止卖给解放军粮秣。1952 年 3、4 月间，在鲁康娃和洛桑扎西两司曹暗中策动、支持下，发生了伪"人民会议"事件。他们策动和组织部分藏军、喇嘛、流氓等在拉萨进行请愿和武装骚乱，包围中央代表张经武驻地和噶伦阿沛·阿旺晋美的住宅，反对《十七条协议》。经过有理、有利、有节的斗争，达赖喇嘛不得不宣布解散了伪"人民会议"，并撤销了两司曹的职务。

贯彻落实《十七条协议》的相关规定 《十七条协议》的签订经过艰苦的努力和充分协商，它的贯彻同样需要做大量细致扎实的解释工作，乃至尖锐的斗争。中央人民政府代表张经武等亲自做西藏地方上层的工作，宣传十七条协议的精神，把维护国家统一和照顾地方现状结合起来。西藏地方参加十七条协议签订的代表，也从自己的亲身经历，客观介绍该协议的形成、内容和意义等，推动了共识的达成。根据协议规定，从 1951 年 9 月到 1952 年 6 月，以十八军为主的各路进藏部队先后到达拉萨，进驻（抵）太昭、江孜、日喀则、山南隆子宗、亚东、察隅、改则等国防重镇。1952 年 9 月 6 日，中央人民政府驻西藏代表外事帮办办公室成立，在中央人民政府外交部的领导下，具体办理西藏地方的一切涉外事宜。中央政府作出了"进军西藏，不吃地方"及"精打细算，生产自给"等指示，实行生产自给，解决军需民用。在中央人民政府的推动下，1952 年 4 月，十世班禅额尔德尼及班禅行辕人员自青海返回拉萨，实现了班禅与达赖的友好会晤，促进了民族团结和进步。

第三章

藏族是多元一体中华民族大家庭中的重要成员

一、中华民族多元一体的理论

中国是一个多民族统一国家，中华民族的形成和发展有着怎样的规律和特点，学术界对此有多方面的研究，走过了一个不断丰富完善的过程。

中国古代将“华夏”二字并称，一般认为最早出现在《左传·定公十年》，所谓“裔不谋夏，夷不乱华”。中华发源于中国古代华夏民族起源地黄河流域一带，居四方之中，文化先进，制度完备，科技进步；后来该区域被称为中原或中国。当时所谓的“中国”，也就是后世的“中原”，大致相当于今陕西大部、山西西南部、河南西北部一带。

民族是近代以来的舶来品，一般认为是从日文中翻译借鉴而来。最早提出并对中国民族给予定义的学者是梁启超。1901 年，梁启超在《清议报》上发表的《中国史叙论》一文中首次提出了“中国民族”的概念，并将中国民族的演变历史划分为三个时代：

“第一，上世史，自黄帝以迄秦之一统，是为中国之中国，即中国民族自发达、自竞争、自团结之时代也”；

“第二，中世史，自秦统一后至清代乾隆之末年，是为亚洲之中国，即中国民族与亚洲各民族交涉繁赜，竞争最激烈之时代也”；

“第三，近世史，自乾隆末年以至于今日，是为世界之中国，即中国民族合同全亚洲民族与西人交涉、竞争之时代也”。

梁启超还不断丰富和深化他对中华民族内涵的认识。他在 1902 年发表的《中国地理大势论》一文中提出：“中国者，天然大一统之国也。人种一统，言语一统，文学一统，教义一统，风俗一统，而其根原莫不由于地势。”① 论述了中国的大一统特征。同年，他在《论中国学术思想变迁之大势》一文中，提出了“中华民族”的概念：“立于五洲中之最大洲而为其洲中之最大国者，谁乎？我中华也；人口居全地球三分之一者，谁乎？我中华也；四千余年之历史未尝一中断者，谁乎？我中华也。”“齐，海国也。上古时代，我中华民族之有海权思想者，厥惟齐。故于其间产出两种观念焉，一曰国家观；二曰世界观。”1905 年，梁启超在《历史上中国民族之观察》一文中，从历史演变的角度重点分析了中国民族的多元性和混合性，认为“中华民族自始本非一族，实由多民族混合而成”。1922 年，梁启超在《中国历史上民族之研究》一文中又进一步强调了民族意识是一个民族成立的重要标志，中华民族是以汉族为主体不断同化融合各少数民族而形成的；主张必须通过建设近代民族国家，形成新的国家层面的民族认同，才能回应西方列强的挑战，即“合汉合满合蒙合回合苗合藏，组成一大民族”。

以梁启超为代表的学界领袖救亡图存、凝聚众心的民族理论，也被政界领袖运用到民国建设的实践中，并成为国家法律的一部分。1912 年元旦，孙中山在《中华民国临时大总统宣言书》中郑重宣告：“国家之本，在于人民。合汉、满、蒙、回、藏诸地为一国，即合汉、满、

① 《中国地理大势论》，《饮冰室合集》文集之十，中华书局，1989 年影印版，第 77 页。

蒙、回、藏诸族为一人——是曰民族之统一。”在《中华民国临时约法》中，同样明确规定：“中华民国人民一律平等，无种族、阶级、宗教之区别。”形成“五族共和”的思想。

傅斯年在《中华民族是整个的》一文中明确提出了“‘中华民族是整个的’一句话，是历史的事实，更是现在的事实。”“原来二千几百年以前，中国各地有些不同民族，说些多少不同的方言，据有高下不齐之文化。经过殷周两代的严格政治之约束，东周数百年中经过经济与人文之发展，大一统思想之深入人心，在公元前221年，政治统一了。又凭借政治的力量，‘书同文，车同轨，行同伦’。自从秦汉之盛时算起，到现在二千多年。”已经形成了民族共同体。中华民族的基本特征是崇尚和平，强烈的民族认同意识，以及对故地和文化的眷恋和强固的组织和统一力。第一，“中华民族是整个的”，“北起朔漠，南至琼崖、交趾，西起流沙，东至鸡林、玄菟，这是天然赐给我们中华民族的田园。我们中华民族，说一种话，写一种字，据同一的文化，行同一伦理，俨然是一个家族。”第二，中华民族具有宽阔的胸襟和包容能力。“我们中华民族自古有一种美德，便是无歧视小民族的偏见，而有四海一家之风度。即如汉武帝，正在打击匈奴用气力的时候，使用一个匈奴俘虏作顾命大臣，在昭帝时，金日磾（jin mì dī，前134年至前86年）竟和霍光同辅朝政。到了现在，我们对前朝之旗籍毫无歧视，汉满之旧恨，随清朝之亡而消灭。这是何等超越平凡的胸襟！所以世界上的民族，我们最大，世界上的历史，我们最长。这不是偶然，是当然”。第三，中华民族大一统思想根深蒂固。“自从秦汉之盛时算起，到现在二千多年，虽有时候因为外夷之侵入，南北分裂，也有时因为奸雄之割据，列国并立，然而这都是人力强的事实，都是违背物理的事实。一旦有适当的领袖，立时合为一家。”“有时不幸，中华民族在政治上分裂了，或裂于外族，或裂于自身。在这时候，人民感觉无限痛苦，所渴望者，只是天下一统。未统一时，梦想统一，既统一时，庆幸统一，一统受迫害时，便表示无限的愤慨。文人如此，老百姓亦复如此。”“中国经辛亥年的革命，由帝制进为共和，一统的江山俨然不改。”[①]

1949年以后，共产党领导的新中国实行民族平等政策，对中华民族的认识有了进一步的深化。范文澜、蔡美彪主编的《中国通史》、翦伯赞主编的《中国史纲要》和郭沫若主编的《中国通史》，以及白寿彝主编的《中国通史》等，都把中国各民族形成发展的历史作为中国历史不可分割的组成部分，予以深入挖掘、客观叙述，使中华民族的历史具有了明确而丰富的内涵。

20世纪80年代以来，学术界对中华民族形成与发展史进行了新一轮的理论探讨。张博泉先生在1986年发表的《“中华一体”论》一文中提出，中华民族形成和发展的历史，先后经历了“前天下一体”“天下一体”及“前中华一体”“中华一体”这样两个时期四个阶段。“前天下一体”是指秦以前，“天下一体”是指秦汉到隋唐；“前中华一体”是指辽宋金，“中华一体”是指元明清。不管是“天下一体”，还是“中华一体”，都包括以汉族为主体的各民族在内。[②]

费孝通先生关于中华民族多元一体的论述，是具有代表性和影响最大的一个。1988年夏天，费孝通在香港中文大学作学术讲演，题目就是《中华民族多元一体格局》。[③]

费孝通先生强调了中华民族形成的自然地理环境，“中华民族的家园坐落在亚洲东部，西起帕米尔高原，东到太平洋西岸诸岛，北有广漠，东南是海，西南是山的这一片广阔的大陆上。这片大陆四周有自然屏障，内部有结构完整的体系，形成一个地理单元。这个地区在古代居民的概念里是人类得以生息的、唯一的一块土地，因而称之为天下，又

① 傅斯年：《中华民族是整个的》，《独立评论》第181号，1935年12月15日。

② 张博泉：《“中华一体”论》，《吉林大学社会科学学报》1986年第5期。

③ 费孝通、谷苞等：《中华民族多元一体格局》，中央民族学院出版社，1989年；费孝通主编：《中华民族多元一体格局》（修订本），中央民族大学出版社，1999年。

以为四面环海所以称四海之内。”同时指出了中华文化发展有着自身的脉络和体系，“在中华大地上已陆续发现了人类从直立人（猿人）、早期智人（古人）、晚期智人（新人）各进化阶段的人体化石，可以建立较完整的序列”。“新石器时期各地不同的文化区可以作为我们认识中华民族多元一体格局的起点。”以及中华民族发展历史的突出特点，大一统思想和发展规律。“秦始皇结束战国时代地方割据的局面在中国历史上是一件划时代的大事，因为从此统一的格局成了历史的主流。”“第一步是华夏族团的形成，第二步是汉族的形成，也可以说是从华夏核心扩大而成汉族核心。”“和秦汉时代中原地区实现统一的同时，北方游牧区也出现了在匈奴人统治下的大一统局面。”“南北两个统一体的汇合才是中华民族作为一个民族实体进一步的完成。”

费孝通先生特别指出，中华民族这个词用来指现在中国疆域里具有民族认同的全体人民，“它所包括的五十多个民族单位是多元，中华民族是一体”。中华民族作为一个自在的民族实体是在几千年的历史过程所形成的，而作为一个自觉的民族实体，则是在近百年来中国和西方列强对抗中出现的。中华民族多元一体格局有自身特色：“距今三千年前，在黄河中游出现了一个由若干民族集团汇集和逐步融合的核心，被称为华夏，像滚雪球一般地越滚越大，把周围的异族吸收进入了这个核心。它在拥有黄河和长江中下游的东亚平原之后，被其他民族称为汉族。汉族继续不断吸收其他民族的成分而日益壮大，而且渗入其他民族的聚居区，构成起着凝聚和联系作用的网络，奠定了以这个疆域内许多民族联合成的不可分割的统一体的基础，成为一个自在的民族实体，经过民族自觉而称为中华民族。”

他在文章中概括其主要论点包括：

1. 中华民族多元一体格局存在着一个凝聚的核心。汉族融合各族，人口占中国人口绝大多数，分布上以农业地区为主，形成点线结合，东密西疏的网络，成为多元一体格局的骨架。

2. 少数民族聚居地区占全国面积一半以上，主要是高原、山地和草场，很大一部分人口从事牧业，形成不同的经济类型。

3. 从语言上说，少数民族可以说都有自己的语言，而汉语已逐渐成为共同的通用语言。

4. 导致民族融合的具体条件是复杂的。虽则政治的原因也不应当忽视，但主要是出于社会和经济的需要。国家分裂时期也总是民族间进行杂居、混合和融化的时期，汉族的农业经济是凝聚力的一个主要因素。

5. 组成中华民族的成员是众多的，所以说它是个多元的结构。

6. 中华民族成为一体的过程是逐步完成的。先是各地区分别有它的凝聚中心，而各自形成了初级的统一体。

费孝通先生这篇文章通过研究中华民族形成与发展的历史，总结其特点和规律，系统地提出了中华民族多元一体的理论。

蔡美彪先生也指出："自秦汉以来即形成疆域辽阔的统一的国家，这是中国历史的又一特点。历代疆域有发展，统一的局面却始终是历史的主流。这当然和中华民族多民族的凝结，特别是边疆地区诸民族的凝结有密切的联系。从地理环境说，中国东临大海，西有群山，黄河长江横贯东西，人工修建的大运河纵贯南北，各地区各民族日已形成不可分割的经济文化联系。辽阔的版图的统一管理，有利于各地区各民族经济文化的发展和交流，分裂则使大家都受到损害。所以，大一统的观念自古以来就成为全民的共识。"①

陈得芝先生指出，"中国多民族统一国家的形成，经历了漫长的多民族共生与融合的历史进程。这里的所谓'共生'（symbiosis），不仅意味着各民族都生息繁衍在中华大地，为开发自己的家乡做出贡献，更

① 蔡美彪：《学林旧事》，中华书局，2012 年 4 月，第 243 页；田百春：《以史为鉴　温故知新——访中国社会科学院近代史研究所研究员蔡美彪》，《求是》1996 年第 3 期。

重要的是指各民族间的相互依存关系从未间断，不管是和平相处还是相互争战——其实这两者并非绝对不相容，和平时期也存在诸多矛盾冲突，战争时期的经济、文化交往也没有完全断绝。”①

事实上，无论是权威的中国通史著作，如范文澜、蔡美彪主编《中国通史》②，翦伯赞主编《中国通史纲要》③，郭沫若主编的《中国通史》，白寿彝总主编《中国通史》④ 等，还是民族史著作，如王钟翰主编《中国民族史》⑤，翁独健主编《中国民族关系史纲要》⑥，江应梁主编《中国民族史》⑦，以及中国社会科学院民族研究所集体编写、四川民族出版社出版的中国历代民族史丛书等，都把各个时期中国的古代少数民族历史，纳入研究视野和论述范围，这里就包括对元朝之前，特别是吐蕃王朝历史的叙述。同样也包括生活在中国境内，为中国历史和中华民族形成做出贡献、增添新鲜血液的各个民族。

中国学术界对中国历史发展的特点、规律有自己深刻的理解，中国历史是中华民族共同书写的，自然也是中华民族共有的历史记忆。

二、汉族的凝聚力核心作用与“蕃汉”共性的形成

中原地区华夏族形成，以及由华夏族发展为汉族，是一个不断吸收众多兄弟民族成分，逐渐融合的过程。中原地区发达的农业经济、秦汉

---

① 陈得芝：《从元代江南文化看民族融合与中华文明的多样性》，原载《北方民族大学学报》2010 年第 5 期，此见陈得芝《蒙元史与中华多元文化论集》，上海古籍出版社，2013 年，第 194 页。

② 人民出版社，2009 年。

③ 人民出版社，1983 年。

④ 上海人民出版社，1999 年。

⑤ 中国社会科学出版社，1994 年。

⑥ 中国社会科学出版社，2001 年。

⑦ 民族出版社，1990 年。

以来的中央集权和郡县制度、大一统思想和讲究怀德徕远、和而不同的儒家文化等巨大影响力、感召力和凝聚力，在多民族统一国家和中华民族的形成过程中发挥了核心的作用。“在农业区与游牧区的相互依存、相互促进的关系中，在历史上，以汉族为主体的农业区是经常起着进步作用的，是我们多民族国家形成统一局面的凝聚力的核心。如果没有这个核心，就不能形成我们这个统一的多民族国家。”①

农牧区经济的相互补充、相互依赖，为中华民族的形成打下坚实的经济基础。大体说来，华夏族是以农业生产为主，戎、狄等族则是以游牧业生产为主。“在中国古代史上，中国的疆域大体上可以分为三大片：地跨黄河、长江、珠江的农业区是一大片；长城以北的游牧区是一大片；青藏高原及其邻近的游牧区又是一大片。”“从中原农业区输送到游牧区的产品，主要为各种农产品和手工业产品，如：粮食、丝织品、麻织品、金属工具和用具、酒类等等。从游牧区进入到农业区的产品，主要为各种活畜——马、牛、羊、驴、驼，各种家畜和野牲的皮张、畜毛以及药材等等。”“在我国历史上农业区统一政权的出现也早于游牧区统一政权的出现。秦始皇吞并六国，在我国的农业区出现了统一的政权；匈奴冒顿单于统一北方游牧区的各个游牧部落和部落联盟，在我国的游牧区出现了统一政权。这两个历史传统都被以后的历史继承下来了：三国、晋、宋、明继承了农业区统一的传统；鲜卑、柔然、突厥、回鹘、契丹等继承了游牧区统一的传统。中国历史长期存在过的两个统一——农业区的统一和游牧区的统一，终将形成混同南北的一个大统一，这是中国历史发展的必然性所决定的。中国历史上的汉、唐两朝曾在这方面取得了富有历史意义的成就，元朝全部实现了农业区和游牧区的大统一，我国最后一个封建王朝——清朝最后完成和巩固了这个大

---

① 谷苞：《论正确阐明古代匈奴游牧社会的历史地位》，《民族学研究》第 8 辑，1986 年。

统一。”[①] “农业社会和游牧社会在中国历史上长期并存，它们之间经济文化发展的水平是不相同的，社会经济结构也是不相同的。但是它们之间的关系，却存在着一个根本的共同点，这就是在经济上的互相依存和相互促进。这个根本的共同点，就是大统一思想赖以形成的经济基础。”[②] “在我国历史上，两个巨大的游牧区（北方游牧区和西方游牧区，包括原来在两个游牧区内出现的农业区）与一个更大农业区——即中原农业区之间的相互依存、相互促进的关系，是我国大统一思想所以深入人心的经济基础，也是我们历朝历代大统一政治局面所赖以建立的经济基础。”[③]

民族并不是长期稳定的人们共同体，而是在历史过程中经常有变动的民族实体，汉族就是一个不断混杂、扩大和变化的代表。从生物基础，或所谓“血统”上讲，可以说中华民族这个一体中经常在发生混合、交杂的作用，没有哪一个民族在血统上可说是“纯种”。汉族尤其如此，每个朝代的汉人都在前代基础上增加了新鲜血液并有更丰富的民族成份内容，并非狭隘和固定不变。比如，元朝时期作家陶宗仪《辍耕录》一书中所说的元代汉人就有八种，即：契丹、高丽、女直、竹因歹、术里阔歹、竹温、竹赤歹、渤海（原注：女直同）。[④] 其实其他时期汉人的多民族特征也大致如此。

各民族是一家说的思想在中国传统思想文化中有着深厚的基础。墨子说：“圣人能以天下为一家，中国为一人。”

“我若发问谁是汉文化的代表者，大家一定会想到孔子，那么孔子的后裔是汉文化集团中份额分子，不再有什么疑问。可是我这回走到甘肃，听说永靖县的孔家都做了回回；走到青海，又听说贵德县的孔家都

① 谷苞：《论正确阐明古代匈奴游牧社会的历史地位》，《民族学研究》第 8 辑。
② 谷苞：《论正确阐明古代匈奴游牧社会的历史地位》，《民族学研究》第 8 辑。
③ 谷苞：《论正确阐明古代匈奴游牧社会的历史地位》，《民族学研究》第 8 辑。
④ 陶宗仪：《南村辍耕录》卷一。

做了番子。”这些例子说明，“中华民族是浑然一体，既不能用种族来分，也不必用文化来分”[①]。

大一统却是中国境内各族的政治共识。分裂时期的各地各族领袖都以大一统为追求目标，而统一时期历代统治者又都以天下之主，各族共主为己任。司马迁撰写《史记》就认为中国远古传说中的“五帝”即黄帝、颛顼、帝喾、尧、舜是一家人，《史记·匈奴列传》称“匈奴，其先祖夏后氏之苗裔也，曰淳维”。《东越列传》称“闽越王无诸及东越王摇者，其先皆越王勾践之后也”。《越世家》说“越王勾践，其先禹之苗裔，而夏后帝少康之庶子也”。他们都是黄帝子孙。唐太宗就曾经说过：“夷狄亦人耳，其情与中夏不殊。人主患德泽不加，不必猜忌异类。盖德泽洽，则四夷可使如一家；猜忌多，则骨肉不免为仇敌。”[②]“自古皆贵中华，贱夷狄，朕独爱之如一。”[③] 他还被各族拥戴为“天可汗”。清朝雍正皇帝则特别强调清朝的“天下一统，华夷一家”[④]。这些都反映出统治者的政治理想和价值判断。有学者认为，在秦汉以来中国漫长的历史过程中，“统一始终是历史发展的主流，统一始终是各族人民共同的愿望”[⑤]。在中国的历史传记和专史中，“少数民族所建立的地区性政权和全国性的政权，都被看作是中国历史的一部分”。大一统之所以能成为中国历史发展的主流，一个很主要的原因就是“大统一的思想是中国各民族共同的历史传统”。[⑥] 白寿彝指出：“究竟什么是民族关系中的主流？我看各民族共同促使历史前进是主要的，也可以说这就是主流。在历史上，各民族之间尽管不断打些仗，不断搞些民族不和，

① 顾颉刚：《中华民族是一个》，《益世报》1939 年 2 月 13 日。

② 《资治通鉴》卷一九二。

③ 《资治通鉴》卷一九八。

④ 雍正：《大义觉迷录》，中华书局，1963 年。

⑤ 谷苞：《论正确阐明古代匈奴游牧社会的历史地位》，《民族学研究》第 8 辑。

⑥ 谷苞：《再论中华民族的共同性》，《新疆社会科学》1986 年第 1 期。

但我们要从整个历史的发展去看问题。”[①]

涵义多样的“中国”曾是众多政权共有的名号。即使是分裂时期的中国各地各族政权，它们往往也会把自身视为“中国”的一部分。新疆历史上喀喇汗国的学者马合木·喀什噶里在其所编撰的《突厥语词典》中解释“桃花石”时，把中国（即桃花石）分为三大部分：上秦为中国东部，即宋朝；中秦为契丹；下秦为中国西部，即喀喇汗王朝统治下的喀什噶尔。“参照其他穆斯林文献，我们还可以看到，马合木·喀什噶里关于整个中国的概念，实际上也反映了当时中亚地区人们的普遍认识。”[②] 宋朝时期，中国境内多个政权并立，较大的有以中原汉族为主建立的南北宋王朝、北方地区契丹人建立的辽王朝和女真建立的金朝。元朝统一后，元朝的政治家和史学家在撰写辽、宋、金三史时，就出现了激烈的争论，最后决定辽宋金三史“各与正统，各系其年号”。也就是说承认它们都是中国历史上的合法政权，同时承认它们都是中国历史的组成部分。

汉人是众多民族融合的产物，是中国的主体民族，但不可以与“中国人”相互等同。“顾名思义，汉人之称来源于汉朝，但汉朝的人并不被称为汉人，而被称为秦人。”[③] 清代学者李慈铭称，“中国（实际上是中原）人别称汉人起于魏末”[④]。但是元灭了金，把金人也称为汉人。北京香山昭庙保存的乾隆皇帝御碑铭文称：“既建须弥福寿之庙于热河，复建昭庙于香山静宜园，以班禅远来祝釐之诚可嘉，且以示我中华之兴黄教也。”[⑤] 中华民族才是最能代表全体中国人的一个名称。

① 白寿彝：《关于中国民族关系史上的几个问题——在中国民族关系史座谈会上的讲话》，《北京师范大学学报（社会科学版）》1981 年第 6 期。

② 张广达：《关于马合木·喀什噶里〈突厥语词汇〉与见于此书中的圆形地图》，《中央民族学院学报》1978 年第 2 期，第 41 页。

③ 贾敬颜：《“汉人”考》，《中国社会科学》1985 年第 6 期。

④ 李慈铭：《桃华圣解庵日记》辛集第二集，光绪四年二月二十日，《越缦堂日记》第二十九册，第 51—52 页。

⑤ 于敏中等编：《钦定日下旧闻考》卷八十七。

各少数民族统治者均普遍重视吸收借鉴汉族文化。中原汉族文化吸纳兄弟民族文化，丰富自身内容，又不断传播、扩散影响边疆各族文化是其发挥凝聚力核心的一个方面。另一方面，各族领袖积极主动学习借鉴汉族文化，吸纳汉族文人参政，接受中原政治制度和认可大一统政治理念等，也是中华民族多元一体格局形成的重要条件。匈奴首领刘渊“幼而好学，不舍昼夜，师事上党崔游，习《毛诗》《京氏易》《马氏尚书》，尤好《春秋左氏传》，孙、吴《兵法》，略皆诵之，《史》《汉》《诸子》，无不纵览。”① 松赞干布与文成公主联姻后，“释毡裘，袭纨绮，渐慕华风”。② 唐诗叙其事说，“自从贵主和亲后，一半胡风似汉家”。③ 接着儒家经典纷纷传入吐蕃并被翻译为藏文。耶律楚材咏诗称“辽家遵汉制，孔教祖宣尼”④。元朝忽必烈皇帝推行“汉法”，清朝康熙皇帝自幼崇尚儒家学说，“殊觉义理无穷，乐此不倦”。事实上，历史上进入中原地区或者发生过密切交流的各少数民族领袖，都有过用心学习借鉴汉族文化的故事。与此同时，几乎在所有的边疆少数民族政权和少数民族建立的统一王朝中，都有汉族知识分子的参与和支持。唐高祖说，隋末，“自倾离乱，亡命甚多，走胡奔越，书生不少，中国之礼，并在诸夷”⑤。不仅是隋末，匈奴、突厥、吐蕃、辽、金、西夏、元朝和清朝的建政立制和实施管理，莫不如此。宋朝学者洪皓在《松漠纪闻》中记载的一则历史故事，很能说明辽朝的统治者熟悉儒家经典的程度和对民族问题的认识，据称：“大辽道宗朝，有汉人讲《论语》，至‘北辰居（其）所而众星拱之’，道宗曰：‘吾闻北极之下为中国，此岂其地邪?’至‘夷狄之有君’，疾读不敢讲，则又曰：‘上世獯鬻、猃狁，荡无礼法，故谓之夷狄。吾修文物彬彬，不异中华，何嫌

① 《晋书》卷一〇一，刘元海载记。

② 《旧唐书》卷一九六，吐蕃传。

③ 陈陶《陇西行》，《全唐诗》卷七四六。

④ 耶律楚材《怀古一百韵寄张敏之》，耶律楚材《湛然居士集》卷十二。

⑤ 《大唐创业起居注》卷七。

之有！’卒令讲之。”① 不避讳古人对边地居民的偏见用语，可谓心胸开阔，自认华夷无隔，当属见识高远。

中国各民族之间密切的交流、迁徙与融合，促进了中华民族共同特征的形成。通过分裂时期中国境内各族政权之间的交往交流，以及统一时期更紧密地全方位交流，特别是民族迁徙与融合频繁发生，即少数民族迁徙中原并融合到汉族之中，汉族迁徙并融合各少数民族之中，以及不同地区少数民族之间迁徙与相互融合，使中华民族的共同性不断增多，认同进一步增强。《隋书·突厥传》记载“隋末离乱，中国人归之者无数，遂大强盛，势凌中原。薛举、窦建德、王世充、刘武周、梁师都、李轨、高开道之徒，皆北面称臣。”《资治通鉴·唐纪九》贞观五年记事：“隋末，中国人多没于突厥；及突厥降，上遣使以金帛赎之。五月乙丑，有司奏，凡得男女八万口。”《通典》卷一八七“南蛮上”：“松外诸蛮，……其西洱河从巂州西千五百里，其地有数十百部落，大者五六百户，小者二三百户。无大君长。有数十姓，以杨、李、赵、董为名家。各据山川，不相役属，自云其先本汉人。”说明在汉族容纳各少数民族的同时，也有大批的汉人融入各少数民族中。因此，有学者认为，“汉人是以华夏民族为主体，不断吸收、容纳其他少数民族逐渐形成、发展起来的，而华夏族本身，又是由各个少数民族互相同化、互相融合而形成的”。②

在早期的传说中，中国众多民族有着共同的祖先和历史记忆。在我国古代传说人物中，最早的是炎帝，号神农氏，炎帝的氏族部落是从事农业生产的。“传说中的炎帝后裔有四支，可能是属于古羌人的四个氏族部落。一支是烈山氏，其子名柱，会种谷物和蔬菜，从夏代以上被奉为稷神。……烈山氏就是烧山种田的意思。”③ 炎帝是古羌人的祖先，

① 洪皓：《松漠纪闻》卷上，吉林文史出版社，1986 年。

② 贾敬颜：《“汉人”考》，《中国社会科学》1985 年第 6 期。

③ 郭沫若主编：《中国史稿》，人民出版社，1976 年，第 1 册第 109 页。

同样也是华夏族的祖先。“汉族和少数民族所共有的神话，是汉族与少数民族共同的文化遗产，是中华民族所共有的精神财富，是中华民族所具有的强大的精神上的凝聚力。汉族和诸多少数民族共同把盘古、伏羲、女娲、皇帝、炎帝等认为是自己的祖先，就是中华民族共同性的生动表现。”①

民族迁移与民族融合促成共同文化观念的形成。中华民族现存的共同点，主要原因之一是历史上早已存在的移民与民族融合。“历史上大规模的移民有三种情况：一种是有大量的少数民族移居汉族聚居区；一种是有大量的汉族移居于少数民族聚居区；另一种是有大量的某一少数民族移居于另一个少数民族聚居区。历史上的民族融合也有三种情况：一种是有许多少数民族与汉族融合；一种是有大量的汉族分别融合于许多少数民族；另一种是有大量的某一少数民族与另一个或另几个少数民族相融合。”“在中国古代神话中，有着许多中华民族共同性的表现。如：盘古氏开天辟地、古代洪水曾淹没大地、伏羲与女娲兄妹成婚、女娲炼石补天、羿射日等，在我国许多民族中都广为流传。另外，对龙的崇拜，用十二属相纪生年或纪念，也在我国许多民族中广为流传。”②

历代统治者十分重视中原汉族文化对边疆地区的教化作用，客观上了推动了民族文化交流，以及共同文化观念的形成。中原佛教文化在唐代随文成公主和金城公主传入，对吐蕃佛教的兴起和后来的发展产生了很大的影响，儒家文化也在那个时代深刻地影响到吐蕃文化的形成与发展，中原的道教也通过四川西部进一步西传到藏地，乃至西藏腹心地区。考古工作者在青海都兰热水南岸三号吐蕃墓葬当中，发现了三片书写在织物上的道教符策，丝织品中绝大多数也为中原输入品。③ 清朝时

① 谷苞：《再论中华民族的共同性》，《新疆社会科学》1986 年第 1 期。

② 谷苞：《论中华民族的共同性》，《新疆社会科学》1985 年第 3 期。

③ 北京大学考古文博学院、青海省文物考古研究所编著：《都兰吐蕃墓》，科学出版社，2005 年，第 129—130 页。

期还大力在西藏倡导关公崇拜和忠义思想。昌都地区各县城均立有关公庙，如昌都城、洛隆宗城等，现存文物中有晚清官员赠送硕般多（洛隆）关帝庙之“神目如电”匾。“在历史上，我国的少数民族曾经建立过两个统一全国的王朝和许多地区性的政权。不论哪一个少数民族的统治阶级当权，中国的文化都得到了继承和发展，保持了中国历史的延续性。”①

不同地区和不同民族政权之间的战争客观上推动了民族之间的交流与融合。历史上生活在中原地区的汉族和生活在边疆地区的各少数民族，例如藏、维、蒙、满等民族之间，都曾经有过彼此间是冲突和战争，但其结果并不是彼此分离而是交往与联系的强化。不仅行政上、经济上的关系日益密切，而且语言、文字、宗教、文化以及心理状态、民族感情，都不断地相互交流和渗透，形成内在的凝结。所以，中华民族整体的形成有其深厚的历史根源和深刻的内在联系，并不是由于某种外来因素而呈现的暂时的军事、行政的联合。正因为如此，历史上出现过的民族分裂活动都不能不遭到失败。②

不同地区的民族关系也有类似的特点，比如，云南古代民族关系的特点被学者概括为三个主要方面：“一是各民族的关系比较和睦及和谐，长期以来各民族相互杂居、混同乃至融合，形成了你中有我、我中有你的血肉联系。二是受云南复杂自然环境、生产生活方式多样性的影响，云南地区不仅民族的种类较多，同一民族内部支系亦较复杂，在各民族以及同一民族的内部，普遍存在相互区别但又相互依存和互补互助的关系。三是在云南古代的民族关系中，汉族与少数民族的关系十分重要乃至起到主导作用。……明清时期汉族在云南各民族中不仅力量最强，而且受到少数民族的普遍敬重，汉族通常被少数民族尊为‘大

---

① 谷苞：《再论中华民族的共同性》，《新疆社会科学》1986 年第 1 期。

② 蔡美彪：《学林旧事》，中华书局，2012 年，第 242 页；田百春：《以史为鉴　温故知新——访中国社会科学院近代史研究所研究员蔡美彪》，《求是》1996 年第 3 期。

哥'。云南汉族对少数民族也持宽容和理解的态度，普遍视少数民族为骨肉乡亲。云南的少数民族相互间通婚，在一些地方仍有程度不同的顾忌，但少数民族与汉族联姻在云南是较普遍的现象。"①

近代以来，面对帝国主义的入侵和中华民族的存亡危机，中国人民更加团结起来，中华民族的凝聚力也进一步增强了。

民族统一。1912年元旦孙中山就任临时大总统，发布《中华民国临时大总统宣言书》指出："国家之本，在于人民。合汉、满、蒙、回、藏诸地为一国，合汉、满、蒙、回、藏诸族为一人，是曰民族之统一。"② 即所谓民族统一是包括中国境内各民族的大统一。

五族共和。中华民国在提出民族统一主张的同时，也提出了"五族共和"的理念。正如有学者所指出的那样，"中华民国申明，汉、满、蒙、回、藏是民国的五大民族，以它们为代表的'五族共和'表示了中国是一个统一的多民族国家。其实，当时的蒙、回、藏并不限于单一的民族，蒙古中至少包括达斡尔、鄂温克等，回部中包括回族、维吾尔、哈萨克等新疆地区信仰伊斯兰教的各民族，藏族则包括了羌族以至甘、青、川境内的一些语言属汉藏语系的民族。大概也只是在'五族共和'之说倡导之后，'汉人'才正式改称'汉族'。"③ 中国是各民族共有的家园，五族是中华民族的一个代号。

民族平等。1912年3月11日颁布的《中华民国临时约法》第五条规定："中华民国人民，一律平等，无种族、阶级、宗教之区别。"④ 孙中山还指出："今者五族一家，立于平等地位，种族不平等之问题解决，政治不平等问题亦同时解决，永无更起纷争之事。"同年3月25日袁世凯发布《劝谕蒙藏令》："达赖喇嘛、班禅额尔德尼、哲布尊丹巴

① 方铁：《边疆民族史新探》，知识产权出版社，2013年，第439页。
② 《孙中山选集》，人民出版社，1981年，第90页。
③ 贾敬颜：《"汉人"考》，《中国社会科学》1985年第6期。
④ 陈荷夫编：《中国宪法类编》下编，中国社会科学出版社，1980年，第366—367页。

呼图克图，分驻蒙藏，为黄教宗主。历辈相传，咸深信仰。凡我蒙藏人民，率循旧俗，作西北屏藩，安心内向。……现在整体改革，连共和五大民族，均归平等。”“务使蒙藏人民，一切公权私权，均与内地平等，以期大同而享幸福。”①

1912 年中华民国在《对外宣言》上首次使用了“中华民族”的称谓，说明中华民国代表当时中国民族的团结和祖国的统一，也标志着长期以来中华民族由自在的统一体向自觉的民族统一体过渡的完成。

中华民族得到中国各族的认同，维护国家统一是各族的共同职责。1913 年初，在归绥（今呼和浩特）内蒙古西部二十二部三十四旗王公一致决议“联合东蒙反对库伦”，声明“数百年来，汉蒙久成一家”，“我蒙同系中华民族，自宜一体出力，维持民国”。②

三、藏族的形成与多元一体进程

中国的统一是由许多地区和众多民族政权的统一为基础的。“和秦、楚等战国七雄各自统一一方为中国的统一准备了条件一样，匈奴第一次统一中国北部游牧区，吐蕃王朝第一次统一西藏高原，也都是中国的大统一不可缺少的历史前提。”③

在藏族的形成过程中民族融合的因素发挥的巨大的作用　费孝通先生对此有过论述。“据汉文史籍记载，藏族属于前汉时西羌人一支。西藏有‘发羌’，发古音读 bod，即今藏族自称。发羌是当时青藏高原上许多部落之一。而且和甘青诸羌人部落有来往。藏语族有三个语支，即藏语、嘉戎语、门巴语。有些语言学者把羌语、普米语、珞巴语都归入

① 《东方杂志》第 8 卷第 11 号中国大事记。

② 西盟王公会议招待所编《西盟会议始末记》，第 41—45 页。

③ 陈连开：《中国、华夷、蕃汉、中华、中华民族——一个内在联系发展被认识的过程》，费孝通等著：《中华民族多元一体格局》，中央民族学院出版社，1989 年，第 88 页。

藏语支，也有把嘉戎语归入羌语支。一说西夏语实际是嘉戎语，即羌语。这说明在藏语和羌语间存在着密切关系。嘉戎语主要分布在四川的阿坝藏族自治州，说嘉戎语的人都被认为是藏族。”

“藏语本身还分三种差距较大的方言：卫藏方言主要分布在西藏自治区大部分地方，康方言主要分布在四川的甘孜、云南的迪庆及青海的玉树等藏族自治州；安多方言分布在甘肃的甘南、青海的一些藏族自治州。藏族的复杂性反映了这个民族的多元格局。即使不把羌人作为藏族的主要来源，羌人在藏族形成过程中的重要作用也是无可怀疑的。

“藏族在历史上是一个强大的民族，它不仅统一过青藏高原，而且北面到达帕米尔高原，占领过新疆南部，东面到达过唐代的首都长安和四川的成都平原，南面在滇北和当时的南诏国对峙。在他们的强大时期，当地各族人民受到他们的控制。这些人也就被称为藏人。现在阿坝地区还有一种被称为白马藏族，他们既不说藏语也不信喇嘛教。在解放前曾被称为‘黑番人’，有些学者认为他们是古代氐人的后裔。在六江流域的走廊里还发现出门说藏语，回家说另一种语言的藏人。这些显而易见的是融而未合的例子。”①

考古学资料和人类遗传学研究成果等表明，藏族及其民族文化正是以藏南谷地区的土著文化和土著民族为基础，同时吸收和融合中华大地上北方草原地区的原始游牧文化和胡系统的游牧民族、中原地区的原始仰韶文化和氐羌系统的民族而形成的。所以，藏族的古代文化明显具有多重性的特点，即一方面具有藏族地区本土的土著性特点，亦可称为地区性特点，另一方面又包含着北方草原地区的游牧文化特点和中原地区氐羌系统的原始文化特点。因而，藏族无论在血统上还是在文化上都不是单一的。它的血统具有混合型的特点，它的文化具有多重性的特点。

① 费孝通等：《中华民族多元一体格局》，中央民族学院出版社，1989 年，第 26 页。

从整体来看，藏族的文化毫无疑问是中华民族不可缺少的重要组成部分。[①]

藏族是以雅隆悉补野部落为核心吸收象雄、苏毗等部落逐渐形成的

象雄，有上下象雄，或者上中下象雄之分；汉文称作羊同，有大小羊同之分。主要活动在今日喀则地区江孜县及以西、阿里地区，后被吐蕃所吞并。苏毗是活动在藏北和青海玉树一代的游牧王国。史料记载，“苏毗（sum pa）一蕃，最近河北，吐泽（吐谷浑）部落，数倍居人。盖是吐蕃举国强授，军粮兵马，半出其中。”[②] 吐蕃兴起后，役属吐蕃，划为吐蕃的“孙波如”，后融入吐蕃。吐谷浑主要活动在今青海省境内，强盛时控制今青海、甘肃南部和四川西北部地区，其王为辽东慕容鲜卑一部，所辖百姓则为羌人。“多弥，亦西羌族，役属吐蕃，号难磨，滨犁牛河（即在今青海金沙江上游通天河一带），土多黄金。”[③]《新唐书·党项传》：“又有白兰羌，吐蕃谓之丁零，左属党项，右与多弥接。胜兵万人，勇战斗，善作兵，俗与党项同。”“龙朔（661—663年）后，白兰，春桑及白狗羌为吐蕃所臣，籍其兵为前驱。”从史料记载来看，在吐蕃崛起之前，在青藏高原地区活动并建立国家政权的主要是古羌人。汉文史书记载，在附国东北“往往有羌：大、小左封，昔卫，葛延，白狗，向人，望族，林台，春桑，利豆，迷桑，婢药，大硖，白兰，叱利摸徒，那鄂，当迷，渠步，桑悟，千碉，并在深山穷谷，无大君长。其风俗略同于党项，或役属吐谷浑，或附附国。”[④] 所有这些高原邦国，在吐蕃王朝建立，特别是军事扩张后，大多被征服并成为吐蕃王朝的一部分。正因为这样，才有学者称藏族的先人是古羌，或者是由古羌人演变形成的。不仅如此，藏族在形成初期还吸收了活动

① 格勒：《略论藏族古代文化与中华民族文化的历史渊源关系》，《中国藏学》2002 年第 4 期。

② 哥舒翰：《奏苏毗王子悉诺逻降附状》，董诰等纂修《全唐文》卷四百六。

③ 《新唐书》卷二二一，西域下。

④ 《隋书》卷八三，附国传。

在青藏高原的鲜卑、氐、月氏等民族，在吐蕃扩张之后青藏高原及其周边的众多民族都纳入吐蕃治下，可以说吐蕃王朝和中国历史上其他的强大政权一样，都是由各族各部共同组成的。在藏传佛教广泛传播之后，将这些民族逐渐融合到藏族之中，甘、青、川、滇四省的藏族就是这样形成的。因此，包括西藏和四省藏地的藏族形成都是多元融合的产物。

在藏族的形成过程中，还将大批唐朝汉族吸纳其中，也就是说，从血缘上和民族上来看，藏族中包含有汉族的成份。文成公主进藏，随同前往的就有许多长安侍女和工匠，在当地定居下来并融入藏族。《柱间史》记载，随噶尔东赞前往吐蕃的唐朝卫士在吐蕃留下后裔，“据说，吐蕃现在的某些姓氏便是由他们留传下来的。其中四名侍从所传姓氏为曾（vdzing）、王（wa）、司（gze）、乔（khyo）；四名大力护卫所传姓氏为姬（rje）、张（brang）、孟（dmangs）、杜（gdul）。”[①] 事实上，在唐蕃交往的200年中，前往吐蕃的各色人等为数不少，其中一部分定居下来结婚生子繁育后代。“十七年，寇盐州，陷麟州，杀刺史郭锋，湮隍堕陴，系居人，掠党项诸部，屯横槽烽。虏将徐舍人者，语俘道人延素曰：‘我乃司空英公裔孙也。武后时，家祖以兵尊王室不克，子孙奔播绝域，今三世矣。我虽握兵，心未尝忘归也，顾不能自拔耳。’阴使延素夜逸。又言：‘吾按边求资粮，至麟而守者无备，遂入之。知郭使君勋臣家，欲全安之，不幸死乱兵。’语方已，会飞鸟使至，召其军还，遂引去。飞鸟，犹传骑也。”[②] 这则史料反映的就是一个吐蕃化的唐朝名将后裔。吐蕃通过掠夺战争，掳获大批中原地区的汉人到吐蕃，特别是妇女和工匠，其人数有数十万之多，他们大多成为吐蕃王朝的属民并融合到藏族中。《旧唐书》载贞元三年九月“吐蕃大掠汧阳、吴山、华亭等界人庶男女万余口，悉送至安化峡西，将分隶羌、浑等”。

① 阿底峡尊者发掘，卢亚军译注：《柱间史》，甘肃人民出版社，2001年，第121页；藏文本，甘肃民族出版社，1989年，第193页。

② 《新唐书》卷二一六，吐蕃传。

贞元四年“五月，吐蕃三万余骑犯塞，分入泾、邠、宁、庆、麟等州，焚彭原县廨舍，所至烧庐舍，人畜没者约二三万，计凡二旬方退”。而在公元755年唐朝发生“安史之乱”后，吐蕃更趁机占领河西、陇右地区，并统治这里达半个多世纪，在这里推行吐蕃的各项制度，采取同化措施，有数十万唐朝汉人吐蕃化，成为后来的藏族的重要来源之一。

不同时代的藏族有着不尽相同的内涵，它有一个不断丰富、发展和变化的过程　吐蕃王朝时期，被吐蕃吞并的各个邦国和民族成为王朝治下的一部分；吐蕃王朝瓦解后，西藏腹心地区的奴隶起义和青藏高原周边地区各部的反抗，导致局势大乱，各民族迁徙频繁，交错杂居增多，而藏传佛教的发展则对藏族的形成产生了推动和凝聚的作用。由于藏传佛教的传播，甘青川滇等地不同民族因此而融合到藏族之中。他们往往把自己的祖先追溯到外迁此地的吐蕃军队或者部落的后裔。宋代甘青川滇的众多民族和部落，在元代时期由于朝廷对西藏事务的重视，萨迦派的崇高地位和帝师的巨大影响而接受萨迦派宗教信仰，并逐渐融合到藏族之中。明朝时期，这些地区的藏族通过茶马贸易、文化交流继续与其他民族融合。明末清初，蒙藏关系空前紧密，特别是和硕特蒙古统治西藏之后，青藏高原的民族融合进入一个新时期，除了与其他民族的交流与融合之外，很突出的一点就是大批蒙古人融入藏族之中。因此，西藏地方的民族融合，藏族与其他民族的融合一直在发展着，每个时代的藏族都有着新的内涵。

吐蕃王朝与藏族的形成　藏族的形成，是藏族也是中华民族发展历史上的重大事件，藏族究竟形成于吐蕃王朝时期，还是随后的吐蕃分裂割据时期，学术界迄无定论。但是，藏民族这个族群是在吐蕃建立以后逐渐形成的，这一点是可以肯定的客观存在。藏族是在融合青藏高原地区许多部落和民族的基础上逐渐形成的，而藏族的发展也与其他兄弟民族的交往和融合密切相关。藏族的形成开启了青藏高原地区中国民族历史发展的新时代。

吐蕃王朝的建立对于藏族的形成，以及对中华民族的形成具有重要的意义，而吐蕃王朝统一青藏高原对于全国的统一、中国多民族统一国家的形成和发展同样具有重要十分重要的意义。

四、藏族代表人物对多元一体中国的历史贡献

在藏族历史上出现过许多为藏族也为整个中华民族的统一和文化的发展进步作出贡献的人物。

松赞干布（srong btsan sgam po，617—650）

汉文史籍中名为弃宗弄赞、器宗弄赞、弃苏农赞等。他既是雅隆王室第33任赞普，又是吐蕃王朝立国之君。父亲被仇人毒害而死后，13岁即任赞普。他缉查凶手，平息各地叛乱。接着扩张势力，统一各部，定都逻些（今拉萨），建立吐蕃王朝。先后降服周围的苏毗、多弥、白兰、党项、羊同等部。他派大臣吞米·桑布扎等16名贵族子弟到印度求学，创制出本民族的文字藏文。唐贞观八年（634），遣使赴唐。同时与南部泥婆罗（今尼泊尔）通好。十三年（639），与泥婆罗赤尊公主联姻，接着遣使赴唐求婚。唐太宗为结好吐蕃，求得西部边境的安宁，遂于贞观十五年（641）许配宗室女文成公主。唐蕃联姻，文成公主入藏，将佛教和内地各种先进的科学技术和文化带到高原，极大地促进了藏族地区经济文化的发展。贞观二十三年（649），唐高宗封松赞干布为驸马都尉、西海郡王，后又进封为賨王。并镌其像于石，列于太宗昭陵。[①] 永徽元年（650），松赞干布病逝。

松赞干布统一高原、建立王朝的历史贡献主要体现在这样几个方面：首先是结束了青藏高原地区部落邦国分立的时代，统一了辽阔的青藏高原地区，为中国西南地区的开发和文明发展开启了一个崭新时代。

① 《旧唐书》卷一九六，吐蕃传；《新唐书》卷二一六，吐蕃传。

其次，吐蕃王朝的建立直接影响了青藏高原地区古代民族分布格局，为藏族的形成和发展奠定了坚实的基础。第三，松赞干布时期创制了现在通用的藏文，建立了各项制度，从尼泊尔、印度和中原引进了佛教，繁荣了民族文化，为藏族文化和中华传统文化增添了厚重的一笔财富。第四，加强了与周边地区，特别是中原及相邻各地区兄弟民族之间友谊和联系，为中华民族多元一体的形成产生了深远影响。第五，松赞干布时代所具有的开拓开放精神给今人留下珍贵的精神财富，值得继承和发扬。

萨迦班智达（Sa skya paṇḍita，1182—1251）

萨迦班智达原名贡噶坚赞（kun dgav rgyal mtshan），南宋淳熙九年（金大定二十二年，1182）出生于后藏。自幼从至尊扎巴坚赞（grags pa rgyal mtshan）学习，掌握显密二宗精要。23 岁留学印度，拜卡且班钦（kha che pan chen）为师，刻苦学习，精通大小五明，获得班智达名号，成为西藏第一位班智达，简称萨班（sa pan）。南宋淳祐四年（1244），萨迦班智达年届 63 岁，携 10 岁的八思巴和 6 岁的恰那多吉（phyag na rdo rje，1239—1267）两个侄子，从萨迦寺动身前往凉州。经过两年艰苦跋涉，于淳祐六年（定宗贵由元年，1246）八月抵达凉州（今甘肃武威）。次年，与阔端会谈，商定西藏地方归附大蒙古国条件[①]。西藏地方正式纳入蒙元统治之下，元至元八年（南宋咸淳七年，1271）忽必烈改国号为元，西藏成为中央王朝直接管辖下的一个行政区域。

萨迦班智达是西藏地方一位杰出的宗教领袖和政治领袖，他能成为西藏地方历史上的第一位学富五明的班智达，既是个人天资聪颖的标志，更是其异常勤奋好学，博览通识的结果。在蒙古统一中国的历史进

① 阿旺·贡噶索南著，陈庆英、周润年、高禾福译：《萨迦世系史》，西藏人民出版社，1989 年，第 80—94 页；藏文本第 117—140 页。

程中，他顺应历史大势，接受邀请前往凉州，以萨迦派政教首领的身份代表西藏地方各教派各势力，完成了西藏纳入蒙元行政管理之下的进程，在中国历史大一统和中华民族形成发展史上，与阔端王子一起谱写了新的篇章，立下了不朽的功绩。同时，也为西藏地方的巨大发展，以及加强与兄弟民族的紧密联系开辟了广阔的发展空间。

八思巴（Phags pa，1235—1280）

本名罗追坚赞（blo gros rgyal mtshan），意为“慧幢”，西藏萨迦人。据说三岁能讲喜金刚修法，听众叹为稀有，称之为“八思巴”（圣者）。南宋淳祐四年（1244），随其伯父萨班·贡噶坚赞接受阔端的邀请，前往凉州，淳祐七年（定宗贵由二年，1247）参加凉州会谈。

中统元年（1260），忽必烈尊八思巴为“国师”，授以玉印，任中原教主，统天下教门。至元二年（1265），受命前往西藏地方建立行政体制，设立卫藏十三万户。同时，奉诏创制蒙古文字，于至元六年（1269）完成。忽必烈颁行全国，称“蒙古新字”，俗称“八思巴字”，受封“帝师”名号。[①] 至元十三年八思巴返回西藏，由元世祖忽必烈作施主，集七万僧众兴曲弥法会[②]。担任萨迦寺住持，执掌西藏政教全权，为西藏实行贵族僧侣统治之始。他还曾将藏族建筑技巧、雕塑等引进内地，又将内地印刷术等传入西藏。至元十七年（1280）去世后，被追封为“大宝法王”。元成宗时，朝廷下诏各地建帝师殿加以供奉。成为受人敬仰的一代帝师。[③]

八思巴在元朝西藏地方历史上的卓著功绩主要体现在这样几个方面：首先是从1253年起从原来阔端、蒙哥都麾下转归王子忽必烈，事实上担任了忽必烈的西藏事务顾问，在忽必烈的西藏经营中始终扮演着

---

① 《元史》卷二〇二，释老传。

② 达仓宗巴·班觉桑布著，陈庆英译：《汉藏史集》，西藏人民出版社，1986年，第205页；达仓宗巴·班觉桑布：《汉藏史集》，藏文本，四川民族出版社，1985年，第328页。

③ 陈庆英：《帝师八思巴传》，中国藏学出版社，2007年。

极为重要的角色。其次，1258 年，八思巴在忽必烈主持的僧道首领辩论《老子化胡经》真伪问题大会上，驳倒了对方，显示出突出才辩，并立下功劳。第三，中统元年（1260），忽必烈即位，封八思巴为国师，赐玉印，命其统领天下释教。至元元年（1264），朝廷设立总制院（后改为宣政院）管辖全国释教和吐蕃僧俗政务，以国师领之。八思巴对元朝佛教事务管理和西藏地方事务决策及官员选择任命，发挥关键作用。第四，协助忽必烈在西藏地方清查户口、建立行政体制与制度。第五，八思巴接受忽必烈皇帝的委托，创制成以藏文字母为基础的蒙古新字（八思巴字），得以颁布通行，为元朝的文化建设做出了突出的贡献。第六，八思巴为元朝的大一统唱赞歌，为元朝统治者的合法性提供宗教上的依据，同时也为加强西藏地方与元朝内地的沟通与文化交流发挥了积极的作用。八思巴在至元十二年（1275）7 月写给忽必烈皇帝的《贺平江南表》中说道："陛下之福德使社稷安宁，江山一统，奋转轮之威，合四洲为一。圣山之上所居众神睹此，亦当疑惑浊世何以竟有如此伟业。"[①] 第七，八思巴为佛教特别是西藏佛教萨迦派在朝廷、京城、内地的传播，为萨迦派在西藏和其他藏地的发展，乃至萨迦寺的修建和佛教文化的弘扬做了大量的卓有成效的工作。

绛曲坚赞（byang chub rgyal mtshan，1302—1364）

帕竹地方政权创建者。出生于乌思藏帕竹地方（今桑日县境内）朗氏（rlangs）家族。元英宗至治元年（1321）元朝皇帝封授其帕竹万户长。元顺帝至元元年（1335）击败雅桑万户的军队，接管其寺庙和庄园。随后连续消灭蔡巴万户、止贡万户，吞并其土地和属民。到元顺帝至正九年（1349），前藏大部分地区为其控制。元顺帝至正十一年（1351）修建泽当寺。十四年（1354）又利用萨迦派内讧机会，发兵包围萨迦寺，收缴了元朝赐予萨迦世代管理乌思藏的敕封，兼并后藏大部

① 陈庆英：《与八思巴有关的几份藏文文献》，《西南民族学院学报》1985 年第 1 期。

分地区，取代了萨迦派的统治地位。他并没有自立门户，而是主动派人到内地请封，元顺帝封其为“大司徒”，以朝命为依据在西藏地方建立政教结合的帕竹地方政权①。绛曲坚赞在新征服地区广泛推行庄园制度，以发展生产；取代萨迦时期的“万户”制，设立十三大宗（dzong），各宗设有宗本，宗本均由其直接任命，三年一更换；根据吐蕃时期的“十善法”，制定新的十五条法规；邀请仁钦南杰（rin chen rnam rgyal，义译为宝胜，布顿大师之传法弟子）译师等学者校订泽当寺（rtse thang）金汁书写的全套《甘珠尔》。政治上服从元朝中央政府，在经济、文化等方面采取积极发展措施，取得巨大成就。

在元朝中期崛起并对萨迦地方政权形成挑战的帕木竹巴万户长绛曲坚赞，事实上是朝廷所支持的萨迦派政教势力的反叛者，他在挑战萨迦派权威的过程中历经艰难，不仅萨迦派政教首领向朝廷上奏他的罪状，一些宣政院的官员也站在萨迦一边对他施加了诸多压力。即使在这样的情况下，他依然派人到朝廷陈明真相，朝觐皇帝。他本人获得了皇帝的赉赐与奖赏，他的继任者释迦仁钦得到万户长的任命，以及封诰、虎头印章和辖地的名录。② 在他接管萨迦派势力，成为地方首领之后，他并未擅自称尊，而是派人到朝廷请封“司徒”名号。他甚至在自己的最后遗嘱中告诉后代和继任者：“东方皇帝以前就关怀（我们帕竹），若继续关怀，则应当遵守皇帝的法令，迎送和承侍宣旨钦差。”③ 并在西藏采取各项措施，保持地方安宁，发展地方经济文化，加强西藏与内地联系，履行地方首领的职责。

① 大司徒·绛曲坚赞：《朗氏宗谱》（一作《朗氏家族》），藏文本，西藏人民出版社，1986 年，第 289 页；赞拉·阿旺、佘万治译，陈庆英校汉译本，西藏人民出版社，1989 年（书名《朗氏家族史》），第 198 页。

② 大司徒·绛曲坚赞：《朗氏宗谱》（一作《朗氏家族》），藏文本，西藏人民出版社，1986 年，第 343 页；赞拉·阿旺、佘万治译，陈庆英校，汉译本，西藏人民出版社，1989 年（书名《朗氏家族史》），第 235 页。

③ 大司徒·绛曲坚赞著，赞拉·阿旺、佘万治译，陈庆英校：《朗氏家族史》，西藏人民出版社，1989 年，第 289 页。

宗喀巴（dzong kha ba blo bzang grags pa，1357—1419）

青海湟中县人，元顺帝至正十七年（1357）10月生。因藏语称湟中（今塔尔寺所在地一带）为“宗喀”，故被尊称为宗喀巴。宗喀巴在学问修持各方面都具有很高的造诣。他总结大小乘、显密一切教诫理论，自成一家之言。他吸收当时各家学说，同时以中观为正宗，以月称为依止。他强调戒律，矫正旧派佛教的流弊。明成祖永乐七年（1409），宗喀巴在西藏帕竹地方政权支持下，在拉萨大昭寺举办大型祈愿法会“默朗钦莫”（传大召）后，在拉萨东修建甘丹寺，作为根本寺院，并创立了严密的寺院组织，建立辩经考格西学位制度。他创立的格鲁派至今为我国藏传佛教第一大教派。他著述很多，《菩提道次第广论》和《密宗道次第广论》两书，一显一密，是其主要代表作。他的弟子众多，贾曹杰（1361—1432）担任第一任甘丹赤巴。根顿珠巴（1391—1475）被追认为第一世达赖喇嘛，克珠杰（1385—1438）被追认为第一世班禅。他的另一位弟子释迦也失（1354—1435），曾经代表宗喀巴到京谒见明成祖，回藏后创建色拉寺。以后又晋京作永乐、宣德两代的国师，把宗喀巴的教法传布到蒙古和汉地，对藏传佛教向内地传播发挥了巨大作用。

宗喀巴在拉萨的重大宗教活动大多得到明朝册封的西藏地方属于帕木竹巴派的政教首领、灌顶国师阐化王扎巴坚赞（grags pa rgyal mtshan，1374—1432）的大力支持，特别是由宗喀巴创办和主持的1409年拉萨大昭寺的祈愿大法会，其总施主就是阐化王扎巴坚赞。永乐六年（1408），永乐皇帝派遣使者进藏，诏请宗喀巴进京，宗喀巴既因身体不适，同时可能也要为筹备来年的拉萨祈愿大法会而辞谢。永乐十一年（1413），皇帝再次派人诏请宗喀巴进京，宗喀巴便派遣弟子释迦也失（shākya ye shes，1352—1435）代表自己进京。释迦也失当年到达南京，次年，永乐皇帝封他为西天佛子大国师。后来的1434年，明宣宗进封其为大慈法王。[①]

藏文史书收录了永乐皇帝1413年阴历二月十一日皇帝的诏请圣旨："大明皇帝赐书于喇嘛罗桑扎巴之前。诏曰，鉴于你证道的功德，极为高深，清静宏大。依于慈悲之心，对一切众生，作利益而安置他们于大乘之道中。以此之义，并思念你的清静功德，已非一日，为时久矣！现在派遣侯显为首，从政教双方前来迎请于你。望你思及宏扬佛教，来到中原，完成朕的心愿。此诏！"下面是赐给宗喀巴的礼物清单和诏书撰写时间。[②] 接到皇帝的金册诏书，宗喀巴的回复函如下："愿成安乐吉祥！依伟大福德之力，如法抚治海内大地之大皇帝陛下，住于西方雪域（即西藏）中部之释迦比丘罗桑扎巴（宗喀巴名讳）敬启：大法王（陛下）之福德，犹如须弥之高巍！诸臣民之安乐，有如天堂之美满！政令威严，为诸王所顶戴。正于此时，为了增长三宝之威力，对我遣使赐诏，并赐有花卉云纹的红缎一匹，绿缎一匹，……我已收到，衷心感激！大皇帝之旨意盼余前往内地一遭，颁谕之原由，已由诸金册使者和王（指扎巴坚赞，明封阐化王）努力传到，余皆领会于心中。余非不晓得陛下为爱护佛教之旨意，余非不敬不尊陛下之敕谕。但余每与人群相遇，便发生重病，因此不能从命。惟祈陛下如虚空宽大之胸怀，不致不悦！实为幸甚！陛下如往昔诸大法王雄心负荷（利益）此世之法规和（利济）后世之教规，大宏于一切方隅，使人天世间皆欢喜称赞！余等多番闻得如是好音，即在此地，与大多数僧中胜者，以清静之念，常为大皇帝祈祷圣寿无疆，皇图永固！伏希圣鉴！至于如何治国之事业，为陛下所知，非余等所能详言。恭敬上呈，并奉上礼品，……"[③]

---

① 王森：《宗喀巴传论》，《西藏佛教发展史略》，中国社会科学出版社，1987年，第312—316页。

② 周加巷著，郭和卿译：《至尊宗喀巴大师传》，青海人民出版社，2004年，第198—199页。

③ 周加巷著，郭和卿译：《至尊宗喀巴大师传》，青海人民出版社，2004年，第199—200页。

根据当时的情况来看，宗喀巴说的是实情，他当时身体状况并不太好，所以便让弟子释迦也失代其前往。但是，他极为重视与中央王朝的关系却溢于言表。

五世达赖喇嘛阿旺罗桑嘉措（ngag dbang blo bzang rgya mtsho，1617—1682）

生于前藏贵族琼结巴家族，明熹宗天启二年（1622）在四世班禅的主持下，阿旺罗桑嘉措被认定为转世灵童并被迎入哲蚌寺，开始学习佛经。拜第四世班禅罗桑・却吉坚赞（blo bzang chos kyi rgyal mtshan，1567—1662）为师。先后担任了哲蚌寺和色拉寺的住持，此后达赖喇嘛都是这两座寺院的住持。当时格鲁派正受到藏巴汗政权和其他各派的迫害。明崇祯三年（1630）他被迫躲避到西藏山南地区。崇祯十四年（1641）他和四世班禅商定，派人至青海邀请固始汗军队进入西藏，同时在西藏地方拓展格鲁派的政治影响力，最终建立了蒙藏联合政权。清顺治九年（1652），五世达赖喇嘛应清朝顺治帝之邀，率领了三千僧俗官员和侍从浩浩荡荡前往北京朝觐。顺治九年腊月十六日，到达北京。顺治帝以“田猎”之名，与五世达赖“不期然”而相会于南苑猎场。次年5月，五世达赖喇嘛返回，行至今内蒙古代噶时，顺治帝派出以礼部尚书觉罗郎球和理藩院侍郎席达礼为首的官员，携带满、蒙、藏、汉四体文字的金册、金印赶到代噶，正式册封五世达赖喇嘛“西天大善自在佛所领天下释教普通瓦赤喇怛喇达赖喇嘛”名号①，由此中央政府册封历代达赖喇嘛成为定制。关于朝觐顺治帝的情形，《清实录》记载：顺治九年十二月癸丑（1653年1月14日），“达赖喇嘛至，谒上于南苑。上赐坐，赐宴。达赖喇嘛进马匹、方物，并纳之。”②《馆藏宫中杂档》记载：“十二月，幸南苑。达赖上谒。上由御座起行数步，与达

① 《赐达赖喇嘛金册册文》（顺治十年三月初三日），中国第一历史档案馆、中国藏学研究中心合编：《清初五世达赖喇嘛档案史料选编》，中国藏学出版社，2000年，第31页。

② 《清世祖实录》卷七十。

赖握手问候。后，上复登御座，侧设达赖座，奉温谕令登座吃茶，询起居。达赖即于座前恭请圣安、陈述前后藏情形。赏赐筵宴。”五世达赖喇嘛在自传中也写道：“十六日，我们启程前往皇帝驾前。进入城墙后渐次行进，至隐约可见皇帝的临幸地时，众人下马。但见七政宝作前导，皇帝威严胜过转世王，福德能比阿弥陀。从这里又前往相距四箭之地后，我下马步行，皇帝由御座起身相迎十步，握住我的手通过通司问安。之后，皇帝在齐腰高的御座上落座，令我在距他仅一庹远，稍低于御座的座位上落座。赐茶时，谕令我先饮，我奏称不敢造次，遂同饮。如此，礼遇甚厚。我进呈了以珊瑚、琥珀、青金石念珠数串，氆氇、蔗糖、唵叭香数包，以及马匹、羔皮各千件为主的贡礼。皇帝询问了卫藏的情况，我们高兴交谈。正如经论中所说，即使是一小粒金刚石，犹能冠绝普通宝石，王者虽然年少，亦当威服年老臣子，其区别有如菩提萨埵和声闻独觉。这位皇帝看起来只有十七岁（当时只有 14 岁——引者注），虽然显得很年轻，但在无数语言各异的人中间，毫不畏缩，像无辔的狮子从容纵横。”[①] 汉藏文资料对年轻的顺治皇帝与五世达赖喇嘛之间的君臣关系的记载完全一致。回到西藏后，五世达赖喇嘛用清廷赠送的金银建立了 13 座寺院[②]，正式规定了格鲁派的各种制度、礼仪。[③]

颇罗鼐（pho lha nas，1689—1747）

西藏江孜人，本名索南多吉（bsod nams stobs rgyal）。清圣祖康熙五十九年（1720），时为拉藏汗（lha bzang khan，？—1717）秘书的颇罗鼐配合阿里总管康济鼐（khang chen nas，索南结布，？—1727）出兵策应进藏清军，击退入侵的准噶尔军。清政府平乱后，以颇罗鼐为四噶

① 五世达赖喇嘛阿旺洛桑嘉措著，陈庆英、马连龙、马林译：《五世达赖喇嘛传》（上），中国藏学出版社，2006 年，第 242 页。

② 第悉·桑结嘉措著，许德存译，陈庆英校：《格鲁派教法史黄琉璃宝鉴》，西藏人民出版社，2009 年，第 325—328 页。

③ 五世达赖喇嘛阿旺洛桑嘉措著，陈庆英、马连龙、马林译：《五世达赖喇嘛传》（下），中国藏学出版社，2006 年，第 71—74 页，第 84—85 页。

伦之一，任仔本（审计官），掌管财政。雍正五年（1727）噶伦阿尔布巴（nga phod pa rdo rje rgyal po）杀首席噶伦康济鼐。颇罗鼐发后藏、阿里军讨击。六年，阿尔布巴兵败被执，清廷任命颇罗鼐协助驻藏大臣总理政务，并封其为贝子。颇罗鼐执政期间，设置常备军，练兵设卡，整修驿站，发展贸易，合理摊派差役、赋税，尊重西藏各派喇嘛教，修复各派寺院。雍正八年在拉萨主持雕印藏文大藏经《甘珠尔》《丹珠尔》。乾隆四年（1739）颇罗鼐受封为郡王。①

颇罗鼐早年在应对准噶尔扰乱西藏的战斗中表现突出，藏文传记记载，当危机来临时，他写下了三张字条：“一是北上，经西宁到大皇帝跟前去；二是号召阿里百姓和后藏百姓，组织起来与那些恶徒作战；三是暂时占据鲜花满谷的阿里，待机反攻。”② 在利益面前，按照传记的记载，颇罗鼐也表现出清廉的形象，平息阿尔布巴等三噶伦谋害康济鼐事件之后，“大皇帝曾经有旨：罪犯们的家产，赏给颇罗鼐王爷和阿里、后藏军队。但是，为了筹备佛爷（七世达赖喇嘛）及其随从们的物资和马匹等等，应该尽量献出。颇罗鼐王爷和他们也就毫无吝啬地献了出来。多余的纳入国库，并没有想到自己的一分财产得归自己所有。”③ 虽然有溢美之词，却也反映出颇罗鼐爱财有道。当然，他在向朝廷陈明西藏百姓愿望，减少百姓负担，以及约束在藏军队守纪守法等方面，均多有作为。最终收到朝廷赐给的“卫藏噶隆事务多罗贝勒之印”，以及皇帝颁布的授权诏书：“西藏事务，善为掌管。凡汉、藏、霍尔蒙古贵贱人等，如果违犯你的命令，可依法惩处。今后，惩办其他

① 多卡夏仲·策仁旺杰著，汤池安译：《颇罗鼐传》，西藏人民出版社，1988 年，第 373—377 页，第 391 页等。

② 多卡夏仲·策仁旺杰著，汤池安译：《颇罗鼐传》，西藏人民出版社，1988 年，第 271 页。

③ 多卡夏仲·策仁旺杰著，汤池安译：《颇罗鼐传》，西藏人民出版社，1988 年，第 348 页。

任何贵族，应向朕禀告原由。”① 其中还提出了要求。颇罗鼐履行朝廷赋予的职责，并对当时西藏地方的安定与发展发挥了积极作用。

六世班禅罗桑巴丹益喜（blo bzang dpal ldan ye shes，1738—1780）

六世班禅于金鸡年（1741，乾隆六年）六月四日在扎什伦布寺日光殿“坐床”，乾隆帝特派专使与七世达赖喇嘛的代表一起，由颇罗鼐陪同到扎什伦布寺祝贺“坐床”典礼。

1760 年，六世班禅派遣巴也尔堪布一人前往北京，为乾隆皇帝祝贺五十大寿。《清实录》记载，“乾隆二十五年四月谕军机大臣等：据官保奏到班禅额尔德尼、第穆呼图克图等因朕万寿遣使前来祝嘏，具见悃忱。伊等使人至成都时，如携带有零星货件，著加恩与贡物一并官为资送。”同年，六世班禅派人在后藏托布嘉地方寻访到八世达赖喇嘛的“转世灵童”，经乾隆帝恩准后接到了扎什伦布寺安住，并为其剃发取法名。1762 年，为八世达赖在布达拉宫举行“坐床”典礼。1766 年，乾隆帝遣使到扎什伦布寺册封他为“六世班禅”，颁给了金册及有藏、满、蒙三种文字的“班禅额尔德尼”金印。班禅大师写了一封奏折向皇上谢恩。

1774 年，英国东印度公司与不丹发生战争，不丹国王请六世班禅写信调解。英国驻印总督哈斯汀士遂借此机会，派遣东印度公司职员英国人波格尔擅自前往扎什伦布寺会晤六世班禅。六世班禅用印度语与他交谈，强调不丹是中国藩属，而西藏属中国领土，一切要听从中国大皇帝的圣旨办事。对波格尔提出的英国与西藏建立联系、英方与西藏自由通商、请介绍到拉萨见驻藏大臣并在拉萨设立代表等要求，一律加以拒绝，使波格尔的计划未能得逞。

1780 年，是乾隆帝七十大寿，邀请六世班禅进京是乾隆皇帝比较

① 多卡夏仲·策仁旺杰著，汤池安译：《颇罗鼐传》，西藏人民出版社，1988 年，第 391 页。

看重的一件大事。根据学者分析，此前的雍正七年西藏发生了噶伦康济鼐被杀事件，乾隆十五年又发生了傅清、拉布敦被杀事件，乾隆皇帝汲取历史教训，认为对西藏事务“必当众建而分其势”，这里包含了扶植宗教势力，以牵制贵族势力，使其实权不能专一，驻藏大臣便于监督和控制的政策。因此，乾隆皇帝除了极力抬高达赖喇嘛的地位外，同时也想极力抬高班禅的地位，使贵族中不可能再产生第二个珠尔默特纳木札勒。[①]

早在此前一年（1779），乾隆皇帝就开始为迎接班禅的到来做准备。他谕令军机大臣等：“明年（1780）七月间，班禅额尔德尼来避暑山庄谒觐，届期朕欲遣皇六子迎接，例应有一领侍卫内大臣随往，尤须得一老成练达者方妥。永贵熟悉外藩事务，且伊原系总谙达，朕欲即令伊为领侍卫内大臣总谙达，随皇六子前往。”[②] 六月十七日，班禅一行2000余人从扎什伦布寺启程。次年（1780）七月二十一日到达承德。

六世班禅乘轿到承德避暑山庄觐见乾隆皇帝时，乾隆皇帝特许乘轿至殿前，班禅准备下跪磕头，乾隆皇帝拉住班禅的手用藏语说：“喇嘛不要磕头。”接着“喇嘛身体好吧？路上辛苦了吧？”班禅答称：“托皇上宏福，沿途无恙。”皇帝又用藏语说：“达赖喇嘛好吧？”班禅回复：“很好。”“朕今年已70岁，以如此高龄，幸见喇嘛，甚慰朕怀。从此中土佛法弘扬可期，四海人民得歌升平。”并将自己用的珍珠串、玉如意和一条内库哈达赠给六世班禅。次日，皇帝亲临须弥福寿庙看望班禅说道：“昔日五世达赖来朝，我祖特建黄寺以馆之。朕今特建热河扎什伦布寺，以备喇嘛驻锡。切欲对话，故学藏语，但只能讲普通用语，至经文奥典，仍须由章嘉呼图克图译述。”皇上能用藏语交谈，班禅大为惊讶，也深受感动。七月二十四日清高宗在避暑山庄万树园宴请六世班

① 牙含章编著：《班禅额尔德尼传》，西藏人民出版社，1987年，第128页。
② 《清高宗实录》卷一〇七五。

禅。八月三日，高宗又派内大臣二人到须弥福寿庙给班禅颁赐玉册玉印。八月十三日，六世班禅又到避暑山庄率僧众诵经祝福乾隆帝万寿无疆，并参加祝寿宴会等活动。八月二十五日，六世班禅离热河经古北口至北京，由皇六子和章嘉国师陪同游览圆明园、大钟寺、颐和园、香山等地，为殿堂、园林、寺院开光加持。九月十八日，乾隆皇帝谒陵后返京，与六世班禅在香山昭庙会见，乾隆皇帝又向班禅赏赐金如意、羊脂玉香炉、宝体等；班禅向皇帝献佛像及袈裟等。①

六世班禅巴丹益西是1713年康熙皇帝册封五世班禅洛桑益西为"班禅额尔德尼"之后的第一位进京班禅，在清朝的西藏治理、密切西藏与内地联系，增强各族团结和文化交流等方面都具有重要意义。

九世班禅洛桑确吉尼玛（pan chen blo bzang chos kyi nyi ma，1883—1937）

九世班禅是前藏塔布噶夏地方人，清德宗光绪九年（1883）正月出生。十四年（1888）正月十五日，在布达拉宫举行九世班禅灵童的金瓶掣签仪式，取法名确吉尼玛（chos kyi nyi ma）。十八年（1892）正月初三日，由驻藏大臣升泰主持，在扎什伦布寺举行坐床典礼，摄政第穆呼图克图为九世班禅授沙弥戒。光绪皇帝封九世班禅的外祖父为辅国公，并赐白银万两作为九世班禅坐床的贺礼。二十八年（1902），九世班禅19岁，由十三世达赖喇嘛在大昭寺为他授比丘大戒。1927年，南京国民政府成立，班禅在南京成立了驻京办事处。1931年，国民政府册封九世班禅为"护国宣化广慧圆觉大师"，颁玉册玉印。② 1937年十二月，九世班禅在结古寺圆寂。

---

① 嘉木样·久美旺波著，许得存、卓永强译，祁顺来、李钟霖校：《六世班禅洛桑巴丹益希传》，西藏人民出版社，1990年，第471—543页；中国第一历史档案馆、中国藏学研究中心合编：《六世班禅朝觐档案选编》，中国藏学出版社，1996年；牙含章编著：《班禅额尔德尼传》，西藏人民出版社，1987年，第101—138页。

② 刘家驹编译：《班禅大师全集》，民国三十二年（1943）初版；牙含章编著：《班禅额尔德尼传》，西藏人民出版社，1987年，第199—283页。

九世班禅在清末民初时局极为动荡之际，坚持爱国立场，反对战乱，反分裂，代表百姓心声，尽力维护和加强与中央政府的关系，展现出非凡的魄力。1931 年（民国二十年）5 月 5 日，九世班禅从沈阳抵达南京参加国民会议，致辞称："班禅蒿目边情，倾诚内款，……伏望诸公宏纾伟议，整顿边疆，本总理济弱扶倾之训，巩国家主权领土之基，重张上国之声威，勿弃西方之宝藏，是则班禅所额手称庆，虔心祷祝者也。"[①] 10 日，九世班禅在南京新亚西亚学会第三次会员大会作题为《西藏是中国的领土》的演讲，他说："西藏为中国的领土层，……兹略举其荦荦大者：如当藏王松赞干布之时，曾迎娶唐文成公主为妻，迄今藏王默瓦葱（赤德祖赞）时，复与中朝之金城公主结婚；此时中藏关系之融洽，与夫血统之混合，已达相当程度。元代尊封西藏之贵族卓根却吉帕巴（八思巴）为国师，并以西藏之土地嘱其管理，至明代实为西藏之大施主。达赖第五世，班禅第六世，曾相继至中朝朝觐皇帝。清时准噶尔人之侵略西藏，清帝派兵援助削平之后，即派驻藏大臣于拉萨，并率相当兵保护达赖、班禅，捍卫国土。以上所举，可资证明西藏为中国领土。"[②] 5 月 16 日，班禅大师向国民政府提出解决西藏问题意见书。其内政方面：班禅鉴于前、后藏有冈巴拉山为界，人情、风俗、语言"截然不同，实难合而为一"，"今既重订西藏地方制度，自宜参照前清成案，熟习边情、著有声望之大员两人，一驻前藏、一驻后藏，凡练兵、制械与夫用人行政，均须与长官会商而行，有大事则请命于政府"。外交方面：班禅建议中央政府对于"西姆拉草约"及"此后英藏间擅定密约，未经中国与闻者，均不可与承认"，"至中藏主权、领土之关系，则由政府依法订定地方行政制度，英国实无过问之权。而

① 《班禅大师在国民会议上上之颂词》（1931 年 5 月 5 日），中国藏学研究中心、中国第二历史档案馆合编：《九世班禅内地活动及返藏受阻档案选编》，中国藏学出版社，1992 年，第 22 页。

② 刘家驹编译：《班禅大师全集》，民国三十二年（1943）初版。

此后西藏对内对外交涉，当然由国民政府办理，更不待言。”① 其赤诚之心，日月可鉴。

五世热振活佛（thub bstan vjam dpal ye shes rgyal mtshan，1912—1947）

第五世热振活佛，全名热振呼图克图·图旦绛白益西丹巴坚赞。西藏东南部塔波下如地方（今西藏加查县）人。1912 年出生。1933 年底，十三世达赖喇嘛圆寂，经西藏僧俗官员大会讨论议定，依照达赖喇嘛生前意愿，呈请国民政府，由热振活佛摄政，掌管前藏政教事务。国民政府册封热振为摄政，并赐封他为“辅国弘化禅师”。1938 年，热振活佛向国民政府报告，在青海寻得灵童，请派员入藏主持掣签。1939 年 2 月，国民政府电青海省主席马步芳，派员护送灵童入藏。蒙藏委员会委员长吴忠信受派入藏，主持转世灵童掣签及坐床大典。吴忠信一行 19 人，取道印度于 1940 年元月抵拉萨。1940 年 1 月 26 日，热振活佛向吴忠信正式呈递了关于访得拉木顿珠灵异情形，并请转报中央政府免予掣签的报告。原件为藏文，现存中国国家第二历史档案馆。报告内详细列举了青海灵童拉木顿珠各种灵异情形及“西藏僧俗大众、贵贱大小皆中心诚信，认为十三辈转世之真身”；报告最后提出：“因群众情投意合，不须掣瓶，照例剃发受戒，业已呈报中央在案。兹遵乃冲大神所示，庚辰年（1940）坐床为吉，谨诹定正月十四日举行坐床典礼。其应如何转中央之处，即请代达为荷。”② 吴忠信会同热振活佛主持了十四世达赖喇嘛的坐床大典，并代表国民政府授予热振活佛金印一枚，文曰“摄政经师热振阿齐图慧云呼图克图”。4 月 1 日，在拉萨成立“蒙藏委员会驻藏办事处”，此为民国以来，中央政府首次在拉萨设立

① 中国藏学研究中心、中国第二历史档案馆合编：《九世班禅内地活动及返藏受阻档案选编》，中国藏学出版社，1992 年，第 23—24 页。

② 《热振为访得拉木登珠灵异情形并请转报中央政府免予掣签事致吴忠信函呈》（1940 年 1 月 26 日），中国藏学研究中心、中国第二历史档案馆合编：《十三世达赖圆寂致祭和十四世达赖转世坐床档案选编》，中国藏学出版社，1991 年，第 282—287 页。

驻藏机构。热振活佛任摄政七年，在他执掌西藏政教权力期间，与国民政府充分合作，拥护国家统一政策，打击亲英卖国势力。在国民党的五届六中全会中，他还被选为中央候补委员。后热振辞去摄政职务，由他的师父达札·阿旺松饶（stag brag ngag dbang gsung rab）代理，以三年为期。热振活佛曾向国民政府呈报暂时辞职，但达札代理执政三年期满后拒不交还摄政职位。1947 年 5 月 7 日，热振活佛被毒死于拉萨布达拉宫的一间牢房内。

格达活佛洛桑丹增扎巴塔耶（blo bzang bstan vdzin grags pa mthav yas，1902—1950）

法名洛桑丹增扎巴塔耶，1902 年出生于四川甘孜县白利土司辖区的德西底村一个贫苦农奴家庭。他 7 岁被选定为白利寺的第三世格达活佛，17 岁到拉萨三大寺之一的甘丹寺学习佛经，8 年后获得“格西”学位。他严守佛规戒律，生活俭朴，体贴群众疾苦，深受百姓爱戴和尊敬。1936 年 3 月，红军西进康北，开始时他企图躲避，在了解了共产党和红军宗旨后，说：“我作为活佛，是用佛经超度人们的灵魂到极乐世界去，而共产党领导的红军，是为穷人打天下的军队；我们信仰虽然不同，但都是为了穷人。”据现存下来的红 30 军政治部当年出具的收条和证明统计，白利寺半年之内就交纳了“拥护红军粮”青稞 134 石，豌豆 22 石，支援马匹 15 匹，牦牛 19 头。他还前往附近的更龙、亚拉等寺，向这些寺庙的活佛宣传红军的宗旨，要他们尽力支援红军。当红军在甘孜成立“中华苏维埃博巴政府”时，朱总司令推荐格达活佛任副主席。后为避免国民党的迫害，格达活佛带着甘孜博巴政府的印章、文件，前往西藏拉萨避难 10 年。新中国成立之初，西康省尚未解放，格达活佛便秘密派出代表经青海到北京向毛主席、朱总司令献旗祝贺。他先后受命为西南军政委员会委员，西康省人民政府副主席。1950 年 5 月在朱德的建议下，中国人民政治协商会议致电邀请格达活佛到北京参加全国政协一届三次会议。他说：“我是非常希望见到毛主席和朱总司令的。但是目前西藏尚未获解放，实现祖国统一的愿望还没有解决，我怎么好就到北京去呢？我希望先到西藏去，向拉萨三大寺以及噶厦政府里我的朋友们宣传共产党的民族宗教政策，以我的所见所闻说服他们回到祖国的怀抱。等西藏和平解放以后，我再去见毛主席和朱总司令。”7 月 10 日格达活佛启程赴藏。24 日到了昌都，拜访了昌都总管，他说："党中央和毛主席派我来，是为佛教的昌盛，为发展西藏悠久的文化，为保护好西藏的历史文物和古老的建筑，促进汉藏人民的亲密团结。”昌都总管将格达活佛要求劝和的消息电告噶厦，噶厦不同意格达活佛入藏。几天后，格达活佛不幸生病，他表示："我死也不悔，但求到拉萨一见达赖。”引起昌都一些上层民族分裂分子的恐惧和忌恨，他们对格达活佛下毒，8 月 22 日格达活佛圆寂。[①]

喜饶嘉措（shes rab rgya mtsho，1884—1968）

青海省循化撒拉族自治县人。14 岁入拉卜楞寺学习，21 岁前往拉萨哲蚌寺学习，32 岁时考取拉让巴格西学位，受十三世达赖喇嘛之命到罗布林卡主持校订、刊印《藏文大藏经》。从 1916 年至 1931 年，花费 15 年时间校订刊印《甘珠尔》部并作序，整理刊印《布顿全集》。先后在哲蚌、色拉、甘丹三大寺等讲授五部大论，十四达赖喇嘛经师赤江活佛、廓莽学院堪布曲丕嘉波、格西洋巴次成、根敦群培、贡巴萨·土登吉札、更浪·洛桑坚赞等皆出自他的门下，贵族如阿沛·阿旺晋美、索康·旺钦格勒、江洛坚·索南亚布、德格赛·索南旺堆、擦绒等都曾拜他为师。1936 年，喜饶嘉措应国民政府教育部和蒙藏委员会的邀请到南京，受到蒋介石、林森等人的接见，并在南京中央大学、上海大菩提学会等处举行报告会，发表有关宗喀巴大师传略、《圣道三要》教义、格鲁派发展史、汉藏文化交流史等方面的演讲，引起强烈的社会

① 乐于泓：《和平解放西藏日记摘抄》，载中国藏学研究中心编：《和平解放西藏五十周年纪念文集》，中国藏学出版社，2001 年。宋凤英：《格达活佛：情系红军将士的“红色活佛”》，《党史纵横》2009 年第 3 期。

反响。1937 年，喜饶嘉措应邀为北京、清华、中央、武汉和中山等五所国立大学开设西藏文化、历史和佛学理论讲座。抗日战争爆发后，他发表《为宣传抗战告蒙藏同胞书》和《白螺的声音》，愤怒谴责日寇侵略罪行。1942 年，国民政府册封其为“辅教宣济禅师”并授两枚银印。1949 年 12 月，出任青海省人民政府第一届政府副主席。中共中央发出和平解放西藏的号召后，喜饶大师在西宁、西安和北京等地，也多次发表谈话和广播讲话，呼吁西藏地方政府派代表到京举行和谈，当时噶厦政府里的几个噶伦，被称为“少壮派”的实力人物，如索康·旺钦格勒、阿沛·阿旺晋美，还有藏军总司令凯墨等人，都是喜饶大师的学生。“在当时，敢于当面劝导达赖、班禅，敢于批评噶厦、堪厅，而且能让他们听从的，唯有喜饶大师一个人。”喜饶大师只好在电台直接发表讲话，向西藏各族各界人士传达中央人民政府关于和平解放西藏的方针，在西藏地方政府中产生了重大影响，也消除了西藏人民对新生人民政权的顾虑。和谈前夕，喜饶大师还给周恩来写信，说：西藏的贵族富于政治斗争经验，阴险狡黠，两面三刀，希望中央提高警惕，不要上他们的当。在会见阿沛和其他两位西藏代表时，喜饶大师直言不讳而又非常严厉地批评了摄政达札和噶厦政府多年来所采取的错误立场，晓以大义，明以利害，告诉他们要顺利解决西藏问题，除了真心诚意进行和平谈判，别无他途。喜饶大师说：“要和谈，就要有诚意，不要学蒋介石假和谈，真备战，欺骗全国人民，最后是搬起石头砸了自己的脚。”①1950 年，任西北军政委员会委员、西北民族事务委员会副主任。1955 年 8 月当选为中国佛教协会会长。1956 年 9 月，中国佛学院在北京成立，兼任院长并亲自给藏语班授课，要求僧俗学员既要精研佛典、深入

① 降边嘉措：《喜饶嘉措：铮铮铁骨一高僧——记爱国老人喜饶嘉措大师》，《中国民族报》2008 年 10 月 31 日。

教理、提高文化素质，又要爱国爱教，注重德行戒律。[①]

1955年夏，应当时缅甸政府总理吴努邀请，喜饶大师率中国佛教代表团出访缅甸，吴努总理亲自到机场来迎接，受到特殊礼敬。但是，喜饶大师十分谦虚地强调："我自己不过是来自循化山沟里的一个贫僧，能够受到缅甸政府和其他国家的尊敬和礼遇，是因为我是新中国佛教徒的代表，在我的背后有一个强大的中华人民共和国，荣誉应该归于祖国、归于各族人民。"[②] 这位爱国老人佛学造诣高，人格品德更高。

五、藏族与汉族和其他兄弟民族的政治往来与经济联系

"汉藏同源"　在中国民族历史和语言学界存在一种具有广泛影响的说法，即"汉藏同源"说。该说法的历史起点是汉文史书中的汉羌同源说，如《国语·羌晋语四》即载："昔少典娶于有氏，生黄帝、炎帝。黄帝以姬水成，炎帝以姜水成；成而异德，故黄帝为姬，炎帝为姜。"还有不少史料赞同这一说法，西羌既是西戎牧羊人，所指范围广大，后来的考古资料也印证了西羌辽阔的分布范围。华夏民族的"华"与"夏"，原本是中国古代两大部族的自称，"华"系先进入中原地区的炎帝族，炎帝姜姓，是西羌的一支；"夏"为姬姓，乃黄帝族的后裔。传说中的炎黄两族曾合为大的部落联盟，并融合东方夷族等而形成华夏族。古代文献和当代考古资料证明，古羌或西羌不仅活动在青藏高原腹心地区，而且分布在青海、甘肃全部，新疆南部、陕西西部、四川西部等辽阔范围，他们以牧羊为业，生活方式相同或相近，族类众多，

① 仁庆札西：《藏族著名学者爱国老人喜饶嘉措》，《青海社会科学》1982年第3期；屈焕、谢佐：《喜饶嘉措大师传略》，《青海民族学院学报》1991年第4期，1992年第1期。

② 降边嘉措：《喜饶嘉措：铮铮铁骨一高僧——记爱国老人喜饶嘉措大师》，《中国民族报》2008年10月31日。

小异而大同。与此同时，史书又称吐蕃（藏族祖先）源自西羌，因此藏汉同源。《新唐书》记载，“吐蕃本西羌属，盖百有五十种，散处河、湟、江、岷间，有发羌、唐旄等……”[①] 古代羌人“是青藏高原最古老的土著民族，其后裔就是今天的藏族”[②]。“蕃人是操蕃语的羌人，是青藏高原分布于各处的土著”[③]。赵元任、王力等先生研究证实，我国周代汉语和7世纪的古藏语间有着惊人的相似性。俞敏认为古代汉族和藏族人和话同源。[④] 科学界专家同样探讨了这一学术论题，特别是遗传医学界、分子生物学界专家，通过分析研究，认为：在远古时期，汉藏民族原本是共同生活、居住在一起的同一种群，只是在五六千年前，由于子系的分离、迁移，才形成了今天的汉族和藏族。通过对我国22个省市的汉族人群以及青、藏、滇三省区藏族人群的男性Y染色体类型进行对比分析，发现汉藏人群具有相同的类型。[⑤] 从另一个学科角度为汉藏民族同源说提供了有力证据。综合不同学科专家的研究可以看出，汉藏同源说有科学上的基因鉴定依据、考古资料依据、语言相似性、宗教上的一致性等。[⑥]

在多民族统一中国的形成过程中，少数民族与汉族的联系、汉族与少数民族之间的联系、各少数民族之间的相互往来发挥着重要的作用。这种关系历史悠久，内涵丰富，频繁紧密，而且呈现不断加深的趋势。

吐蕃与唐朝之间“舅甥关系”　松赞干布建立吐蕃王朝以后，为了对内巩固统治，对外扩大影响，他借鉴了联姻的方式与尼泊尔和唐朝加强政治联系。赤尊公主、文成公主相继出嫁吐蕃赞普，把吐蕃的对外交往提升到一个新的高度，和唐朝的政治联系意义尤其重大。经过多次

---

① 《新唐书》卷二一六，吐蕃传。

② 贡乔泽登：《略论藏族族源问题》，《青海藏学会论文选集》（一），1983年。

③ 吴均：《论夏嘉同音与羌藏同源》，《中国藏学》2006年第2期。

④ 俞敏：《汉藏两族人和话同源探索》，《北京师范大学学报》1980年第1期。

⑤ 《科学家证实：汉藏民族同根同源》，《生活时报》2000年11月20日。

⑥ 蒲文成：《从藏族历史看西藏与祖国内地的关系》，《青海社会科学》2008年第3期。

请婚，公元641年（唐太宗贞观十五年）文成公主（？—680）在江夏王李道宗的护送和吐蕃使者噶尔东赞的伴随下前往吐蕃。赞普松赞干布（617—650）在柏海（今青海玛多县扎陵湖）亲自迎接，谒见李道宗，行子婿之礼，唐蕃双方结成“舅甥关系”。松赞干布对能与唐朝联姻感到十分荣耀，他说：“我父祖未有通上国者，今我得尚大唐公主，为幸实多。当为公主筑一城，以夸示后代。”[①] 此后，唐蕃双方一直保持密切的往来关系。唐中宗景龙四年（710）春，吐蕃遣使迎公主入藏，中宗亲送至始平（今陕西兴平），命左卫大将军杨矩持节护送至吐蕃，赞普为另筑城居，双方的舅甥关系更进一步加强。从吐蕃赞普松赞干布执政到吐蕃末代赞普达玛被杀为止，也就是从公元634年（唐太宗贞观八年）到公元842年（唐武宗会昌二年）共209年期间，唐蕃使者相互往来一共290余次。其中，吐蕃使者赴唐190余次，唐朝使者前往吐蕃100余次。[②] 唐朝则通过封授吐蕃赞普名号，“授弄赞为驸马都尉，封西海郡王”“进封賨王”等，在政治上约束吐蕃。赞普则在需要发展双方关系时，强调“外甥是先皇帝舅宿亲，又蒙降金城公主，遂和同为一家，天下百姓，普皆安乐”。

吐蕃与唐朝之间的经济交流　唐蕃双方在经济上有较强的互补性，唐朝长安是当时亚洲，乃至整个东方的经济文化中心。文成公主出嫁吐蕃赞普开启了唐蕃之间繁荣的丝绸之路，不仅增进了双方的经济联系，也使吐蕃获得较为先进的生产技术，乃至获得新的物种，从而大大提升了吐蕃的发展能力。通过文成公主，中原地区的汉族碾磨、纺织、陶器、造纸、酿酒等工艺传到吐蕃，各种谷物和芜菁种子等在青藏高原生根发芽。吐蕃使者到唐朝，带去的大多是“金五千两，自余宝玩数百事”“金银珠宝十五种”“献金盎、金颇罗等”“遣使献马千匹、金二

① 《新唐书》卷二一六，吐蕃传；《旧唐书》卷一九六，吐蕃传。

② 谭立人、周原孙：《唐蕃交聘表》，《中国藏学》1990年第2、3期。

千两以求婚”“奉金胡瓶一、金盘一、金碗一、马脑杯一、零羊衫段一，谨充微国之礼”等。唐朝则“赐杂彩三千段”“赐紫袍金带及鱼袋，并时服、缯彩、银盘、胡瓶”。藏文史书中记载的许多民间故事，歌颂的就是文成公主，赞美她为吐蕃带来了各种物种、工艺、技术等。这些赞美的语言实际上不只是献给文成公主的，也是用以感谢中原汉族人民，歌颂藏汉两族人民友谊的。

吐蕃与国内其他兄弟民族的政治与经济往来　吐蕃与南诏、吐谷浑、党项、突厥、回纥等均发生密切的交流和联系。吐蕃与云南彝族、白族、纳西等民族建立的南诏政权发生紧密联系，吐蕃称之为姜域（ljang yul），在公元750—793年左右，吐蕃还与南诏结成同盟，并对唐朝的西南边疆施加了很大的影响。吐蕃与吐谷浑和党项都有联姻关系。在吐蕃崛起以后，除了一部分人迁徙到今宁夏、甘肃、陕西和陕西交界地区之外，大批吐谷浑人、党项人被纳入吐蕃王朝治下，后来逐渐融合到藏族之中。吐蕃与今新疆地区的突厥各族、维吾尔族祖先回纥人的联系也十分密切，藏文史书宣称吐蕃曾经借鉴突厥的法律制度。有研究者认为，吐蕃王朝设立的行政建制如、职官奎本、如本和贡论、囊论、喻寒波等都借鉴了突厥的相关制度。吐蕃强盛时期还占领今新疆南部地区，并在那里推行各项政策，实施军政管辖，因此之故，迁徙到西域的吐蕃部落百姓曾与当地各族开展全面的政治、经济文化交流，并发生民族融合，最后迁居西域的吐蕃人基本都融入到西域各族之中。因此，有学者认为唐蕃关系的发展史是奠定中国多元一体多民族统一国家的重要基础之一。①

① 蒲文成、王心岳：《汉藏民族关系史》，“前言”，甘肃人民出版社，2008年。

六、元代以来西藏地方的政治一统与民族认同

元朝是中国历史上的一个大一统时期，也是西藏地方与祖国内地关系上的一个崭新阶段。元朝的统一也为当时中国境内各民族的政治认同、经济往来和文化交流创造了良好的条件，西藏地方的藏族和其他民族与中原地区的汉族、蒙古族和其他兄弟民族的联系空前增强，也为多民族统一国家的形成和发展，为中华民族的形成提供巨大的动力，注入充足的活力。

元朝和大蒙古国一脉相承，就是同一个朝代。正如陈得芝先生所指出的："事实上成吉思汗原为金朝属部蒙古部的首领，因出兵帮助金朝平定叛部有功，被封为'属部统领'（Ja'ut-quri），十年后统一蒙古高原，称帝（当时汉人称他'成吉思皇帝'）建国（1206），但仍向金朝进贡。不久，他看到金朝已经腐败不堪，就以金朝杀害其先祖为由，告天复仇，举兵反金，1215 年就占领了金朝的都成中都（燕京），黄河以北大片地区不久也被占领，金朝皇帝被迫南迁汴京（开封）。到他去世的 1227 年，西北地区的畏兀儿、哈喇鲁和西辽、西夏先后归附或被灭亡。他儿子窝阔台在位时灭金朝（1234），孙子贵由、蒙哥在位时先后收服吐蕃和大理（云南），孙子忽必烈在位时灭南宋，于是中国（按近代意义）境内各个政权尽被统一。成吉思汗建国后称'大蒙古国'（Yeke Mongγol Ulus），当时汉文文献里称为'大朝'。1271 年忽必烈在位时又建'大元'国号，这是按中原传统取的美名（'元'的意思是'最大'），于是在汉文文书里只称'大元'，蒙古文书里则合称'大元大

蒙古国'。所以说元就是大蒙古国('大朝')的延续,是同一个朝代。"①

在西藏地方，也有以八思巴为首的上层领袖人物对元朝大一统的构建和实施发挥积极的促进作用。元朝建立以后，皇帝忽必烈一方面为了统一帝国政令畅通和各族交流上的方便；另一方面也为了国家的尊严，因为当时的各国各族大多都有文字，而作为统治者的蒙古族没有文字，遂命令八思巴创制文字。八思巴（1235—1280），藏传佛教萨迦派第五代祖师，吐蕃萨斯迦（今西藏萨迦）人。本名罗古罗思监藏（blo gros rgyal mtshan，即 vphags pa），八思巴（又译八合思巴、发思巴，意为"圣者"）是尊称。1253 年，在六盘山谒见忽必烈（见元世祖忽必烈），备受崇敬。1258 年，八思巴在忽必烈面前与道教首领辩论《老子化胡经》真伪，驳倒了对方。中统元年（1260），世祖即位，尊为国师，使统天下佛教徒。至元元年（1264），使领总制院事，统辖藏地事务。1265 年八思巴返回西藏仿照大蒙古国的千户、万户制度，建立了西藏地区行政区划，并受命创制文字。根据忽必烈可汗的旨意，八思巴依照藏文 30 个字母创制了 41 个字母构成的一种新文字。忽必烈得到八思巴呈献"蒙古新字"后极为高兴，颁布诏书，命令凡是一切诏书和各地方公文等均必须使用蒙古新字，并试图用蒙古新字译写一切文字。1269 年，因创制蒙古新字之功，忽必烈封八思巴为帝师。"蒙古新字"也被称作"八思巴字"。1280 年，八思巴卒于萨迦，元世祖忽必烈册封他为"西天佛子大元帝师"，后来又在全国设立帝师殿予以纪念。八思巴是西藏地方萨迦派的领袖，也是一位杰出的学者，他对祖国的统一、"国书"蒙古新字的创造，佛教在内地的传播，以及密切西藏与内地的文化联系做出了卓越的贡献。其随从弟子等曾将西藏的造型艺术传到内地，又将内地的雕版印刷术传入西藏，同样为元朝中国各民族文化的交

① 陈得芝：《从元代江南文化看民族融合与中华文明的多样性》，原载《北方民族大学学报》2010 年第 5 期，此见陈得芝《蒙元史与中华多元文化论集》，上海古籍出版社，2013 年，第 195 页。

流与繁荣发挥了促进作用。

八思巴是元朝地位崇高的宗教领袖和大学者，他在1274年第二次返回西藏的路上，与忽必烈儿子真金皇太子同行并应邀为其讲授佛法，形成《彰所知论》一书。在该书“情世界第二品”中，他将佛教在印度的兴起和发展，印度王统与佛法在吐蕃的发展，吐蕃王统与佛教在内地、西域、云南，特别是元朝统治者接受佛教的历史，成吉思汗以来的蒙古王统，尤其是忽必烈皇帝及诸子的历史关联起来，事实上就包含着为元朝的统治者从宗教上建立合法统治制造理论依据的用意，也就是说，在八思巴的眼里笔下元朝是符合佛教法统的政权，忽必烈家族是符合法统的统治者。

王森先生指出：“看起来，八思巴首先是继承了他伯父萨班贡噶坚赞的内向政策，进一步巩固了西藏地区和祖国中央的关系，而且还带动了汉藏、蒙藏之间的经济、文化交流，虽然实际上他们只是蒙藏两族统治者之间的结合，但是在客观上他也起了密切祖国各族人民之间的关系的作用。”①

在当时的西藏民间，对元朝的多民族大一统形成认同观念。在当时的西藏知识界和民间出现“兄弟族源”的说法。《汉藏史集》即记载了这样一种说法，该说谓：“……内部四族系是格向汉人、金尚蒙古人、卡勒门巴人、悉补野吐蕃人等四种。其中汉人又分为两系，即穆氏和格拉氏；蒙古人也分为两系，即森察和拉察；门巴人生出三支，一支是门巴本身的族系，另有汉藏交界处的木雅人和工布人。吐蕃人的族系分为六支的说法是：最初，在玛卡秀雅许的上部，有斯巴的王子亭格（ting gi），生有三子，即汉、吐蕃、蒙古（霍尔）三者。吐蕃人叫赤托钦波，他生有六子，即查、祝、董三者，加上噶为四兄弟，及韦、达二

① 王森：《西藏佛教发展史略》，中国社会科学出版社，1987年，第76页。

弟，共六人。”后者形成了吐蕃六人种。[①] 元朝的政治统一在吐蕃人眼里，就是藏、汉、蒙和门巴等民族的一家亲，它通过通俗和易于人们接受的方式传达一种理念：元朝中国是各族人民的中国，而各族人民是亲如一家的兄弟。这充分说明元王朝对西藏的统治得到西藏僧俗的普遍认可，而元朝的大一统，也赢得了藏族人民的一致认同，并在西藏出现了新一轮的民族认同。

四体和六体文字　元朝的统一在官方文书、钱币和佛教的六字真言等方面得到体现。如“至元通宝”有四中文字，包括汉文、八思巴字蒙古文、察哈台文和西夏文。北京居庸关过街塔之六体碑文，包括梵文、藏文、八思巴字蒙古文、回鹘文、西夏文、汉文的佛教偈颂，祝福大元及元朝王室。明朝也有汉、蒙、藏和女真四体文字的佛教“六字真言”。清朝官修辞书《御制五体清文鉴》包括满文、藏文、蒙古文、维吾尔文、汉文。词按意义分类。正编32卷，补编4卷，共收词18671条，大约在1790年（乾隆五十五年）前后完成，1805年（嘉庆十年）后刊刻。既是对多民族文化的尊重，也是各民族团结的展示。

雍正皇帝在所著《大义觉迷录》中强调：“自我朝入主中土，君临天下，并蒙古极边诸部落俱归版图，是中国之疆土开拓广远，乃中国臣民之大幸，何得尚有中华夷中外之分论哉?”[②] 雍正皇帝强调“中国而夷狄也，则夷狄之；夷狄而中国也，则中国之”。主张清朝的正统性和“华夷一家”，以期消弭汉人的夷夏之防。

宣统二年（1910）四月二十八日，那桐等复川督赵尔巽书中说：“藏本中朝土地，藏番皆吾赤子”[③] 把西藏地方和内地等同，视藏汉各

① 达仓宗巴·班觉桑布：《汉藏史集》（藏文）上册，第12—13页；陈庆英汉译本，西藏人民出版社，1986年，第12—13页。

② 雍正《大义觉迷录》，中国社会科学院历史研究所清史研究室编：《清史资料》第四辑，中华书局，1983年，第5页。

③ 《西藏地方是中国不可分割的一部分》（史料选辑），西藏人民出版社，1985年，第308页。

族为一家成为一种社会共识。

七、反对外来侵略与中国民族凝聚力的增强

边疆危机与各族人民反抗外来侵略 19世纪中叶以后，资本主义列强入侵中国，割占中国领土，是本时期最重要的边疆大事。资本主义列强侵占中国领土大致可分为四种类型：第一种是与中国接壤的俄国。在东北，俄国迫使清政府签订了1858年《中俄瑷珲条约》和1860年《中俄北京条约》，夺取了黑龙江以北和乌苏里江以东的广大地区。在西北，俄国通过1864年《中俄勘分西北界约记》、1869年《科布多界约乌里雅苏台界约》、1881年《伊犁改订条约》等不平等条约，强占了唐努乌梁海到巴尔喀什湖、帕米尔地区的大片领土。第二种是英、法两国在中国周边邻国建立殖民地之后进而侵占中国西南边疆地区的领土。第三种是逐渐强大起来的日本，首先将海外殖民地目标对准了中国的近邻——朝鲜，吞并了中国的台湾省。第四种是列强对中国沿海地区强租强占，这包括葡萄牙在澳门，英国在香港、威海，德国在胶州湾，俄国（后为日本）在旅顺口、大连湾，法国在广州湾等。伴随着中国边疆危机的加深，清王朝被迫对边疆地区的政区管理体制进行了一定的改革，即设制建省：1884年设新疆行省；1886年设台湾行省；1907年设奉天、吉林、黑龙江行省，置巡府分驻奉天府、吉林府、龙江府。

中华民族凝聚力的增强与反对分裂斗争的开展 在抗击英国侵藏活动中，广大西藏民众发挥着重要作用。百姓编成顺口溜诅咒英国侵略者"口蜜腹剑黄毛佬，远涉重洋霸天竺；行动诡谲似毒蛇，妄想侵吞我雪域。"① 瓦代尔在《拉萨及其神秘》中抄录了抗英的三名西藏战士的约定，"三勇士的约定：'贪婪粗野、傲慢无礼的英国人进入了我们的领

① 《西藏人民抗英斗争史料》，《西藏文史资料选辑》，民族出版社，2007年，第540页。

土。我们决不能坐以待毙。士兵必须参加战斗。政府下令，贵族凯墨作为藏军首领，替代已故的［拉萨将军］莱丁代本。现在，我们是三个肩负使命的勇士。我们一起商议，订立此约，冒着我们的生命危险，只为荣誉而战。'"①　江孜民间保留下许多抗英谚语："心怀鬼胎的英人，假意与我们谈判。怀着诚心的人们，却遭血腥屠杀。""对于魔鬼军队，如不狠狠报仇，所带刀枪长矛，只是负担而已。""宗山上的扎林，早已严阵以待。哪怕男尽女绝，不让一寸土地。""年楚河的波浪滚滚，流不尽江孜人民的心头恨，雅鲁藏布江的江水，流不尽藏族民众满肚子的悲愤。"②　西藏民众誓死捍卫家国的英雄气概，遏止了列强分裂中国的图谋，同时也增强了中华民族的凝聚力。

十三世达赖喇嘛请求朝廷发兵抗敌　1904 年，英国人武装入侵西藏。十三世达赖喇嘛曾经上书清朝中央政府，希望"大皇帝谕调汉兵，资助军饷"，以抵抗侵略者。1908 年，十三世达赖喇嘛晋京朝觐，光绪皇帝分别在仁寿殿和中南海紫光阁接见和宴请了他。其间，他一再向皇帝及皇太后禀奏："为了西藏的政教和臣民，应帮助西藏进行抵抗外道国家的侵犯，保全西藏。显密二宗教律，为汉、蒙、藏三族人民所信奉，保教即安民护国，此为历代大皇帝所奉行不移之大政。请皇帝和皇太后仍旧贯彻列祖列宗之仁政。"③

民族平等与宗教信仰自由　宣统三年十二月戊午（1912 年 2 月 12 日），以隆裕太后的名义颁布《宣统帝退位诏书》，结束清朝的统治，条件是中华民国新政府承诺《优待皇室八条》《待遇皇族四条》《待遇满蒙回藏七条》等。皇室宣示皇族暨满蒙回藏人等，"此后务当化除畛

---

①　瓦代尔：《拉萨及其神秘》（L. Austine Waddell, *Lhasa and Its Mysteries: With A Record of the Expedition of* 1903-1904, Originally published: New York: Dutton, 1905）。

②　《抗英民歌》，选自李国柱编《西藏江孜：1904 年抗英斗争的历史记忆》，中国藏学出版社，2004 年，第 115—119 页。

③　西藏自治区政协编：《十三世达赖喇嘛年谱》，《西藏文史资料选辑》（第十一辑），民族出版社，1989 年，第 107 页。

域，共保治安，重覩世界之升平，胥享共和之幸福。”[①] 而民国因满蒙回藏各民族赞同共和，特列待遇如下：“一、与汉人平等。二、保护其原有之私产。三、王公世爵概仍其旧。四、王公中有生计过艰者，设法代筹生计。五、先筹八旗生计，于未筹定之前，八旗兵弁俸饷仍旧支放。六、从前营业、居住等限制一律蠲除，各州、县、厅其自由入籍。七、满蒙回藏原有之宗教听其自由信仰。”[②] 这些共识的达成，说明民族平等和宗教信仰自由已被提出，并得到各方的认同，通过这些条件顺利实现了帝制向共和的过渡。

藏族为五族之一，中华不能分离 在清末民初政权鼎革之际，尽管受到英国、俄国和其他列强的拉拢与诱惑，尽管西藏地方政教首领曾与驻藏大臣和驻藏川军发生冲突，西藏地方不少人依然保持着清醒的认识。英国人贝尔就根据自己的观察和深入了解在自己的书中写道：“西藏人民仍有倾向中国者，以为若不加入中国联邦，为五大民族之一，则恐有遭印度人蹂躏之时。”[③]

针对中华民族面临的生死存亡危机，很多学者提出增强中华民族凝聚力和认同感的呼唤，近代中国思想家梁启超就指出，中国应当“合汉合满合蒙合回合苗合藏，组成一大民族”。“我国历来是一个统一的多民族国家，在漫长的历史发展中，经过长期的锤炼，形成了具有强大内聚力的中华民族。把我国各民族维系于一个统一的大家庭中而又世代传承的纽带，主要有三个：一是国家的长期统一；二是各民族相依共存的经济文化联系；三是近代以来各民族在抵抗外来侵略和长期革命斗争中结成的休戚与共的关系。”[④]

---

① 《大清宣统政纪》卷七十，宣统三年十二月戊午（1922 年 2 月 12 日）。

② 《大清宣统政纪》卷七十，宣统三年十二月戊午（1922 年 2 月 12 日）。

③ ［英］查尔斯·贝尔著，冯其友等译：《十三世达赖喇嘛传》，西藏学参考丛书之七，西藏社会科学院西藏学汉文文献编辑室编印本，第 296—297 页。

④ 中共中央统一战线工作部、中共中央文献研究室编：《新时期统一战线文献选编（续编）》，中共中央党校出版社，1997 年，第 393 页。

民族解放与民族平等　1924年1月23日孙中山在《中国国民党第一次全国代表大会宣言》中重新解释“民族主义”“有两方面之意义：一则是中国民族自求解放，二则是境内各民族一律平等”①。民族解放就是从帝国主义压迫下获得解放，而中国境内各民族一律平等口号的提出，明确了民族主义的奋斗目标，成为团结各族、凝聚民心的旗帜。

“五族共和”凝聚中华民族　1919年，十三世达赖喇嘛在与甘肃督军张广建所派朱绣、李仲莲和红教喇嘛古浪仓等人晤谈时表示，“余誓倾心内向，同谋五族幸福”。在内地活动的九世班禅，不断奔走呼号，“五族人民同心合力如兄弟、如手足”；“贯彻五族共和，共同抵御强邻之侵略”；“促成五族共和，共保国运昌隆”；“实现藏族与中国各民族的团结”。

蒋介石在1943年3月30日发表《中国之命运》，第一章讲“中华民族的成长与发展”，提出了“民族是自然成长的，国家是群力造成的。我们中华民族在自然成长的过程中，由于共御外侮以保障其生存，集中群力以缔造其国家”，“我们中华民族是多数宗族融和而成的。融和于中华民族的宗族，历代都有增加，但融和的动力是文化而不是武力，融和的方法是同化而不是征服。……四海之内，各地的宗族，若非同源于一个始祖，即是相结以累世的婚姻。”中原地区农业文明与北方游牧文明为了生存也会发生冲突，“当时政府对于这些游牧宗族，于其侵犯则御以武力，于其归顺则施以文治”。“由于生活的互赖，与文化的交流，各地的多数宗族，到此早已融和为一个中华大民族了。”“我们中国国家的领域，以民族生存所要求为界限，亦即以民族文化所维系为界限。故我们中国在百年以前的版图，一千几百万平方公里之内，没有一个区域，不是中华民族生存之所必需，亦没有一个区域不是中国文化之所浸润。”“以地理的环境而论，中国的山脉河流，自成完整的系

① 《孙中山选集》，人民出版社，1981年，第591页。

统。”“经济共同生活，亦即为政治统一以至于民族融和的基础。”“河淮江汉之间，无一处可以作巩固的边防，所以台湾、澎湖、东北四省、内外蒙古、新疆、西藏，无一处不是保卫民族生存的要塞。”“在中国领域之内，各宗族的习俗，各区域的生活，互有不同。然而合各民族的习俗，以构成中国的民族文化，合各区域的生活，以构成中国的民族生存，为中国历史上显明的事实。这个显明的事实，基于地理的环境，基于经济的组织，基于国防的需要，基于历史上命运的共同，而并不是全出于政治的要求。”“即如蒙古，由周代的玁狁，秦汉的匈奴，已开内附与同化之端。自此以后，突厥之在初唐，契丹之在晚唐与两宋，蒙古之在明清，皆迭有内附与同化的历史。新疆则春秋时代，秦国称霸西戎，继之以汉代之通西域，唐代之定天山，而成之以元清两代的开拓。这两个区域，归化中国的期间，皆绵亘至二千余年之久。西藏则自吐藩（蕃）改宗佛教，内向隋唐以来，元代则隶于宣政院，清代则隶于理藩院，其向化亦超过一千三百年以上。”①

民国时期的知识界提出了“中华民族是一个”的观点，论述各民族是一家的历史。顾颉刚先生让大家认识各族是一家的历史，谈道：“这次我到云南来，又听说这些侵略的先锋为了当地的夷民笃信诸葛孔明，又在捏造故事来装点自己，说耶稣是哥哥，孔明是弟弟，他们是一母所生的同胞了。我们还不敢谈真的历史，他们却大谈其假的历史。”他号召年轻知识分子担负起历史责任：“我们所以要抗战是要建国，而团结国内各种各族，使他们贯彻‘中华民族是一个’的意识，实为建国的先决条件。你们应当不怕艰苦学会了边地的言语和生活方式，到边地去埋头服务，务使一方面杜绝帝国主义者的阴谋，把野心家及其流毒一概肃清出去；一方面可以提高边地同胞的知识，发展他们的交通，改进他们的生产，传达内地的消息，搜集了他们的历史材料而放到全国公

① 蒋介石：《中国之命运》第一章“中华民族的成长与发展”，正中书局，1943 年。

有的历史书里去，使得中原和边疆可以融为一体，使得将来的边疆只是一条国土的界线而不再是一片广大的土地。青年们应当和边民通婚，使得种族的界限一代比一代的淡下去而民族的意识一代比一代高起来；更吸收了各系的新血液，使后裔们的体格日趋健壮。”[①] 顾颉刚先生的观点是：在我们中国的历史里，只有民族的伟大胸怀而没有种族的狭隘观念！我们只有一个中华民族，而且久已有了这个中华民族！我们要逐渐消除国内各种各族的界限，但我们仍尊重人民的信仰自由和各地原有的风俗习惯！我们从今以后要绝对郑重使用“民族”二字，我们对内没有什么民族之分，对外只有一个中华民族![②] 用以对抗外来挑拨离间和分裂阴谋。

中国共产党人，在不断的探索实践中，把马克思主义的理论和中国传统文化、中国革命的实践结合起来，逐步形成并完善了有关民族的理论。毛泽东就明确指出，中国民族问题的解决之道“对外求中华民族的彻底解放，对内求中国各民族之间的平等”。[③]

1951 年 5 月 23 日，《中央人民政府和西藏地方政府关于和平解放西藏办法的协议》签订，第一句话就是“西藏民族是中国境内具有悠久历史的民族”。说明西藏民族是中华民族大家庭的重要成员，为多民族统一国家的形成发挥了重要作用。

八、近代以来藏族反抗外来侵略与保卫中国西南边疆

1. 清朝乾隆年间，瓦寺地区的藏族土司千总刘正祥、王保等曾率藏兵协助清军福康安所部大军驱除廓尔喀（今尼泊尔）对西藏的侵略，

① 顾颉刚：《中华民族是一个》，1939 年 2 月 13 日昆明《益世报 · 边疆周刊》第 9 期。
② 顾颉刚：《中华民族是一个》，1939 年 2 月 13 日昆明《益世报 · 边疆周刊》第 9 期。
③ 毛泽东：《目前抗日统一战线中的策略问题》，《毛泽东选集》第二卷。

为清朝安定边疆做出了自己应有的贡献。

2. 1840 年 6 月，中英鸦片战争爆发，舟山、宁波、定海等失守。同年底，清朝调四川嘉绒（今阿坝州）汶川县三江乡藏军前往参战，1841 年 11 月，2000 名藏族远征军在瓦寺土司守备哈克里与大金土司阿木穰等人带领下，受命率藏军奔赴东南沿海，抵御英国入侵者。按照战役部署，由阿木穰率领的百余名藏族士兵负责攻打宁波城的西门，很多兵士壮烈牺牲。事后，曾有英国军官记载："他们的尸体厚厚地乱摊在四旁，据说他们曾经决定不战胜即战死。他们的帽子是用老虎皮制的。"由哈克里率领的另一队藏兵来到了镇海附近，作为清军将领朱贵的先头部队，受命夺取招宝山上的要塞威远城。英军承认"自入中国来，此创最深"。当地百姓为纪念清军的功绩，募捐建立了"交节祠"，祭奠为国捐躯的清军官兵，其中就有阿木穰、哈克里等藏族勇士。

3. 1840 年，为策应英军对我国沿海的进攻，同时为打通经西藏通往新疆的鸦片走私之路，英国侵略者武装并指使森巴人发动了"森巴战争"。西藏军民全歼敌军主力，俘获 800 余人，击毙侵略军大小头目 40 余名，配合了当时东南沿海人民的反帝斗争，保卫了祖国的领土完整和西藏人民的和平生活。

4. 1888 年英国发动第一次侵藏战争，西藏爱国军民又不畏强敌，在隆土山拒守还击，以火、枪、刀、矛等落后武器与英军浴血奋战，实现了"誓死抵御，决无二心"的誓言。隆土山失守后，西藏各阶层代表庄重宣誓："凡我藏众男女，誓不与侵略者共天地。"西藏僧俗人民在得知英军进攻隆吐山的消息后，无比激愤，一再向驻藏大臣表示："小的等早经出立誓结，处心已定，纵然有何胜败，惟有尽人事听天命而已。""纵有男绝女尽之忧，惟有实力禁阻，复仇抵御，绝不容忍，毫无三思翻改，亦无一语变更。”[1] 充分表现了西藏僧俗人民反对帝国主义侵略的坚强意志和维护祖国领土、捍卫祖国主权的崇高爱国主义精神。

5. 1903—1904 年第二次抗英战争前后经历大小战斗 16 次，一大批抗英烈士为国捐躯。抗英前线总指挥官第一代本拉丁色、副总指挥官赛林巴、定日代本多扎·扎西林巴、日喀则代本门吉林和吉堆巴、前藏代理代本加哲巴、山南民兵指挥官顿热娃、林芝军觉母·多吉多杰、居木宗阿达尼玛和扎巴两兄弟等英雄人物，便是其中的杰出代表。

6. 1937 年，九世班禅回藏受阻后，仍将行辕设在青海玉树大寺的甲拉颇章。当时日军已侵占了北京、天津、上海等大城市，抗战形势日趋严重，班禅即从玉树捐献三万元，购公债二万元，并动员行辕全体同仁踊跃捐款，汇集前方，慰劳抗战将士及救济伤兵与难民。并在玉树寺诵经祈祷抗战早日胜利。喜饶嘉措则带领抗战宣传团走遍甘青广大蒙藏地区，发表《为宣传抗战告蒙藏同胞书》和《白螺的声音》，愤怒谴责日寇侵略罪行。1942 年，国民政府册封喜饶嘉措为“辅教宣济禅师”并授大小银印两枚。昌都的诺那呼图克图与十三世达赖喇嘛、九世班禅驻京代表等发起成立了“康藏旅京同乡抗日救国会”，组织康藏在京人士抗日大游行，通电谴责日寇暴行，呼吁国民政府出兵抗战。

九、反对任何形式的民族分裂活动

清朝晚期尹昌衡受命进藏遏制独立逆流 民国建立后，由帝国主义入侵而引发的边疆危机依然存在。沙俄政府不仅鼓动外蒙古“自治”，

① 光绪十三年十一月二十八日（1888 年 1 月 11 日）《三大寺等为隆吐山撤卡断不可行事致文硕公禀》，《元以来西藏地方与中央政府关系档案史料汇编》（3），中国藏学出版社，1994 年，第 1120 页。

"独立"，还在1914年出兵霸占了唐努乌梁海地区。1913年至1914年，英国策划了旨在分裂西藏的西姆拉会议，中国政府代表拒绝并声明不承认所谓英藏"西拉姆条约"。新成立的民国政府也试图采取一些措施，包括军事手段来维护国家主权和领土完整。1912年6月，英国侵略者策划了西藏叛乱，尹昌衡（1884—1953）被北洋政府任命为西征军总司令，督师西进平息乱军侵扰。尹昌衡军队挥师西去，历时一年有余，历尽艰辛，收复大部分地区。西征期间，尹昌衡严令部队尊重藏族群众风俗习惯和宗教信仰，不扰民，得到藏族群众的支持。现在的太昭古城就是以尹昌衡的"号"命名。袁世凯摄于英帝国主义的淫威，下令尹昌衡停止进攻。

马麒通电反对与英议定藏边划界 1919年9月5日北洋政府外交部通电与西藏毗连各省地方，公布1913年西姆拉会议依赖中英有关藏事交涉的部分内容，向各地当局征求意见（即"九五歌电"），引起包括海外留学生华人在内的全国人民的强烈反对。甘肃省甘边宁海镇守使兼蒙番宣慰使马麒，与黎丹等幕僚商议后，通过甘肃督军张广建转电中央，并通电各省，强烈反对与英使商定西藏划界，电文内称："今既议划昆仑南，当拉北为内藏，又议划德格以西为外藏，同一地方，究以何处为内藏，何处为外藏耶?""总而言之，西藏本中国属土，年来川边构怨，比犹兄弟阋墙，自应由兄弟解决，万不能任他人从旁干涉。吾国苟有一息生气，所有划界会议，自应根本否认，此约一签，终古难复，大好江山，一笔断送，凡属五族，谁不解体?!"① 全国人民的强烈反对，迫使软弱的北洋政府不敢在"西姆拉条约"上签字，从而使英国操纵西藏地方上层搞所谓内外藏划分和高度自治，进而分裂中国的阴谋无法得逞。

① 民国八年（1919）十月二十八日《甘肃督军张广建转报马麒反对与英使会商议定西藏划界电》，《元以来西藏地方与中央政府关系档案史料汇编》（6），中国藏学出版社，1994年，第2449—2452页。

制止和平息青藏、川藏战争　1930 年 5 月，四川正值军阀混战，驻西康川军无暇顾及康边。西康甘孜地区的白利土司和大金寺之间因土地差民纠纷发生争端，驻扎德格的藏军支持大金寺，出兵占领白利。再自甘孜兵分两路，一路沿雅砻江南下，包围了新龙；一路藏军自甘孜出发，继续向东推进占领了朱倭。英印政府积极插手此事，支持藏军向西康进攻。藏军使用的军需物资，大部由印度孟买兵工厂制造，并有英国军官担任前线指挥战争。1931 年 4 月，南京政府宣布派遣蒙藏委员会委员唐柯三赴西康处理纠纷，同时通过十三世达赖喇嘛在南京的总代表贡觉仲尼致电达赖喇嘛，请其命令藏军停止东进，并派员商讨解决办法。唐柯三到达西康，与达赖喇嘛指派的穹让代本谈判，于 1932 年春拟定停战草案，允许甘孜、新龙暂由藏军驻守，放回被俘川军。后来青藏战争爆发，青军大举反攻，也收复了金沙江以东的石渠、邓柯等县，迫使藏军西撤。1932 年 10 月 8 日康藏双方签订了《康藏岗拖停战协定》。

1931 年 8 月，在川藏战争进行之际，英帝国主义委派驻在哲孟雄的行政官噶乃木魏阿尔前来拉萨，策动藏军向青海玉树地区发动军事进攻，想把内战扩大到青海。葛乃木魏阿尔和藏方会谈以后，藏方宣布委派欧细娃・图丹贡丹前往玉树方面主持军政大计。当时，玉树苏尔莽地区属于格鲁派并归西藏地方管辖的尕丹寺，与属于噶举派归青海管辖的德赛寺因抢收草料引起纠纷，引发青、藏双方矛盾。西藏当局在亲英派唆使下，以尕丹寺事件为借口，由驻在昌都的藏军北路总管三王千布调集藏军 4000 名，以克色米代本（团长）为前敌总指挥，用优势兵力进攻玉树苏尔莽地区，拆毁大、小苏尔莽间的桥梁，占领大、小苏尔莽和昂欠，同时还由邓柯派兵渡通天河，抢占了北岸的歇武和拉布寺，切断西宁与玉树结古镇间的交通。1932 年 7 月下旬，青海军发动反攻，藏军节节败退。十三世达赖喇嘛被迫致信青海军队首领："青藏是一家，应立即停止军事行动，和平相处。"马步芳并未接受。10 月初，青海军攻入金沙江西岸。西康方面刘文辉部也配合青海军的攻势，先后收复了甘孜、瞻化、德格等县。战事连续失利，十三世达赖喇嘛急忙请求蒋介石传令各方停战议和。1933 年 4 月 10 日双方达成《青藏和约》，强调："青藏本属一家，和好久矣……以尕丹寺问题，双方驻军误会，致引起纠纷，妄开战端。嗣后双方驻军首领鉴于国难方殷，何遑自讧，乃各派全权代表，休战议和，重修旧好，订立和议约文，青藏双方各执一纸，以资遵守，永昭来兹。从此青藏和睦如前，西陲国防巩固，国家幸甚，边民幸甚。"规定：尕旦寺堪布的权力照旧，以宗教为范围，丝毫不准干涉政治；青藏双方撤兵后，各守疆土，不得侵犯；双方均不得收留袒护对方变归潜逃者或罪犯；双方对商人贸易均极力保护；双方对宗教寺院一概极力保护；条约生效后，青方即完全归还所俘藏军官兵。[①]

蒋介石吓阻噶厦政府的分裂活动 1943 年 4 月，噶厦下令停止汉藏之间的"驿运"后，青海马步芳的军队奉命开向青藏边界。1943 年 5 月 10 日，蒋介石亲自在外交部次长吴国桢呈送的关于应驻华大使薛穆（Sir Horace James Seymour）之约晤谈西藏问题的报告上批示："西藏为中国领土，我国内政决不受任何国家预问。"指示吴国桢拒绝就中国政府在青藏边境的军队调动一事对英国作出任何进一步的解释或承诺。两日后，蒋介石召见西藏驻京办事处（当时在重庆）的负责人阿旺坚赞，严责其电告西藏当局，必须服从中央命令，协助修筑中印公路，同意国民政府驻藏办事处仍照从前不经"外交局"直接与西藏地方政府洽办事件，并称如发现西藏有勾结日本情事，将"立派机飞藏

① 曲青山：《关于青藏战争的时间问题》，《青海师范大学学报》（哲学社会科学版）1990 年第 3 期。《国民党政府行政院报告》北路藏军与青军交锋于青康边境玉树一带，青军指挥马步芳，藏军指挥为厦苏代本；中路藏军与川军在甘瞻、德格一带激战，川方以旅长邓蟠村为指挥，藏方以琼让代本为指挥；南路藏军侵犯巴盐一带，藏军代本四哇冷巴率之，康南民军司令为格桑泽仁；三路战事，双方官兵总数在二万以上，历时五阅月，战线延长南北数千里，死亡在四千以上。

轰炸”。[①] 同年5月12日，蒋介石在重庆召见西藏驻京办事处主任阿旺坚赞。阿旺坚赞要求蒋“制止军事行动”。蒋介石答称：“调动军事，乃一方防止日寇勾结西藏，一方保护修筑中印路及驿运。”1943年5月20日，美国总统罗斯福与英国首相丘吉尔等人在华盛顿举行太平洋会议。丘吉尔在发言中，突然说：最近听说，中国有集中队伍进攻西藏之说，使该独立国家大为恐慌，希望中国政府能保证，不致有不幸事件发生。[②] 在宋子文的严词反驳下，丘吉尔不得不表示：“西藏为不毛之地，英国对之并无野心，只希望吾人此时集中精力，对付共同敌人，万勿分耗力量而已。”蒋并称：“中央绝对尊重西藏宗教，信任西藏政府，爱护西藏同胞。但西藏必须服从中央命令，如发现西藏有勾结日本情事，当视同日本，立派机飞藏轰炸。”[③] 蒋在日记中写道：“对西藏代表严正态度，使西藏政府夜郎自大者有所觉悟，非此不可也。”[④] 华盛顿会议廿一日会议中，丘吉尔突称：西藏独立国，中国在此获得空军接济之时，不宜对藏用兵，并将其对中英美一月间加尔各答会共同进攻缅甸决议完全推翻、否认，此诚帝国主义真面目暴露，不仅为流氓、市侩所不为，而亦为轴心、倭寇所不齿。[⑤] 宋子文接电后，于25日复电蒋介石，告以丘吉尔提及西藏问题的第二天，罗斯福已经表态：丘吉尔所言，“殊不得体”。[⑥]

昌都战役粉碎各种分裂图谋　中国共产党领导的中国人民解放军，

---

① 中国藏学研究中心等合编：《元以来西藏地方与中央政府关系档案史料汇编》，中国藏学出版社，1994年，第7卷，第2850—2851页。唐纵：《在蒋介石身边八年——侍从室高级幕僚唐纵日记》，公安部档案馆编注，群众出版社，1991年。北京大学历史系等编：《西藏地方历史资料选辑》，生活·读书·新知三联书店，1963年内部发行，第351页。

② 秦孝仪主编：《中华民国重要史料初编——对日抗战时期》第三编《战时外交》（三），中国国民党中央委员会党史委员会1981年编印，第233页。

③ 《西藏地方历史资料选辑》，三联书店，1963年，第157页。

④ 《上星期反省录》，《蒋介石日记》（手稿本），1943年5月16日。

⑤ 《蒋介石日记》（手稿本），1943年5月23日。

⑥ 杨天石：《蒋介石正告丘吉尔："藏事为中国内政"——蒋介石日记解读之二》，《南方都市报》2008年4月8日。

取得三大战役的决定性胜利后，把解放台湾和西藏摆上议事日程。解决西藏问题有军事方针，也有政治手段，人民解放军一直试图通过和平的方式解决西藏问题。1950 年，在帝国主义的支持下，西藏地方分裂势力积极扩充武装，将原有 14 个代本（相当于团）扩大为 17 个代本，购置军火，组织训练地方民团共 8000 余人，试图依靠金沙江天险，扼守昌都，阻止解放军进藏。9 月，前往拉萨商谈和平解放西藏事宜的格达活佛被杀害，和谈的大门被堵上，战争不可避免。十八军决定采取正面进攻与战役大迂回相结合的战法，集中主要兵力于北线，围歼类乌齐、恩达及澜沧江以东之藏军。北线部队为五十二师、青海骑兵支队、军属炮兵营、侦察营、工兵营、第五十四师炮兵连及支司辎重团，从左、中、右三路西进；南线由五十三师一五七团自巴塘渡金沙江，攻歼宁静藏军，直出邦达、八宿，切断藏军西南退路。昌都战役自 10 月 6 日发起，至 24 日结束，历时 19 天，取得了决定性的胜利，粉碎了帝国主义势力和西藏上层分裂势力阻挠统一，幻想“西藏独立”的图谋。也让国际社会清晰地看到了中国共产党领导的人民解放军，维护国家主权和领土完整的坚定意志、决心和能力。对此，当时在西方世界也有一些公正的声音，10 月 27 日，英国伦敦《工人日报》记者评论中国人民解放军进军西藏问题时说：“就如威尔士是英国的一部分一样，西藏也是中国的一部分。……中国人民解放军进入西藏，就像英国人进入卡那封（英国威尔士的一个海滨城镇）一样不是侵犯。”① 印度舍波尔地方的康第耳瓦尔在 1950 年 10 月 30 日写给《印度时报》的信中表示支持中国政府解放西藏的行动时说：“要是中国政府还等待下去的话，美国就要将西藏变成目前的台湾一样了。”② 支持中国人民解放军履行职责，完整维护国家统一的正义事业。

① 《人民日报》1950 年 11 月 3 日。

② 《人民日报》1950 年 12 月 11 日。

1959年西藏反动上层发动武装叛乱及其失败　西藏地方反动上层发动武装叛乱具有一定的必然性，他们为了维护旧的政教合一封建农奴制永远不变，必然会铤而走险。发动叛乱，搞“西藏独立”既有思想基础，也有组织基础。1955年，西藏地方政府噶伦索康·旺清格勒等就在当时的西康省藏地策划煽动武装叛乱，并于次年残杀工作人员和群众数百人。1957年5月，在西藏地方政府噶伦柳霞·土登塔巴等支持下，成立了“四水六岗”叛乱组织，向十四世达赖喇嘛献金宝座，并组织“卫教军”武装，提出“西藏独立”的口号。他们盲目自大，以为内有叛军武装，外有美国和西方军事支持，可以达到他们分裂祖国的罪恶目的。1959年3月，借十四世达赖喇嘛到西藏军区看戏之机，策动武装叛乱。他们将爱国进步人士帕巴拉·索朗加措打死在罗布林卡门外，并将其尸体绑在藏军骑兵的马尾巴上，拖尸到市内游行示众。同时，上千人手持小白旗在街上游行，呼喊“西藏独立”“汉人滚出去”等口号。3月17日夜，噶伦索康、柳霞、夏苏等叛乱头目挟持达赖喇嘛逃离拉萨。3月20日，叛乱分子并向自治区筹委会外事处、人民医院、人民法院、人民检察院、气象处、贸易公司、邮电局、西藏日报社、新华社西藏分社等十多个单位发起猛烈进攻。解放军开始平叛，22日叛乱被平息。1960年初，十四世达赖在穆索里正式成立了“流亡政府”，不久又将流亡大本营迁到印度西北部喜马偕尔邦康拉县达兰萨拉镇。

武装追求“西藏独立”活动及卫教军的覆灭　1960年9月，流亡集团在达兰萨拉召开第一届“西藏人民代表大会”，公布了“宪法”，宣告成立“岗钦吉雄”即“大雪国政府”（“西藏流亡政府”），宣布达赖喇嘛为“国家首脑”。1960年，“西藏流亡政府”在尼泊尔北部的木斯塘地区重新组建了“四水六岗卫教军”，在中国边境进行了长达十年之久的军事袭扰活动。1974年，在中美关系改善，西方支持减少的条件下，该武装组织被尼泊尔政府军消灭。1962年11月14日，逃往印度的“藏独”分裂势力达赖集团在印度内政部调查分析局和美国中央情报局的帮助下，正式组建了印藏特种边境部队，这是达赖集团的另外一支武装。该支部队由达赖集团负责兵员来源，美国负责提供武器装备和部分经费并协助训练，印度负责组编、供应和直接指挥，约有一万人，至今依然在活动。

美国中央情报局支持“藏独”武装的暴力活动　早在1951年，美国中央情报局就与嘉乐顿珠签订协议，最初请他收集情报，而后开始策划游击战。在此背景下，1956年2月底，分裂分子在甘孜大金寺首先发动叛乱，靠近中国的印度小城噶伦堡成了叛乱分子的指挥部。贡布扎西等叛乱头目通过在噶伦堡的嘉乐顿珠，与中央情报局接头，于1957年从在印藏人中选拔六名青年，送往关岛接受识图、收发报、射击和跳伞训练，其中的两名于当年8月被空投到拉萨南面的桑日宗，使命是敦促达赖喇嘛向外国公开请求帮助以反对中国的统治。两人携电台潜入拉萨与贡布扎西取得了联系，并通过他于1958年1月在罗布林卡与达赖喇嘛的副官长帕拉·土登为登密谈。5月，两人到达叛乱分子的山南总部，很快，美国就在哲古地区空投大批武器弹药，计有机枪20挺、迫击炮2门、步枪100支、手榴弹600枚、炮弹600发、子弹40000发。此外，美国还从尼泊尔和锡金偷运武器弹药给山南的叛匪。这种支持尽管形式有变化，却一直持续到20世纪70年代初期中美关系改善为止。

用心险恶地将中国西藏地方比拟为“殖民地”　达赖集团和西方某些支持“藏独”的反华势力，为了鼓吹“西藏独立”并为之制造证据，伪造了所谓“百万藏人被屠杀”的谣言，这种没有任何事实根据的荒谬说法，即使在国外藏学界也早已遭到严肃学者的唾弃。至于将1951年中国人民解放军根据《十七条协议》的规定进军西藏说成是“殖民侵略”，把西藏地方比拟为“殖民地”，试图为“西藏独立”寻找借口的做法，更是缺乏基本历史常识的无稽之谈。对这一问题进行过比较研究的香港科技大学教授萨特曼（沙伯力，Barry Sautman）指出：

殖民地是个什么概念？“在16世纪，美洲新大陆的土著居民由原来的7500万到1亿4500万减少了四分之三，从更长时间范围来看，则甚至减少了95%。原因不只是从旧大陆带来的各种疾病，同样还有暴力征服和为殖民主服务的强制劳动。”英国和美国的殖民地情况相同。18世纪，在澳大利亚大约生活着30万土著居民，20世纪初便剩下9万人。据估计，夏威夷的土著居民原有30万至80万人，到了20世纪初，只剩下不到7万人了。[①] 将藏人与欧洲和美国殖民地的民族进行比较之后作者得出结论认为：“我们没有发现能证明流亡藏人领导层声称的人口灾难的证据，相反地，我们发现藏人总人数在1949年之后增长了。相比于殖民地人民在长达数十年甚或数百年之久所遭受的人口灾难，藏人人口的增长显得十分突出。”[②] 不仅人口大量增长，人口寿命也持续延长，足见谬说经不起检验。

美国削弱和遏制中国的一个工具　十四世达赖喇嘛本人在尼克松访华后就明白了许多，他曾感叹世事炎凉，说：“美国自从70年代承认中共，就断绝了对西藏的支持——这证明了他们的援助只是反共政策的一环，而不是真心实意要恢复西藏独立。”实际上，达赖集团的价值就在于能够为以美国为首的西方一些国家和势力，仇华、反华和遏制中国发挥作用，也就是说是别人可以利用的一个工具。对此十四世达赖喇嘛的哥哥嘉乐顿珠有过心声的吐露，2009年，他在接受《华尔街时报》采访时曾公开说：“美国人只能给中国找点麻烦而已，并没有对西藏的长久政策。达赖喇嘛从未被视为什么角色。”在他2015年出版的与人合作撰写的回忆录的最后，他直言不讳地表示：美国只是为了自己的利

① 萨特曼：《“人口灭绝”和西藏》，见《当代西藏：一个有争议地区的政治、发展和社会》，第231—235页（*Contemporary Tibet: Politics, Development and Society in a Disputed Region*, edited by Barry Sautman & June Teufel Dreyer, ME Sharpe, Armonk）。

② 萨特曼：《“人口灭绝”和西藏》，见《当代西藏：一个有争议地区的政治、发展和社会》，第231—232页（*Contemporary Tibet: Politics, Development and Society in a Disputed Region*, edited by Barry Sautman & June Teufel Dreyer, ME Sharpe, Armonk）。

益，挑起汉藏不和，并成功利用此事深化与印度的误解与混乱。他说："与美国中情局的合作，是我一生都懊悔的事情。"① 这些用一生的经历和感受总结出来的话语是否会让许多执迷不悟者有所醒悟呢？

"中间道路"与变相独立 1987 年，十四世达赖喇嘛在美国提出的所谓的"五点和平计划"：（1）使整个西藏变成一个和平区。（2）中国放弃向西藏地区移植人口的政策，因为这威胁着西藏民族的根本生存。（3）尊重西藏人民的根本人权和民主权利。（4）恢复和保护西藏的自然环境和中国放弃在西藏生产核武器和堆放核废料计划。（5）就西藏未来的地位以及西藏人民和中国人民之间的有关问题举行诚挚的谈判。1988 年，他又在法国斯特拉斯堡散发"七条新建议"：（1）西藏应当成为一个由它自己支配的民主政治实体，同中华人民共和国保持"联盟"的关系；（2）由中国政府负责西藏的外交事务，但是西藏政府在国外可以设立宗教、文化等方面的外交办事处；（3）西藏政府加入世界人权宣言；（4）西藏政府应该由人民选举产生的执行首脑、两院制立法机构和独立的司法体系组成，政府所在地是拉萨；（5）西藏的经济、社会体制应根据西藏人民的意愿来决定；（6）西藏禁止核武器的制造、试验、储存以及核能的利用；（7）应该召开地区和平会议来保证使西藏通过非军事化而成为和平的圣地，在这个会议召开和非军事化、非核化实现之前，中国可以有权在西藏保持以防御为目的有限量的军事设施的存在。十四世达赖喇嘛提出中观道路的核心就是要搞"大西藏"和"高度自治"，然后实现西藏"独立"。达赖集团的《西藏杂志》编辑顿珠次仁说："达赖喇嘛西藏和平五点计划和斯特拉斯堡建议的要求，无异于西藏独立。"十四世达赖喇嘛的哥哥嘉乐顿珠和流亡集团的所谓前"首席噶伦"桑东曾经说过："第一步先让西藏在'自治'

① 嘉乐顿珠、石文安：《噶伦堡的面条商人：我为西藏奋斗的背后不为人知的故事》（*The Noodle Maker of Kalimpong: The Untold Story of My Struggle for Tibet*），2015 年 4 月，美国公共事务出版社出版。

的名义下半独立，第二步过渡到‘西藏独立’。”达赖喇嘛的弟弟丹增曲杰表示：“我们先求自治。然后再把中国人赶走。”十四世达赖喇嘛本人对此也有更清楚的解释，1990 年 9 月他曾对荷兰记者说：“苏联的变化，给西藏获得自由带来了新的契机、新的希望，给了我们以新的勇气和力量。”同年 10 月他在美国耶鲁大学演讲时称，“正如同波罗的海三国人民成功地重获自由，我相信西藏的同胞不久后也将如此。我们在被占领的四十二年之中无时无刻不在决心达成这个目标，因此斯特拉斯堡声明很明显的无法再发挥作用，所以我最近宣布不再遵循那些条件。”1993 年，十四世达赖喇嘛更宣布不与“不稳定的中国政府”接触，并中断了与中央接触的既定渠道。十四世达赖喇嘛是什么，他的“中观道路”是什么主张是再清楚不过的。

十、藏族对西藏和平解放与巩固西南边疆所做出的贡献

1. 藏族人民与和平解放西藏

西康省藏地的上层人士中，德格女土司降央白姆，邓柯的林仓土司，甘孜的孔撒、麻书土司等，玉隆的夏格刀登等、巨商邦达多吉等，上层喇嘛如甘孜寺、八邦寺、白玉寺等的住持、活佛等。他们早在 1949 年 12 月 24 日就联名发电报向毛主席、朱总司令致敬。1950 年 3 月康定等地解放，夏格刀登和邦达多吉被任命为康定军管会副主任。1950 年夏秋，十八军先遣部队在西康省藏地共吸收了 200 多名藏族青年参军，德格土司降央白姆派出上万头牦牛为解放军驮运军用物资过金沙江，群众帮助解放军修筑川藏公路；甘孜州派出数百名通汉、藏两种语言的青年随十八军进藏担任翻译。1950 年，邓小平同志评价说“甘孜藏区人民对保存红军尽了最大的责任”。1950 年 5 月，迪庆各族人民

为了维护祖国统一，解放西藏，积极为从南线进军西藏的解放军部队提供了大量的人力、物力，先后组织完成三次运粮任务。第一次出动运粮民工2400人，骡马900匹，运输粮食11.05万千克；第二次出动运粮民工2157人，骡马500匹，运输粮食2.1万千克；第三次出动运粮民工5774人，骡马1210匹，运输粮食26.25万千克。同时，有千余人参加了筑路队伍，修路架桥，加紧修筑滇藏公路，形成了解放军打到哪里，藏地各族人民就支援到哪里的浩大声势，为维护祖国统一，为和平解放西藏作出了积极的贡献。[①]

2. 1959年藏族人民拥护平息反动农奴主发动的武装叛乱

西藏广大僧俗群众对为非作歹的叛乱分子深恶痛绝，他们强烈反对违背历史潮流而动的叛乱分子，纷纷要求解放军早日平息叛乱。他们挑选最好的牲畜，组成强大的运输队，积极支援平叛作战。有的赶着牦牛或者身背弹药、给养支援解放军，有的不顾天寒地冻、洪水泛滥，自发组织起来为部队突击抢修道路和桥梁。据不完全统计，藏族同胞支援解放军平叛斗争的人数达1.55万余人次，计43.9万余工日；畜力支援10.44万余头（匹）次，计286.62万余工日。[②] 藏族同胞的有力支援，是取得平叛斗争彻底胜利的保证。

3. 1962年藏族人民支援中印边界地区反击战

在中印边境自卫反击战中，藏族人民为部队抢修公路、抢救伤员、背送弹药和运送粮食，保证了自卫反击作战的胜利。他们以人力、畜力、物力、财力甚至鲜血和生命，捍卫了祖国的疆土。在同人民解放军

① 江巴吉才：《翻身农奴的福音　雪域高原的节日——写在“西藏百万农奴解放纪念日”之际》，《云南日报》2009年3月27日。

② 西藏自治区党史资料征集委员会、西藏军区党史资料征集领导小组编：《平息西藏叛乱》，西藏人民出版社，1995年8月，第38页。

一道并肩作战中，全西藏共奉献支前民工 3.2 万多人、牲畜 10 万匹、各类物资 350 多万公斤，谱写了西藏人民爱国主义的新篇章。

4. 藏族与西藏各族人民一起守卫和建设着祖国的西南边疆

在三年困难时期，外国逼债，指名要西藏硼砂。西藏自治区在运输线长和交通运输条件十分落后的情况下，于一年多的时间里，向国家提供了 10 多万吨硼砂，为国家偿还债务做了力所能及的贡献。西藏的边界线漫长，人烟稀少，守卫和发展西藏的任务主要是由居住在西藏的各族，特别是藏族人民来肩负的。应该说西南边疆地区的安定有藏族人民不可磨灭的贡献。

第四章

国际法中西藏是中国的一部分

中国是一个多民族统一国家，中国各民族共同创造了中国的历史和文化，西藏自古是中国一部分既是历史发展的产物，也符合近代国际法的准则。但是，达赖集团依靠国外反华势力的道义、舆论和经济支持，在国际社会制造了众多歪曲事实的谣言，其中西藏历史，特别是历代中央政府与西藏地方关系史领域成为重灾区，大量的谎言公行，严重混淆了国际视听，造成了极恶劣的影响，肃清这些谬说的影响是一个漫长而艰巨的过程。

一、缺乏依据的“西藏独立”说

1. “西藏自古独立”说的谬误所在

西藏自古是中国的一部分，自元朝起西藏地方纳入中央王朝的行政管辖之下，在此后700余年时间里，有些朝代对西藏地方管理得严密，有些朝代则管理得相对疏松，但是始终维持着在藏主权。近代以来在英国等帝国主义势力入侵和支持下产生的“西藏独立”逆流，始终未能得逞。1959年达赖集团叛乱失败逃亡印度以后，一直策动武装暴力活动，追求“西藏独立”，仍以失败告终。在从事“西藏独立”活动的同时，达赖集团接受西方反华势力，特别是在一些支持分裂活动的“藏学家”的鼓动下，积极制造“西藏独立”的历史证据。为达到这一目的，他们不惜采取剪裁史料、歪曲史实等做法，变换花样，宣扬所谓“西藏独立”的历史。“西藏自古独立说”是其中最具代表性的一个。提出这种说法，并在国际上有代表性的著作是黎吉生（H. E. Richardson）的《西藏简史》和夏格巴·旺秋德丹（tsi dpon dbang phyug bde ldan zhwa sgab pa，1907—1989）的《西藏政治史》。黎吉生1936年随古德率领的代表团出访中国西藏，并以英国驻江孜商务代表身份担任古德（B. Gould）的特别助理，担任英国驻拉萨商务代表处负责人。1940年古德离开拉萨到印度西北边境邦任职2年。1944年他再次短暂访问西藏。1946年重返拉萨，复任英印驻江孜商务专员，并兼任英国驻拉萨商务代办。1947年印度脱离英国的殖民统治获得独立后，黎吉生又担任印度驻拉萨办事处负责人，直到1950年被驱逐出西藏。黎吉生在藏期间涉及多项分裂中国的活动：鼓动噶厦派代表出席在印度召开的“泛亚洲会议”；在1947年的“热振事件”中，支持达札摄政，迫害致死爱国的热振活佛；1948年1月31日，代表印度政府与西藏“外交局”会谈，不许西藏代表团参加国民政府会议，并要求由印度继承英国在藏义务和特权，否则将断绝印度与西藏间的一切交通往来；1949年煽动噶厦制造了“驱汉事件”等。1962年，当爱尔兰在联合国提出西藏问题议案时，黎吉生又充当他们的私人顾问。同年出版鼓吹“西藏独立”的专著《西藏及其历史》。自称该书是他听了1959年10月联合国第14届大会关于所谓“西藏问题”辩论之后开始撰写的，目的就是要说明“西藏自古以来就和中国不一样，是一个独立的国家”。而夏格巴则在20世纪40年代担任噶厦政府孜本和从事“独立”活动的“西藏贸易代表团”团长的“藏独”急先锋。他们撰写这些著作的唯一目的就是鼓吹“西藏独立”。夏格巴就明确宣称，“雪域藏地三大区，从来就是一个独立自主的国家”。十四世达赖喇嘛的高级经师达札·阿旺松绕活佛（ngag dbang gsung rab mthu stobs，1874—1951）是20世纪40年代西藏地方亲英势力的领头人物，除了经师的影响，达赖的外国老师对他分裂思想的形成也起了重要作用。其中不得不提到的有两个人：奥地利人海因里希·哈勒（Heinrich Harrer，1912—2006）以及英国人黎吉生（Hugh Edward Richardson，1905—2001）。达赖喇嘛在11岁时，遇到了前来西藏进行间谍活动的奥地利人海因里希·哈勒。哈勒随后成为达赖喇嘛的老师，二人保持着密切联系达十年之久。20世纪90年代末，德国《明镜》周刊曾以详实的档案文件证明，哈勒是一名隐藏了半个多世纪的纳粹分子。在达赖喇嘛结识哈勒的一年半时间里，两人基本上是每星期见一次面。哈勒给达赖灌输纳粹式思维，还教达赖学英文。原本对西方世界一无所知的达赖，在哈勒的辅导下，思想发生了潜移默化的变化。①

所有关于"西藏独立"的说辞，有其共同特点：首先把西藏的人种、语言文字和文化同中国文化，特别是作为中国主体民族的汉族文化割裂开来，甚至对立起来。其次，在西藏与历代中央政府关系问题上大做文章，制造一个一脉相传的"西藏独立"国家发展的历史。第三，混淆民族与国家界限，将"藏族"等同于"西藏国"，试图从狭隘的和极端的民族主义立场来曲解中国的历史和民族关系史，为"西藏独立"寻找根据。

对于夏格巴的《西藏政治史》一书及"西藏独立"的观点，著名藏族爱国人士阿沛·阿旺晋美指出：所谓"西藏独立"在20世纪以前是没有的，那时藏语中根本就没有"西藏独立"这个词。"所谓'西藏独立'完全是毫无根据的，是站不住脚的。那些鼓吹'西藏独立'的人无非是以夏格巴的一本书为依据。我反复详细地研究过这本书，认为夏格巴在引用藏文的历史资料或汉文的历史资料时，对史料完全采取了

① 杨玉国：《揭开少年达赖的成长内幕》，《世界新闻报》2009年2月24日。

断章取义、取其所需的态度，这样得出的结论只能是谎言，谎言是改变不了历史事实的。”[①] 西藏自治区《西藏政治史》评注小组编写的《夏格巴的〈西藏政治史〉与西藏历史的本来面目》[②] 采用还原历史资料的方法，将夏格巴肆意歪曲的藏汉文资料一一指出，揭穿其卑劣手法，从根本上否定其“西藏独立”的谬说。黎吉生的“西藏独立”说也大致类同，牵强附会之处甚多。此外，还有所谓的国际法学者并担任过十四世达赖喇嘛法律顾问荷兰籍人米凯尔·范瓦尔特·范普拉赫（Michael C. van Walt van Prag），更荒谬地宣称：“作为一个独立的政治实体，西藏国仍然存在，流亡于达兰萨拉的合法政府就是它的代表。因此西藏政府和西藏人民有权要求恢复他们对自己领土的主权，有权要求摆脱其他国家干涉。”这种违背国际法常识，近乎丧心病狂的做法，受到中国学术界的强烈驳斥。[③] 藏学界有专家针对夏格巴和范普拉赫的谬说系统分析，形成驳斥其“西藏独立”论的专著，明辨了是非。[④]

公元13世纪来到中国并拜见过元世祖忽必烈的意大利人马可·波罗在他著名游记中明确将西藏这块地方写为“吐蕃省（州）”，而且指出：“惟馆舍土番（吐蕃）者，君等应知其隶属大汗（忽必烈），一如本书随时著录之其他国土州郡之隶属东方郡主阿鲁浑（Argoun）之子者无异。”[⑤] 记载元代西藏地方历史的藏文史书《汉藏史集》记载，

① 阿沛·阿旺晋美：《1959年“3月10日事件”的真相》，《中国藏学》1988年第2期，第3—5页。

② 西藏自治区《西藏政治史》评注小组编写：《夏格巴的〈西藏政治史〉与西藏历史的本来面目》，民族出版社，1996年。

③ 杨公素：《评范普拉赫的〈西藏的地位〉》，《中国藏学》1990年第2期；喜饶尼玛：《西藏和谈与范普拉赫的“理论”》，《西藏研究》1991年第2期；宋岳：《对历史的篡改　对国际法的歪曲——简评范普拉赫〈西藏的地位〉一书》，《中国藏学》1994年第2期；李茂郁：《历史不容篡改——驳范普拉赫著〈西藏的地位〉一书的谎言》，《中国藏学》1990年第3期，1992年第1期，1994年第3、4期。

④ 王贵、喜饶尼玛、唐家卫：《西藏历史地位辨：评夏格巴〈藏区政治史〉和范普拉赫〈西藏的地位〉》，民族出版社，1995年。

⑤ 冯承钧译：《马可波罗行纪》，上海书店出版社，1999年，第278页。

“蒙古薛禅皇帝（忽必烈）之时，其治下有十一个行省。各行省的名称是：大都城之中，有中书省，在外地有河南省、岭北省、甘肃省、四川省、云南省、江浙省、江西省、湖广省、辽阳省。吐蕃三个却喀（chol kha）不足一个行省，但由于是上师（八思巴）的住地和佛教教法兴盛之区，所以也算作一个行省，总计十一个行省。”① 这里十分清楚地说明了元朝时期西藏属于中央政府管辖之下一个行省的事实，与马可波罗的记载可以相互印证。

2. 混淆民族与国家的“满蒙非中国”说

面对蒙元和清朝时期管理西藏地方的大量铁的事实，达赖集团分裂势力及国外的一些反华势力，并没有死心。制造出所谓的“满蒙非中国说”，以为其救命稻草。事实上，这一说法是不值一驳的，且不说以统治者的民族成分划分“国家”的做法幼稚无知，稍微翻翻史料就会知道，无论是元朝的蒙古族、汉族，清朝的满族、汉族和中国境内包括藏族在内其他各个民族，都没有将以这两个民族为主建立的政权当作外国。不管元朝的蒙古族统治者如何努力保持大蒙古国时代的制度和游牧文化传统，但是要成为华夷共主，必须在文化上继承中原的文化传统，并以中原合法正统的继承者自命。这在忽必烈《中统建元诏》中反映得十分明确，该诏称：“稽列圣之洪规，讲前代之定制，建元表岁，示人君万世之传；纪时书王，见天下一家之义。法《春秋》之正始，体大《易》之乾元。炳焕皇猷，权舆治道。可自庚申年五月十九日，建号为中统元年。”② 其中道理就像当时的翰林学士徐世隆所说的那样，欲“帝中国，当行中国事”③。至元八年（1271），元朝灭南宋，统一

① 达仓宗巴·班觉桑布著，陈庆英译：《汉藏史集》，西藏人民出版社，1986 年，第 165—166 页。

② 《元文类》卷九《中统建元诏》。

③ 《元朝名臣事略》卷十二《太常徐公》；《元史》卷一六〇，徐世隆传。

全国后，元世祖忽必烈因耆宿刘秉忠等之请，按照儒家经典《易经》中“大哉乾元”之意，建国号曰“大元”。元文宗时官修的《经世大典》更明确地指出：“我国家之有天下也，上配邃古之圣神，继天立极，非若后世之兴者也。尧以唐侯兴，虞夏禅殷周，由契稷起，盖有所因而进者也。三代而下，莫盛于汉、唐、宋。汉起亭长，则已微矣。唐起晋阳之谋，宋因陈桥之变，得国之故，其亦未尽善者乎？其余纷然。窃据一隅，妄立名字，以相侵夺，历年不多者，何足算哉！自古有国家者，未若我朝之盛大者矣，盖闻世祖皇帝，初易大蒙古之号而为大元也，以为昔之有国者，或以所起之地，或因所受之封，为不足法也，故谓之元焉。元也者，大也。大不足以尽之，而谓之元者，大之至也。”① 元朝从忽必烈即位后就开始“行汉法”，定国号大元，即位称帝，使用中原的统治机构来统治人民，并将首都定于中原（大都，即北京），继承了中国的文化传统。元武宗（1308—1311 年，名海山）即位后，随即加封孔子为“大成至圣文宣王”，诏书谓：“上天眷命，皇帝圣旨：盖闻先孔子而圣者，非孔子无以明；后孔子而圣者，非孔子无以法。所谓祖述尧舜，宪章文武，仪范百王，师表万世者也。朕纂承丕绪，敬仰休风，循治古之良规，举追封之盛典。加号大成至圣文宣王，遣使阙里，祀以太牢。於戏！父子之亲，君臣之义，永惟圣教之尊；天地之大，日月之明，奚罄名言之妙？尚资神化，祚我皇元。主者施行。”② 元朝建立以后遵照传统，撰修《宋史》《辽史》和《金史》，均将其为正史，以表明元朝统治的合法性是从该三朝继承而来的。元朝的任官原则是：“官有常职，位有常员，其长则蒙古人为之，而汉人、南人贰焉。”③ 蔡美彪先生曾说：“成宗用蒙汉儒臣执政，色目官员理财，汉法

① 《元文类》卷四十《经世大典序录·帝号》。

② 大正藏第 49 册 No. 2038，《释鉴稽古略续集》武宗。

③ 《元史》卷八五，百官志。

与‘回回法’并用。”① 明太祖命史官撰修《元史》，依照正史撰修惯例，内容包含本纪、列传、志、表等，明确承认了元朝统治的正统地位和合法性，并表明明朝是继承元朝而来的。清朝统治者同样十分重视汉族传统文化和其他民族文化，康熙皇帝本人对儒家经典和历史著作中的治国方略兴趣浓厚，乾隆皇帝则曾经读佛经、学过藏语。

何炳棣先生指出：“强调元朝、清朝是外来的统治，这一点是用现代的民族主义眼光提出来的。从先秦以来，中国人鲜明地区分‘中国’或‘华夏’，与‘夷狄’，这当然是事实，但是这种区分是从文化上来强调的。不是从种族上来强调的。……蒙古人和满人征服了中国的时候，他们早已在很大程度接受了中国文化。他们在政治上统治中国，中国在文化上统治他们。中国人最关切的是中国文化和文明的继续和统一，而蒙古人和满人并未使之明显中断或改变。所以在传统上，中国人认为，元代和清朝，只不过是中国历史上前后相继的许多朝代之中的两个朝代而已。这一点可以从官修的各朝历史看出来。例如，明朝在一定意义上代表着反元的民族革命，可是明朝官修的《元史》，把元朝看作是继承纯是中国人的宋朝正统的朝代。同样，在黄宗羲（1610—1695）编著的《宋元学案》中。并没有从道德上訾议诸如许衡（1209—1281）、吴澄（1249—1333）这些学者，他们虽是汉人，却在元朝做了高官，而黄宗羲本人则是最有民族气节的反满的学者之一。民国也有一部官修的《清史稿》，把清朝看作继承明朝正统的朝代。……就传统的观点而论，元朝、清朝正如其他朝代一样，都是‘正统’。人们或许说中国人缺乏民族主义，但是我认为这正是要害。中国人缺乏民族主义是因为他们惯于从天下即世界的范围看问题。”② 客观的认识历史，没有

① 蔡美彪等：《中国通史》第七册，人民出版社，1983年，第135页。

② 何炳棣：《我对汉化问题的再思考：对罗斯基“再观清代”一文的答复》（Ping-ti Ho, In Defense of Sinicization: A Rebuttal of Evelyn Rawski's "Reenvisioning the Qing", *Journal of Asian Studies* 57, Nr. 1［1998］, 123-155.）

人能否认元朝和清朝是中国历史一部分的事实，“满蒙非中国说”只是一些分裂主义分子别有用心的伪造。

卢森堡学者阿尔贝特·艾廷格根据事实和学术界的研究成果指出，“对于中国的历史学家而言，西藏早在元朝就明确属于中国是不成问题的。否则的话，北京的皇帝又怎么能在那里组织管理、任命行政官员和征收贡赋呢？西藏的喇嘛又怎么能在全中国范围内获取高位呢？那时最高级喇嘛们获得的世俗权力确实是皇帝，也就是中国中央政府给予的。”

然而在西方，有些人已很聪明地准备好了要提出的异议：元朝的19位皇帝都根本不是汉人，而是蒙古人，也就是不是所谓种族意义上的中国人！所以元帝国也就根本不是中国，今天的中国也不能引证元朝。于是有人使用一个廉价的变戏法似的花招为理由，干脆抹掉了中国数百年的历史。究竟可不可以同样创造性的说法来对待欧洲历史呢？以英国历史为例：哈斯丁一役（Battle of Hastings）之后，英国（这里指盎格鲁和萨克森的国家）便不存在了，取而代之的是法国诺曼人（Norman）的王国，即一个诺曼底（Normandie）大区。所以，英法百年战争就只是法国国内战争，那么极受某位名叫勒庞（Le Pen）的人喜爱的法国北部的天真少女贞德（Johanna von Orleans）赶赴战场，不是抵御英国侵略者，而只是在跟同胞作战了。或者以西班牙为例：曾经称霸世界的不是西班牙，而可能是奥地利或瑞士了，因为被称作美男子的西班牙菲利普一世（Philippe）及后来的西班牙国王均来自哈布斯堡（Habsburg）家族，也就是说不是种族意义上的卡斯蒂利亚人（Castilla）。那么德意志帝国的情况又如何呢？难道没有过一位卢森堡人坐上了德意志民族的神圣罗马帝国的皇位吗？

最后要说的是，难道俄国沙皇叶卡捷琳娜大帝（Екатерина II Алексеевна）不是一位德国人吗？希特勒不是一位奥地利人吗？斯大林不是一位格鲁吉亚人吗？

称元朝皇帝不是中国人，而是蒙古人的论据出于无知或是以欧洲为中心的狂妄自大而略过了这样一个并非完全不重要的事实：“中国人曾是、现在仍然是世界上非常古老和重要的文化民族之一。在中国，外来征服者的语言、文字、技术和文化从来也没有同样取得统治地位，同样的情况发生在被罗马人占领的地区（高卢和利比里亚半岛）或者西班牙在中南美洲的殖民地，相反地，来自草原的游牧民族，不管是蒙古人还是后来的满人，很快就广泛接受了汉人的语言文字、科技和风俗习惯，即这个一开始被军事战胜的民族的全部高度发达的文化和文明。此外，中国自古以来就将自己定义为一个多民族的国家，而且从历史上来看，汉族本身就是一个混血民族（德国人和法国人同样如此）。”①

事实上仅仅从种族角度无法论证归属的古代历史的例子存在于几乎所有国家的历史当中而不胜枚举，当代的例子更是层出不穷，除了暴露其狭隘和偏私之外，是经不起历史和现实的检验的，根本无法服人。

3. 用宗教用语曲解政治隶属关系的“供施关系”说

藏文史书中确实经常把宗教首领和政治人物甚至皇帝所建立的关系称作“供施关系”，夏格巴在他的《西藏政治史》说：西藏“和中国的关系只是宗教上的供施关系，根本不存在政治上的统属问题”；达赖的法律顾问、荷兰人范普拉赫的《西藏的法律地位》（The Status of Tibet: History, Rights and Prospects in International Law）一书，同样使用这种说法。我们知道，藏文史书中确实存在有关西藏地方和中央政府关系是“供施关系”的说法，但是它只是宗教人士一种特殊的表述系统，并未反映历史的客观本质。事实是，西藏地方是中央政府管辖下的一个行政区，而不是一个置身化外的教区；西藏地方的政教领袖是行政职官系统中有官阶的官员，而不仅仅是教派领袖。在大量的藏文史书中，已经清

① 艾廷格：《为西藏而斗争——一场国际纠纷的历史、背景及前景》，法兰克福赞邦（Zambon）出版社，2015年，这里引用的是尚待出版的汉译本。

楚地表明了中央王朝对西藏地方实施的行政管理，以及西藏地方政教首领接受任命、履行职责的史事。以八思巴为首的萨迦派接受元朝封授，履行政教职责，以及以达赖和班禅为首的格鲁派接受朝廷调遣，礼敬皇帝的事实可以说不绝于史书。元朝所封大司徒绛曲坚赞（tavi si tu byang chub rgyal mtshan，1302—1364）在所著《朗氏宗谱》（rlans kyi po ti bse ru，《朗氏家族史》）中，更以大量篇幅讲述了元朝在西藏地方清查户口、审理刑事案件、任命官员、派驻官员，实施各项管理的事实。达仓宗巴·班觉桑布（stag tshang rdzong pa dpal vbyor bzang po）所撰《汉藏史集》（rgya bod kyi yig tshang）更清楚地记载了吐蕃地方是元朝的一个行省，元朝在西藏地方清查户口、建立驿站、任命官员、驻扎军队、征收赋税等事实。即以清朝的达赖喇嘛为例，首先，达赖喇嘛名号是由朝廷封授的，他的政教权力来自皇帝的任命。因此，在达赖喇嘛不能履行皇帝授予的使命时，朝廷可以废除其名号，六世达赖喇嘛和十三世达赖喇嘛都曾经遭遇此等命运。其次，达赖喇嘛灵童的寻访、转世、认定要中央政府批准，按照朝廷颁布的活佛转世制度办理，在达赖喇嘛受命坐床时刻，要向皇帝所在的方向磕头谢恩。第三，以达赖喇嘛为首的噶厦政府是清朝中央政府授命建立的，是清朝的地方行政组织，噶伦等各级官员，都是朝廷任命的地方官员。第四，清朝在西藏地方派驻驻藏大臣、驻扎军队、建立塘汛，驻藏大臣受命管理达赖喇嘛和班禅额尔德尼商上支出、对外交往、军队指挥等重大事宜。这些怎能用“供施关系”来解释呢？由僧人撰写的自传、高僧传记、教法史等著作，用“供施关系”这样隐晦的词汇来表述接受管理的事实，是可以理解的，但是以此为依据立论，来否认元朝以来历代中央政府管理西藏的历史，却不是历史研究者应有的作法。

4.“民国时期独立”驳议

民国时期，西藏地方和中国内地许多地区一样，处在一个特殊的历史时期。辛亥革命爆发以后，各省为了反对清朝政府，纷纷宣布“独立”，即与没落的清王朝决裂，在这样的大背景下，西藏地方也出现了所谓“独立”的问题。当然，以十三世达赖喇嘛为首的西藏地方政教势力是否宣布过“西藏独立”，学术界有不同意见。第十三世达赖喇嘛于1913年2月14日〔藏历水牛年正月初八日〕发布的一份文书通告——《西藏全体僧俗大众今后取舍条例》，即“水牛年文告”或“圣地佛谕”，文告的内容涉及西藏的体制改革、实行新政等内容。有人认为这份文件是西藏的“独立宣言”（Proclamation of Independence of Tibet）。事实上，水牛年文告只是达赖喇嘛的一个内部讲话，当时尚未有外人知道，更没有公开宣布。直到1932年，文告才以信件的形式公布。文告的现行版本多引自夏格巴的《西藏政治史》一书，范普拉赫曾表示引文来自夏格巴的私人收藏档案。据说文告中提到“我们是一个很小的、信教的独立国家”（英文：We are a small, religious, and independent nation）语句被学者反复引用论证，时常被认为是达赖喇嘛宣布“西藏独立”的重要宣示。但据藏学家扎西旺都查找文告原件的内容时发现，达赖喇嘛当时使用的原词是 bod ljongs，即“藏区”，而非 rgyal khab（即“国家”）一词。① 另外，美国藏学家梅·戈尔斯坦在研究过文告内容后，认为水牛年文告“在西方的术语中不是一个标准的独立宣言，但它表明达赖喇嘛对自由的渴望，及不受中国封号、避免中国内部影响而统治西藏的意愿”。② 美国国际法专家艾尔弗雷德·鲁宾（Alfred P. Rubin）说道：“仔细读一下那个文件（指《水牛年文告》），就会发现事实上并不像拉萨政府前官员、现正流亡的夏格巴所说的那样……在北京历来积极行使权力的领域，该声明并无意切断连接北京与拉

① 《藏学家：“西藏独立”一词是如何出笼的》，《新华网》2008年4月25日。

② Goldstein, Melvyn C., *A History of Modern Tibet*, 1913-1951: *The Demise of the Lamaist State*. University of California Press, 1991. p. 62. “Although these are not precisely a declaration of independence in contemporary Western terms, they clearly indicate the Dalai Lama's desire for freedom, as well as his intention of ruling Tibet without Chinese titles and devoid of Chinese internal interference.”

萨之间的统治上的纽带。达赖喇嘛在若干年前通过中国的授权而获得世俗权力，这一事实同该声明之间并无任何矛盾之处。此外，没有证据表明该声明实际上是针对中国的任何当局或全世界发表的。在确定1911—1913年拉萨官员的政治意图方面，上述证据是非常不充分的，而现世达赖喇嘛及其支持者对这一证据的明显歪曲，根本不能证明拉萨在当时明确欲切断同北京的政治联系。”① 所谓的该“‘独立宣言’不具有任何的政治合法性。它仅是第十三世达赖喇嘛对因中华帝国完结而导致的达赖喇嘛—中国皇帝之间的供施关系（mchod-yon）的消亡的声明”。② 比利时亚洲领域学者伊里萨白·马丁（Elisabeth Martens）在他的《藏传佛教的历史》一书里面也说“西藏的独立没有任何的官方文件为凭据，也从未获得世界任何一国家、或联合国的承认”。③ 何况孙中山解释了新旧政权鼎革之际各省独立的性质，他在1912年初即说：“武汉首义，十数行省先后‘独立’。所谓‘独立’者，对于满清为脱离，对于各省为联合，蒙古、西藏意亦同此。”据称，当十三世达赖喇嘛借助英国的武装支持将川军打回到打箭炉（四川康定）之后，英国提出要求将门域（mon yul）、察隅（bya yul）地区作为报酬划归英国治下，十三世达赖喇嘛告以：“门域、察隅是中国大皇帝的土地，现时不过由我暂为代管，所以我没有权能够自由处分这两地，所以我不能割让给你！”此外，在西藏学习佛法的法尊（1902—1980）法师也记载了他的师傅追忆英国驻印总督有一年向西藏提供了许多枪械和军用物资之

① 艾尔弗雷德·鲁宾：《西藏在国际法上的地位》，《中国季刊》1968年7月—9月号，第122页。

② Alfred P. Rubin, “Tibet’s Declarations of Independence,” *AJIL* 60 (1966): 812-814 and Rubin, “A Matter of Fact,” *AJIL* 60 (1966): 586. “A US international law scholar who studied Tibet’s ‘declarations of independence’ found they were not political-legal declarations at all, but merely the 13th Dalai Lama’s affirmations that the mchod-yon (priest-patron) relationship between Dalai Lamas and Chinese emperors had been extinguished due to the end of the empire.”

③ Elisabet Martens, Lettre au Monde diplomatique, “L’ind pendance du Tibet ne s’appuie sur aucun document officiel et ne fut jamais reconnue par aucun pays au monde, ni par les Nations unies.”

后，便向十三世达赖喇嘛索要一块地方设立医院并经营小商业。但是达赖喇嘛坚决予以回绝，声言："这西藏地方全是中国皇帝所有，我不过暂代管理而已，故此事不能满君所愿。"如果达赖喇嘛曾经宣称过"西藏独立"，而且是在英国的支持下进行的，那么他对英国所说的此番话怎么能让英国人信服呢？显然，他的水牛年文告并无"西藏独立"内容。结合他在1930年给民国特使刘曼卿所说的"西藏是中国领土"一事，可以证实他的真实想法是大致一贯的。"因此，把《水牛年文告》说成是达赖喇嘛宣布'西藏独立'的宣言，是没有任何根据的。"①

事实上，对于十三世达赖喇嘛过多参与政治活动，特别是依靠外力追求自治活动，当时西藏地方社会也颇有微词。贝尔在他的《达赖喇嘛传》中写道：逃亡印度。觉得毫无依靠的十三世达赖喇嘛，"他和噶伦们都想按照不丹根据两年前与英国缔结的条约所享有的同样条款，将西藏置于英国的控制之下，或者说，将西藏的对外关系置于英国政府的控制之下，英国政府保证不干涉西藏的内政。"② 不知道这里所说的是十三世达赖喇嘛本人当时的真实想法，还是贝尔本人的臆想。不管怎样，十三世达赖喇嘛的主要兴趣是在俗世事务上。③ 正因为如此，当时西藏地方出现了对十三世达赖喇嘛过度热衷政治的批评声音。在贝尔的笔下也有记载，诸如："锡金和大吉岭曾是西藏的属地，但现在属英国管辖。有些住在这两个地区的人们说：'不错，达赖诚然是回去治理其王国去了，但他各处居住，并同各种各样的人（包括白人和其他不信仰佛教的人）相互往来，其圣洁已受到玷污。"④ 日本学者矢崎正见指

① 周伟洲主编：《西藏通史·民国卷》，中国藏学出版社，2016年，第28页。

② ［英］查尔斯·贝尔著，冯其友等译：《十三世达赖喇嘛传》，西藏学参考丛书之七，西藏社会科学院西藏学汉文文献编辑室编印本，第115页。

③ ［英］查尔斯·贝尔著，冯其友等译：《十三世达赖喇嘛传》，西藏学参考丛书之七，西藏社会科学院西藏学汉文文献编辑室编印本，第228页。

④ ［英］查尔斯·贝尔著，冯其友等译：《十三世达赖喇嘛传》，西藏学参考丛书之七，西藏社会科学院西藏学汉文文献编辑室编印本，第121页。

出："就西藏的一般民众而言，他们从来就不具有明确的国家意识，因此，他们无法理解'独立'一类的概念。而且在他们的观念中，达赖是一种绝对的、神圣的宗教权威，像十三世达赖喇嘛那样作为政治性很强的人物出现，使他们感到颇为迷惑，结果，在一般民众的稍有见识的人中间，甚至也产生了对十三世达赖喇嘛的批评意见。"① 甚至"一些地方较低的喇嘛竟搞了一个预言，说十三世达赖喇嘛是最后一世；另一个宣传手段则说他这个转世灵童是假的。"② 甚至美国驻华公使柔克义还就此致函美国总统："我特别感兴趣的是，我很可能成为推翻黄教首领世俗政权的见证人。说来奇怪，二十年前我就听说西藏有人这样预言过，当时人们普遍传说十三世达赖喇嘛将是最后一世达赖喇嘛，而我所见到的当事人正是十三世。"③ 可见，在当时十三世达赖喇嘛在西藏地方内部已受到争议。

尽管当时十三世达赖喇嘛曾经表达了追求自治的期望，由于发生在边疆和民族地区，其内容不免更为复杂。其中，既有英帝国主义侵略分子积极支持和怂恿的因素，也有十三世达赖喇嘛本人与驻藏大臣，乃至清朝廷之间个人恩怨等因素。十三世达赖喇嘛一度试图借助俄国和英国的支持实现自立或者自治。但是后来的历史实践证明，依靠外国列强支持追求自治只能落空，而且这种做法遭到全国人民的反对，在西藏地方也遇到巨大阻力，因此在他晚年意识到这种错误，并且试图改善西藏地方与民国中央政府的关系。

尽管存在这样那样的问题，民国政府和西藏地方却一直保持着较为密切的政治关系，噶厦始终没能改变其地方政府的地位。由于广大僧俗

---

① ［日］矢崎正见著，石硕、张建世译：《西藏佛教史考》，西藏人民出版社，1990 年，第 94 页。

② ［英］查尔斯·贝尔著，冯其友等译：《十三世达赖喇嘛传》，西藏学参考丛书之七，西藏社会科学院西藏学汉文文献编辑室编印本，第 43 页。

③ ［英］查尔斯·贝尔著，冯其友等译：《十三世达赖喇嘛传》，西藏学参考丛书之七，西藏社会科学院西藏学汉文文献编辑室编印本，第 63 页。

群众和部分上层人士反对搞“西藏独立”，少数人的独立活动最终无法得逞。20世纪40年代后期，曾经出现过一股制造“西藏独立”的逆流，一方面反映出民国时期的西藏地方并不存在某些人认为的“事实独立”问题；另一方面，这场分裂闹剧最终也草草收场，没有逃脱失败的命运。当时的国际社会没有哪个国家或政府承认“西藏独立”。因此，认为民国时期西藏地方“事实上独立”的说法，是缺乏依据的。

5.“1951年中国入侵西藏”说之虚妄

由于民国时期西藏并非独立的，而是中国的一部分，那么中国人民解放军代表各族人民意志驱逐帝国主义势力出西藏，恢复行使完全主权、治权，是最为正当的事情。应该指出的是，民国时期尽管主权属于中国，但是由于特殊的时代背景，以及帝国主义势力插手，西藏地方分裂势力活动，民国中央在西藏的治权受到一定的干扰。因此才有必要派人民解放军进藏恢复。而且党中央根据西藏地方的特殊情况，采取了和平解放的战略决策，通过细致、耐心地谈判解决问题，何来侵略？中国人民解放军进军西藏与进军四川、青海、甘肃没有什么两样，只是政府更迭，中国在藏主权始终未变，因此，“1951年中国入侵西藏”说毫无事实依据。

二、“拉萨条约”“蒙藏协定”与“西姆拉条约”的非法性

1. 城下之盟——“拉萨条约”

英国在与俄国的中亚争夺中，一直觊觎中国的西藏地方，希望把西藏作为阻隔俄国势力南下的缓冲带。同时，把西藏作为进入中国腹地的切入口，以及英印资源供应和商品倾销市场。通过给清朝政府施加压力换取的在藏游历考察因西藏地方的强烈反对而无法兑现。在确认进入衰

落状态的清朝政府无法无力对抗之后，英印政府中的一些激进派官员决定再度武装入侵西藏。1903 年，英印总督寇松派政务司上校荣赫鹏（Sir Francis Younghusband，1863—1942）、锡金政治专员怀特（John Claude White）与中国方面谈判中国西藏与锡金边界问题。谈判无法达成协议后，荣赫鹏以西藏代表拒绝和英国使者谈判，而中国方面未派出有适当地位之代表，并遇事迁延不决，有两位英国人被藏方逮捕入狱等为由，提出了向西藏进兵的计划并获得英国政府批准。1903 年 12 月，约 3000 名英国军人在荣赫鹏的带领和麦克唐纳（Brigadier General J. R. L. Mac Donald）的指挥下，侵入中国西藏。

荣赫鹏自己描述了他在古鲁对西藏士兵进行屠杀的场景，这“是一次悲惨事件——一场纯粹的屠杀——完全是由西藏将军的愚笨和幼稚引发的”，“在这种所谓的战争场面，我感到极度恶心，浑身不适。这一切都是西藏人自己惹的祸……这完全是赤裸裸的屠杀，这些可怜的人被我们包围在洼地中，他们距离我们的来复枪只有几码、甚至几英尺远”[①]。他把责任推给了守卫家乡的藏族将士。

1904 年 4 月 11 日到达江孜。十三世达赖喇嘛下令西藏军民抵抗，江孜境内 16 岁至 60 岁的男丁被紧急征召抗英。藏军以劣势武器在宗山城堡与围攻的英军激战，损失惨重。7 月 7 日，宗山城堡失守。守卫宗山城堡的最后的藏军不愿被俘，全部跳崖。荣赫鹏在给寇松的信函中宣称：“我方的损失是死亡人数不到 40 人，但我们杀了 2500 多名西藏人。我们击退了西藏人的每一次袭击。我们将他们赶出了一个几乎固若金汤的城堡（指江孜城堡）。我们的交通线畅行无阻……”[②] 年 8 月 3 日英军进入拉萨。十三世达赖喇嘛连夜出逃，去往中国内地，出走之前下令

① 印度事务部档案（IOR）：MSS Eur F 197/145，荣赫鹏致函其父，1904 年 4 月 4 日，第 97 页。

② 印度事务部档案（IOR）：MSS Eur F 112/413，《寇松文集》，荣赫鹏致函寇松，1904 年 7 月 12 日，第 140 页。

由甘丹赤巴洛桑坚赞摄政。在荣赫鹏和英军的威胁之下，在荣赫鹏提出的条约草稿八条的基础上，英方和西藏地方政府经过“谈判”拟定了“拉萨条约”稿。1904 年 9 月 7 日下午，荣赫鹏抵达布达拉宫大殿签署条约。西藏官民强烈抗议这种亵渎神圣的罪行，但荣赫鹏视而不见，“对他来说英国最终在西藏树立权威的作为要比任何西藏人的迷信思想重要得多”[①]。荣赫鹏等 7 人代表英方签字，甘丹赤巴洛桑坚赞、噶伦、三大寺代表、西藏地方官员会议代表代表西藏签字。

当时荣赫鹏要求清朝驻藏大臣有泰在该条约上签字，但有泰被秘书人员劝止未签。事实上，英国印度事务部大臣圣约翰·布罗德里克（Saint John Broderick）都为荣赫鹏有意违背政府命令而感到愤怒，认为“荣赫鹏的行为导致英国政府陷入深水之中，他不打算因为不得不接受违抗命令的属下造成的局面而修改英国政策的核心原则”[②]。

清朝外务部见到该条约之后，认为有损中国主权。将“拉萨条约”英方批准的 250 万卢比由清朝中央代西藏地方偿还。1904 年 12 月，清廷派唐绍仪赴印度和英方商谈改约事。1906 年 4 月 27 日，中英签订《北京条约》，承认“拉萨条约”作为《北京条约》的附约，规定“英国允不占并藏境及不干涉西藏一切政治，中国国家亦应允不准他外国干涉藏境及一切政治”。第九款第四节的各项权利“除中国独能享受外，不许他国国家及他国人民享受”。“拉萨条约”是非法的，却对后来西藏的历史产生了许多消极的影响。

2. “蒙藏协定”没有法律效力

在清朝灭亡之后，西藏和蒙古都正式以喇嘛的名义宣布独立，但均未得到当时中华民国的官方承认。在条约中，蒙古和西藏表示将互相认

---

① 《西藏文档》（Papers relating to Tibet），第 360 附录，1904 年 9 月 8 日，第 270—271 页。

② 印度事务部档案（IOR）：MSS Eur E 233/38，布罗德里克致函庵士尔，1904 年 10 月 13 日，第 141 页。

可并拥护。代表蒙古签署条约的是大喇嘛然丁（Da Lama Ravdan）、外务大臣达布利特（Nikta Biliktu）以及大臣助理曼莱·巴特尔（Manlai Baatyr）。西藏方面的代表则是第十三世达赖的助理教师和政治顾问蒙古裔布里亚特人阿旺德尔智、阿旺秋增和秘书格登坚参（Gendun-Galsan）。许多人对这一条约的有效性持怀疑态度。十三世达赖喇嘛尽管敦请其努力为佛教谋利益，柏尔在《西藏之过去与现在》中写道："达赖未尝授德尔智以与蒙古订立任何条约之权，遗德尔智之书，系属普通信札，谨请其努力为佛教谋利益而已。"因此，阿旺德尔智无权与蒙古进行磋商谈判。[①] 更重要的是，无论当时的西藏政府或者是藏传佛教的神职人员都似乎从未对这一条约表示认可。[②] 而俄国政府则表示，身为布里亚特人，阿旺德尔智是俄国的臣民，因此他无法以达赖喇嘛代表的身份参与外交事务。[③]

无论如何，西藏和蒙古的独立一直没有任何国家或组织所承认。相反，中华民国对这些地区的宗主权得到广泛的认可，在主权上也得到了对清朝的继承。西方国家（尤其是俄国和英国）与清政府签订的一些条约为他们在这些地区提供了许多特权和利益，而民国政府保证继续维持这些条约。西方国家一旦承认西藏和蒙古"独立"，这些条约就有可能失效。另外，西方势力（同样尤其是俄国和英国）也担心，承认西藏和蒙古的独立有可能使得它们受到别的势力的影响或控制。在他们看来，与其冒这个风险，不如让西藏和蒙古继续被当时毫无实力的中国统治。[④]

"蒙藏协定"与"西姆拉条约"有着类似的背景，前者是俄国试图分裂中国蒙古的产物，即将蒙古划分为内外蒙古并策动外蒙古地区

---

① 柏尔著，宫廷璋译：《西藏之过去与现在》，商务印书馆。

② Bell, Charles, Tibet: Past and Present, 1924, pp 150f, 228f, 304f.

③ UK Foreign Office Archive: FO 371/1608.

④ "维基百科全书"蒙藏条约。

“自治”。后者是英国策动分裂中国西藏的结果，用同样的手法将中国藏族居住区划分为内外藏，谋求外藏（即西藏）地方自治。后者以西姆拉会议破产而告终。前者因为各方的反对而夭折。但是，袁世凯政府为换取沙俄的援助和承认，屈从沙俄的胁迫，与俄罗斯于1915年5月25日签署了《中俄蒙协约》（《恰克图条约》）。“外蒙古承认中国宗主权，中、俄承认外蒙古自治，为中国领土之一部分；自治外蒙无权与外国订立关于政治及土地关系的国际条约；中俄承认外蒙自治官府有办理一切内政之权。”①

虽然该协定没有任何法律地位，但是却不断有人关注该条约的存在。据称该条约的藏文原稿在俄罗斯布里亚特地区的一家档案馆被发现。目前的中文、英文和俄文等版本均由这一原稿翻译而来。而现在的蒙语版本则是于1982年由蒙古科学院出版。② 2013年7月第十三届国际藏学会在蒙古国乌兰巴托召开，期间有一些西方学者精心组织整理出版了《蒙藏条约》，其目的不言而喻，但是对一个没有任何法律效力的条约做任何炒作都不会有现实意义。这却也提醒人们对境内外一些分裂势力的活动应该保持应有的警惕，要丢掉幻想、坚定维护国家统一的决心和意志。

3. “西姆拉会议”与非法的“西姆拉条约”

西姆拉会议与“西姆拉条约”的历史背景。英国人清楚西藏是中国领土。1774年，英国驻印总督哈斯汀士借东印度公司与不丹冲突，不丹国王请求六世班禅调解之机，派遣波格尔入藏并在扎什伦布寺拜会六世班禅。六世班禅向他强调当时的不丹是中国藩属，而西藏是中国领土，一切要听命于中国大皇帝的圣旨，并明确拒绝了波格尔提出的英国

① Mongolia-Modern Mongolia, 1911-84, Country Studies US; Treaty text quoted from B. L. Putnam Weale, The Fight For The Republic In China.

② Udo B. Barkmann, Geschichte der Mongolei, Bonn 1999, p. 380f.

与西藏建立联系、在西藏自由通商、请求介绍自己到拉萨拜会驻藏大臣并在拉萨设立代表的要求。波格尔在他的访问报告中清晰地记录下这些，并认为中国在西藏的主权是其自由进出西藏的障碍。

英国在中英《烟台条约》中附加允许英国人进藏游历条款。鸦片战争爆发和《南京条约》签订后，清朝的衰落和软弱导致中国边疆危机空前加剧。1875 年英国驻华公使所派翻译马嘉里在云南腾冲因冲突被当地少数民族百姓打死，次年 9 月 13 日中英签订了《中英烟台条约》，其《另议专条》规定英国可派探路队由北京经甘肃、青海或四川等地进入西藏，或由印度进藏。但是，西藏地方僧俗官民坚决反对英国人进入西藏，清廷与西藏地方出现嫌隙。

英军武装入侵西藏并迫使西藏地方签订"拉萨条约"。1888 年和 1903—1904 年，英国利用清廷的屈辱和退让先后两次入侵西藏，大肆屠杀僧俗百姓，其中第二次直奔拉萨，迫使西藏地方首领签署城下之盟——"拉萨条约"，清政府拒绝批准。

1907 年 8 月的《英俄协定》首次在国际条约中提出"俄国政府和英国政府承认中国对西藏的宗主权"。英国以承认俄国在蒙古地方的特权换取其在西藏的妥协，即英俄擅自将中国对西藏的主权篡改为"宗主权"。但是，任何一届中国中央政府从未予以承认。为了使非法的"拉萨条约"中所获权益合法化，英印政府积极运作，利用清末民初中国艰难、西藏地方以十三世达赖喇嘛为首的上层从反英到一度亲英的变化，竭力促成旨在分裂中国、搞"西藏独立"的西姆拉会议的召开。

"西姆拉条约"的要害和本质。英国殖民者炮制的干涉中国内政、策划"西藏独立"的阴谋会议。会议于 1913 年 10 月至 1914 年 7 月在印度的西姆拉（Simla，今喜马偕尔邦境内）召开。与会者包括中国中央政府的代表、西藏宣抚使陈贻范，中国西藏地方政府的代表、十三世达赖喇嘛所派代表伦钦夏札·班觉多吉（bshad sgra dpal vbyor rdo rje，1860—1919），英国政府代表、英印殖民政府外交政务秘书 H. 麦克马洪（Colonel Sir Arthur Henry McMahon，1862—1949）。基于策划“西藏独立”的目的，麦克马洪在会议期间提出划分“内藏”“外藏”和中国内地与西藏之间的界线问题，即所谓“中藏边境事宜”。会议期间，麦克马洪和伦钦夏托拉背着中国中央政府代表私自商讨西藏同不丹和缅甸间的中印东段边界走向。麦克马洪提出一条边界线，画在比例为 1 英寸等于 8 英里的两张地图上。1914 年 3 月 24 日，伦钦夏托拉背着中国中央政府的代表在德里同麦克马洪秘密换文，接受了麦克马洪提出的上述边界线。秘密换文中未就“麦克马洪线”走向作任何文字说明，亦未提出划线依据。麦克马洪为会议准备了一份备有附图的条约草案。该图用蓝线标明拟议中的内外藏界线，用红线标明中国西藏地区同内地的分界线，并将红线南端延伸成弧形，用秘密换文中的“麦克马洪线”取代了中印东段边界的传统习惯线，因而将中印边界东段边界线悄悄向北推移约 96 公里。该线西起不丹边境，向东延伸，在中印东段边境地区，把历来属于中国、面积达 9 万平方公里的地区划归英属印度。麦克马洪利用这种欺骗手段将“麦克马洪线”塞进西姆拉会议条约草案之中，并诱使 1941 年线和附图上“画行”（即草签）。陈当即声明，正式签约需在接获中央政府命令后方可进行。中国中央政府电饬陈贻范不承认麦克马洪同伦钦夏托拉秘密签订的一切条约和文牍，并立即声明取消草签。麦克马洪亦承认，未能使中国政府“正式签字”。

英国在西藏代表团出发前后，进行了周密安排。柏尔（Bell，Sir Charles Alfred，1870—1945）亲自到江孜迎接夏扎等人，频频交往，密谋策划如何对付中央政府、收集各类材料充作证据。

1913 年 10 月 13 日，会议正式举行，由英印政府外务大臣麦克马洪主持。夏扎率先发难抛出与英方秘密协商的条约草案，要求确定西藏为独立国家；重新划定西藏和中国边界；中国不能派员驻藏等。这些要求，关键在于割断西藏与中央政府的联系，搞出一个“西藏独立国”。11 月 1 日，陈贻范对此予以驳复，提出七条议案，要点是：西藏为中国领土；中国可派驻藏办事长官驻扎拉萨，其卫队分驻西藏各处；西藏的外交及军政事宜均应按中央政府指示办理等。由于悬殊太大，直到 12 月 18 日仍无结果。

1914 年 2 月 17 日，举行全体会议，麦克马洪抛出“调停意见书”和一份地图，公开提出划分“内藏”与“外藏”，并在地图上标明界线。这样做的目的在于：先使“外藏”在自治旗号下行“独立”之实，从中国分裂出去；然后等待时机，再将“内藏”并入。4 月 27 日，英国抛出一个条约草案，最后通牒说，中国方面今天必须做出肯定答复，否则，将直接与西藏订约。草案包括“承认外藏自治”、其“内政暂由印度政府监督”；“西藏中央政府”在“内藏”“仍保留其已有之权”；中国不得驻兵藏境；“中国政府与西藏有争议时，由印度政府判决之”等等。陈贻范见英藏已签字，被迫在草约上画行，但声明：“画行与签押，当截然为两事”“如政府不认，尚可作废”。

陈贻范在草约上画行的消息公布后，引起全国各界强烈反对。北洋政府乃命令陈贻范拒绝在正约上签字。7 月 3 日，英国不顾中国政府的反对，悍然令麦克马洪代表英国与夏札·班觉多吉在“西姆拉条约”上签字。对此，陈贻范当场发表中国外交部声明：该条约未得中国政府同意，英藏方面签字画押，中国万不能承认，会议宣告破裂。

控制着印度的英国政府，一直以来试图将西藏地方变成所谓“阻止俄国势力南下”的缓冲地，即英俄之间的“缓冲国”。1913 年 10 月—1914 年 7 月在印度召开的西姆拉会议，以及他们试图促成的“西姆拉条约”，则是要把西藏从中国分裂出去，妄图使其变成一个受英国实际控制的半独立的国家。英国所使用的手法则是在中国内部利用并激化矛盾。英国代表麦克马洪以调停之名，首次提出将藏族地区划分为“内藏”（甘青川滇藏地）与“外藏”（西藏），并在地图上标明界线。“英国和中国双方承认中国对西藏的宗主权并承认外藏自治。”作为回报，英印政府要求西藏地方代表同意将传统上西藏地方享有管辖权、税收权和放牧权的约 9 万平方公里领土划归印度。英方还不断售卖军火给西藏地方，鼓动其挑起川藏、青藏冲突，阻断内地与西藏间的人员往来和经济联系。与此同时，积极推动印度茶叶入藏倾销，控制人员经过印度进入西藏的通道，从而达到全面控制西藏这一不可告人的目的。

英印政府还采取篡改历史的手法，试图使英国侵占中国藏南领土的阴谋合法化。在日本全面侵华之际，英国 1938 年刊印但冒充是 1929 年出版、由不列颠印度外交部次长艾奇逊（Charles Umpherston Aitchison）主编的《艾奇逊条约集》（《印度和邻国的条约、协议和证书汇编》[Collection of Treaties Engagements and Sanads relating to India and Neighbouring Countries]）第 14 卷（关于不丹和我国西藏专章），对西姆拉会议的事实进行了全面的篡改，试图把当年麦克马洪与“西藏代表”夏札·班觉多吉之间有关割让藏南土地的换文加以公开，使之看起来有法律依据。与此同时，英印政府不断向北推进边界、建立哨所并对已侵占的藏南土地采取实质控制。英国伦敦印度事务部的档案显示，英国始终担心西藏地方上层否认非法的“西姆拉条约”，不断威逼利诱。同时，当西藏地方抗议英印政府侵略藏南领土，并要求其撤出时，英方又原形毕露，声言“陛下政府和印度政府对西藏领土没有任何图谋；1914 年地图上红线以南的所有领土，按照条约都是英国领土”“我们不可能从已经占领的任何一块土地上撤出”，只同意做微调。西藏分裂势力在他们的主子赤裸裸的粗暴侵夺面前被碰得头破血流。

破产的会议与非法的“西姆拉条约”带给人们的启示。虽然在西姆拉会议上陈贻范草签了条约，但他也同时声明：“画行与签押，当截然为两事”“如政府不认，尚可作废”。最后终因全国各族人民的强烈反对，袁世凯政府电令陈贻范发表声明：取消草签；不承认麦克马洪与西藏代表秘密签订的一切条约和文件，西姆拉会议就此破产，“西姆拉条约”随之无效。当时的英国政府也不得不承认：西姆拉会议没有产生中国政府作为缔约一方的任何协定。

西姆拉会议以破产告终，“西姆拉条约”也没有任何法律效力，但它却在中国西藏地方的近代历史中产生了巨大的消极影响。对于今天的人们也有很多深刻的教训可以汲取。首先，殖民时代是一个弱肉强食的时代，英国侵略者在中国西藏地方就是强取豪夺，从武装屠杀到挑拨离间，从扶持分裂势力到非法侵占藏南土地，一桩桩一件件，尽显强盗本色。其次，晚清民国国力孱弱，外交乏力，备受屈辱。在国力衰退的条件下，民国政府面对英国强权采取了一味退让、委曲求全的策略：原本坚持会议在英国伦敦或中国北京举行，最后由英人决定在印度大吉岭举办；谈判代表原本确定张荫棠，因英国人拒绝，改派由英人提名的陈贻范参加；陈的职衔原本是“西藏宣抚使”，后因英方要求改称谈判代表；原来坚持西藏地方代表只能作为中国代表成员与英方谈判，因英方的反对而单独参加会议，如此等等。袁世凯政府为寻求国际认可和支持，对英无原则地妥协退让，而陈贻范性格软弱，面对英方与西藏分裂势力的夹击而备受屈辱。第三，西藏地方上层中的分裂势力颟顸无能，遗患无穷。在英国支持和利益诱惑下，西藏地方上层的分裂势力被英国许诺的“自治”所迷惑，被人利用，受人挟持，干出了非法割让土地，损害国家利益，贻害子孙，又自寻屈辱的蠢事。后来他们甚至也直接危及到十三世达赖喇嘛本人。1930 年，走过弯路的十三世达赖喇嘛在会晤民国特使刘曼卿时透露心声：“吾所最希求者即中国之真正和平统一……”“英人对吾确有诱惑之念，但吾知主权不可失，性质习惯不两容，……中国只须内部巩固，康藏问题，不难定于樽俎。”“对于西康事件，请告（中央）政府，……都是中国领土，何分尔我，倘武力相持……兄弟阋墙，甚为不值。”应是箴言至理。最后，历史不可复返、悲剧不能重演。2008 年 10 月 29 日，英国外交大臣米利班德声明，“西藏是中国的一部分”，而英国过去的政策是“时代错误”。

三、国际法中西藏属于中国的依据

1.《联合国宪章》尊重国家主权的原则

《联合国宪章》的序言宣布"大小各国平等权利之信念";第1条确定"发展国际间以尊重人民平等权利及自决原则为根据之友好关系"的宗旨;第2条第1项规定"本组织系基于各会员国主权平等之原则",第7项声明"不得认为授权联合国干涉在本质上属于任何国家国内管辖之事件"。第78条再次肯定:"联合国会员国之间关系,应基于尊重主权平等之原则。"1965年《关于各国内政不容干涉及其独立与主权之保护宣言》、1970年《国际法原则宣言》、1974年《建立新的国际经济秩序宣言》和《各国经济权利和义务宪章》都规定了国家主权平等原则。

英国历史学家保尔·肯尼迪说,"即使国家的自治和作用由于超国家的趋势而减弱,也还没有出现一种足够的东西来代替它,并成为答复全球变化的关键单位。"① 美国前总统卡特的国家安全顾问布热津斯基也指出,"目前的民族国家是活生生的现实,它们十分小心地维护着民族独立性,还有它们的主权,而其中大多数国家尤其是富裕的、先进的和强大的国家都将不会把自己置于某种超国家的机构的控制之下。"② 可见,尊重主权国家的统一和领土完整是联合国宪章的基本要求,也是国际社会的重要共识。如果放任少数霸权主义国家利用经济军事优势肆意干涉别国内政,乃至借人权侵占主权,世界还会退回到殖民主义时

① [英]保罗·肯尼迪:《为21世纪做准备》,新华出版社,1994年,第127页。

② [美]布热津斯基著,潘嘉玢、刘瑞祥译:《大失控与大混乱》,中国社会科学出版社,1995年,第164页。

代，弱国、小国百姓无辜被剥夺生命权的厄运必然降临，这将是现代文明社会的最大悲哀。

2. 民族自决问题

国际法学者认为，在《联合国宪章》中“自决”尚不带有确定的法律意义，而是把民族平等与自决作为联合国的政治目标，其地位是从属于领土不可分割原则和不得干涉内政原则。

目前，在国际上，自决通常针对于殖民地、非自治领土等非拥有独立主权的国家或地区，如《给予殖民地国家和人民独立宣言》第二条规定：“所有的人民都有自决权，根据这一权利他们自由选择自己的政治地位和设计自己的经济、社会和文化的发展。”① 这里说的是“人民自决”而不是“民族自决”。同时，第六条与第七条又规定：“任何旨在部分或全面分裂一个国家的团结与破坏其领土完整的企图都是与《联合国宪章》的目的和原则相违背的”；“一切国家应在平等、不干涉一切国家的内政和尊重所有国家人民的主权及其领土完整的基础上忠实地、严格地遵守《联合国宪章》《普遍人权宣言》和本宣言的规定”。《联合国土著人民权利宣言》规定“土著人民行使其自决权时，在涉及其内部和地方事务的事项上，以及在如何筹集经费以行使自治职能的问题上，享有自主权或自治权”②。在1993年签署的《维也纳宣言和行动纲领》中，在强调“考虑到受殖民统治或其他形式外来统治或外国占领的人民的特殊情况，世界人权会议承认各民族有权依照《联合国宪章》采取合法行动，实现他们不可让与的自决权利”的同时，该宣言也规定“这不得被解释为授权或鼓励采取任何行动去全面或局部地解

① 《给予殖民地国家和人民独立宣言》，联合国大会一九六〇年十二月十四日第1514（XV）号决议宣布大会。

② 《联合国土著人民权利宣言》，2007年9月13日第107次全体会议。

散或侵犯主权和独立国家的领土完整或政治统一”①。

一个民族一个国家的误区。目前世界上有 2500 多个民族，却只有 200 多个国家，而欧洲有 40 多个国家，却有 170 多个民族，如果按照一个民族就该是一个国家的理论，将会是什么样子？又该如何划分呢？大家都知道，法国“科西嘉（Corsica）问题”；意大利有“西西里岛（sicily）问题”；英国有“北爱问题”和“苏格兰问题”；美国有“夏威夷独立问题”，而就 2007 年 12 月 17 日，美国的印地安苏族拉科塔（Lakota）部落代表致函美国国务院，宣布单方面退出和美国政府签署的所有条约，该部落领袖拉塞尔·米恩斯（Russell Means）19 日在华盛顿举行的新闻发布会上宣布：“拉科塔人不再是美国公民，所有生活在我国周围 5 个州的人都可以加入我们。”加拿大有“魁北克独立问题”；西班牙有“加泰罗尼亚（Catalonia）独立问题”等。他们都通过严明法律来约束这些独立活动，并实施残酷镇压手段来镇压分离势力。极端追求个体民族利益、煽动民族仇视可能导致民族仇杀，卢旺达是一个案例。1994 年 4 月 7 日至 1994 年 6 月中旬发生在卢旺达的种族大屠杀（Rwandan Genocide），在争执和仇视中胡图族对图西族及胡图族温和派有组织的种族灭绝大屠杀，共造成 80 万—100 万人死亡，成为史上最严重的种族灭绝案。此次大屠杀得到了卢旺达政府、军队、官员和大量当地媒体的支持，胡图族民兵组织和大量的胡图族平民也参与了大屠杀。民族纠纷的扩大会导致外部力量介入，导致内部冲突直至国家解体，南斯拉夫则是另一个例证。原南斯拉夫是由八个联邦构成单位、包括了六个共和国构成：斯洛文尼亚、克罗地亚、波斯尼亚和黑塞哥维纳、马其顿、黑山、塞尔维亚，以及塞尔维亚境内的两个自治省：科索沃和伏伊伏丁那。1990 年开始南斯拉夫开始瓦解进程，通过公投，斯洛文尼亚在 1991 年 6 月 25 日宣布独立；克罗地亚在 1991 年 6 月 25 日

① 《维也纳宣言和行动纲领》，世界人权会议第 A/CONF. 157/23 号文件附件。

宣布独立；马其顿在1991年9月25日宣布独立；波黑在1992年3月3日宣布独立；黑山于2006年6月3日宣布独立。南斯拉夫彻底瓦解，但是民族矛盾并未消除，科索沃于2008年2月17日宣布独立，但是塞尔维亚拒绝承认，在国际社会也没有得到广泛的承认。

因此，有学者认为，“当今世界，在统一多民族国家中，民族自决权在国际层面主要体现为主权独立、领土完整；在国内层面主要体现为维护国家统一，各民族公民享有国家宪法规定的各项公民权利，各民族公民享有参加国家和社会管理的平等权利和民主权利。民族自决权还可以体现为通过民族平等政策、多元民族文化政策等的实施，大力发展各民族的经济、语言和文化，保持各民族的风俗传统和特点。”①

西藏是中国的固有领土而非殖民地，不存在民族自决问题。自元朝中央政府实施有效行政管辖以来，历代中央政府保持和维护了在藏主权，只是由于近代受帝国主义入侵才出现所谓的“西藏独立”问题，真正殖民中国西藏地方的是英国等西方入侵者，驱除帝国主义势力出西藏彻底摆脱了压迫和剥削，西藏显然不在此范围之内。《联合国宪章》和其他决议对于民族自决方式获得独立问题，并没有坚持要求或者需要强制执行。此外，“根据占领地保有权”原则，一个国家成立后，其原有的管辖范围将成为新的国界，而不管原有管辖范围内的人民是否有共同的语言、种族和文化。② 目前，在国际上，自决通常针对于殖民地、非自治领土等非拥有独立主权的国家或地区，在1993年签署的《维也纳宣言和行动纲领》中，在强调“考虑到受殖民统治或其他形式外来

① 陈联璧：《民族自决权新议》，《民族研究》2001年第6期。

② Paul R. Hensel and Michael E. Allison, Department of Political Science Florida State University and Ahmed Khanani, Department of Political Science, Indiana University, The Colonial Legacy and Border Stability: Uti Possidetis and Territorial Claims in the Americas, research paper at Paul Hensel's Florida State University web site. Vita Gudeleviciute, Does the Principle of Self-determination Prevail over the Principle of Territorial Integrity, *International Journal of Baltic Law*, Vytautas Magnus University School of Law, Volume 2, No. 2 (April 2005). 参考“维基百科·自决”。

统治或外国占领的人民的特殊情况，世界人权会议承认各民族有权依照《联合国宪章》采取合法行动，实现他们不可让与的自决权利”的同时，该宣言也规定“这不得被解释为授权或鼓励采取任何行动去全面或局部地解散或侵犯主权和独立国家的领土完整或政治统一。”[①]

中国实行民族区域自治制度，实行两个结合，即统一和自治相结合，民族和区域相结合。中国的民族区域自治地方不是某个民族独享的自治和独有的地方，而是单一制统一国家辖下的一个自治区。周恩来总理指出：“我们根据我国实际情况，实事求是地实行民族区域自治，这种民族区域自治，是民族自治与区域自治的正确结合，是经济因素与政治因素的正确结合，不仅使聚居的民族能够享受到自治权利，而且使杂居的民族也能够享受到自治权利。从人口多的民族到人口少的民族，从大聚居的民族到小聚居的民族，几乎都成了相当的自治单位，充分享受了民族自治权利。”[②] 资深民族理论家李维汉也指出，中国之所以不能实行与苏联一样的联邦制，其根本原因在于两国的国情不同：第一，苏联少数民族约占全国总人口的47%，与俄罗斯民族相差不远。而中国少数民族只占全国总人口的6%，并且呈现出大分散小聚居的状态，汉族和少数民族之间以及几个少数民族之间往往互相杂居或交错聚居。第二、苏联实行联邦制是由当时的形势决定的，是在许多民族已经分裂成不同的国家的情况下，不得已而采取的一种过渡形式。而中国各民族人民在整个新民主主义革命过程中并没有发生分裂，因此，单一制的国家结构形式更符合中国的实际情况。[③] 关于中国为什么不搞民族自决，周恩来指出：中国与作为帝国主义国家，并占领众多聚居的民族国家，拥有殖民地的俄国不同，“整个中国则是被帝国主义侵略的国家，成为半

① 维也纳宣言和行动纲领. Un. org. 2012年7月22日。

② 周恩来：《关于我国民族政策的几个问题》（一九五七年八月四日），中共中央文献编辑委员会编：《周恩来选集》下卷，人民出版社，2003年。

③ 中共中央统战部编：《民族问题文献汇编 1921年7月—1949年9月》前言，中共中央党校出版社，1991年。

殖民地，部分地区则成为殖民地。我们是从这种情况下解放出来的。……我国各民族的密切联系，在革命战争中就建立了起来。……我们整个中华民族对外曾是长期受帝国主义压迫的民族，内部是各民族在革命战争中同甘苦结成了战斗友谊，使我们这个民族大家庭得到了解放。我们这种内部、外部的关系，使我们不需要采取十月革命时俄国所强调的实行民族自决、允许民族分立的政策。”①

1965 年国家在西藏建立民族自治区，采取各项措施很好地保障了西藏地方藏族和其他各少数民族的政治、经济和文化权益。1951 年西藏和平解放，驱除帝国主义势力出西藏，维护了国家的主权和治权统一完整，结束了西藏各族人民遭受帝国主义殖民势力屈辱和掠夺的历史，保障了西藏各族人民的人权。中国宪法明确规定：“中华人民共和国境内各民族一律平等。国家保障各少数民族的合法权利和利益，维护和发展各民族的平等、团结、互助的关系。”在中国，民族不论大小，不论社会发展程度如何，在一切权利上都是完全平等的，在承担义务上也是平等的。不允许任何民族有任何特权，禁止民族歧视和民族压迫，禁止一切破坏民族团结和制造民族分裂的行为。中国实行民族区域自治政策，既有利于维护国家统一，又有利于充分尊重、保障各民族管理自己内部事务的权利，最大限度地发挥各族人民当家做主的积极性。在西藏半个世纪的实践证明其总体是成功的。国家采取措施大力发展少数民族地区经济文化事业，给予西藏自治区诸多优惠政策、加大投资力度、实施对口支援与合作等，取得了显著的成效。

3. “人权大于主权”产生背景与理论及实践误区

20 世纪 90 年代，美国理论界正式形成“人权高于主权”的理论，主要包含三方面内容：一是人权不是一国内部管辖的事情，人权是没有

① 周恩来：《关于我国民族政策的几个问题》（一九五七年八月四日），中共中央文献编辑委员会编：《周恩来选集》下卷，人民出版社，2003 年。

国界的。如果一个国家有不尊重人权的现象，别国均可以关心或干涉。二是国家主权应当受到限制和弱化。三是“不干涉内政原则”已经过时，要让位于人权保护这一更高目标。国际社会有权对世界任何国家的人权状况予以关注和采取行动。为人道主义干涉目的而使用武力是符合国际人权法的。美国在滥用这一理论进行单边主义，美国是在偷换概念进行对外关系。

学术界对此多有论述，只要这个世界不是一个国家而是存在多个国家，这些国家还很可能互相发生战争，主权这个词便会存在。假如一个国家被征服，土地被其他国家占有，人民沦为奴隶，这也就完全丧失了主权，这个国家的人权也跟着就丧失了。主权是人权的延伸，并不与人权相矛盾，对于一个国家而言，所谓人权是对内，主权是对外，人权和主权都有代表者，通常情况下是政府，政府就是为了保护主权不受侵犯，保护人权不被剥夺。

所谓人权高于主权的说法，要害是把人权与主权割裂开来并对立起来。国家是属于一国人民的，国家主权是一国人民的集体人权。失去主权，也就失去人权。迄今的人类历史说明，在阶级社会中，人们虽然受到沉重的阶级压迫，但是在外敌入侵，主权受到威胁的时候，全国人民常常会团结起来一致对敌，维护国家主权。因为失去主权，其灾难远远超过阶级压迫。而遭受这种灾难的不限于哪一部分的人，而是整个国家的人。因此，要享有人权，首先要有主权。中国和发展中国家的人民都亲身经历了没有主权也就没有人权的苦难，也共同走过了必须首先争得国家主权才得以改善人权的道路。邓小平说：“真正说起来，国权比人权重要得多。”

现在世界上仍分大国强国、小国弱国，极少数大国强国侵犯、欺凌小国弱国的霸权主义、强权政治行为普遍存在，并有发展。某些自封为世界领袖的超级大国，结合少数西方国家，力图主宰世界，可以任意出兵到一国捉拿该国元首，可以对一国肆意狂轰滥炸。还把侵犯别国主权说成“不是利益之争，而是价值之战”。好像这世界上只有西方一些国家一种价值观。“人权高于主权”只是一种借口，实质是推行“新干涉主义”。美国《波士顿环球报》1999 年 7 月 5 日的文章即说，“各国已被正告，如不遵循西方的标准，就会招致干预。”而借口“人权高于主权”对一国进行干涉，这只是少数西方国家的特权。小国弱国有侵犯人权的行为，西方一些大国强国也有侵犯人权的行为，有的非常严重。曾有哪个或哪些小国、弱国能对这些大国强国进行干涉呢？这种“新干涉主义”和帝国主义有什么本质区别呢？美国《新闻周刊》1999 年 6 月 28 日的文章说：“如果富国认为保护受压迫者而对任何地方实行干预都是正确的，那么怎么能避免被指责为帝国主义呢？上个世纪法国和英国发动殖民战争的部分理由就是要把欧洲之光带到黑暗的非洲和亚洲。”主张和实施“人权高于主权”的国家，正如法国《费加罗报》所说的那样，恰恰就是一些“有殖民历史的强国”。[①]

人权极需主权来维护，在帝国主义侵略和殖民主义统治下，没有主权哪来的人权，主权是最大的人权。据《华盛顿邮报》报道，通过对伊拉克全国 47 个区进行调查走访，美国约翰斯·霍普金斯大学的研究小组形成的报告认为，美国发动伊拉克战争造成了 65. 5 万伊拉克人死亡，平均每天死亡 500 人。另据《洛杉矶时报》统计，目前伊拉克平民死亡人数已超过 100 万。[②] 制造这场世界最大的人权悲剧的借口恰恰是所谓的“人权高于主权”这样的论调。当时的美国总统布什为这场灾难寻找的理由是：“美国是伊拉克人民的朋友，我们的要求是瞄准伊拉克政权，这一政权正奴役伊拉克人民并对我们构成威胁。”然而，这场以维护人权为借口发动的侵略战争的最终目的和结果，却是伊拉克人民遭受的巨大灾难。[③] 后来的事实证明，当时的伊拉克政权并没有美国

---

① 朱穆之：《驳“人权高于主权”》，《人民日报》2000 年 3 月 2 日第 6 版。

② 国务院新闻办公室：《2006 年美国的人权纪录》，2007 年 3 月 8 日。

③ 路见、郝清杰：《识破“人权高于主权”的美丽外衣》，《光明日报》2012 年 5 月 16 日。

所声称的“大规模杀伤性武器”，而美国不经过联合国授权发动的这场战争却实实在在地剥夺了上百万伊拉克平民的生命。失去生命的伊拉克人民的人权何在？谁来保护他们的人权？2014 年国务院新闻办公室发布的《美国人权纪录》列举了美国多方面存在的人权问题：美国暴力犯罪和枪击案件增加，公民的生命与人身安全环境持续恶化；美国实施“棱镜计划”，对国内外长期开展大规模的监控，违反国际法，严重侵犯人权；美国普遍实施单独囚禁酷刑，被单独囚禁者达 8 万人之多；种族歧视在美国社会系统性地存在，少数族裔人权状况堪忧。美国是世界上侵犯他国人权最为严重的国家。2004 年以来，美国已在巴基斯坦进行了 376 次无人机袭击，造成多达 926 名平民死亡。[①] 科索沃危机发生，以美国为首的西方为了干涉南斯拉夫内政，高唱“人权大于主权”，出兵轰炸并肢解了南斯拉夫；乌克兰危机出现后，他们又高唱“主权大于人权”，这种以自己的战略利益为原则肆意将主权、人权和民族纠纷等纠结在一起，以图渔利的做法，完全是不讲道理的强盗逻辑。以美国为首的西方“人权高于主权”的理论在乌克兰危机中打了自己一记耳光，俄罗斯以其人之道还治其人之身，将克里米亚纳入治下；乌克兰东部的顿涅茨克、哈尔科夫和卢甘斯克三座俄国人占多数的城市依然在战争和冲突之中。国家的分裂，百姓的死亡和痛苦，只有乌克兰人自己承受，无论是美国还是欧盟没有谁会为他们两肋插刀、挺身做主。这个时候，常常被美国和西方一些政客和学者挂在口边的“民族自决”主张又去了哪里？这也充分暴露出他们的双重主张和以我为中心、以我的是非为是非的本来面目。

西藏人权发展进步的成就举世瞩目。1959 年民主改革以前，在达赖喇嘛统治下的旧西藏，一百万人口中只有百分之五的贵族拥有人身自由，并且占据整个社会 95% 的财富，而占人口 95% 的农奴和奴隶则只

---

① 国务院新闻办公室：《2013 年美国的人权纪录》，2014 年 2 月 28 日。

占有社会5%的财富，奴隶没有人身自由，他们遭受压榨、屈辱，没有人权可言。1959年的民主改革使西藏百万农奴翻身获得解放，是中国也是世界人权史上最伟大的事件。1965年建立西藏自治区保障了西藏各族人民当家做主，发展民族语言、教育和文化的各项权利，宗教信仰自由得到保障，民族风俗习惯获得尊重。改革开放以来国家不断加大支援西藏的力度，西藏经济社会迅猛发展，各族人民的物质和精神文化水平不断跃升，人权事业获得空前进步。中国的人权事业需要不断发展不断完善，但是不能只见树木不见森林，不能戴着有色眼镜来观察，更不能颠倒黑白说"旧西藏有人权"，或者借谈人权搞制造分裂中国的勾当。

4. 借所谓"西藏问题"分裂中国、弱化中国是反华势力的根本目的

西藏分裂势力自产生之日起以至于今日，始终没有摆脱西方反华势力工具的地位，在帝国主义列强侵略中国时期，他们扮演奴仆的角色，在反华势力遏制中国的时候，他们担当起附庸的职责，而以美国为首的西方需要中国共同应对苏联军事威胁时，他们便是被遗弃的孤儿。因此，他们不管如何尽心尽力也只是主子的一个工具，永远不可能达到他们自己所渴望的目的。历史早已证明并正在印证这一铁的道理。无论是20世纪上半叶英国派兵入侵西藏，并支持西藏部分上层反动势力分裂国家、搞"西藏独立"，还是20世纪中期后美国出于战略利益考虑，支持西藏地方部分上层、康巴叛匪从事武装颠覆活动，本质上并非是为所谓的"西藏人民"的利益，甚至也并非真的帮助这些分裂分子建立所谓的"国家"，而是为了其自身利益而分裂中国、弱化中国。英国支持当时的噶厦政府的所有武器都由西藏地方埋单，而通过西姆拉会议支持西藏地方上层搞所谓的"高度自治"，更让西藏地方付出高额代价——暗地里划分"麦克马洪线"将中国9万平方公里的土地非法割让给英国。20世纪50—60年代，美国为了扼杀社会主义的中国，在科

罗拉多海尔营地（Camp Hale）秘密训练西藏叛乱武装，并分多批空投西藏，进行武装恐怖活动。美国政治教官对受训的藏族特工人员说："中国是很强的（国家），对自由世界构成了威胁；但是中国现在还不富裕，如果富了，那么威胁就会更大。要趁他还穷的时候，设法将他分割开来。首先是把他们西藏分割出来，然后把新疆分割出去，把内蒙古分割出去，再把满洲也分割出去。这样，只剩下汉族的一块地盘，中国的力量就小了，就不能威胁自由世界了。你们正是担负着将西藏从中国分割出去的重要使命而被我们接到这里来受训的。"①

当前，美国所实施的"重返亚洲"，支持日本军国主义复兴，挑起东海南海事端，实施围堵中国战略，目的只有一个：就是遏制中国的和平崛起和中华民族的复兴。在这样的背景下，他们依然会支持达赖集团的分裂活动，但是，却无法改变西藏是中国一部分的历史和现实。

四、国际社会普遍承认西藏是中国一部分的事实

在美国解密的外交文件（Foreign Relations of the United States）中，最早出现关于"西藏"一词是在1877年12月3日。英国计划在1878年派一个考察团去西藏。路线是从北京—甘肃—青海到西藏，或者从四川到西藏。美国注意到英国考察团如果经过这两条线到达西藏必须得到清廷的腾格里衙门（Taungli Yamen，应为理藩院）发行允许通过的特别护照和写给西藏地方最高统治者的信，才能被允许通过。如果考察团不经过这两条路线，而直接从印度边境到西藏，英国大臣应该通过腾格里衙门写信给中国的驻藏代表，由中国驻藏代表根据情况派官员处理这

① 从印度回国定居的藏胞丹巴（bstan pa）1991年5月27日对西藏自治区归国藏胞接待办公室人员的谈话记录。王贵、喜饶尼玛、唐家卫：《西藏历史地位辨》前言，民族出版社，1995年，第2—3页。

件事，这样英国的考察团才不会被阻挡，获得顺利通行。[①] 在1906年11月3日，时任助理国务卿的柔克义提交给国务院的报告中认为："在中国和满洲已经有46个城市对外开放，允许外国人居住和对外贸易，这其中不包括以下城市：满洲的大连已租借给日本；山东威海租给英国；山东的胶州租给德国；广东的九龙租给英国；广东的广州租给法国。除此之外，还有西藏的3个城市对外进行开放贸易。"[②] 1910年5月25日，美国驻华公使卡尔霍恩（Calhun）特别提醒国务卿："早在1904年，中国派往美国圣路易斯展览会参观者的代表中，中国把派出的西藏、蒙古和满洲的代表同中国内地的代表同样看待。"[③] 1914年12月8日，美国总统向国会提交的年度报告中分析了西藏的形势，其中指出："中华民国的领土包括22个省，内、外蒙古，西藏和青海。"[④] 1915年美国驻华公使赖因施（Reinsch）向国务卿汇报：中国国民会议"由以下成员组成，内蒙古32人，西藏12人"，"西藏代表由西藏地区国民会议以无记名投票的方式选出"[⑤]。1917年12月4日，美国总统向国会提出的国情咨文中再次指出：中国"各省的高级官员，蒙、西藏、青海依照法律选举、指定在国民议会中的立法议员。这样他们就将会于

① Foreign Relations of the United States, 1877, China, transmitted to congress, with the annual message of the president, December 3 [EB/OL]. http://Foreign Relations of the United States UWDC 2006-03.

② Papers relating to the foreign relations of the United States with the annual message of the president transmitted to Congress, China, Dccember 3, 1906. Part I [EB/OL]. http://Foreign Relations of the United States UWDC 2006-03.

③ Foreign Relations of the United States, Papers relating to the foreign relations of the United States with the annual message of the president transmitted to Congress China, December 6, 1910 [EB/OL]. http://Foreign Relations of the United States UWDC 2006-03.

④ Foreign Relations of the United States, Papers relating to the foreign relations of the United States with the address of the president to Congress, China, December 8, 1914 [EB/OL]. http://Foreign Relations of the United States UWDC 2006-03.

⑤ Foreign Relations of the United States, Papers relating to the foreign relations of the United States with the address of the president to Congress China, December 7. 1915 [EB/OL]. http://Foreign Relations of the United States UWDC 2006-03.

1个月后到达北京，组成国民议会为修订和通过议会组织和选举法做准备。”① 美国不仅承认西藏是中国领土的一部分，美国驻华公使柔克义为十三世达赖喇嘛献策，暗中帮助中国政府维护对西藏的统辖。② 1908年5月，时任美国驻华大使的柔克义在山西五台山会见十三世达赖喇嘛，“劝说十三世达赖喇嘛寻求与中国保持和平，并化解与英印的矛盾”，并说：“目前没有任何解决困难的办法，你必须顺从。我惟一的建议就是让你不要在此拖延过久。”柔克义在其著作中，提出了“西藏是宗主国中国的属地”③。

美国驻华大使高斯为中华民国政府献策，继续维护中国对西藏的统辖。同时，反对英国在承认中华民国时以中英共管西藏作为交换条件，力图阻止大英帝国试图削弱中国对西藏的统辖权。④

十三世达赖喇嘛的去世使本不平静的西藏地方再次陷入各种权力重新分配的争夺与动荡之中。当时，英国想通过扶植一名亲英的达赖喇嘛达到进一步控制西藏的目的；西藏内部分裂势力则试图进一步排斥中央政府对西藏地方事务的管理，走向事实的“独立”。就在这时，美国驻华大使高斯（Gguss）向国务院提交了一份关于西藏形势的报告。他建议：“国民政府应该努力实行中国内部的统一政策，特别体现在它对待边境种族省份方面。国民政府应该在内蒙的察哈尔和绥远省建立自治省，还实行与其连接的承诺，并且以此检查边境省份与中国内地行动是否一致。”他对“国民政府在重新获得对西藏的影响力方面行动缓慢”

---

① Foreign Relations of the United States, Papers relating to the foreign relations of the United States with the address of the president to Congress, China, December 4, 1917［EB/OL］. http://Foreign Relations of the United States UWDC 2006-03.

② 李晔：《20世纪初期美国对中国西藏地位的“双重承认”政策》，《东北师大学报》（哲社版）2007年第2期。

③［美］霍尔：《美国、西藏与中国》，《20世纪的西藏——国外藏学研究论文集》，第十辑，西藏人民出版社，1993年。

④ 李晔：《20世纪初期美国对中国西藏地位的“双重承认”政策》，《东北师大学报》（哲社版）2007年第2期。

而焦虑，建议“1934 年国民政府的一项主要任务就是应该派遣一名使者为班禅喇嘛重归西藏做好准备”①。也许与高斯的提议有关，中国政府决定通过护送与中央政府保持亲密关系的九世班禅喇嘛重返西藏以重新控制西藏。

宗主、藩属（Vassal State，Unterstaat）之间的关系，一般具有长期历史过程，双方存在着千丝万缕的经济、文化、宗教、情感、战略关系，其法律关系属于国家法范畴，而非国际法。这点，与殖民主义时代纯粹为侵略目的而炮制的“保护国、被保护国”关系（国际法范畴）截然不同。国民政府尽管面对连绵内乱与外患，却始终不渝地试图维护国家统一。此外，十三世达赖喇嘛也通过一系列行动，更改其 1913 年的态度。譬如，1929 年，他表示拥护国民政府，愿意恢复旧制，派人参加了第二年举行的蒙藏会议，并于 1931 年在南京设立西藏办事处。1931 年，国民政府召开国民会议，西藏派出 10 名代表参加，而这次会议所制定的《中华民国训政时期约法》是当时类似宪法的根本大法。西藏当局参加中国国民会议后，从法律角度观之，等同于参与中国的国家决策，其藩属地位也随之改变为中国的地方政府。而且，国际社会从大博弈（Great Game）时代起，无论是权威性的世界地图，或是主要国家的教科书，均把西藏划进中国领土版图。②

1948 年 8 月 2 日美国国务院中国事务处副处长富里曼告诉自称“独立”的西藏地方政府派出的商务代表团说：“我声明，虽然在西藏存在着很大程度的自治，但是美国政府从前承认并且还将承认中国对西藏所享有的合法主权。”1997 年 4 月 17 日美国驻华大使尚慕杰（James Sasser）在访问拉萨时说：“美国政府从孙中山时期就承认西藏是中国

---

① Foreign Relations of the United States, Doc 347, 1934. The Far East: Volume Ⅲ, The Far Eastern crisis: The Charge in China (Gauss) to the Secretary of State [EB/OL]. http://Foreign Relations of the United States UWDC 2006-03.

② 俞力工：《“德国之声”的西藏观》，《环球风云》2009 年 3 月 27 日。

不可分割的一部分。”1995年美国国务院声明：“从历史上看，美国一贯承认中国对西藏的主权。至少从1966年起，美国的政策明确承认西藏自治区是中华人民共和国的一部分。这一长期不变的政策是符合整个国际社会，包括中国所有的邻国的观点的：世界上没有一个国家承认西藏是个主权国家。由于我们不承认西藏是个独立国家，所以美国也不和自称的‘西藏流亡政府’建立外交关系。”美国总统克林顿1998年7月27日在北京与中国主席江泽民联合举行记者招待会时也说：“我同意西藏为中国的一部分，为中国的一个自治区之一。”①

甚至连制造出“西藏问题”的英国反复声明西藏是中国一部分。1919年英国驻华公使朱尔典声明“尊重中国为五族共建之国家”。英国外交大臣的书面声明说：“……英国在20世纪之初对西藏地位所持的立场……［是］基于那个时代的地缘政治。我们所承认的中国在西藏的‘特殊’地位是从过时的宗主权概念发展而来。有些人以此怀疑我们想要达到的目的以及断言我们在否认中国对自己的一大片领土拥有主权。我们已经公开向中国政府澄清我们并不支持西藏独立。”②

耐人寻味的是，在中国学术界很多人以“客观中立”或者“纯学术的”态度来认识西藏归属“中国”的时间问题，甚至一些人不用研究就可以轻易否定“自古说”的理由时，一向号称严谨客观的西方藏学界却几乎众口一词不加思考地全盘接受了达赖集团的“西藏自古独立”说，以及“1951年人民解放军或者中国入侵西藏”说，大量的史料和充足的事实，以及中国学术界的观点被视而不见听而不闻。即使像美国汉学家傅高义的《邓小平时代》这样具有重要影响的著作，也轻易使用了这样背离事实的错误说法——因为那是西方话语体系之下的主

① 华子：《评美政府所谓“西藏问题报告”》，《人民日报海外版》，2003年6月10日第4版。

② Jon Lunn, “Tibet”,（Last updated：20 March 2009）Online：UK Parliament Website www. parliament. uk/briefing-papers/SN05018. pdf〉, p8.

流共识，尽管它完全没有史实和法理依据。甚至在各国都承认西藏是中国一部分的条件下，在西方国家仍然有不少国家的中小学教材中赫然写着“西藏是一个独立国家”,“1951 年中国入侵了西藏”等等荒诞不稽的说法,教给年轻人一个错误的历史认知,不惜歪曲事实以讹传讹。不尊重史实如何客观？而缺乏正确和科学的历史观,不从中国各民族共同创造历史文化的实际来认识探讨自身特点与规律,想做到学术客观也很难。

第五章

西藏文化是中华民族特色文化中的一块瑰宝

一、西藏地区民族特色文化的发展脉络

中国境内各民族的文化是中华文化的有机组成部分，中华文化既有共性，也有区域差异和各民族的特色与个性，两者是相互依存、相得益彰的。西藏文化是居住在西藏高原地区的藏族和其他兄弟民族在漫长的历史发展过程中共同创造的、具有浓郁地域特点和民族特色的文化，是中华文化宝库中的一枝奇葩，是具有旺盛的生命力并不断与时俱进、丰富发展的地方文化。

卡若人从黄河走来　卡若文化渊源于黄河流域新石器时代原始文化，卡若遗址的东面的雅砻江流域和大渡河流域黄土堆积中发现一些打制石器，在北面的甘肃、青海境内存在着距今四五千年之间的马家窑、半山马厂等文化。卡若与这相邻的两地区之间似乎有着密切的古代文化交流。在打制石器方面，卡若文化的盘状敲砸器见于甘肃四坝滩、永靖大河庄和酒泉下河青马厂类型遗址。切割器见于兰州附近的罗汉堂、齐家坪等马家窑文化遗址。细石器和磨制石器也同样见于黄河上游的新石器时代文化遗址中。至于卡若文化早期的圆形和方形半地穴房屋、处理

过的红烧土墙壁和居住面则属于甘肃、青海等地马家窑文化传统和居住形式。卡若遗址发现的粟米，属于黄河流域的传统农作物，耐干旱，南方较少种植。卡若文化的粟米，很可能就是从马家窑文化传播面来。卡若文化源自黄河流域，卡若人从黄河走来。早在距今5000年前，生活在黄河流域，处于母系氏族社会时期的原始居民，从黄河流域上游地区，沿着横断山脉东部边缘的深山峡谷来到了西藏高原东部的澜沧江上游地区。他们建造半地穴或地面红烧土房屋，种植小米，饲养家猪，烧制陶器等。他们在长期的生产和生活中，还不断地与西藏高原及其他地区的原始居民发生交流，创造出独具特色的卡若文化。在定日县苏热、申扎县卢令、日土县扎布、普兰县霍尔等地发现的旧石器，在那曲、申扎、双湖、班戈、聂拉木、日土等地发现的细石器，在林芝、墨脱以及在拉萨、札达、乃东、小恩达等地发现的新石器时代的文化都与卡若文化有相似之处，似乎具有某些联系，或者说受到卡若文化的某些影响。卡若文化的先民们，和中华大地的所有先民一样，用他们自己的劳动，胼手胝足，创造着古代文明，在这雄伟的西藏高原上留下灿烂的辉煌。[①] 藏彝走廊新石器文化乃直接渊源于甘青地区，是甘青地区新石器文化向南发展形成的一个系统。约6000年前因气候急剧趋向干燥寒冷，甘青地区人群中的一支开始南下向藏彝走廊迁徙，由此产生了汉语语族和藏缅语族人群的分化。这些由黄河上游南迁的人群不仅是藏彝走廊新石器文明的主要开拓者和创造者，也是藏缅语族最早的祖先人群。[②]

史前时代西藏地区就存在着原始苯教，和高原先民创造的古老文化

据记载，早在公元前100年，藏族就有了自己的历法，那就是以月亮的圆、缺、朔、望来计算月份的苯教历法。《纺织老人月算》，详尽

---

① 《昌都卡若》；黄慰文《卡若人从黄河走来》；王仁湘《关于曲贡文化的几个问题》，《西藏考古》第一辑，四川大学出版社，1994年，第66页。

② 石硕：《从新石器时代文化看黄河上游地区人群向藏彝走廊的迁徙》，《西南民族大学学报》2008年第10期。

地总结了当时藏族人民丰富的生产经验和天文历算知识。据《玉妥·云丹贡布传》记载，西藏最早流行的一种医学叫《本医》，当时还没有系统的理论，主要靠三种疗法，即放血法、火疗法、涂抹疗法来治病。同时，还用酥油止血，用青稞酒治疗外伤等等原始简单的办法。

吐蕃王朝时期创制藏文 文字是一个民族文明发展史上重要标志之一，藏文的出现对吐蕃王朝的统一，对于藏族的形成与发展，对藏族传统文化的积淀均发挥了积极的作用。公元7世纪30年代吞米桑布扎创制藏文，公元8、9世纪由于翻译佛经的需要又三次厘定文字，至今已有近1300年历史，记录和保留下内涵丰富的大批珍贵文献。以量计，用藏文书写的文献在中国各族文献中仅次于汉文，位居各少数民族文献之首，是中华文明宝库的重要组成部分。

吐蕃王朝与佛教意识形态的形成 吐蕃王朝建立之初，松赞干布从尼泊尔和中原地区引入佛教，并扶持佛教的发展，公元8世纪中期后建立了第一座正规寺院桑耶寺，出现第一批出家的吐蕃僧人“七试人”，并翻译了佛教经典，传承了佛教文化。到赤热巴金时候把佛教崇拜推向顶峰，更深刻地影响到官民百姓的物质和精神生活。在吐蕃王朝中晚期，佛教在吐蕃意识形态领域逐渐扮演越来越重要的角色，与此同时，也开始发挥影响藏民族文化心理、推动民族凝聚力形成的特殊作用。

吐蕃王朝与藏族制度文化的产生 《敦煌本吐蕃历史文书》总括松赞干布功绩谓，“吐蕃典籍律例诏册，论、相品级官阶，权势大小，职位高低，为善者予以奖赏，作恶者予以惩治；农田耦耕一天之亩数，牧场一件皮褐所需之皮张数，笼区长度，均作统一划定，乃至升、合、斤等一切量度，举凡吐蕃之一切纯良风俗，贤明政事，均为此墀松赞王者之时出现也。”①

① 王尧、陈践译注：《敦煌本吐蕃历史文书》（增订本），民族出版社，1992年，第169页。

吐蕃王朝与民族文化心理的初步奠定　敦煌文书《礼仪问答》反映出吐蕃共同道德的初步形成之一斑，而有关吐蕃人来源的所谓“四氏族”或者“六氏族”说，则反映出吐蕃共同民族心理的初步形成，以及为大一统吐蕃王朝服务的思想意识。“四氏族”“六氏族”说反映的史实是吐蕃王朝建立，并将势力扩张到整个青藏高原地区之后的历史，由于统一的现实需要，在吐蕃王朝时期业已开始了对这种统一的自我认同，它首先是从政治层面开始的。吐蕃在唐朝的交往中一直以“大蕃”（bod chen po）自称，以便和“大唐”对应。所谓“大蕃”就是包含着吐蕃和被吐蕃征服的各民族和部落的吐蕃王朝。可以确认的是，“四氏族”“六氏族”的认识要晚于吐蕃对青藏高原地区党项、白兰、吐谷浑等各族的征服及融合，大致形成与吐蕃王朝统一和鼎盛时期，与吐蕃强烈的政治需要相适应而产生的。根据目前可以看到的文献资料，有关“四氏族”“六氏族”形成藏族的说法见诸公元11—12世纪前后的文献记载。“四氏族”“六氏族”构建吐蕃人种的说法，既反映了藏族是在融合青藏高原地区各个民族的基础上逐渐形成的这一客观事实，又有重要的理论意义，即通过构拟人类来源的理论（实际上应该是藏民族来源，这里被扩大了，追索到远古时代）来宣扬高原民族本属一家的思想，也有为吐蕃在青藏高原地区的一统服务的功能。[①]

吐蕃的历史文献与史学的发端　《敦煌本吐蕃历史文书》原收藏于敦煌，后被伯希和劫往法国并收藏在巴黎国家图书馆的古代藏文历史文献，编号为伯希和藏文文献P. T. 1286、1287、1288等，由巴考、托马斯、杜散合编为《敦煌本吐蕃历史文书》（巴黎，1940年），主要内容分为吐蕃赞普传记、吐蕃大事纪年等。是研究吐蕃时期政治、经济、军事、文化史方面历史的珍贵文献。有研究者认为该书仿照了唐朝的史

① 张云：《古代藏族“四氏族”“六氏族”传说的形成及其文化内涵问题》，《翁独健先生百年诞辰纪念文集》，社科文献出版社，2006年。

书体例，大事纪年相当于本纪，而早期赞普传记则仿照了人物传记的写法。国内有王尧、陈践译注本《敦煌本吐蕃历史文书》，黄布凡、马德翻译本《敦煌藏文吐蕃史文献译注》（甘肃教育出版社，2000年）等多个汉译本。

独具特色的高原建筑 吐蕃最早的宫殿是雍布拉康，位于山南的乃东县，开启了吐蕃王宫建筑借助自然地势，具有军事防卫功能的传统。修建在玛布日山上布达拉宫则是这一类建筑的杰出代表。寺院建筑也是西藏地方数量众多、风格鲜明的一种建筑类型。七世达赖喇嘛时期开始修建的罗布林卡，是其后历代达赖喇嘛居住和理政的夏宫，经不断扩建形成格桑颇章、金色颇章、达登明久颇章为主体的建筑群。桑耶寺（bsam yas gtsug lag khang）又名存想寺、无边寺，位于西藏山南地区的扎囊县桑耶镇境内雅鲁藏布江北岸的哈布山下。它始建于公元8世纪吐蕃王朝时期，是西藏第一座剃度僧人出家的寺院。寺内建筑按佛教的宇宙观进行布局，中心佛殿兼具藏族、汉族、印度三种风格，因此桑耶寺也被称作三样寺。赤松德赞命在此剃度第一批藏人出家为僧，号称“七觉士”，为西藏第一座佛、法、僧三宝齐全的佛教寺院。寺院建筑颇为知名的还有哲蚌寺、甘丹寺、色拉寺、扎什伦布寺、萨迦寺、白居寺、夏鲁寺、强巴林寺等，标志着也承载着传统文化的丰富内涵。

1. 历史文献典籍

藏文文献就数量而言仅次于汉文文献，在我国各个民族文献中排第二位，位列少数民族文献之首。就内容而言，藏文文献的价值也十分巨大，蕴藏着极为丰富的内容。这是藏族人民聪明才智的具体结晶，也是西藏文化经久不衰的魅力所在。卷帙浩繁、有多种版本的藏文大藏经《甘珠尔》（经部）和《丹珠尔》（论部），还有英雄史诗《格萨尔王传》及大量的教法史、寺庙志、高僧传、王统记、世系史、地理志、史册、格言诗、道歌、小说、神话传说与故事等。文献典籍是西藏传统文化的主要载体之一，是研究、继承和发展西藏传统文化取之不尽和用之不竭的宝库。

2. 建筑和各种文物

（1）寺院和宫殿

有形文化遗产也是传统文化重要组成部分之一。在西藏传统文化中，千百年保留下来的寺院经堂和宫殿建筑，无疑是珍贵的传统文化遗产。西藏地区有1700多座寺院，宗教包括佛教、本教、伊斯兰教、道教和天主教等。这些宗教都有自己的寺院、教堂和相关的有形文物遗产。作为最具特色的藏传佛教，其绝大部分寺院都有悠久的历史，并且收藏着大批有很高艺术和历史价值的文物。西藏的历史文献典籍主要就是通过寺院这个载体产生、发展、传承和保留下来的。西藏的寺院建筑吸收了内地汉族和其他各个兄弟民族的建筑形式，吸收了印度、尼泊尔和中亚古代建筑艺术的部分内容，结合本民族的文化特征和审美要求，经过再创作，形成自己的建筑文化特色。是对中华文化，乃至人类建筑文化的一份独特的贡献。人们已经熟悉的有：始建于公元7世纪、举世闻名的大昭寺，重建于清朝初年、富丽堂皇的布达拉宫，以及西藏最早的正规寺院山南扎囊县的桑耶寺，庋藏丰富的后藏萨迦寺，享有盛名的拉萨甘丹、哲蚌、色拉三大寺，日喀则扎什伦布寺，昌都强巴林寺，宛如艺术宝库的江孜白居寺，后藏夏鲁寺，等等。

萨迦寺的古代图书资料收藏集中在三个地方，即北寺的“乌则”“古绒”的藏书室和南寺的大殿，藏书的总数约有24000函。“乌则”为该寺最早的藏书室，据说在八思巴以前就放满了图书，八思巴时代也有少量的珍本藏入该室。该室除藏有大量古藏文抄本外，还有为数不少的梵文贝叶经和汉文经卷，由金汁、银汁、朱砂或墨汁精工写成。南寺大殿的藏书数量最多，据说是由八思巴集中全西藏的书写家抄写的。“古绒”藏书室内藏书手抄本时间稍晚。这里藏有一部明永乐八年附有御制后序的内地印制《华严经》。北寺“古绒”藏有天文、历算、医药、文学、历史等方面的藏文书籍3000函，其中很多是宋、元、明各代的手抄本和稿本。南寺大殿法墙中的藏书有大小版本2万余函，其中最大一部为“八千颂铁环本”经书，长1.31米，宽1.12米。萨迦寺藏书有不少珍本和孤本，是极为宝贵的文化遗产。有人誉称为“第二敦煌”。

吐蕃最早的王宫雍布拉康、最负盛名的布达拉宫，以及西藏的民居建筑，都是适合西藏地区高原自然环境和人民审美心理而不断发展和完善的，凝聚着智慧和感情。

最早的宫殿雍布拉康　雍布拉康是西藏历史上第一座宫殿。相传始建于公元前2世纪雅隆悉补野第一位赞普聂赤赞普时期。民间传说云，“宫殿莫早于雍布拉康、国王莫早于聂赤赞普、地方莫早于雅砻”。据说，松赞干布在原来宫殿的两边修建了两层楼的殿堂。殿堂底层为佛殿，二层为法王殿，雍布拉康遂由宫殿改作寺庙。五世达赖喇嘛时期，在碉楼式建筑上加修了四角攒尖式金顶。15世纪，宗喀巴弟子克珠顿珠在雍布拉康北7华里处创建了日乌曲林，并开始由该寺管理雍布拉康事务。每年向雍布拉康派喇嘛5名，一年一次轮换，每人年奉10藏克青稞，直至民主改革前。

闻名于世的布达拉宫　布达拉宫耸立在西藏拉萨市区西北的红山上，13层宫殿建筑，高110米，海拔3750米以上，是一座规模宏大的宫堡式建筑。它始建于7世纪吐蕃王朝松赞干布时期，当时称红山宫，整个宫堡规模宏大，外有三道城墙，内有千座宫室，是吐蕃王朝的政治中心。至9世纪，吐蕃王朝解体，红山宫遭雷击引起火灾和战乱等原因逐渐废弃。清朝初年，蒙藏联合政权重新将拉萨作为首府。1645年，五世达赖喇嘛重建布达拉宫，1648年基本建成以白宫为主体的建筑群，并将政权中心移至布达拉宫。从此布达拉宫成为历代达赖喇嘛居住和进行宗教政治活动的场所。五世达赖喇嘛圆寂后，第巴·桑结嘉措于

1690 年至 1694 年主持修建了以五世达赖喇嘛灵塔殿为主的红宫配套建筑群，基本形成布达拉宫的建筑规模。十三世达赖喇嘛时期，又在白宫东侧增建了东日光殿和布达拉宫山脚下的部分附属建筑。1934 至 1936 年间噶厦修建十三世达赖喇嘛灵塔殿，与红宫结成统一整体。300 余年来，布达拉宫大量收藏和保存了极为丰富的历史文物。其中有 2500 余平方米的壁画、近千座佛塔、上万座塑像、上万幅唐卡（卷轴画）；还有贝叶经、甘珠尔经等珍贵经文典籍；表明历史上西藏地方政府与中央政府关系的明清两代皇帝封赐达赖喇嘛的金册、金印、玉印以及大量的金银品、瓷器、珐琅器、玉器、锦缎品及工艺珍玩，这些文物绚丽多彩、题材丰富。布达拉宫收藏着极为丰富的文物和工艺品，同时也珍存着独一无二的雪域文化遗产。其宫殿布局、土木工程、金属冶炼、绘画、雕刻等方面均闻名于世，体现了以藏族为主，汉、蒙、满各族能工巧匠高超技艺和藏族建筑艺术的伟大成就。1961 年，布达拉宫被中华人民共和国国务院公布为第一批全国重点文物保护单位之一。1994 年，布达拉宫被列为世界文化遗产。

（2）塑铸人像、佛像与各式法器、佛塔

公元 7 世纪初期，吐蕃与尼泊尔和唐朝联姻，尼泊尔赤尊公主和唐朝文成公主相继携带镀金释迦牟尼佛像入藏，在把佛教传入西藏的同时，也把佛像的铸造工艺传入了吐蕃。随着佛教在西藏的兴起和巨大发展，佛像的铸造技术也日益得到完善。在西藏地方，各个时代都塑铸过形式各异的佛像，时代较早的有松赞干布与尼泊尔赤尊公主、唐文成公主；松赞干布与噶尔、吞米・桑布扎；松赞干布与赤松德赞；密宗大师莲花生铸像。元朝时期，铜铸萨班像、八思巴像。民国时期扎什伦布寺的强巴佛像，等等。其中最著名的是至今供奉在大昭寺、据说是文成公主带往西藏的释迦牟尼佛像。

西藏的各个寺院都有数量不等、时代不同、价值各异的宗教法器，其中不少就是珍贵的工艺品和稀世文物。例如萨迦寺保存的元朝皇帝赐给帝师八思巴的珍珠诏书、大白法螺等；哲蚌寺的塑铸佛像就有上千件之多，其他历史悠久的寺院都有各自的镇寺宝物，布达拉宫还收藏有历代皇帝赐予西藏地方和达赖喇嘛的珍贵礼物和宗教用品，价值甚高。

历代高僧的肉身舍利塔，特别是历世达赖喇嘛和班禅的灵塔尤称奢华，既是价值连城的宝物，又是具有浓厚民族特色的艺术品，不仅用大量的金银为之镶嵌，而且上面缀满了珍珠宝石。布达拉宫里耸立的八位前世达赖喇嘛的灵塔即是一个集中表现，特别是五世达赖喇嘛和十三世达赖喇嘛的灵塔，最为雄伟气派，前者高 14.85 米，使用黄金 3724 公斤，在塔座、塔瓶上镶嵌的金刚钻石就有 1500 颗；后者高 14 米，镶嵌的各种珠宝数十万件，此外，在灵塔的前面还另外装饰有由 20 万颗珍珠串成的珍珠串。用来包裹灵塔金顶的黄金就有 2 万余两。

（3）金属和其他工艺

西藏的金属工艺品很早就享有盛名。公元 7 世纪，吐蕃使者至唐，往往带着珍贵的民族工艺品，其中有些是从中亚、南亚地区传入的，有些则是吐蕃人自己铸造的，其铸造技艺之精湛，令人惊叹。如唐太宗时，吐蕃使者为了对太宗东征高丽表示祝贺，就献上一只用黄金铸成、高 7 尺，里面可以盛下三斛酒的金鹅。公元 657 年（唐高宗显庆二年），吐蕃使者献金城，城上有狮子、象、驮马、羊等。同时也进献金瓮、金颇罗等。赤松德赞时进献用金银制作的“假山”，唐德宗十分喜欢，将此物陈列在太极殿，供贵戚达官们观赏。吐蕃使者每至唐朝都带有特色礼品，其中不乏金属器皿，诸如，金盘、金碗、银盘等。赤祖德赞时向唐朝进献过“印铸犀牛、牛、羊、鹿各一”。可知其工艺品之精美。

保存千余年的铜铸大钟，如吐蕃时代保留下来的大钟就有桑耶寺钟、耶尔巴寺钟、崩塘寺钟和昌珠寺钟。这些都有很高的文物价值和研究价值，其制作工艺也极为精湛。

（4）壁画、唐卡画与岩画

西藏的古代壁画文物资源很丰厚，著名的有布达拉宫、大昭寺、桑耶寺等地方的大型壁画，都是难得的上乘之作。其内容也极为重要，如像大昭寺壁画中的《文成公主进藏图》，桑耶寺壁画中的《修建大昭寺》，布达拉宫壁画中的《顺治皇帝会见五世达赖喇嘛》，以及大量的历史画传、宗教人物故事画等，都有独到的价值。

西藏的唐卡画颇有民族特色。它主要分为两种，一类是用丝绸锦缎等材料绣制或编制的"国唐"，如寺院中用于"晒佛"的巨幅唐卡就是，其经典之作有布达拉宫的无量寿佛像，长约55.8米、宽约46.8米，气派宏大，精美异常。一类是用颜料绘制在画布上的"止唐"，主要有金色、红色和黑色等类型。现在保留下来的唐卡画以明清时期为多，其中也不乏价值连城的精品。

西藏岩画分布区域广泛，它的内容大多是西藏地区原始居民日常生产生活和精神文化活动的写照，是上古时代的艺术文化遗产，也是研究当时人们生产生活可资借鉴的资料。藏北地区的岩画，特别是阿里日土地区的岩画尤其具有代表性，比如藏北的加林岩画群、日土的任姆栋岩画群和齐吾普岩画群即是。从某种意义上说，这些岩画群是那个时代藏北和藏西北牧民社会生活的一个侧面剪影，保留了没有文字记载时期人们的历史。

（5）碑铭石刻

吐蕃时代的著名碑铭石刻相当丰富，包括纪功碑（如赤松德赞时期的达扎路恭纪功碑）、墓碑（如赤德松赞墓碑）、会盟碑（唐蕃长庆会盟碑）、兴佛证盟碑（赤松德赞时期的桑耶寺兴佛证盟碑等）、建寺纪念碑（如赤德松赞时的噶迴寺建寺碑）等。唐代吐蕃的摩崖石刻保留下来的也不少，如第穆摩崖石刻、丹玛摩崖石刻、协拉康石刻等。这些碑铭对历史研究，以及西藏文字发展和书法艺术演进过程的认识，都有参考意义。

3. 知识与技术

（1）语言文字

关于藏文创制的时间，学术界目前还存在一些分歧，依照有文献记载和多数学者的说法，它产生于公元7世纪，至今也有1300多年的历史了。从产生之日起，藏语文就在传播民族文化、凝聚民族心理、加强与其他兄弟民族之间的文化交流等方面，扮演了无法替代的角色。在藏文的发展过程中，逐渐形成了一整套的语法规范，从早期的《三十颂》和《性入法》，到后世不断完备，藏语文按照比较严格的模式传承、发展着。学习藏语言文字，在漫长的历史时期一直是西藏寺院和社会上层重要的知识和基本技能。随着接受文化者群体的扩大，藏语文的作用更加突出。尽管改革藏语文的教育体制和传统模式已经取得了很大的成就，但作为历史上长期存在的藏语文传承的知识，其合理性还不能完全抹杀，对它的研究和发掘继承，依然有工作可做，也必然会有新的收获。

（2）历史

关于西藏地区有文字记载的历史有两千多年，但是从考古发掘来看，它的历史要悠久得多，内容也要丰富得多，因此，重视吐蕃文献记载和民间传说，并且与考古史实相印证，对于认识西藏地区的历史来说，是一件很有意义的事。从吐蕃王朝时期西藏始有文字开始，撰写历史的过程也就开始了，如今保存下来的年代信实可靠的第一部历史书是《敦煌本吐蕃历史文书》。它以大事记年和人物传记的方式记述了吐蕃时期的重大历史事件和历世赞普的丰功伟绩。后世逐渐形成良好的著史传统，使历史知识的传承井然有序，历史著作的撰述代不乏人，历史文献的收藏蔚为大观。可以看到的历史著作自然多与教法史结合在一起，但也不难看到其中较高的史学素养和客观精神，如大家熟悉的、有较高学术价值的著作《巴协》（巴塞囊著，约公元12世纪）、《五部遗教》

（掘藏文献）、《王统世系明鉴》（萨迦·索南坚赞著，1283年）、《红史》（蔡巴·贡噶多吉著，1363年）、《汉藏史集》（达仓宗巴·班觉桑布，1434年成书）、《智者喜宴》（巴卧·祖拉陈瓦著，1564年）等。记载着西藏先民的足迹，也记录着他们的知识和智慧。

（3）文学

西藏古代文学方面的遗产也十分丰厚，吐蕃时代就出现广泛流传，并可以用来传唱的古体诗歌。元朝时期有大家熟知的格言体诗歌《萨迦格言》，后世则有《水树格言》等；讲述高僧修法经历感受的《米拉日巴道歌》；脍炙人口的《仓央嘉措情歌》；长篇英雄史诗《格萨尔王传》；以及大量的从上古流传下来，或者由佛经故事改编而来的民间故事。西藏的话本小说，以说唱形式为主，人们熟悉的有：《文成公主》《诺桑王子》《赤美衮登》《白玛文巴》《苏吉尼玛》《卓娃桑姆》《囊萨姑娘》《顿月顿珠》等。这些文学作品相继被改编为剧本，成为藏戏的经典剧目。清朝时期，才仁旺杰所著的《宣努达美》，曾是西藏百姓十分喜爱的一部小说。随着人们研究工作的深入，西藏丰富典籍中的文学资源和知识，会越来越受到人们的重视，其价值也逐渐被人们所发现和认可。

（4）医学

西藏传统学问“大五明”中的“医方明”，集中反映了藏医学方面的成就。藏医学起源很早，在吐蕃王朝时期得到巨大发展。当时，吐蕃积极学习内地的汉族医学、西方的波斯和阿拉伯医学，南部的印度医学等，引进人才、医疗技术和医学书籍，结合自己的医学基础，逐渐建立起新的医学体系。这时期出现了著名的医学著作《四部医典》（即《居希》），在理论上对西藏医学做了概括。也出现非常有名的医生玉妥·云丹贡布。后世学者不断地在这块土地上耕耘，使藏医学不断获得进步与发展。如五世达赖喇嘛时期的第巴·桑结嘉措（1653—1705）的《医学史》就是比较典型的一部。公元8世纪以后流传下来的藏医药文献很多，其中影响最大的有以下六种：《敦煌本藏医残卷》（公元8世纪）收载53方133味药；现能考证的127味中动物药66味（占52%），植物药51味（占40%），矿物药12味（占18%）。《月王药诊》（多认为是公元8世纪中叶），医僧摩诃衍、毗卢遮那翻译；收载药物329种，其中植物药212种，约占65%，大半为高山植物，绝大部分至今仍使用。《四部医典》（12世纪），玉妥·云丹贡布著，收载药物1002种，其中第2部第20章药物性能390种，收载方剂400个。《四部医典蓝琉璃》，第巴·桑结嘉措著，收载药物1400种。《晶珠本草》，帝玛·丹增彭措（1673～1743?）著；收载药物2294种，其中植物药1006种，动物药448种，矿物药840种。《正确认药图鉴》，绛久多杰（18世纪后叶）著，图文并茂，收载药物580多种。①

藏医学作为中华医学的重要组成部分之一，其对胚胎发育过程的认识，人体解剖等方面有特殊之处，在治疗高原地区疾病，以及一些疑难杂症方面有特殊的疗效，有很大的发展前景。

（5）天文历算

西藏最早的历法是所谓“物候历”，民间谚语说：“观察禽鸟和植物是珞、门法，观察雪和冰是等巴法，观察星和风是藏北法，观察日和月是岗卓法。”这是西藏各地百姓对天文的认识，以及最早使用的历法。后来从内地和印度传入了时宪历、时轮历，使之趋向科学化，由此成为“小五明”中的“算明”。西藏学者也在学习借鉴外来历法知识的同时，开始了相关的研究工作，深化了认识，撰写了不少有关天文历算方面的著作。虽然这些著作中也包括五行占和音韵占等夹杂有迷信成分的东西，但是在天文历法的科学研究方面，也取得了一定的成就。

（6）工艺技术

工艺技术主要包括在西藏传统学问“大五明”中的“工巧明”之

① 《记录智慧的藏医药医学典籍》，中国西藏网2013年8月2日。

中，主要包括建筑工艺和各种制作工艺。西藏高超的建筑艺术与代代相传的建筑理论和技术相关联，一般的藏文史书在介绍重要寺院的建筑工程时，多会涉及殿堂的建筑工艺和特色，如萨迦·索南坚赞的《王统世系明鉴》就详细地介绍了大昭寺、小昭寺的建筑工艺和特色。达仓宗巴·班觉桑布的《汉藏史集》对桑耶寺等的建筑风格和工艺予以细致描写。然而，有关建筑和其他工艺最集中的知识还是来自藏文大藏经《丹珠尔》中的“工巧明”，以及各个寺院和各专门工艺技术的专论。这些知识是代代相传和不断丰富和发展的。

西藏的其他制作工艺种类不少，包括纺织、木雕、制陶、印刷、金属制作和佛像度量等工艺。《汉藏史集》一书就记载了西藏的刀剑分类和陶器瓷器制作工艺，反映了西藏先民学习外来先进工艺技术，特别是学习内地汉族地区的各种工艺技术后，再重新创造的事实。又如藏纸的制作，就是唐朝时期文成公主进藏后从内地传入的，后来在西藏地区发展为藏纸的制作工艺。此外，在藏刀、藏毯、木雕等制作方面，都有出色的成就，值得继承和发扬。

4. 宗教哲学与智慧

在西藏地区，人们最熟悉和最难忘的莫过于洋溢在每个角落，乃至空气中的宗教气息。作为西藏地区最有代表性的藏传佛教，它的理论和观念很早就融化到人们的血液中，也表现在人们的行动上。佛教是一个有思想、有理论体系的宗教，佛教传入西藏时期是吐蕃王朝不断发动征服和向外扩张的战争时期。而佛教在吐蕃获得巨大发展，则是公元 10 世纪以后，西藏地方处于分裂割据和动荡不安的时期。佛教以它所宣扬的众生平等、善恶有报、六道轮回等理论抓住了人们祈求安宁的心灵。在安定地方，抚慰饱经战乱的人们的痛苦心灵，打破封建割据势力之间的壁垒，以及促成共同民族心理素质的形成，积累、发展和传播西藏文化等方面，都发挥过积极的作用。

对佛经的学习和辩论，训练了人们的形象思维和逻辑思维能力，讲经、注释经典、辩论经典中的疑点难点，增强了古代西藏地区人们追求知识、追求真理的愿望。人们通过学习，通过修行和思考，不断地探讨人生的真谛。西藏的传统文化遗产能够如此丰厚，与佛教有着密切的关系。佛教也教导西藏的知识分子和广大群众一起思考问题，关注许多人类都共同面对并在苦苦探索的一些问题。佛教关注自然，关注众生的理念，关注人与自然和谐统一的理念，对西藏地区生态环境的保护都产生过积极的影响。在对待生命的归宿等问题上，藏传佛教虽然有其偏颇乃至错误的成分，但是，西藏百姓对待死亡的坦然和安详，无疑是很难得的和值得肯定的做法，也是一种相当崇高的精神境界。

5. 制度与风俗习惯

（1）行政管理制度

西藏地方的行政管理制度有个历史发展过程，在吐蕃王朝时期，实行的是赞普王权管理体制，赞普之下设立有“九大论”，对此汉藏文史书都有记载。《新唐书》说：“其俗谓强雄曰赞，丈夫曰普，故号君长曰赞普，赞普妻曰末蒙。其官有大相曰论茝，副相曰论茝扈莽，各一人，亦号大论、小论；都护一人，曰悉编掣逋；又有内大相曰曩论掣逋，亦曰论莽热，副相曰曩论觅零逋，小相曰曩论充，各一人；又有整事大相曰喻寒波掣逋，副整事曰喻寒觅零逋，小整事曰喻寒波充：皆任国事，总号曰尚论掣逋突瞿。”[①] 藏文史书《智者喜宴》等对此有类似的记载。这一制度大致上是仿照了唐朝的尚书、中书和门下三省的管理制度，分别负责行政、司法和监察。在地方上采取军政合一、生产与作战合一、行政区划和部落组织合一的管理制度，有效地维系了王朝的统治。

① 《新唐书》卷二一六，吐蕃传。

元朝以来，西藏正式纳入中央政府的行政管辖之下，西藏的基本制度是内地中央王朝行政制度的地方化形式。例如，元朝就是采取了宣政院领导下的三路宣慰使司都元帅府，及下设的千户万户管理等制度。清朝初期，曾在西藏实行郡王管理制度，珠尔墨特那木扎勒的叛乱迫使清廷废除这一制度，并在公元 1751 年授命七世达赖喇嘛直接掌管地方政教事务，标志着西藏政教合一制度的最后形成。1793 年，乾隆皇帝派遣福康安率兵驱逐廓尔喀入侵者后，清朝中央政府重新改革西藏地方管理体制和制度，加强了驻藏大臣的权力，从而完善了清代西藏地方的行政管理体制与制度。

新中国成立以后，1951 年西藏实现和平解放。1959 年 3 月 10 日，西藏上层反动集团在拉萨发动了全面的武装叛乱，最后以失败而告终。经过民主改革，彻底摧毁了封建农奴制度，百万农奴翻身得解放。西藏的旧制度已经成为历史故物，显然很难称得上是优秀文化遗产，但是与封建农奴制社会相适应的管理体制与制度，却还值得认真研究和分析。

（2）法律制度

西藏的法律制度主要包括政府官方成文法和民间习惯法两大部分。比较成熟的成文法出现在吐蕃王朝建立初期，由松赞干布的大臣噶尔等人制定的。按照藏文史书中的一般说法，松赞干布参照佛教的十善律制定了吐蕃的“六大法”。在赤松德赞时期，吐蕃的法律进一步得到完善。元朝时期，在西藏地方推行的是元朝的法律。明朝时期，帕木竹巴地方政权的建立者绛曲坚赞对西藏旧有的法律做了改革和完善，形成了很有特色的法律“十五条”。清朝乾隆五十八年（1793）在西藏颁布的《钦定藏内善后章程二十九条》是西藏地方的根本大法，具有指导性的作用。

习惯法也是西藏地区长期存在并有广泛影响的法律。习惯法在民间，特别是广大牧区很有影响力。尽管它主要依靠“神断”等落后的方式，民间却信之不疑。这些内容缺乏科学依据，但是，它是长期形成的，而且至今还在影响着人们的心理和行为，认真加以对待却是十分必要的。

（3）民间衣食住行与婚丧嫁娶习俗

西藏的饮食文化，相对而言比较简单，但它的内容却别具一格，比如人们熟悉的青稞酒、糌粑、酥油茶等，都很有特色。而青藏高原地区丰富的植物和动物资源都是西藏饮食文化能够存在和发展的坚实基础。

西藏的服饰文化内涵丰富，各个地区都有自己的服饰：阿里地区的普兰服饰，日喀则的后藏服饰，拉萨地区的前藏服饰，昌都地区的康巴服饰，林芝地区有代表性的工布服饰，以及门巴、珞巴族服饰等，可以算得上是高原服饰文化的大观园。

西藏的婚姻习俗比较独特，传统的婚姻和家庭形式多样，历史上，除了一夫一妻制之外，还有一夫多妻和一妻多夫，后者相当流行。西藏人十分讲究礼仪，重视亲情友情，热情好客，礼貌待人。用哈达这种形式表达相互之间的敬意是西藏文化的独特贡献，洁白的哈达已经成为西藏人民礼仪文化的象征性符号。

西藏的丧葬文化也很有特色，在西藏比较盛行的是天葬，还有塔葬、火葬、水葬、土葬和树葬等。根据死者的身份地位和死亡原因的不同而选择不同的丧葬方式，丧葬活动有着深厚的历史渊源和文化内涵。

乡规民约。瓦代尔书中难能可贵地保留下所看到的藏文文告等资料，如他全文照录了一则江孜路边的极为重要的乡规民约：

路边的座右铭

伟大的松赞干布王曾经说过：“演讲就应当像天空的小鸟一样自由倾吐，外面则穿着女神般迷人的外衣。从一开始，就应了解清楚演讲的对象，正如万里无云的天空一样清澈透明。演讲的过程正如挖掘宝藏，论据应当灵活机敏，宛如追击小鹿一般毫不犹豫。最后，演讲应当恰到好处地打住，否则前面的演讲效果全部白费。”

演讲的五大品质——演讲必须像狮子一样勇敢大胆，像兔子一样温顺柔软，像蛇一样令人敬畏，像箭一样直指目标，像手持金刚一样四平八稳。

十大缺点——宗教书籍中缺乏信仰，不敬重师长，令人不悦的举止行为，贪婪，喋喋不休，嘲笑他人的不幸，使用辱骂性的言语，对老人生气，抢劫，偷窃。

八种下等人的言行——无先见之明，使用粗俗的语言，大不敬，吹牛，瞪大眼睛或盯着人看，不拘小节，举止粗俗，偷窃。

九类愚蠢的行为——自夸自大，垂涎人妇，不娶妻，将权力授予某人之妻，诅咒一位祝福之人，借东西而不还，不珍惜自己的兄弟，不辨是非，垂涎他人财物。

只有聪明的僧人才能谈论宗教和事情的原因结果；只有亲朋好友才能谈论世界悲欢离合。

吵架的根源有三：是的！（妄下断言）什么！（带有讽刺的怀疑）你！（辱骂、毁谤）鸢和其他的鸟儿争吵，马儿和牦牛，鼬鼠和蛇，乌鸦和猫头鹰……它们之前就是因为吵闹而互为仇敌。①

6. 传统体育运动与歌舞艺术

西藏传统的形体运动和艺术方面的遗产也十分丰厚，在传统体育运动项目方面，有赛马射箭、拔河举重、掷石，以及马球、棋艺、藏密气功、登山运动等。对这些项目的重新发掘和认识，有助于提高民族身体素质，发展竞技运动，以及促进地方旅游事业的发展。

西藏的歌舞驰名中外，音乐有宗教宫廷音乐和民间音乐；舞蹈有歌唱合一的“谐卓”、以舞为主的“卓”和宗教面具舞蹈“羌姆”等。西藏各个地区的歌舞又别具一格，如拉萨地区的“羌姆”、宫廷“供云

① 瓦代尔：《拉萨及其神秘》（L. Austine Waddell, *Lhasa and Its Mysteries: With A Record of the Expedition of* 1903-1904, Originally published: New York: Dutton），1905年，第210—211页。

乐舞”“堆谐”“囊玛”“拉姆”和“稀荣仲孜”等。昌都地区就有“锅庄”“弦子”和“热巴”等多种艺术形式。山南地区的“谐钦”“卓谐”“卡尔”“贡噶尔鼓舞”“阿嘎谐”和“果谐”等。藏北的“果谐”“阿谐”“热巴”和“格萨尔舞”等。日喀则地区的的“谐钦”“色玛谐”“结谐”“梗”等。阿里地区的“卓果谐”“鲜”和“玛恰霞布卓”等。林芝地区的“米那羌姆”“南伊噶尔”“恰巴博”“达谐”等。这些是西藏舞蹈艺术获得新生和巨大发展的坚实基础。

西藏的古代教育。1751 年开设布达拉宫僧官学校（孜拉扎），直属噶厦秘书处，学员多来自拉萨三大寺等，员额在 15 人左右，学制 10—15 年，为噶厦培养僧官“孜仲”。七世班禅丹贝尼玛（1781—1853）时期在日喀则扎什伦布寺设立一所僧官学校。大昭寺东侧设立的俗官学校（孜康拉扎），招收大贵族和高级官员子弟，学生员额为 20—30 人，为噶厦培养俗官“仲科”。各寺庙的学校。拉萨、日喀则、江孜等城镇的私塾。

藏医学及其教育　五世达赖喇嘛时期在哲蚌寺甘丹颇章北面建立卓潘岭医学校，在布达拉宫建立降臥囊索医学校，在日喀则建立章松都贝岭医学校。第巴·桑结嘉措在拉萨药王山建立一所医学利众院。他还整理、校订、注释《四部医典》形成《四部医典蓝琉璃》并于 1687 年刊印。1704 年噶厦按照舒卡·洛珠杰布的《祖传教诫》收集了各地药物标本，由著名画家绘制成医学彩色挂图 79 幅，十分珍贵。

西藏印书院　布达拉宫印书院，五世达赖喇嘛时期始建，十三世达赖喇嘛时期扩建。纳塘印书院，清康熙年间由六世达赖喇嘛始建，曾刻印 13 部《般若波罗蜜多经》；1730 年颇罗鼐掌政时期刻印纳塘版大藏经《甘珠尔》等。

二、西藏文明的东向发展态势

在整个吐蕃王朝时期，唐蕃之间使臣交往共计290余次，其中蕃使180余次，唐使100余次。[①] 假如以贞观八年（634）松赞干布首次遣使入唐到846年吐蕃王朝灭亡的共213年来计算，那么，唐蕃之间差不多平均8个月就有一次使臣往来。这种使臣往来的频繁程度显然是吐蕃同周边其他任何国家和政权之间的交往都无法比拟的。唐蕃之间频繁的使臣往来，既是出于政治、军事上的利害关系，同时也包含了很大的经济和文化交流的成份。同时，吐蕃向外扩张所发动的一系列战争，绝大多数是在与东面的唐朝之间进行的。此外，吐蕃版图扩大主要是东向扩展的结果。西藏文明有三次大的东向发展过程：军事扩张、教派势力向中原发展、藏传佛教向整个蒙古地区的发展，具有决定性的原因是其自身有向外发展，而且是东向发展的需要。因此，它充分表明了吐蕃文明向中原文明倾斜的东向发展趋势。[②] 吐蕃文明的这种东向发展趋势是由多重因素造成的。

1. 地缘因素在吐蕃文明东向发展过程中的作用

向东倾斜的地形决定了吐蕃文明东向发展的可能性巨大。西藏的总体地形构造是西北高、东南低，由西北逐渐向东南倾斜。西部、南部和西北部相对封闭，而东部、东北部则较为敞开。吐蕃也无法适应十分邻近的南部地区的湿热气候环境，吐蕃曾两次进兵天竺（今印度），均旋即退兵而未能实现对征服地的占领和统治，最直接的原因显然在于吐蕃军队无法适应当地炎热潮湿的气候及其自然生态环境。对于泥婆罗

① 谭立人、周原孙：《唐善交聘表》《中国藏学》1990年第2期。

② 石硕：《论地缘因素在吐蕃文明东向发展过程中的作用》，《西藏研究》1992年第1期。

（今尼泊尔）未进行实际占领，恐怕也与当地的气候等地理因素有关。泥婆罗气候虽不及天竺炎热，但因地处喜马拉雅山南麓，降雨丰沛，这对生活于干燥高寒环境的吐蕃人同样较难以适应。而吐蕃由其本土向东部广大外围地区即甘青、川西高原及滇西北高原一带的扩张，则不存在任何地理因素的限制。正是这种高原适应性特点及其所面临的周边地理环境，最终从地缘上决定了吐蕃文明向东发展的必然性。①

2. 文化的相融性因素

藏族属于蒙古人种，对现代藏族进行的血型调查表明，其基因接近华北汉族；现代体制人类学的比较研究也表明，藏族在体质上与我国陕西和河北的汉族最接近；② 从遗传距离看，藏族与蒙古族的遗传距离最近。③ 语言上，藏语与南亚和中亚存在较大差距，而与内地有着紧密的渊源关系，即藏语属于汉藏语系中的藏缅语族，来自同一个源头。此外，西藏和内地经济文化类型相近或相同。④ 有学者把古羌人和吐蕃文化与生活习俗总结出九个共同点：第一，都以猕猴为始祖；第二，都垒石为室；第三，都以父（母）名中的某一个字作为子辈名字中的一部分；第四，都重诅咒盟誓；第五，都“重兵死，恶疾终”；第六，都喜居毡帐；第七，都有妇人“辫发萦后”习俗；第八，都笃信巫教；第九，都盛行“涂面”之俗。⑤ 吐蕃统治下的各族各部也和吐蕃一样，大多和内地汉族和其他兄弟民族存在着血缘和文化上的天然联系，促成了

---

① 石硕：《论地缘因素在吐蕃文明东向发展过程中的作用》，《西藏研究》1992 年第 1 期。

② 夏元敏、吴融西：《藏族体质形态的初步研究》，中国人类学会编：《中国八个民族体质调查报告》，云南人民出版社，1982 年，第 97—100 页；《遗传学报》第 10 卷第 5 期，1983 年，第 395—405 页；《藏族的体质特征》，《人类学学报》1985 年，第 4 卷第 3 期。

③ 袁义达、杜若甫：《中国十七个民族间遗传距离的初步研究》，《遗传学报》1983 年第 10 卷第 5 期，第 395—405 页。

④ 石硕：《论地缘因素在吐蕃文明东向发展过程中的作用》，《西藏研究》1992 年第 1 期。

⑤ 何耀华：《古代羌人与藏区土著居民的融合》，《中国藏学》1988 年第 3 期；格勒：《论古代羌人与藏族的历史渊源关系》，《中山大学学报》1985 年第 2 期；格勒：《藏族早期历史与文化》，商务印书馆，2006 年。

吐蕃的内倾和东向发展。

3. 经济上的相互补充和相互依赖推动了西藏文明东向发展

吐蕃文明是一个以牧业为主，以农牧混合为根基的高原文明，它对商业贸易有较强的依赖性，参与唐蕃丝绸之路贸易，进而参与中原与西域中亚乃至欧洲的东西丝绸之路贸易，是其军事扩张的重要目的之一。与此同时，高原经济与内地的农业经济具有很强的互补性，吐蕃对唐朝科学技术、农业工具等保有浓厚的兴趣，不论是战争还是和亲，都把经济往来作为主要内容。事实上已经形成一个巨大的网络，把西藏和内地连接起来，推动西藏文明向东发展。

4. 中原文明的凝聚力因素

唐王朝是当时整个世界东方一个疆域面积辽阔、人口最多、国力最强盛的泱泱大国，并以其历史悠久、文化灿烂和强大的政治、经济和军事实力，成为整个亚洲的文明中心。它对于正在崛起渴望打破自然地理限制，向外发展的吐蕃具有巨大的吸引力和感召力。唐朝中原文化的博大和兼容并蓄使其具有无穷的魅力，对吐蕃不断学习和借鉴中原文化产生巨大的动力。不管是唐蕃和好时期邀请中原人士到吐蕃传播文化，还是双方战争时期大量从中原掠夺工匠和有技能的人，都反映了吐蕃对中原文化的渴望和期待，也驱动着吐蕃不断东向，获取发展的源泉与能量。

5. 西藏文明东向发展带来的是发展和繁荣

西藏文明从吐蕃时代的军事东向，到元朝藏传佛教依靠中原政治实力支持的东向，再到格鲁派北传蒙古的东向延伸，每一次向东发展都是西藏自身需要和积极主动的产物，而且每次东向发展都给自身带来极大的繁荣。西藏文明自身具有突破其封闭性高原环境，向周边外部文明地区寻求补充与营养的强烈需求，例如13世纪西藏教派势力在政治上本能地需要依赖外部世俗力量的保护、支持来维系和提高自身地位，以谋求发展。经济上，同样渴望外部世俗势力的资助来作为自身发展的重要补充。[①] 西藏地方文明纳入中原文明体系是政治、经济、文化，以及地缘因素等多重因素促成的，这是西藏文明发展的必由之路和繁荣之路。

三、西藏文化对中原汉族文化的学习与融会

1. 早期对中原文化的学习借鉴

吐蕃早期借鉴中原历算、医药。松赞干布的父亲囊日松赞（又译作南日论赞等）时期，统一的吐蕃王朝尚未建立，已经与周边地区发生文化联系。藏文史书记载，他从北方运进食盐，从中原引进历算、医药。[②] 说明早在吐蕃王朝建立之前，西藏地方与中原地区就有文化往来，通过交流学习借鉴中原的科学技术。

苯教对中原道教的借鉴。清代时期的三世土观活佛土观·洛桑却吉尼玛认为“道士教即苯教之起源者”，“老君与苯教教主辛饶为一人”。[③] 事实上，这种说法颇有历史依据。一些印度学者发现，《度母秘义经》《风神咒坦多罗》《摩诃支那道修法》《弥曼山坦多罗》《梵天坦多罗》等几部婆罗门教梵文献，都提到印度密教中与救度母崇拜或独结母崇拜有关的“女人道”（Vamacara）来自中国，印度密教中奉行的“五真性”供养也与中国有关。《度母经》和《风神咒坦多罗》还提到在公元4世纪时，伐湿斯塔（殊胜，Vesistha）曾亲赴中国向道教徒学

① 石硕：《西藏文明东向发展史》，四川人民出版社，1994年，第510—520页。

② 巴卧·祖拉陈瓦原著，黄颢、周润年译注：《贤者喜宴》，中央民族大学出版社，2010年；萨迦·索南坚赞著，陈庆英、仁庆扎西译：《王统世系明鉴》，辽宁人民出版社，1985年。

③ 土观·洛桑却吉尼玛著，刘立千译：《土观宗派源流》，民族出版社，2000年。

习“摩诃支那功”。印度学者雷易（P. C. Ray）在《古代中世纪印度化学史》一书中说，印度泰米尔文文献记载，南印度密教的18位“成就者”中有两位是中国人，泰米尔名字叫博迦尔（Bogar）和普里巴尼（Pulipani），他们于公元3世纪时去印度传播道教禁咒、医术和炼丹术等，博迦尔曾带弟子回中国学习，学成又回到印度。

1920年，印度历史学家巴塔查里亚（Bhattacharya）就发表了一篇论文，认为印度密宗与中国道家思想在天道观层面有一定相似。印度密教的中心为阿萨密地区，而该地区在7世纪曾出现《老子》梵本。可以推测，《老子》梵本在阿萨密地区流传过，并且其中之思想可能与印度密宗发生某种联系。[①]

密宗古典《楼陀罗问对》卷17说，梵天之子瓦西沙曾苦修数年而未得成就，于是其父劝他求取“中国修炼法”。他后来到了中国，见佛陀身边有无数裸体术士饮酒吃肉并与美女性交。他感到惶惑之际，佛陀乃以性仪及五摩之义授与他。所谓“五摩”（5m），乃是饮酒（madya）、食鱼（matsya）、食肉（mamsa）、性准备（maithuna）、男女群体性交（mudra）。这也就是印度教性力派的“五摩（m）字真言”。密教经典《梵天问对》（又称《风神合璧怛特罗》）也记载了大体相同的传说，说是密宗大师殊胜曾远赴“摩诃支那”和“秦地”学习正道，却见佛陀沉湎于醇酒美妇，疑问之下，佛陀向他传授了“五摩功”。荷兰著名汉学家高罗佩（R. H. van Gulik）说：“中国古代道教的房中秘术，曾刺激了金刚乘在印度的出现。”而印度金刚乘所吸收的中国道教的东西，当是经阿萨姆邦从中国传入印度的。中国学者张毅说道教是经由滇缅线传入东印度的。[②] 中国道教房中术传播路线，东起道教天师道发源

① Bhattacharya, To the East of Samatata (on the six countries mentioned but not visited by Yuan Chwang), *Journal of the Royal Asiatic society*, 1920 (1).

② 张毅：《试论密宗成立的时代和地区》，《印度宗教与中国佛教》，中国社会科学出版社，1988年。

地川西成都地区，西至西南丝绸之路终点的印度密宗发源地迦摩缕波（阿萨姆）。时间在公元 2 世纪到 4 世纪间，佛教沿西南丝绸之路东传同时，道教天师道的“合气之道”也循同一路线西传，由此刺激了邻近中国的迦摩缕波地区奉“五摩字真言”的“外道”流传，最后衍变为佛教密宗，并于公元 8 世纪回传到中国汉藏地区。英国著名学者李约瑟曾指出：“乍视之下，密宗似乎是从印度输入中国的。但仔细探究其（形成）时间，倒使我们认为，至少可能其全部东西都是道教的。”[①] 高罗佩也指出了这一点。他说：“由于基于止精法的房中秘术从纪元初便盛行于中国，而其时在印度却毫无迹象，所以很明显金刚乘的这一特点当是经阿萨姆邦从中国传入印度。”[②] 贞观二十一年（647），“李义表自西域还，奏称东天竺童子王所未有佛法，而外道宗盛，义表乃告以中国未有佛法以前已有圣人（指老子）说道。童子王请译为梵言。太宗乃命玄奘法师与道士蔡晃、成英等共三十余人集于五通观翻译《老子》五千言为梵文。奘与晃、英等颇多争论。”[③] 这里清楚记载了唐太宗命玄奘翻译老子《道德经》并赠送给东印度童子王的史事。

黄心川对《大正藏》卷 18—21 密教部收录的受到道教影响的 70 部经轨进行分析，总结出杂密时期密教在汉地和道教的交融可分为三种情况：其一，密教吸收了道教的思想和信仰，如阴阳五行说、五脏六腑说、谶纬、神仙方术、六甲、巫祝、鬼神等。其二，道、密在传播过程中摄取、融合了对方的教义内容、仪礼、符咒、印法等，采用了对方的术语、文句、咒声等。其三，道、密全盘吸收了对方思想和内容，甚至名称也很雷同。他追溯了印度密教和中国道教在古代和中世纪长期交往和相互影响的历史，归纳了两教在宇宙观、生命观和宗教修持方面惊人

---

① 李约瑟：《中国科学技术史》第二卷《科学思想史》，上海古籍出版社，1990 年。

② 高罗佩著，李零、郭晓惠等译：《中国古代房内考・附录》，上海人民出版社，1990 年，第 352 页。

③ 道宣：《集古今佛道论衡》卷丙《文帝诏令奘法师翻老子为梵文事第十》一篇；道宣：《续高僧传》卷四《释玄奘》；宋代志磐：《佛祖统记》卷三九。

的相似之处。认为印度的密教和中国的道教都以积极入世为其主要特征，在哲学上都主张二元论，都崇拜女性和性力，印度密教的“即身说”和道教的“人道合一”思想极为相似。道、密在修行的实践方面有着更多的相似性：房中术或性技术；炼丹与制药技术；服饵养生法；吐纳调息法；按摩或体操锻炼法。①

张毅比较了密教和道教的相似之处，可大致归纳为九点：第一，追求肉体不朽。第二，认为人身为宇宙的一小天地，因此非常重视身体的修持。第三，根本修行中，双身功尤为重要。第四，非常强调阴性的重要，佛性的某些说法与道家的“玄牝之门，是天地根”的说法完全一致。第五，采用还精术。第六，较真言宗晚出的天性宗的教义与仪轨中所带的道教色彩更为浓厚而显著，在他们的祈祷歌中可以发现许多和《道德经》中“知其雄，守其雌”之类的说法十分相似的辞句。第七，女性无论在密教的教义、神祇和信徒中都占有十分重要的地位。第八，密教对待各个种姓一视同仁。第九，密教也如道教一样，长期流行于民间，和劳动人民有密切联系，他们所注意的是现实世界，而不是一味地追求理想的彼岸。他总结说：“不是密宗的框架形成之后，才接受道教思想那样的外来成分，而是道教输入印度之后，才促使密宗的形成。”②

台湾学者萧登福比较印度密宗和道教认为，第一，曼荼罗依袭道教将神祇与五色、五方相配，分阶依次陈列。皆用多重圆坛或方坛，四门四向通达。其中密教金刚界大曼荼罗乃仿自道教之九宫神坛；而胎藏界大曼荼罗及金刚界九会之成身会，则仿自《太上洞神太元河图三元仰谢仪》所述之道坛，间接沿承自汉世帝王郊祀天地之坛（郊天为圆坛，祀地为方坛）。第二，密教坛场上所常用之香炉、如意、拂子、麈尾等物，出自中土；剑、镜、铃则为道教术仪中所不可缺者。再者，密教用

① 黄心川：《道教与密教》，《中华佛学学报》第12期，1999年，第205—218页。

② 张毅：《印度宗教与中国佛教》，中国社会科学出版社，1988年。

酒、脯、纸钱以祭，更可看出系受道教之影响而来。道教的称名启请仪式也成为密宗信徒与佛、菩萨及诸神祇沟通心意的主要方式。密教之五体投地即所谓“磕长头”的叩拜姿势，直接仿效道教，间接沿承《周礼》拜法而来。密教之仪法中，有“以囊盛镜，常得将随身”，以镜照“魔鬼失心野狐恶病”使其现形，此佩镜用镜之法皆与道教无异。而有的密典说，咒师以绛巾裹头，执剑绕行，挥拟四方，以止息雨雹，其服饰，其仪法，与道士之禹步及头裹绛巾相似。仿袭之迹，自是可见。以剑镜来延生修仙的观念，显然是受道教影响而来。第三，密教使用符、印、箓，使用噀水、叩齿、咽津等术治病、驱鬼、修道，并经常与符、咒、存思及特定之坛场仪轨等配合进行，也有取神策求灵签之法，这些都袭自道教。在巫蛊厌胜方面，两者皆书名于人偶身上，称名诵念，以针刺人偶身，埋之地下，就其形式言，疑受道教影响而然。第四，密教沿用的道教神祇很多，天神类较常用者有青赤黄白黑五方天帝及北辰、南北斗、荧惑、太白、二十八宿等星神；地祇类较常用者有五岳四渎、城隍社庙、六甲禁忌、青龙、白虎、朱雀、玄武、灶君、土公、飞尸、伏注、溷厕之神等；冥神类较常用者有太山府君、判官、善恶童子、司命、司禄等。第五，密教以观想法来驱鬼治病，修仙证道。以五佛五神配五方五色，并观想神祇吐气进入吾人身体各部位中；而其将人身分为顶、眉、心、脐、腰下等多处莲轮（气穴），修行时冥想气行于诸莲轮上，且将神祇与身中百骸百脉相配应，这些观想方式都与道教相同，应可确定系受道教影响而来者。第六，密教无上瑜伽之男女双修法，藉由男女交合、观想，重视明王妃之搭配等等，配合道场科仪以进行，以求悟道成佛，系受道教影响而来。[①]

公元8世纪，莲花生（藏文 badma vbyung gnas，梵文 Padmasamb-

① 萧登福：《试论道教对印度佛教密宗的形成与影响》，台湾密宗国际学术研讨会——密教文化与艺术，真佛宗举办，2005年10月。

hava）接受赞普赤松德赞（khri srong lde btsan）的邀请，翻越喜马拉雅山，将印度密教带入吐蕃。不言而喻，被包裹着的道教内容也就随之而入，并逐渐融入了藏传佛教。

西藏苯教中的笃本、洽本二者和道教之间有许多相似之处，如宣扬天地人三界说，盛行自然崇拜和多神崇拜，使用驱鬼巫术等。此外，两者的相同点还包括：第一，苯教垒石为坛祭天的做法，令人想到中原地区自先秦开始的巫祭和封禅之坛。巫祭和封禅之坛被道教继承为斋醮之坛。第二，苯教贵数字“九”，认为天和地皆有九层，创世之神有九位。苯教经典《伏藏》中的主要体系之一是《九乘经论》，即将教义分为九乘。这令人想到中原文化自古贵“九”。按照中原文化的阴阳说，偶数为阴，奇数为阳，“九”为阳数，故《周易》八卦的阳爻称为“九”。“九”在个位阳爻中数值最大，故贵阳思想将“九”视为极阳之数，视为最尊与大吉之数。引申开来，“九”则表示顶端、终极、极限等意。如汉语中的“九天”一词，即形容天的最高处。苯教的九层天、九层地，也是表示层数极多、天极高、地极深之意。而九神、九层经论则显示尊贵，并满足追求吉利的心理。第三，苯教宣称人体内附有战神（dgra lha，在人的右肩）、阳神（pho lha，在人的右腋），他们是人最重要的保护神。此外人体内还有阴神（mo lha）、舅神、家神、生命神等，说法不一，也是负责保护人的生命安全和健康的。这令人想到道教存思人体内各部位、各器官众多的神灵并服气的方术。第四，“参”被苯教说成是女神向大地吐下的药物唾液，具有万能的解毒的功能。苯教用“参”为信徒去污治病，净化心灵。这令人想到道教修炼方术和祈禳法术中对叩齿、咽唾液和噀水的重视。东汉末年巴蜀地区的五斗米道，即吸收了当地氐羌族的原始崇拜和巫术，并为氐羌群众信奉，且传入云南和川西一带。很可能继续西传影响了苯教。①

① 朱越利：《藏传佛教和道教》，《中央民族大学学报》2000 年第 4 期。

乾隆朝国师、藏传佛教著名高僧三世章嘉呼图克图若必多吉（1717—1786）即认为："苯教祖师辛饶（米沃）就是汉人所说的老君，苯教和汉地的道教是同源异流。……（藏传佛教）其他教派。他们各自的开创者都曾投拜印度的高僧大德，开始传播的都是纯正的经典教诫，后来他们的一些继承者没有弄通本旨，在观点上发生了一些舛误。"① 他的弟子、同样是著名学者的土观·洛桑却吉尼玛也认为："如月的道士教即苯教，……先师汤吉勒巴（章嘉国师）说：'老君与苯教的教主敦巴辛饶为一人'，余意'辛'字可能就是汉语对圣贤称为神仙的'仙'字，藏人读音错讹遂呼为'辛'。"② 在他们看来苯教就是道教传入西藏之后地方化的产物。尽管这种说法只是一家之言，尚待进一步论证完善，但是苯教和道教之间的借鉴和内在联系则是毋庸置疑的。

2. 吐蕃学习借鉴唐朝文化

唐蕃古道的开启　公元641年文成公主出嫁吐蕃赞普松赞干布，唐蕃双方的经济文化交流获得空前发展。由此也开启了从唐朝京师长安通往吐蕃首府拉萨的往来通道，这就是唐蕃古道，或者吐蕃丝绸之路，该条通道经过吐蕃还成为唐朝中原地区与南亚尼泊尔和印度之间开展经济文化往来的国际通道。从长安沿渭水北岸越过陕甘两省界山——陇山到达秦州（今甘肃天水），溯渭水继续西上越鸟鼠山到临州（甘肃临洮）。从临洮西北行，经河州（甘肃临夏）渡黄河进入青海境内，再经龙支城（青海民和柴沟北古城）西北行到鄯州（青海乐都）。以上可以称古道东段。在西段的古道线路中，从西宁到玉树、从那曲到拉萨这两段线路大体上是沿着今天的青康公路和青藏公路行进的。

① 土观·洛桑却吉尼玛著，陈庆英、马连龙译：《章嘉国师若必多吉传》，中国藏学出版社，2007年，第269页。

② 土观·洛桑却吉尼玛著，刘立千译：《土观宗派源流：讲述一切宗派源流和教义善说晶镜史》，民族出版社，2000年，第210页。

文成公主进藏的路线学术界还存在着不同观点，一种说法是公主经过青海玉树、南行翻越唐古拉山口到西藏那曲，再经过羊八井到拉萨。另一种说法是经过玉树进入四川西部康区邓柯、白玉等地，然后经过西藏昌都，再到拉萨。事实上后者也是一条汉藏及各族文化交流的通道。但是作为唐朝官方的唐蕃通道仍以前者为主。

吐蕃对唐朝物质文化的吸收　松赞干布建立吐蕃王朝后发展经济是重要任务之一，学习借鉴唐朝物质文化成为主要内容。文成公主进藏后，依靠特殊的甥舅关系，松赞干布遣使至唐“因请蚕种及造酒、碾、硙、纸、墨之匠，并许焉”[①]。表明唐朝对吐蕃经济上的求助持开放和欢迎态度。晚期藏文史书大量记载了吐蕃通过赞普与文成公主、金城公主两位公主联姻建立起来的姻亲关系，从唐朝引进物质文化和技术的史实，《王统世系明鉴》就记载了蔓菁菜传入吐蕃的故事，相传拉萨河谷蔡纳乡（tshal sna）就是文成公主在吐蕃种植各种蔬菜的地方，大昭寺前的公主柳也是文成公主带来的。《汉藏史集》则记载内地茶叶传入吐蕃的故事。这些都是吐蕃吸收唐朝中原物质文化的缩影和反映，是两地人民友好往来的历史见证。

吐蕃对唐朝宗教和思想文化借鉴　长安佛教传入拉萨。文成公主进藏带去了大批汉文佛教经典和释迦牟尼八岁身的等身佛像，并在吐蕃修建佛堂开始礼佛，还有藏文史书宣称文成公主还组织翻译了佛经。明代时期格鲁派创始人宗喀巴为大昭寺觉卧佛加上罩衣，《宗喀巴大师传》记：“大师为大昭寺释迦牟尼佛像，供奉纯金制造的五佛冠。浮雕有五佛的身像，冠沿的飘带也用纯金制造。并以许多世间罕见、价格昂贵的碧玉宝石，以及珍珠和绿松石等珠宝嵌饰佛冠，成为妙好庄严，极为美满。觉卧佛的衣饰也是此时妆饰的。”[②] 使其成为西藏最为殊胜的佛像。

---

① 《旧唐书》卷一九六，吐蕃传。

② 周家巷：《至尊宗喀巴大师传》，青海民族出版社，1992 年，藏文本，第 309 页；郭和卿汉译本，青海人民出版社，2004 年，第 204—205 页。

金城公主在吐蕃历经灭法之难后，为吐蕃佛教的再度恢复发挥重要作用，她不仅将文成公主携往吐蕃的释迦牟尼佛像寻找回来供奉在大昭寺，还在吐蕃开创了礼佛制度和人死后的“七七祭祀”制度，为吐蕃佛教的兴旺建立了功绩。

禅宗思想影响吐蕃宁玛派思想 在赤松德赞时期，发生在吐蕃宫廷的汉地佛教（大乘和尚）顿悟派和印度佛教渐悟派之间的辩论，虽然以唐朝大乘和尚的失败而结束。但是，大乘顿悟派的许多思想和观点在吐蕃因为有社会基础和众多信众依然保留下来，并没有因为大乘和尚的离开而消失。学术界认为藏传佛教最早形成的教派宁玛派就吸收了中原大乘顿悟派的许多理论和思想，直接融化在藏传佛教之中，得以绵延不绝。

在13世纪的著名学者恰译师曲吉贝（chag lo tsa ba chos rje dpal，1197—1264）的传记中提到，即使在这个时期，“在藏人中存在不正确的观点，以前摩诃衍那和尚（hashang mahayana）的观点流行，至今仍有影响。”[①] 也就是说，在公元13世纪时期，摩诃衍那的思想和观点在西藏地方依然有不小的影响，其在坚持印度渐门巴观点的恰译师看来并不正确，事实上也未必能通过讲法加以消除。

吐蕃与中原佛教在敦煌的互动 唐朝中期后，吐蕃向北、向东扩张，占领原属唐朝的大片土地，居住在这里的汉族和其他民族均归吐蕃治下，两地的文化交流空前紧密和深入，敦煌就成为中心和代表之一。浓厚的宗教氛围和兼通汉藏文，乃至多种其他文字的高僧大德大展才华，法成是其中的杰出代表。关于他的族属尚存争议，一般认为他是藏人，藏名桂·却珠（法成，vgos chos grub），生活在公元8至9世纪前半期，即吐蕃统治敦煌后半期至敦煌复归唐朝时期，是一位著名的汉藏

---

① 恰译师曲吉贝口述，曲白达江笔录，马维光、刘洪记译编：《13世纪一个藏族僧人的印度朝圣之旅——恰译师曲吉贝传》，中国藏学出版社，2013年，第84页。

佛经翻译家。也有人认为他是汉人，俗姓吴，世称吴法成。他是“大校阅翻译僧”“大蕃国都统三藏法师”。他从汉文译为藏文的经典包括：《大宝积经被甲庄严会》《入楞伽经》《楞伽阿跋多罗宝经》《贤愚经》《善恶因果经》《金光明最胜王经》《千手千眼观自在菩萨广大圆满无碍大悲心陀罗尼经》《如意轮陀罗尼经》《十一面神咒心经》和圆测《解深密经疏》等二十部。法成自藏文译为汉文的经典有《般若心经》《菩萨律仪二十颂》等；他还著有《大乘稻芊经随听疏》《瑜伽论手记》等。公元848年敦煌复归唐朝以后，法成居住在沙州（敦煌）开元寺，专注于《瑜伽论》的讲解。

儒家思想传入西藏地方　唐初松赞干布在派使者至唐朝求取物种和工艺技术的同时，“仍遣酋豪子弟，请入国学以习《诗》《书》。又请中国识文之人典其表疏”[①]。既派人到唐朝国子监学习儒家经典，接受系统的儒家文化传统教育，同时也直接邀请唐朝的知识分子到吐蕃掌理上表奏疏等。吐蕃赞普赤德祖赞（松赞干布玄孙，698—755）时，通过出嫁吐蕃的金城公主，再度向唐朝提出赠送儒家经典文献《毛诗》《礼记》《左传》《文选》等的请求。唐玄宗同意并让秘书省写与之。赞普给唐朝皇帝写信，自称“外甥以先代文成公主，今金城公主之故，深识尊卑，岂敢失礼”。反映了儒家思想观念对吐蕃统治者的影响。孔子还在吐蕃时代被幻化成一个具有广大神通的人物。[②] 吐蕃把儒家的祖师地方化，变成吐蕃百姓喜闻乐见的角色。

吐蕃学习唐朝制度文化　吐蕃以雅隆悉补野等青藏高原部落邦国的固有制度为基础，吸收周边地区制度，特别是唐朝的制度建立起适合管理统一王朝需要的统一王朝政治制度，并在百余年间不断丰富完善。隋唐的三省为中书省、门下省、尚书省，长官称为宰相。中书省负责定旨

① 《旧唐书》卷一九六，吐蕃传。

② 陈践：《敦煌古藏文 P. T. 992〈孔子项托相问书〉释读》，《中国藏学》2011 年第 3 期；顾吉辰：《孔子思想在吐蕃》，《西藏研究》1993 年第 4 期。

出命，长官中书令二人，门下省掌封驳审议，长官侍中二人，中书、门下通过的诏敕，经皇帝裁定交尚书省贯彻。尚书省职责为执行，长官尚书令一人，副长官左、右仆射各一人。尚书省下辖吏、户、礼、兵、刑、工六部长官尚书，六部分理各种行政事务，每部又领四司，计24司。从唐太宗开始，皇帝任用宰相的范围扩大了，宰相成员增多，既便于集思广益，又使之互相牵制，避免出现权臣专权。吐蕃其官有大相曰论茝，副相曰论茝扈莽，各一人，亦号大论、小论；都护一人，曰悉编掣逋；又有内大相曰曩论掣逋，亦曰论莽热，副相曰曩论觅零逋，小相曰曩论充，各一人；又有整事大相曰喻寒波掣逋，副整事曰喻寒觅零逋，小整事曰喻寒波充：皆任国事，总号曰尚论掣逋突瞿。① 吐蕃王朝时期，松赞干布效仿唐朝制定的识别各级官员品位高低的制度，建立了吐蕃告身制度。吐蕃告身包括玉、金、颇罗弥（金涂银或金饰银上）、银、铜、铁等6种物质制成的章饰挂在臂前，用以区别官吏的贵贱高下，再按大小各分12级。吐蕃社会授予告身通常要举行君臣议事会或会盟仪式。

吐蕃藏王陵墓制度主要受到中原唐朝陵墓制度的影响 其主要表现有这样几个方面：第一，吐蕃陵墓在布局上以赞普陵墓居中或居于陵园中显著位置，在其周围按照一定规制安排不同级别的贵族和高级官员陪葬墓的基本格局，完全取法于汉唐中原陵墓制度；第二，陵墓形制以四方形或梯形的封土形制为贵，也是汉唐以来中原地区帝王陵墓“方上”之制的直接翻版；第三，在陵墓中设置石碑、石狮等陵园附属建筑，形成与地下陵墓相辅相成的陵园地面标志的做法，也是受到汉唐陵墓制度的影响；第四，吐蕃藏王陵园中发现的石碑具有龟形碑座，碑身及两侧浮雕有云中升龙的图案，“这种立碑刻字并使用龟形碑座的做法，无疑是当时由内地传入的”。从文献记载的史料来看，吐蕃与唐王朝有着十

① 《新唐书》卷二一六，吐蕃传。

分密切的关系，使节往来频繁，有的吐蕃使节曾亲自参加过唐代皇帝的葬礼，所以在本民族的丧葬礼制上完全有可能吸纳融合唐代陵墓制度的诸多因素，虽然在某些细节方面（如石狮的形态、墓碑上的其他纹饰等）可能也受到其他地区或民族的影响，但就吐蕃王陵的总体文化面貌而言，主要受到汉地唐朝影响。[①]

中原医学和天文科技影响吐蕃　7世纪，文成公主入藏，带来四百零四种病方，五种诊断法，六种医疗器械以及四种医学论著如《门介钦莫》（即《医学大全》）等。8世纪，金城公主入藏时又带来了许多医药人员和医学论著，并把其中一些著作译成了藏文，如《索玛拉扎》（即《月王药诊》）等。

唐蕃体育和风俗文化交流　汉文史料记载，初嫁吐蕃"（文成）公主恶其人赭面，弄赞（松赞干布）令国中权且罢之，自亦释毡裘，袭纨绮，渐慕华风"。[②] 说明是松赞干布开启了接受唐朝风俗文化的历史大幕。文成公主进入吐蕃时，除了带去佛经文献和工艺技术之外，也带去了唐朝宫廷的生活方式和饮食习俗，包括烹饪、占卜等，藏历即吸收了来自中原内地的五行八卦理论，以白、黑、绿、黄、红等颜色标识不同年份，对占卜和风俗禁忌产生深刻影响。

唐朝宫廷音乐传入吐蕃　拉萨大昭寺的《文成公主进藏壁画》，展现了当时吐蕃流行的各种乐器，诸如琵琶、笛子、唢呐、哔旺、扎年、长鼓，以及藏族传统的高低达玛皮鼓等多种乐器。其中不少是文成公主带往西藏的。金城公主出嫁，皇帝赠以锦缯、杂伎百工和龟兹乐。说明初嫁吐蕃的两位公主都十分喜欢音乐，也都将中原乐器，乃至乐队带到了吐蕃。汉文史料还记载：武则天时期（690—705年在位），吐蕃遣使论弥萨等人求和，武则天宴之于麟德殿，奏百戏于殿庭。论弥萨曰：

① 霍巍：《考古学所见西藏文明的历史轨迹》，《民族研究》2010年第3期。

② 《旧唐书》卷一九六，吐蕃传。

"臣生于边荒，由来不识中国音乐，乞放臣亲观。"武则天皇帝许之。于是论弥萨等相视笑忭拜谢曰："臣自归投圣朝，前后礼数优渥，又得亲观奇乐，一生所未见。自顾微琐，何以仰答天恩，区区褊心，唯愿大家万岁。"① 吐蕃宫廷的唐朝音乐文化一直保持下来，到唐穆宗长庆年间（821—824），唐朝与吐蕃会盟，在长安（今陕西西安）和唐蕃交界地区树立石碑之后，刘元鼎一行来到吐蕃首府拉萨会盟立碑，并感受了唐朝宫廷的音乐盛宴，史书记载："唐使者始至，给事中论悉答热来议盟，大享于牙右，饭举酒行，与华制略等，乐奏《秦王破阵曲》，又奏《凉州》《胡渭》《录要》、杂曲，百伎皆中国人。"② 说明唐朝音乐文化对吐蕃的影响始终存在。

汉文典故丰富吐蕃文史内容 汉文史学名著《史记》中毛遂自荐的故事被翻译为藏文，并被改编成吐蕃历史内容。《史记》卷七十六《平原君虞卿列传》记："秦之围邯郸，赵使平原君求救，合从于楚，约与食客门下有勇力文武备具者二十人偕。平原君曰：'使文能取胜，则善矣。文不能取胜，则歃血于华屋之下，必得定从而还。士不外索，取于食客门下足矣。'得十九人，余无可取者，无以满二十人。门下有毛遂者，前，自赞于平原君曰：'遂闻君将合从于楚，约与食客门下二十人偕，不外索。今少一人，原君即以遂备员而行矣。'平原君曰：'先生处胜之门下几年于此矣？'毛遂曰：'三年于此矣。'平原君曰：'夫贤士之处世也，譬若锥之处囊中，其末立见。今先生处胜之门下三年于此矣，左右未有所称诵，胜未有所闻，是先生无所有也。先生不能，先生留。'毛遂曰：'臣乃今日请处囊中耳。使遂蚤得处囊中，乃颖脱而出，非特其末见而已。'平原君竟与毛遂偕。十九人相与目笑之而未废也。毛遂比至楚，与十九人论议，十九人皆服。"藏文 P. T. 1287

① 《旧唐书》卷一九六，吐蕃传。

② 《新唐书》卷二一六，吐蕃传。

号《赞普传记》第四章有一段与上文相似：“后，于达保地方，有已入编氓之民户谋叛。赞普（囊日松赞）与诸大论相聚而议降服达保王：谁人堪充任将军。时有名为参哥米钦者自告奋勇，应声而起，曰：‘不才堪充此任！’琼保·邦色曰：‘尔往昔曾充任此将军之职乎？若谓聪明俊哲之士有如毛锥，置于皮囊之中，尔出任悉囊纰巴一职，已经多年，吾未闻有人赞尔能胜此任者，尔实不堪当此大任也。’米钦曰：‘众人未曾称美于不才，信然！往昔，吾（犹如毛锥）未处于皮囊之中以露锋芒者，亦信然也。设若往昔，吾处于皮囊之中，别说锋刃外露，连锥柄以下早已出露于外矣，遑论锋刃?！……’后，赞普竟依米钦所请，授以征讨达保、抚绥编氓之将军之职。米钦乃克达保王，收抚达保全境。”①

另，敦煌卷子 P. T. 986 号是汉文《尚书》的译文，《礼记》等也被翻译为藏文。汉文典故中的中原礼仪对吐蕃礼仪文化产生了一定的影响。

唐蕃之间的民族融合　唐朝时期由于唐蕃双方经济文化联系频繁，人员交流密切，甚至通过军事占领和人口掠夺，造成了民族大迁徙，一部分汉人在唐朝战败后被迁徙到今西藏地方，或者在吐蕃占领河西、陇右等唐朝州郡之后成为吐蕃属民，其中不少人融合到吐蕃人之中。在双方友好时期随唐朝公主前往吐蕃定居的人也融合到吐蕃当中，甚至在20世纪50年代后期西藏民主调查中，学者们在今墨竹工卡县（甲马宗）的“哈龙书季谿卡”了解到，当地的领主据说是随文成公主进藏的贵族的后裔。甲马谿卡的主人索囊班觉对调查专家说：“我父亲是拉萨的市长，我家是唐代随文成公主进藏的官员。家中有文书，还记载此事，等我将来回拉萨，可以将文书拿给你看。”② 另一方面，也有为数不少的吐蕃人投奔或者迁徙到内地，融合到汉族和其他民族之中。吐蕃王朝瓦解后，大批随军到内地和其他民族聚居地区征战的吐蕃人，没有

① 王尧、陈践译注：《敦煌本吐蕃历史文书》，民族出版社，1992年。

② 《西藏藏族社会历史调查——刘忠老师访谈录》（4）。

返回今西藏地区，在形成今天四省藏族的同时，也有一部分融合到汉族和其他兄弟民族中去。

宋朝时期活动在青海、甘肃的青唐吐蕃政权大规模接受中原汉族文化 唃厮啰的孙子木征担任大首领，“教其子学汉字”。其子孙益麻党征，“世陶中国冠带礼仪，而性资忠孝，故‘惓惓臣节’。”[①] 宋朝皇帝赐姓名赵怀恩。上层贵族“不弃汉衣冠”，蕃汉杂居地区的吐蕃百姓“衣服言语略如汉人”。大中祥符八年，唃厮啰遣使来贡。诏赐锦袍、金带、器币、供帐什物、茶药有差，凡中金七千两，他物称是。[②] 青唐吐蕃积极主动学习宋朝中原汉族文化，宋朝不断扩大中原文化对河湟地区吐蕃的影响，以及双方密切的经济和文化往来，为扩大中华文化共同性基础产生了积极的影响。

3. 元朝各族文化的交相融汇

蒙古国书八思巴字 忽必烈建立元朝后，武功显赫，但是感到没有自己的文字是一大缺憾。遂命元朝国师八思巴创制蒙古文字，用以“译写一切文字”。八思巴依据其伯父萨班·贡噶坚赞原来的基础，完成了蒙古文字的创制任务并献给忽必烈，1269 年忽必烈颁诏推行全国。称“蒙古新字”，俗称八思巴字。八思巴字的字母表主要由藏文字母组成，也有少数梵文字母及新造字母。字母多呈方形。字母数目最初 41 个，后陆续增加，据现存资料归纳，包括各种变体有 57 个。现存八思巴字文献，拼写蒙语和汉语的碑铭各有二十余通。另有拼写蒙语的牌符、拼写汉语的官印、铜钱、钞币及其他文物。拼写藏、畏兀语等。传世抄本《蒙古字韵》是八思巴字与汉字的对照字典。《事林广记》所收《蒙古字百家姓》也为八思巴字、汉字对照。体现了古代藏族学者对国家政治统一和文化事业的巨大贡献，也是各族文化交流的突出成就。

① （宋）李石撰：《赵郡王墓志铭》，《钦定四库全书》之《方舟集》卷十六。
② 《宋史》卷四九二，吐蕃传。

元朝京城大都的藏传佛教寺院　元朝王室崇奉藏传佛教，在花费大批金印财物供奉西藏高僧，支持其在萨迦和西藏其他地区兴建寺院的同时，也在北京新建或者改建了许多藏传佛教寺院，属于皇家大寺院的有位于今北京西直门外白石桥附近的大护国仁王寺，1270 年修建，1274 年竣工，1279 年设置大护国仁王寺总管府。另一个皇家寺院是大圣寿万安寺，位于今北京西城区阜成门内大街，即白塔寺。1271 年在原辽代旧寺遗址上新建，至 1288 年建成。这两座寺庙是元朝皇室从事法事活动的主要场所，居住有为数众多的西藏僧人。此外，京城其他藏传佛教寺院还有大天源延圣寺（北京昌平区卢师山）、大承华普庆寺寺（北京西直门内宝禅寺街）、西镇国寺（北京西直门外白石桥附近）、大承天护圣寺（北京西郊青龙桥西）、大天寿万宁寺（今北京地安门外鼓楼大街）、大崇恩福元寺（南镇国寺，在今崇文门外）等。①

忽必烈至元年间的法宝勘同　元世祖至元年间（1264—1294），忽必烈“见西僧经教与汉僧经教音韵不同，疑其有异，命两土名德对辩，一一无差。帝曰：‘积年疑滞，今日决开’”②。当时，忽必烈“谕释教总统合台萨里，召西蕃板底答（班智达）帝师拔合思八（八思巴）高弟叶琏国师、湛阳宜思、西天扮底答尾麻啰室利，汉土义学亢理二讲主庆吉祥，及畏兀儿斋牙答思，翰林院承旨旦压孙、安藏等，集于大都（今北京）大兴教寺，各秉方言，精加辩质。自至元二十二年（1285）乙酉春至二十四年（1287）丁亥夏，顶踵三龄，诠雠乃毕。”③ 由八思巴与汉、藏、维吾尔等族高僧及印度经师共同组织的团队，以藏文大藏经目录对勘汉文经藏，经过三年的努力完成了这项浩大工程，形成《至元法宝勘同总录》。该书对佛教经典目录、古代汉藏语音，以及古代藏族佛教等，均有重要价值，也是元代汉藏各族文化交流史上的盛

① 张羽新等：《藏族文化在北京》，中国藏学出版社，2008 年，第 31—49 页。

② 释庆吉祥等撰：《至元法宝勘同总录》（《至元录》）十卷。

③ 释庆吉祥等撰：《至元法宝勘同总录》（《至元录》）十卷。

举。元朝时期中原地区雕版印刷技术传入西藏地方，并用于刻印藏文大藏经，对后世多种版本藏文大藏经的形成，产生深刻的影响。

元朝京城北京的藏文佛经翻译活动 由于朝廷对藏传佛教的重视，以及大批兴建藏传佛教寺院，优礼僧人，元朝大都（北京）藏文佛经翻译成果丰硕，很多精通藏文的内地汉族和维吾尔族僧人，与来自吐蕃的藏族僧人一起共事，掀起各族僧人共襄佛法盛举热潮。维吾尔族国师必兰纳识里，“其所译经，汉字则有《楞严经》，西天字（梵文）则有《大乘庄严宝度经》《乾陀般若经》《大涅槃经》《称赞大乘功德经》，西番字（藏文）则有《不思议禅观经》，通若干卷。”① 维吾尔族女上师舍蓝蓝居宫廷十余年“凡历四朝事三后”，利用皇后赏赐的财物在大都北京修建妙善寺，在五台山建普明寺，各置佛经一藏。“又以黄金缮写番字经《般若八千颂》《五护陀罗尼》十余部，及汉字《华严》《楞严》，畏兀字（维吾尔文）《法华》《金光明》等经两部。又于西山重修龙泉寺，建层阁于莲池，于吐蕃五大寺、高昌国旃檀佛寺、京师万安寺等，皆贮钞币，以给燃灯续明之费。又制僧伽黎衣数百，施番汉诸国之僧。其书写佛经，凡用金数万两，创寺施舍所用币数以万计。”② 另一位维吾尔僧人迦鲁纳答思，接受忽必烈皇帝的命令，跟随国师八思巴学法，先学会藏语藏文，“以畏吾（维吾尔）字译西天、西番（吐蕃）经论，即成，进其书。帝（忽必烈）命锓版，赐诸王大臣。”③ 以上几位维吾尔上师，均通藏语文，翻译过多部藏文佛经，舍蓝蓝还给吐蕃的五座大寺施供养，给包括吐蕃僧人在内的各族僧人制僧衣。

藏文大藏经的蒙古语译本 搠思吉斡节儿（Chos kyi hod zer 意为“法光”），元大德年间（1297—1307）曾拜喇嘛教萨迦派第五代祖师八思巴为师。仁宗朝为国师，精通蒙、梵、藏、畏兀儿等多种语言文字。

---

① 《元史》卷二〇二，释老传。

② 念常：《佛祖历代通载》，《大正藏》第四十九册。

③ 《元史》卷一三四。

将畏兀儿体蒙古字母分为元音、辅音两大类，加以规范，著有《蒙文启蒙》一部，除用蒙古语翻译过《五守护经》《十二因缘经》等佛经外，还把印度学者寂天的哲学著作《入菩提行论》译成蒙古文，并著《入菩提行疏》，开启藏文大藏经蒙译事业。

雕版印刷技术传入西藏　雕版印刷术是古代中国的四大发明之一，元朝时期全国统一，中原地区的雕版印刷术通过刻印佛经，传入西藏地方。八思巴的随从弟子辈，曾传来西藏造型艺术，并将内地雕版印刷术传入藏，对西藏地方的书籍刻印产生了巨大的影响。根据《萨迦世系史》记载，八思巴在往来内地与西藏的过程中，也曾经应请将内地刻印的全套经典捎带到西藏地区，为汉文佛教经典在西藏地区的收藏和传播拓宽了渠道，对内地与西藏文化交流起到促进作用。

京城白伞盖佛事的创立　元世祖至元七年（1270），启建白伞盖佛事岁以为常，请胆巴金刚上师住持仁王寺。[①]《元史》记载，至元七年十二月建大护国仁王寺于高粱河，并由皇帝下诏改定僧服色。根据帝师八思巴的建议，在大明殿皇帝御座上置一顶白伞盖，上面用素缎泥金书写梵字，用来镇伏邪魔，护安国刹。此后每年二月十五日，在大明殿启建白伞盖佛事，用诸色仪仗社直（元代村社迎神赛会中轮直扮演杂戏的演员），迎引伞盖，环游内外皇城，以为众生袯除不祥，导迎福祉。岁正月十五日，宣政院同中书省奏请，先期中书奉旨，移文枢密院八卫，拨伞鼓手一百二十人，殿后军甲马五百人，抬舁监坛汉关羽神轿军，及杂用五百人，宣政院所辖官寺三百六十所，掌供应佛像坛面幢幡宝盖车鼓头旗三百六十坛，每坛擎执抬舁二十六人，钹鼓僧一十二人，大都路掌供各色金门大社一百二十队，教坊司云和署掌大乐鼓、板杖鼓、筚篥、龙笛、琵琶、筝、蓁七色四百人，兴和署掌妓女杂扮队戏一百五十人，祥和署掌杂把戏男女一百五十人，仪凤司掌汉人回回河西三

① 《古今图书集成》释教部汇考卷第五。

色细乐每色各三队三百二十四人。凡执役者，皆官给铠甲袍服器仗，以鲜丽整齐为尚，珠玉金绣，装束奇巧，首尾排列，三十余里，都城士女，闾阎聚观。礼部官点视诸色队仗，刑部官巡绰喧闹，枢密院官分守城门，而中书省官一员总督视之。先二日于西镇国寺迎太子游四门，舁高塑像，且仪仗入城。十四日帝师率梵僧五百人，于大明殿内建佛事。至十五日，恭请伞盖于御座奉置宝舆，诸仪卫队仗列殿前，诸色社直暨诸坛面，列崇天门外，迎引出宫。至庆寿寺具素食，食罢起行，从西宫门外垣海子南岸入厚载红门，由东华门，过延春门而西。帝及后妃公主，于五德殿门外搭金脊吾殿彩楼而观焉，及诸队仗社直送金伞还宫，复恭置御榻上。帝师僧众作佛事，至十六日散，谓之游皇城。六月中，上京亦如之。[①] 游皇城的文化活动从元朝创立开始，历经明朝、清朝一直流传下来，已经是北京地方文化的一个组成部分，既显示首都文化的包容特色，也是各族文化融汇的结晶。

仿照内地城池建立的萨迦寺 萨迦南寺基本上仿照汉地古代城池样式，是具有很好防御性能的坚固城堡，护墙河至今仍依稀可辨。城堡内为殿堂僧舍。大经堂总面积5775平方米，正殿由40根巨大的木柱支撑直通房顶，最粗的木柱直径约1.5米，细的也有1米左右。其中前排中间的话根柱子，被称为四大名柱，即“元朝皇帝柱”（据传为忽必烈所赐）、猛虎柱（相传此柱由一猛虎负载而来）、野牛柱（相传此柱为一野牦牛用角顶载而来）、黑血柱（相传是海神送来的流血之柱）。

南宋末帝入藏学法 1276年赵㬎到了北京，忽必烈封其为瀛国公。1282年，赵㬎已经12岁，从北京被遣送到上都开平生活了6年。1288年，忽必烈“赐瀛国公赵㬎钞百锭”。“瀛国公赵㬎学佛法于土番”，其母全皇后被令出家为尼。赵㬎十九岁到西藏萨迦寺出家，得法号“合尊”，潜心学习藏文。不数年，赵㬎已经在藏佛界崭露头角，成为将汉

---

① 《元史·祭祀志》。

文佛典译成藏文的翻译家，还担任过萨迦大寺的总持，成为当时西藏的佛学大师，四处讲经、潜心研究佛学，一生如此。后来翻译了《百法明门论》，还有深奥的《因明入正理论》，在扉页留下了题字，自称“大汉王出家僧人合尊法宝”，被藏族史学家列入翻译大师的名单。《佛祖历代通载》有这一句：“至治三年四月，赐瀛国公合尊（lha btsun）死于河西（具体在河西的甘州，即今天甘肃的张掖），诏僧儒金书藏经。”他在西藏生活了35年。

藏传佛教信仰与艺术传入内地　《元代画塑记》记载：仁宗皇帝皇庆二年八月十六日，敕院使也讷，大圣寿万安寺内，五间殿八角楼四座，令阿僧哥提调某佛像，计并稟搠思哥斡节儿八哈失塑之，省部给所用物。塑造大小佛像一百四十尊：东北角楼尊圣佛七尊，西北垛楼内山子二座，大小龛子六十二，内菩萨六十四尊；西北角楼朵儿只南砖一十一尊，各带莲花座光焰等；西南北角楼马哈哥剌等一十五尊；九曜殿星官九尊，五方佛殿五方佛五尊，五部陀罗尼殿佛五尊，天王殿九尊；东西角楼四背马哈哥剌等一十五尊。大天寿万宁寺建于成宗大德九年（1305），阿尼哥塑“秘密佛”于其中，“京师创建万宁寺，中塑秘密佛像，其形丑怪，（卜鲁罕皇）后以手帕蒙覆其面，寻传旨毁之。”[①] 此后，传入内地的藏传佛教密宗双身修法造像被遮盖起来，以适应中原各族的文化习俗。

皇帝赏赐萨迦的珍贵宝物　萨迦寺的历史文物非常丰富，作为西藏地方和中央政府关系的历史见证，保存有元代中央政府给萨迦地方官员的封诰、印玺、冠戴、服饰；有宋元以来的各种佛像、法器、刺绣、供品、瓷器以及法王遗物等。其中年代悠久、制造精美、价值很高的文物有两颗印，一为玉质梵文印，一为铜质刻有汉、藏、蒙三种文字的三体印，上面刻有汉文“成化二十一年九月礼部造”字样。据不完全统计，

① 《元史》卷一一四，列传第一。

萨迦寺的各种佛像有两万多尊，其中很多系元、明以来的珍贵文物，其中铸有“大明永乐年施”款识的铜佛有数十尊。萨迦寺的镇寺之宝是当年忽必烈送给八思巴的一个黑木匣子，匣中有一只硕大的白皮书海螺，寺中僧人视其胜于生命，只有宗教吉日才开启木匣，捧出海螺由高僧吹奏。萨迦寺收藏的各种瓷器有2000余件，其中多为元、明时期的瓷器，也有少量宋瓷。唐卡和壁画是西藏寺院绘画艺术的两大奇葩，萨迦寺仅唐卡就存有3000余幅，其中宋、元、明时期的珍贵唐卡有360余幅。萨迦寺壁画记录了八思巴来往内地和西藏，在北京受封等场面。萨迦寺藏有萨班的袈裟一件，翠红金丝缎面、红绸里、绣花鞋一只，系内地制品，八思巴遗物有凉帽一顶，鞋三只，也系内地制品。此外，该寺还珍藏有多件元代武器，都是极为珍贵的历史文物。

中原风俗礼仪传入西藏 八思巴在与随从前往西藏的路上，特地将随同前往内地的格西及随行官员召集在一起，给他们讲解汉地的行走方式、饮食规矩，以及内地高僧大德举行法事的仪轨和教诫等。[①] 作为国师的八思巴身体力行地在内地和西藏之间，担负起文化交流的使者，将中原地区的礼仪风俗介绍给西藏地方的僧俗贵族。

中原历法影响西藏 藏历的历书上以霍尔月三月为开头，生活上以霍尔月正月初一为新年。所谓“霍尔月”的特点，专家总结有三点：以寅月为正月；以正、二、三等序数纪月；以朔为月首初一日。这三项本来是汉族的“夏正”的办法，藏历中大体接受了它，其闰月又与汉历不同，兼有印度历法和汉历两者的内容，但习惯称霍尔月。最迟在13世纪中叶，在八思巴用藏文撰写的著作中，已经在用时轮历纪月的方式之间夹杂有这样新的纪月方式。虽然其实质是汉族的夏历，但是藏族是在元代通过蒙古族皇帝的影响而引进的，所以称“霍尔月”。[②]

① 阿旺·贡噶索南著，陈庆英、周润年、高禾福译：《萨迦世系史》，西藏人民出版社，1989年，第126—127页。

② 黄明信：《藏历漫谈》，中国藏学出版社，1994年，第51—52页。

六体文字经文——元朝民族文化一统的象征　元朝时期中国历史上的又一次大一统，在宗教文化上留下深刻的印迹，用不同民族文字刻印同一部佛经是其中的一个缩影，保存在南京大报恩寺塔券门，北京真觉寺塔门、西山八大处大悲寺山门雕塑等的六体文字，居庸关券壁汉、藏、八思巴文以及西夏文、回鹘蒙文、阑札体梵文等六种文字刻写的《尊胜陀罗尼经》（Uṣṇīṣa Vijaya Dhāraṇī），以其禳灾延寿的吉祥寓意象征着一个和谐相处的多民族国家新纪元的开始。

龙图腾在西藏的确立　元代时期，汉地流行的苍龙信仰与形象通过在京都的密切的宗教文化交流，传入西藏地方并在藏传佛教艺术中固定下来，[①] 使汉藏民族有了共同的图腾，元上都宫殿石柱所见龙形象进入夏鲁寺护法殿壁画，并在藏传佛教图像中延续至今。

转经筒中的汉藏文化交流　《释门正统》塔庙志云："初梁朝善慧大士（傅翕玄风）愍诸世人，虽于此道颇知信向，然于赎命法宝，或有男女生来不识字者，或识字而为他缘逼迫不暇披阅者，大士为是之故，特设方便，创成转轮之藏。令信心者推之一匝，则于诵读一大藏经正等无异。"又据《傅大士集》卷一载："大士在日，常以经目繁多，人或不能遍阅，乃就山中建大层龛，一柱八面，实以诸经，运行不碍，谓之轮藏。乃立愿曰：'登吾藏门者，生生世世，不失人身：劝世有菩提心者，至诚竭力，能推轮藏不计转数，是人即与持诵诸经功德无异，随愿获益。'今天下所建轮藏，设大士像，实始于此。"宋代《营造法式》已有转轮藏作法："小木作制度六转轮经藏壁藏轮轮经藏：造经藏之制：共高二丈，径一丈六尺，八棱。每棱面广六尺六寸六分。内外槽柱，外槽帐身柱上腰檐、平坐，坐上施天宫楼阁，八面制度并同。其名件广厚皆随逐层每尺之高积而为法。"宋元时期，转轮藏传入日本，藏

① 罗勃著，谢继胜译：《夏鲁寺部分壁画的汉地影响及其所在文化情境下的政治寓意》《故宫博物院院刊》2007 年第 5 期。

地传入转轮藏并演变为转经筒当经历了一个漫长的时期。

西天梵像通过西藏传入中原 陶宗仪《南村辍耕录》卷二十四："刘元，字秉元，苏之宝坻人，官至昭文馆大学士、正奉大夫、秘书监卿。元尝为黄冠，师事青州杞道录。传其艺非一。而独长于塑。至元一年，世祖建大护国仁王寺，严设梵天佛像，特求奇工为之。有以元荐者，及被召。又从阿尼哥国公学西天梵相，神思妙合，遂为绝艺。凡两都名刹，有塑土范金，抟换为佛，一出元之手，天下无与比。所谓抟换者，漫帛土偶上而髹之，已而去其土，髹帛俨然像也。昔人尝为之，至元尤妙。抟丸又曰脱活，京师语如此。"①

八思巴邀阿尼哥中原传艺 阿尼哥是泥婆罗国（今尼泊尔）人，小时候聪明过人，稍微长大一点学习佛经，记忆力非常好，读绘画度量书籍《尺寸经》，过目不忘。后来精通绘画和雕塑，善于铸造金属佛像。元世祖中统元年（1260），命帝师八思巴在吐蕃修建黄金塔，泥婆罗国选工匠一百人前往，结果只找到 80 人。阿尼哥当时只有 17 岁，自动请缨，别人嫌弃他年龄小，他回答说："年幼心不幼也。"到吐蕃，八思巴一见就发现他极有天赋，便命监督该项工程。次年黄金塔建成该返回时，帝师八思巴劝他前往朝廷，并将他收为弟子，剃度出家，随八思巴到了大都（今北京）朝觐皇帝。帝视之久，问曰："汝来大国，得无惧乎？"对曰："圣人子育万方，子至父前，何惧之有。"又问："汝来何为？"对曰："臣家西域，奉命造塔吐蕃，二载而成。见彼土兵难，民不堪命，愿陛下安辑之，不远万里，为生灵而来耳。"又问："汝何所能？"对曰："臣以心为师，颇知画塑铸金之艺。"帝命取明堂针灸铜像示之曰："此宣抚王楫使宋时所进，岁久阙坏，无能修完之者，汝能新之乎？"对曰："臣虽未尝为此，请试之。""至元二年，新像成，关鬲脉络皆备，金工叹其天巧，莫不愧服。凡两京寺观之像，多出其手。

---

① 陶宗仪：《南村辍耕录》卷二十四。

为七宝镔铁法轮，车驾行幸，用以前导。原庙列圣御容，织锦为之，图画弗及也。至元十年，始授人匠总管，银章虎符。十五年，有诏返初服，授光禄大夫、大司徒，领将作院事，宠遇赏赐，无与为比。”死后，赠太师、开府仪同三司、凉国公、上柱国，谥敏慧①。

阿尼哥在中原地区培养了不少弟子，刘元是比较有代表性的一位。刘元曾经随阿尼哥学西天梵相，称绝艺。忽必烈至元年间，大都北京和上都开平的著名寺院的雕塑、金属铸像，大多出自刘元之手，神思妙合，天下称赞。上都三皇造像尤其传神，有故人神韵，被行家认为是展现出三圣人的精妙处。皇帝两次将宫女赐给刘元做妻子，很受恩宠。元仁宗曾经颁布圣旨，没有皇帝命令不许刘元为人另造神像。后来大都北京南城修建东岳庙，刘元为造仁圣帝像，亦颇有帝王气度，旁边的侍臣像，反复思考后以唐朝宰相魏征像为蓝本，深受赞叹。② 不过，他所绘制的西藏佛像多属于密宗，一般人很难看到。刘元及其雕塑、铸造艺术的成就，恰恰是受西藏地方艺术，特别是尼泊尔风格艺术影响的产物，受益于国内民族文化和中外文化交流。

4. 明朝内地与西藏的文化联系

永乐版藏文大藏经的刻印　现存最早的刻本藏文大藏经《甘珠尔》是明永乐八年（1410）明成祖朱棣为他去世的妃子徐氏追荐冥福，派专使入藏，将藏文《大藏经》手抄本带回南京，下令将其制成铜印横版，邀请藏传佛教噶玛噶举派第五世噶玛巴活佛德银协巴任刊本总纂，敕令在南京灵谷寺刊刻的。印制红油墨楼梯折叠式的巨著《甘珠尔》经文后，永乐帝为《大藏经》御制了序文，并将此经分别赏赐给萨迦巴、噶玛巴、宗喀巴及释迦也失。赏赐给释迦也失的那套封面上写有金字汉、藏文对照目录标题。用朱砂刊印的 108 函北京版藏文《甘珠尔》

---

① 《元史》卷二〇三，阿尼哥。

② 虞集：《刘正奉塑记》，《虞集全集》，天津古籍出版社，2007 年。

(现有105函)是第一部用雕版印刷术印制的藏文大藏经，至今保存在拉萨色拉寺。

甘丹寺收藏有明永乐皇帝赠赐的24幅唐卡，用纯金汁书写而成的藏文《大藏经》中的整套《甘珠尔》佛经，由十六罗汉和四大天王等组成的整套二十四幅的缂丝唐卡“唐绣”，其中二十四幅要展示三周，形成了该寺一年一度规模盛大的“甘丹绣唐节”。明永乐年间朝廷赍赐的鎏金铜菩萨像也非常精致。据说色拉寺内还珍藏着明朝皇帝赐给的十八尊檀香木雕刻的罗汉等。

茶马贸易与文化传播 明成祖说过：“古者掌兵政，谓之司马，问国君之富，数马以对。是马于国为最重。”[①] 马既是当时明朝应对蒙古瓦剌部南进的工具，也是中原地区农民耕田犁地，以及运输的重要依靠，意义重大。中原与西藏和其他藏地的贸易，自然最看重马。藏族百姓宁可三日无粮，不可一日无茶，对茶叶的依赖既深又重，最看重的无疑是茶叶。茶马贸易成为两地贸易核心实属必然。但是，两地人民之间的贸易往来又不限于此。永乐三年二月，“四川布政司言诸番以马易茶，例禁夹带私茶、布帛、青纸等物出关。”皇帝并未禁止，而是为之放行。[②] 汉族商人输入藏族地区的商品，除了大宗茶叶之外，还有食盐、布帛、缎匹、瓷器，铁锅、铜器及其他杂货；藏族地区输出的商品除了马匹之外，还有耕畜、药材、佛像、皮毛及其他山货。《环宇记》记载：“黎州蕃部与汉人博易，不使见钱。汉用纳绢茶布，番用红椒盐马。”[③] 内容是相当广泛的。

明朝初年规定每三年朝贡一次，每次入贡人数不得超过150人，到了成化年间却增到400多人，最多增至1500多人。弘治年间（1488—1506），每次入贡人数竟增至3800余人，贡期也一年骤增到2至3次，

① 顾炎武：《天下郡国利病书》卷五十九，《陕西五》。

② 《明史》卷八〇，食货志·茶法。

③ 《明经世文编》卷一一五，杨一清：《为修复茶马旧制以抚驭番夷安靖地方事》。

朝贡实际发展成大规模的团体贸易。他们把藏地的牲畜、皮毛、药材、藏绒、藏香、佛像、舍利、卷轴画等土特产品和宗教工艺品，作为贡物带到内地，又把朝廷赏赐的金银、彩缎、布匹、瓷器、茶叶、粮食以及各种生产、生活用具带回藏族地区。

入贡的西藏僧俗人员还把内地先进的生产工具、科学技术和文化艺术带回西藏，同时又把西藏特有的土特产品、民族技艺、佛教经典文化与艺术传入内地。从史料记载来看，西藏和其他藏地给朝廷带来的礼物，除了马匹之外，还包括佛舍利、佛像等宗教纪念品；各种颜色的氆氇和其他精美的毛纺织品，诸如铁哩麻、足哩麻、硼砂、犀角、酥油、驼、牦牛皮毛、藏香、药材、盔甲等当地土特产品。在大宝法王的来文中提到，进贡红氆氇一百副，紫氆氇五十副，黄氆氇五十副，红铁哩麻五十副，白铁哩麻五十副的礼单。他们来到首都住在会同馆，照例受到一次丰盛的国宴款待。朝廷回赏的物品，除了大宗的茶叶之外，还包括丝绸、生绢、麻棉制品、粮食、食盐等生活用品，印经、写经的纸张等。明中叶以前还赏给金、银、纸钞等；对于僧人，再加上镀金铜佛像、镀金铜铃杵、响铜钹、袈裟、帽靴、袜子等法器法衣，回赏的物品往往是进贡礼品的数倍。[①] 同时在朝贡之外，使者还会使用自带的金银在返回途中与沿途官员、军人和民间的店铺、商人从事交易，得到更多的茶叶、药材、铜铁器、瓷器，寺院僧人还要购买金箔、颜料、瓷器、木器、乐器等。[②] 以供修建寺院或者法事活动之用。有力促进了两地的文化交流，特别是通过商业贸易的方式增强了中原文化对西藏和其他藏地的辐射力，扩大了西藏文化对中原地区的影响力。

西藏僧侣云集京城，明朝诸帝广建藏式佛塔　明朝初年招抚西藏地

---

① 《元以来西藏地方与中央政府关系档案史料汇编》(2)，中国藏学出版社，1994 年，第 146—209 页；吴均《从‘西番观来文’看明朝对藏区的管理》，《藏族学术讨论会论文集》，西藏人民出版社，1984 年。

② 吴均：《从‘西番观来文’看明朝对藏区的管理》，《藏族学术讨论会论文集》，西藏人民出版社，1984 年。

方政教首领归附新朝，嗣后应召入觐者络绎不绝、相望于道。随着西藏高僧大德的纷至沓来，京城的很多寺院如大隆善护国寺、大能仁寺、大慈恩寺、西域双林寺等都是藏僧云集，驻有成百上千的西藏僧人，王公贵胄热衷于修习密法，明宫英华殿、大善殿、洪庆殿，甚至皇帝寝宫都供奉藏传佛教佛菩萨及护法神像。明成祖朱棣崇信藏传佛教，迎请噶玛巴及大慈法王释迦也失、大智法王班丹扎释入宫，设坛场荐祀先皇。仁宗时建大能仁寺。明宣宗时，当时的藏传佛教寺院大慈恩寺、大隆善寺、大能仁寺和宝庆寺所居藏僧 1200 余人。玄宗建真觉寺，重建与藏传佛教艺术风格有关的旸山大觉寺、龙泉寺（潭柘寺）、大隆善寺、大慈恩寺，并重修元代白塔寺。正统后期修建西竺寺，代宗景泰年间建大隆福寺。宪宗迷恋“秘密教”，封授藏僧数百人，京城寺院藏僧至数千人，并开始在京城为圆寂藏僧法王建造灵塔，成化七年九月重建大隆善寺，修建真觉寺金刚宝座塔。武宗迷恋藏传佛教密法，建“豹房”，自封“大庆法王”，“建寺塑佛”，“武庙乐以异域事为戏，又更名以从其习。学鞑靼言，则自名曰忽必列；习回回食，则自名曰沙吉敖烂；学西番剌麻僧教，则自名为‘大宝法王领占班丹’。尝命工人作盈尺小画，上数层，画欢喜佛及供养物。所画佛如番僧披衣而坐者，盖即上自状。轴下横书正德十四年九月二十四日，大护国崇圣寺大宝法王领占班丹。字用金书，以此画施于近侍诸阉。”①

藏文史料高度评价了明朝皇帝，特别是明成祖对藏传佛教的重视。《新红史》称：“燕王皇帝掌政二十二年，此皇帝最初也曾派人迎请宗喀巴，但是未去。因此迎请了噶玛巴法王却贝桑波，萨迦巴贡嘎扎西，及色拉哇释迦也失等三人。随后他们依次被赐以封号，如来大宝法王，大乘法王及大慈法王。（此皇帝）又向尊者佛像献了衣服供物等。他崇敬汉藏僧人，据说其所赐器物，不可思议。此后‘宪宗’掌政四年。

① （明）蒋一葵：《尧山堂外纪》卷九十四·国朝“毅皇帝”。

宣德帝掌政八年，罕见的具善十六罗汉唐卡（dge ldan gyi thub pa gnas bcuvi thang ka 此处 gnas bcu 为 gnas rten bcu drug 的简称）就出现于此时。”① 这成为关注宗教活动的西藏史家津津乐道的内容。

汉文资料也大量记载了两地宗教文化交流频繁而密切的盛况 《日下旧闻考》称：“……众弟子菩萨戒，奉使西域，至天竺国及乌斯藏等处，宣传圣化，众皆感慕，相随入贡。比还再往，复率其众来朝。太宗念其勤劳，擢僧录司阐教，寻升善世，俾迎大宝法王。及还敷对多所见赞，赐图书国师冠金织袈裟禅衣诸物。仁宗诰封为圆融妙慧净觉宏济辅国光范衍教灌顶广善大国师，命居大能仁寺。宣宗敕有司度僧百余，与之为徒，建大觉寺以佚其老。上加封西天佛子，示寂于宣德十年六月，享年八十有八，僧腊七十有三。”② 《宸垣识略》记载：“西域寺在阜成关外马家沟，俗呼三塔寺，明宣德年建，为灌顶广善西天佛子大国师荼毗之所。其大弟子乌巴迪呢雅宝哩等建灰塔立寺，告成之日，赐名西域。”《日下旧闻考》卷九十七：“双林寺碑一，明万历四年工部右侍郎王槐撰，今存。佛殿三重，前二重本寺僧众居之，后殿奉玛哈噶拉佛，以处西域梵僧，别辟门于寺左侧。”③ 广建藏传佛教寺院，作为来到内地特别是京城的西藏僧人的安居之所，并厚赐礼重藏僧，成为朝廷的重要议事内容。

为了刊印藏文大藏经，明朝专门设立番经厂承担念经、印经和重要法事活动 《酌中志》记载：“番经厂，习念西方梵呗经咒。宫中英华殿所供西番佛像，皆陈设近侍，司其香火。其隆德殿、钦安殿香火，亦各有司也。……万历时，每遇八月中旬，神庙万寿圣节，番经厂虽在英华殿，然地方狭隘，于隆德殿大门之内跳步叱。而诵梵呗者十余人，而习学者数十人，各戴……绝不敢入殿，入则必有意外灾咎；食牛犬肉者

① 班钦·索南扎巴著，黄颢译注：《新红史》，西藏人民出版社，第 49—50 页。
② （清）于敏中等编：《日下旧闻考》卷九十六，北京古籍出版社，1981 年。
③ （清）吴长元辑：《宸垣识略》卷十三，北京古籍出版社，1981 年。

亦不敢入，盖亦颇著灵验，人不敢犯也。”[①]《日下旧闻考》亦载：“番经厂内官，遇万寿、元旦等节，于英华殿作佛事。卒事之日，一人扮韦驼，抱杵面北立，余披璎珞，鸣锣鼓吹海螺诸乐器，赞唱经咒。至夜，五方设佛会，立五色伞，数十人鱼贯行其间。有所谓九连环者，其行逾疾，至九连环变则体迅若飞鸟，观者目眩矣。”[②] 不仅在京城弘扬了藏传佛教，而且丰富了京城百姓的民间文化生活。

藏传佛教在内地的适应与变化 在藏传佛教造像初传汉地，汉人不能接受这些造像凶猛可怖或“淫亵”不雅的图像，明代开始为此类造像尤其是护法像和本尊像配置法衣，其后佛菩萨、祖师像同样配置佛衣，这种作法至清代成为仪轨定制，并将具有等级标志的朝服作为法衣，形成了藏传佛教金属雕塑（也有泥塑）配置法衣的传统。[③]

明初皇家作坊织画的系列大幅面唐卡，将藏地宗教题材结合汉地欣赏趣味创作，作品作为赏赐卫藏高僧的礼物流通到藏地，成为当地画师掌握汉地样式的粉本。大慈法王释迦也失（shakya ye shes）从北京带回的十六罗汉唐卡为14至15世纪开始在卫藏传播的罗汉图像提供了粉本，使得此类题材在藏地广为流传，成为明清之际藏传佛教造像的主要内容。吴长元《宸垣识略》记载：“万历二十九年，紫柏大师自五台来，夜梦十六僧请挂瓶钵，亭午有负巨轴售者，轴凡十六，贯休所画罗汉也。师叹异购之，各系以赞，传寺中。”[④] 清代章嘉活佛根据乾隆皇帝的旨意对十六罗汉图像进一步厘定规范，正式纳入达摩多罗和布袋和尚，形成了与汉地传承不同的藏传十六罗汉体系。[⑤] 乾隆皇帝《宋李公麟画十八罗汉》书轴题跋：“世俗相传十八阿罗汉，虽以苏轼之精通禅悦，亦未能深考博究。尝咨之章嘉国师，知西域止有十六应真，又别有

① （明）刘若愚：《酌中志》卷十六。
② 于敏中等编：《日下旧闻考》卷三十九。
③ 谢继胜：《元明清北京的藏传佛教艺术的形成与发展》，《中国藏学》2011年第1期。
④ 吴长元：《宸垣识略》卷九。
⑤ 谢继胜：《元明清北京的藏传佛教艺术的形成与发展》，《中国藏学》2011年第1期。

降龙、伏虎二尊者，亦得称罗汉。”

5. 清朝西藏与内地的文化交流

达赖喇嘛和班禅额尔德尼等进献丹书克和朝贡的物品 “丹书克”，原是长寿永生、久住世间的吉祥语，引申为庆贺礼。是清代西藏地方的达赖喇嘛和班禅额尔德尼等活佛、贵族向皇帝呈递的一种公文形式，内容包括奏书、请圣安奏书、谢恩奏书、祈祷奏书等。凡皇帝即位、皇帝及皇太后寿辰等喜庆典礼，西藏地方上层一般遣使者进京呈递丹书克，以示祝贺。达赖、班禅坐床，也分别遣使者向皇帝呈递丹书克，叩谢天恩。与此同时，达赖喇嘛和班禅额尔德尼等均定期不定期向朝廷贡献礼物，品种多为金银或者地方土产。例如，1682 年，五世达赖喇嘛在接受皇帝赏赐之后，即派人进京奉表请安，并随表奉上礼品包括：蓝红黄三色念珠各一串、蓝氆氇二十五匹、白氆氇十六匹、花氆氇十四、白花氆氇十三匹、黄花氆氇七匹、绿花氆氇十一匹、纯蓝氆氇十八匹、红氆氇九匹、紫红氆氇六匹、纯绿氆氇十六匹等。[①] 此次朝贡几乎是清一色氆氇贡品。实际上，达赖喇嘛和班禅额尔德尼进献皇帝礼品还包括藏香、藏杏、藏枣、珊瑚、蜜蜡、珠子、木碗、金丝缎、卡契绸、卡契布等。[②]

皇帝赏赐给达赖喇嘛、班禅额尔德尼等的物品 在达赖喇嘛和班禅额尔德尼朝觐之际，皇帝多赏赐以大量礼品，内容也十分丰富。以 1654 年顺治皇帝赏赐给五世达赖喇嘛的礼品就包括：银六百两、银鼎一、茶筒一、金盆一、缎子二十匹、玲珑雕鞍一、虎皮五、海獭皮五、茶叶四篓等。1780 年，乾隆皇帝仅一次就赏赐给进京朝觐的六世班禅额尔德尼：三十两重金曼陀罗（坛城）一个、三十两重银曼陀罗一个、

---

① 扎西旺堆编，王玉平译：《西藏历史档案公文选·水晶明鉴》，中国藏学出版社，2006 年，第 419—420 页。

② 《西藏志·卫藏通志》合刊，西藏人民出版社，1982 年，第 37 页。

金座瓷把碗一件、金水壶一件、金盒一件、金碟一件、金香炉一件、玻璃碗十件、玻璃盘十件、玻璃瓶十件、瓷碗十件、瓷盘十件、瓷瓶十件、玉鞍一副、哈达五百方。奉旨加赏：金五百两、绣珠九龙袍一件、大卷八丝缎九匹、经一份、绣佛像三轴、经衣二件、铁镀金钵一件、仿古螭鹿金樽一对、嵌松石金盒五件、青玉盖碗一件、铜缘丝珐琅把碗二件、雕漆圆盒一对、鼻烟四瓶、洋花缎二十匹、海龙皮九张、黑狐皮九张、黑豹皮九张、银鼠皮一千张、灰鼠皮一千张、羊皮一千张。[①] 赏赐物品包括金银、丝绸、茶叶、穿戴、日用器皿、宗教经典法器等等，带去的是物品，传达的是文化。

布达拉宫和桑耶寺甘丹寺的皇帝御赐等　布达拉宫顶层的帕巴拉康也叫观音殿，门楣上有块大匾，上书“福田妙果”四字，为清同治皇帝御笔。当今皇帝万岁万万岁牌位，是由藏、汉、满、蒙 4 种文字书写的金字长生牌位。公元 1722 年，康熙皇帝派员护送七世达赖喇嘛进藏坐床时赐予布达拉宫的。以后，历代达赖喇嘛每逢藏历年初一和皇帝生日，都要对此朝拜，行三拜九叩大礼。桑耶寺的大殿正门的门楣上曾经挂有清代皇帝所题“格鲁伽蓝”的匾额已佚，现在尚能见到大殿二门上的清代“大千普佑”匾额，长 2.92 米、宽 1.38 米，四周金龙框边，蓝地金字，可惜图章和落款均被毁掉。甘丹寺中有一文殊铜镜：通高 1.29 米，两面錾刻文殊坐像，像极优美生动；镜有华丽檀木圆雕镜座，雕刻精细，造型精美，传为第五世达赖时清顺治皇帝所赐之物。雍正十一年（1733），清世宗御赐寺名“永泰寺”。1757 年清代乾隆皇帝赐予该寺镶满金银珠宝、书有汉满蒙藏四种文字的盔甲。哲蚌寺最著名的是“强巴通真”（弥勒见得解脱）殿门上悬挂着一块汉文横匾“穆隆元善”，匾上刻有椭圆形篆字图章一枚，文为“大清道光丙午年孟秋印”；

---

① 中国第一历史档案馆、中国藏学研究中心合编：《六世班禅朝觐档案选编》，中国藏学出版社，1996 年，第 230—231 页。

后有图章两枚，一枚刻着“铁穆氏”三个字，另一枚刻着“琦善之印”四字，是时任驻藏大臣的琦善在他任满调离西藏的清道光二十六年（1846）7月刻制的。

北京版《甘珠尔》的刊印　是清康熙二十二年（1683）刊刻的朱印藏文《甘珠尔》。这是自明永乐版大藏经之后，第二部由官方修订的藏文大藏经，是清康熙帝为其母亲和祖母祈福禳灾而敕刻的，由第二世章嘉活佛担任总校阅。这部藏经校勘缜密、雕版精湛、豪华精美，具有极高的历史价值。北京版《甘珠尔》又叫做“嵩祝寺版”大藏经，因起初全部刻板均存放于北京嵩祝寺中而得名。

清廷翻译藏文大藏经和藏文经典　雍正初年、乾隆初年，皇帝命北京黄寺的一世土观活佛两次组织人员将藏文大藏经《甘珠尔》《丹珠尔》翻译为蒙古文。还将藏文《造像度量经》《弥勒菩萨发愿王偈》《药师七佛供养仪轨如意王经》《白救度佛母赞》《释迦佛赞》等翻译为汉文。乾隆中期，又组织高僧学者将藏文大藏经《甘珠尔》《丹珠尔》翻译为满文。以《大藏经》为载体，各民族在北京开展了密切而深入的文化交流。

多民族语言辞书编撰　为了反映各族的大统一，以及方便各族文化交流，清廷专门组织各族专家编撰由满、蒙、汉、藏等文字组成的《四体清文鉴》和包含满、蒙、汉、藏、维吾尔文字《五体清文鉴》，以及《西域同文志》《辽金元三史语解》等大型民族语文辞书。

作为清廷御用家庙的雍和宫　在北京雍和宫，喇嘛除在寺内四学殿（扎仓）参加正常的佛教修习外，还必须担任到宫廷和其他御园进行佛事活动的“内课”，诸如：长年不断的每天向宫廷中正殿等处派僧人诵经；每月的初一、初八、十五、二十三等藏传佛教吉日进宫诵经；年节及帝、后登极，诞辰、忌辰等重大日子举行法事活动，以上活动雍和宫每次派出僧人少则几十人，多则数百人。据《大清会典》资料统计，仅“内课”经差一项就达41种之多。此外，雍和宫的僧人还要担任皇帝离京外出时进行佛事活动的“随营”职责。

作为京城北京多民族文化交汇点的雍和宫 乾隆九年（1744），雍和宫改为喇嘛庙，特派总理事务王大臣管理本宫事务，无定员。雍和宫的檀木大佛就是万福阁的曼达拉佛，是雍和宫的木雕三绝之一。这尊巨佛是用一棵白檀树的主干雕成的，高 26 米，地上 18 米（地下埋有 8 米），直径 8 米，全重约 100 吨，是中国最大的独木雕像。1750 年乾隆帝授权七世达赖喇嘛管理噶厦，达赖喇嘛为报答“浩荡皇恩”，用大量珠宝从尼泊尔换来这棵巨大的白檀树。由西藏经四川，历时三年之久运至雍和宫。时任雍和宫住持的第三世章嘉若必多吉活佛向乾隆皇帝推荐了数位藏地的格鲁派活佛，参与雍和宫的宗教事务。僧人必须从蒙古四十九旗、喀尔喀七部及汉藏地区聪明的青少年中选送。《雍和宫导观所》中记载：“各该扎萨克拣十五岁以上，十八岁以下已出痘者于每年年终派员引送到京，一面赴部投文，一面往该庙守候，听凭验收。限次年开印之日，由掌印呼图克图逐一验看岁数，合格者即交该宫扎萨克喇嘛收留，倘以年岁不合，或有疾病及无籍匪徒希图滥竽充数者，均不收留，仍交原送官员带回，并将该旗应负责任之扎萨克报部议处。”经过如此认真的挑选，再经过在雍和宫多年的学习和苦修，一大批“尊国政、知举止、谙例律”，“或在京掌教，或赴藏办事”的藏传佛教人才脱颖而出，在多民族文化交流中发挥了桥梁纽带作用。

京城的藏传佛教艺术交融 北京故宫雨花阁的唐卡陈设体现了密教修习的次第，梵华楼供奉的琉璃珐琅喇嘛塔与千百计的金铜像试图构架藏传佛教完整的神灵系统，清代编纂的若干藏传佛教神灵图像集、造像量度经更将这些造像体系化、规范化，透露出高度中央集权的封建大国的国家组织与运转体系的趋同性。藏族地区腹地，尤其是卫藏地区的格鲁派大寺院，同样通过大量的壁画和唐卡，生动细腻地描绘了高僧大德在北京的活动，并较为完整地记录了清代北京的社会生活，与北京的藏传佛教美术遗存反映的内容遥相呼应，成为描绘清代北京藏传佛教及其艺术场景的重要图像遗存。这些壁画和唐卡大多伴有藏文榜题，详尽而细致地记载了清代北京的街道、官衙、楼阁、园林和寺庙。[①]

藏族僧人和文人笔下的北京城　青海佑宁寺第三世土观活佛却吉尼玛描绘颐和园美景时写道：园中平地、山岗和湖边，树荫遮覆，像天生处处亭楼，珍宝堆聚，巧修成座座宫殿，神力人工，在这里比美竞秀。[②]《噶锡家族史》《六世班禅传》《章嘉国师传》等藏文史书都对北京城有刻画描写，记载了北京的故有风情，也向藏地僧俗官民传递了京城的自然与人文气息。

承德须弥福寿寺　在承德市避暑山庄之北、普陀宗乘庙以东。清乾隆四十五年（1780）仿日喀则扎什伦布寺而建。据《高宗御制须弥福寿之庙碑记》载，乾隆皇帝70岁生日时，后藏政教首领班禅额尔德尼六世，长途跋涉到承德贺寿，乾隆命人仿班禅驻地日喀则的扎什伦布寺，为班禅建一行宫。这座庙自山脚顺山势向上延伸，气势雄伟。主体为3层高的大红台，中央是一座重檐大殿，名妙高庄严殿，俗称金瓦殿，是庙中最大的殿，殿顶用鎏金铜瓦铺盖，四脊上有8条金龙。大红台东南有东红台，西有吉祥法喜殿，为班禅寝殿，重檐歇山顶鎏金瓦顶。殿北有金贺堂和万法宗源殿，是班禅弟子的住处。再北有八角七层琉璃万寿塔，塔周有围廊，底层正南辟门，余各面皆有浮雕菩萨像，二层有八角平座及石栏杆。塔周有九间楼、罡子殿、单塔白台等建筑。这座庙可算是藏汉建筑艺术结合的一个典范。[③]

五台山与藏传佛教　五台山被认为是文殊菩萨的道场，在西藏的僧众心目中具有崇高的位置，吐蕃时代就曾派使者来唐朝求“五台山

---

①　谢继胜、贾维维：《元明清北京的藏传佛教艺术的形成与发展》，《中国藏学》2011年第1期。

②　陈庆英：《土观·却吉尼玛及其“颐和园礼赞”》，《藏学研究文集》，民族出版社，1985年。

③　谢继胜、贾维维：《元明清北京的藏传佛教艺术的形成与发展》，《中国藏学》2011年第1期。

图”，元朝时期帝师扎巴沃色（1246—1303年，乞剌斯八斡节儿，grags pa vod zer）和胆巴国师都曾到过或者掌管这里的寺院。明朝册封的大宝、大乘、大慈三大法王均亲礼五台山。清朝时期，康熙帝“三诣灵山（五台山）”；乾隆帝朝拜五台山的次数最多，即“六巡台怀”；清初，将部分青庙改为黄庙之初，藏传佛教寺内的僧人主要是“汉族喇嘛”，中期则逐渐以“藏族喇嘛”为主，少数是蒙古族和汉族僧人。清朝中晚期，黄庙之内蒙古族僧人渐占多数。僧人学经常常是汉文、藏文、蒙古文皆通，寺内佛塔、墓塔也是汉文、汉藏、汉藏蒙古等多体题记共存。[①] 五台山是古往今来中国多民族宗教文化的汇聚和交流之地。

明清时期汉、藏、蒙古因佛教造像而形成一个关联的体系：供奉在拉萨大昭寺的释迦牟尼等身像是文成公主携入西藏，这件来自汉地的释迦像是整个藏地最灵验的佛像；蒙古人信仰藏传佛教，在呼和浩特建立了与拉萨相同的大昭寺，虽供奉释迦牟尼，但他们更信仰雍和宫等源自汉地传承的旃檀佛，前往北京朝佛就如同远赴印度朝圣，其间的变化折射出背后的政治因素。北京旃檀佛自金元时流传有序，最初置大圣寿万安寺，“幸大圣寿万安寺，置旃檀佛像，命帝师及西僧作佛事坐静二十会”[②]。康熙初年，修建弘仁寺供奉。大昭寺释迦牟尼佛像成为西藏最灵验的佛像的过程是汉藏在政治、宗教、文化等各个方面联系逐渐深化的一个形象说明，汉藏佛教艺术的变化和发展与我国多民族国家的构建具有一致性，是同步进行的。清代的北京则将北海永安寺格鲁派的大威德金刚作为京城的保护神，如同元代的阿尼哥大塔，“北海白塔”再次成为我们都城的象征。[③]

京城的藏文化印迹 明代中后期藏传佛教信仰、藏传佛教艺术品的

---

① 黄颢：《五台山与藏传佛教》，《中国民族报》2003年9月19日、9月26日。

② 《元史》卷十五，本纪第十五。

③ 谢继胜、贾维维：《元明清北京的藏传佛教艺术的形成与发展》，《中国藏学》2011年第1期。

创作经过数百年的积淀已经渗入了北京普通人的生活，由皇室贵胄主导的信仰偏好转为庶民百姓的社会风尚。天顺年间，有藏僧“短发衣虎皮，自称西天活佛弟子，京城男女礼拜者盈衢”[①]。此外，明代藏传佛教及其艺术更以体系化的藏传佛教寺院在北京的城市文化与经济中心形成规模，众多来自藏地的僧人穿行皇室上层与社会基层之间，将这种宗教及其艺术的影响扩大到整个社会层面。北京民谣《正月正》提到的“四月四，结伴去逛隆福寺”，“八月八，阜成门内走白塔”正是这种文化影响的写照。西藏艺术及其装饰成为明代京城的主流审美倾向，八吉祥、八瑞相、仰覆莲花座、六拏具成为王室与庶民百姓喜爱的流行装饰图案。《酌中志》记载：“自年前腊月廿四日祭灶之后，宫眷内臣，即穿葫芦景补子及蟒衣。各家皆蒸点心储肉，将为一二十日之费。三十日，岁暮，即互相拜祝，名曰‘辞旧岁’也。大饮大嚼，鼓乐喧阗，为庆贺焉。门旁植桃符板、将军炭，贴门神。室内悬挂福神、鬼判、钟馗等画。床上悬挂金银八宝、西番经轮，或编结黄钱如龙。”[②] 丝织品、日用瓷器、木器家具、书籍插图都带上了藏传佛教的图案或装饰文字，八吉祥图案之一的吉祥结成了汉地流行的“中国结”。[③]

玄奘《大唐西域记》被蒙古学者翻译为藏文　工布查布（mgon-po-skyabs，亦译作贡布加），蒙古乌朱穆沁部人。幼时承康熙帝鞠育之恩而为仪宾（即外事官员），曾拜班智达席力图国师为师，精通蒙古文、汉文、藏文、满文，得到雍正帝赏识，担任西番学总理。乾隆年间完成了名著玄奘《大唐西域记》的汉译藏工作，[④] 另外还著有《汉区佛教源流记》《蒙藏合璧大词典》等。由蒙古学者将汉文历史和地理名著翻译为藏文，是清代中国多民族文化交流中的一件盛事。

---

① 《明英宗实录》卷二九九，天顺三年正月辛卯条。

② 《酌中志》卷二十。

③ 谢继胜、贾维维：《元明清北京的藏传佛教艺术的形成与发展》，《中国藏学》2011 年第 1 期。

④ 王尧：《〈大唐西域记〉藏译本及译者工布查布》，《法音》2000 年第 12 期。

清朝西藏地方的关帝崇拜 相传关公成为藏传佛教崇拜的对象，始于明朝时期噶玛噶举派黑帽系第五世噶玛巴得银协巴（1384—1415），他从内地带回汉传佛教的护法神“伽蓝尊者”关公，在楚布寺供修，僧众称关公为“噶玛汉神”。根据《章嘉国师若必多吉传》记载，乾隆元年（1736）三世章嘉国师从西藏返回北京途经四川襄陵山下时，夜梦被一位红脸大汉请到山上大宅，并告诉他：“从此向东的汉地都归我管辖，供养我的人在藏地也有不少，尤其是后藏的一位年迈的高僧，一再供养我，因此我应该护持你返回北京，明日的路上你会遇到一些小小的障碍，不过不必担心，我会帮助你遣除而不会有大的损害的。”① 后果然如此。此后章嘉国师还患疑难病症，多方治疗无法祛除，后亦得到红脸关公的帮助，获得痊愈。于是章嘉国师在七世济咙活佛·洛桑丹贝坚赞（1708—1759）的鼓励下撰写了《关老爷之祈供法》的赞文，并多次供养关羽。② 章嘉呼图克图的弟子土观·罗桑却吉尼玛也著有《三界伏魔关云长之历史和祈供法——激励事业雨流之雷声》的供养文，藏文称关云长为“sprin ring rgyal po”（云长大帝），土观活佛还说关云长就是藏传佛教中马头明王眷属中的红面狱主（大红司命主）等，而历代班禅都以大红司命主为中央护法神，并加以供奉。③《东噶藏学大辞典》中说：“彭瓦日（帕玛日）拉萨药王山西面的犹如母虎入穴的小山上有个汉式寺庙，这就是祷祀汉族历史上的武将关云长的地方。平时人们都叫格萨尔拉康，但事实上不是格萨尔而是汉地的关帝。……卓尼第巴格桑朗杰和李三唐等人作为工匠，汉藏石木工匠共同用6个月的时间修建了这座寺庙。中间神殿里是关云长主从塑像，背面的神殿里有文

① 土观·罗桑却吉尼玛著，陈庆英、马连龙译：《章嘉国师若必多吉传》，中国藏学出版社，2007年，第85页。

② 土观·罗桑却吉尼玛著，陈庆英、马连龙译：《章嘉国师若必多吉传》，中国藏学出版社，2007年，第100页。

③ 才让：《藏传佛教中的关公崇拜》，《中国藏学》1996年第1期。

殊等塑像。寺庙建筑风格与周围环境和汉地的古代城楼相似。”[①]

乾隆朝大将军福康安主持修建了磨盘山关公庙，同时撰写了碑文，驻藏大臣和琳整修了拉萨扎什城（清代为演武厅和驻军之所）和日喀则关公庙，以感谢关公对清军作战的佑护，并祈求他永远保佑西藏边境的安全。乾隆五十七年（1792）清廷在派福康安大军驱除廓尔喀入侵者之后，在拉萨“文殊圣山上兴建尊胜的大寺院与汉地战神关云长作为护法神的三怙主殿。文殊殿与关云长庙三庄严为汉式，藏式的长寿法轮洲内殿、经堂等建造得犹如自然生成一般。”[②] 乾隆五十八年（1793）扎什城关公庙维修竣工，和琳亲笔撰写了关公庙碑文。三世章嘉国师撰写《关老爷之祈供法》将关公崇拜纳入藏传佛教的崇拜体系之中，并正式在北京雍和宫作为护法神供养，通过这里又传入到西藏地方。由西藏地方摄政八世济咙活佛意希洛桑丹贝衮波主持修建的拉萨关帝庙是西藏地方最早的关帝庙。[③] 清代《卫藏通志》中就有唐代西藏地区关公信仰的记载，这可能与文成公主进藏有关。藏族地区普遍建关公庙是在清乾隆晚年，一般是正殿供关公，后殿供格萨尔王。现乃东县的关公庙还保持着原来的面貌。当时在前后藏政治中心拉萨、日喀则以及定日、江孜等地和西藏的军事要塞、交通要道都建有关公庙，全藏的关公庙多达几十座。根据学者研究和考察“在甘青地区，藏传佛教吸收道教成分比较普遍。道教崇奉的关公、文昌帝君成为许多藏传佛教寺庙中的供奉对象。关公在清代初期已被正式引入到藏传佛教的神灵系统。安多地区藏族把关公看做四大天王中的南色天王，即藏传佛教中的财神，显然，这与当地汉族将关公看做财神供奉有关。”

江西人化作丹达山神　江西南昌人彭元辰（泉三），为参军。乾隆

---

① 《东噶藏学大辞典》，中国藏学出版社，2002 年。

② 洛桑赤列朗杰：《达擦活佛传》，木刻版，功德林寺院馆藏；加央平措：《关帝信仰与格萨尔崇拜——以拉萨帕玛日格萨尔拉康为重的讨论》，《中国社会科学》2010 年第 2 期。

③ 李德成：《雍和宫与藏传佛教关公信仰的起源》，《中国藏学》2014 年第 1 期。

十八年，转粮西域，道经丹达山，会大雪，人马陷深崖中，不能出，殉职。后来期待粮食的人找到，样子与活着的一样，人们将他埋葬在山上，报告朝廷，皇帝下令建立祠堂以示纪念，藏地百姓对其崇奉，号为“丹达王”，广立庙祀。相传往来行人都得到他的护佑，十分灵验。[①]《高宗实录》乾隆五十八年四月辛未（1793 年 5 月 18 日）条记载：“福康安奏：‘此次官兵赴藏，经过丹达山，均无阻滞，山灵助顺，请加封号，并颁悬匾额’等语。丹达山远在徼外，最为险峻，风雪不时，此次自军兴以来，官员兵丁调遣至藏，以及事竣凯旋，均当冬令，经过该处，得以安稳遄行，毫无阻滞，实为神庥佑助，灵应聿昭。允宜列在祀典，锡之封号。著封为‘昭灵助顺山神’，交该部载入祀典，春秋致祭，并颁去御书匾额，交驻藏大臣，饬令于山下旧建神祠敬谨悬挂，以答休应而示怀柔。”御书匾曰：“教阐遐柔”。

迁居北京的藏族与藏族文化深入北京 清朝乾隆时期，在平定四川藏地大、小金川的过程中，曾将其中的一部分藏族迁至京师，使之成为北京的永久居民。第一次是在乾隆十二年至十四年（1747—1749）的大金川之役后，这次迁京的主要是大金川的士兵和工匠，人数不过一二十人。第二次是在乾隆三十六年至四十一年（1771—1776）的小金川之役结束之后，这次迁京的约计 200 人，主要是士兵和男女艺童。这些迁京的大小金川藏族被安置在香山附近，编为一个佐领，隶属于内务府正白旗。[②] 艺童则供奉于宫廷，把藏族音乐歌舞带进了清宫。《清史稿》记载：“高宗平定金川，获其乐，及后藏班禅额尔德尼来朝，献其乐，均列于宴乐之末，是为番子乐。金川之乐：曰阿尔萨兰，曰大郭庄，曰四角鲁。用得梨一，柏且尔一、得勒窝一。得梨，似苏尔奈而小。柏且尔，范铜二片，圆径六寸，中隆起，穿孔贯𬘓，左右合击。得勒窝，

① 王川：《清及民国时期西藏地方的丹达神崇拜》，《中国边疆史地研究》2003 年第 1 期。

② 《钦定回疆则例》卷五；张羽新、刘丽楣、王红：《藏族文化在北京》，中国藏学出版社，2008 年，第 157—160 页。

形似达卜。班禅之乐：曰札什伦布，用得梨二，巴汪一，苍清一，龙思马尔得勒窝四。得梨同金川乐，形制略大。巴汪，似喇巴卜，七弦。苍清，制同云锣。龙思马尔得勒窝，似那噶喇而制以铜，面径一尺三寸，底锐，匡高一尺。”“番子乐，金川之阿尔萨兰，司乐器三人，司舞三人，为戏狮，身长七尺，披五色毛，番名僧格乙，引狮者衣杂采，手执绳，系耍球一，五色，番名僧格乙阿拉喀。大郭庄，番名大拉噶地，司舞十人，每两人相携而舞，一服蟒服，戴翎，挂珠，斜披黄蓝二带，交如十字；一服蓝袍，挂珠，斜披黄紫二带，交如十字。四角鲁，番名得勒布，司舞六人，戴舞盔，番名达帽。插鸡翎各六，番名达莫乙。背缚藤牌，番名赛斯丹。带系腰刀，番名江格乙。左执弓，番名得木尼也。右执箭壶，番名柏拉。盛箭五枝，番名格必乙。相对而舞。班禅之札什伦布，番名柏拉噶，司乐器六人，司舞番童十人，各披长带，手执斧一，番名沙勒鳖。舞而歌梵曲。”①

清末“西藏新政”吹入西藏的清风　清朝末年，张荫棠等在西藏推行新政，提出了许多全新的构想，诸如，仿印度藩王制，优渥达赖班禅，恢复藏王体制，以汉官监之；设西藏行部大臣，体制事权，一如印度用王礼，另设会办大臣一员，统治全藏，下设参赞，副参赞，参议，左右副参设五缺，分理内治、外交等局事务，西藏主要地区设道府，同知等职……；拨北洋新军六千驻藏，以壮声援；调内地武备生入藏训练藏兵十万；迅速架设巴塘至拉萨的电线；修打箭炉、江孜、亚东牛车路，以便商运；兴办教育，广设汉文学堂；鼓励汉藏军民开发西藏矿产资源；革除苛政，以苏民团；各盐井处设局征税，官商并用；设置银行，收回铸造银铜纸币之权；裁撤前后藏台站兵额，改办巡警；创办汉文白话报，以激发爱国心，增加新知识；试种茶树，以图抵制印茶；建拉萨制枪厂；与布鲁克巴和廓尔喀密结攻守同盟；加尔各答设总领事，

① 《清史稿》卷一〇一，乐志八。

侦探印事，密报藏防备；拨款二百万以资新政。张荫棠《传谕藏众善后问题二十四条》，“提议设立交涉，督练，茶盐，财政，工商，路矿，学务，农务，巡警九局，附设植物园一区，并以创定草章”。虽然这些建议未能完全贯彻执行，但仍给西藏地方政教合一的封建农奴制社会带来一缕求真务实的清新风气。

张荫棠还给藏族官员宣讲《天演论》，痛陈物竞天择，适者生存之理，以调动藏民抵御外强的积极性 张荫棠在西藏推行新政涉及方方面面，在文化建设事业上颇费心力。他亲自撰写《训俗浅言》《藏俗改良》两本小册子。《训俗浅言》将中华伦理道德分为古学和新学两部分，古学的主要内容是：父子有亲、君臣有义、夫妇有别、长幼有序、朋友有信、博学、审问、慎思、明辨、笃行、智、仁、勇、孝、悌、忠、信、礼、义、廉、耻。新学的主要内容是：公益、尚武、实业，对每个字都有详细的解释。《藏俗改良》的内容主要是：寡妇闺女不得私通苟合，兄妹姊弟叔嫂婶侄不得同炕宿卧；人死宜用棺木，身体每日宜洗浴，儿童七八岁时宜教识汉字；喇嘛白昼不必诵经，宜兼作农工商业以生财，不可望人布施；夫死其妇不宜改嫁；见客礼，宜以合掌为常见礼，凡屈躬吐舌竖指头之礼，贻笑各国，皆不可行；楼下不宜养牛马，男子不宜戴耳环，小孩周岁必须种牛痘；两兄弟同娶一妇，各国均无此风俗，令人耻笑；妇人配一夫之后，必不可与人偷合；西藏宜遵用大清正朔……通过学习中原汉族儒家文化来提高西藏百姓的文化知识，增强中华民族共有的文化观念和意识。但是，有些风俗的改变需要时间，有些则需要通过本民族自身的文化调适，或者长期的交流影响，短期内的外力改变，效果难免不尽如人意。

西藏的“张大人花” 驻藏大臣张荫棠入藏时曾带入各种花籽，试种后，其他的花籽无法生长，唯有一种花籽长出来呈“八瓣”形，且耐寒，花瓣美丽，颜色各异，清香似葵花，果实呈小葵花籽状。一时间，拉萨家家户户都争相播种，然而谁都不知道此花何名，只知道是驻藏大臣带入西藏，因此起名为“张大人”相传至今。“张荫棠是位颇受变法维新思想影响的官员。他提出的发展工商事业、开发矿产、便利交通、发展教育等有关发展西藏的主张及措施对西藏的事业起到了积极作用，深受藏族人民的称赞。他带来的花种人们取名为‘张大人’，这种花现在遍及西藏的东南西北，成了纪念这位大臣业绩的象征。”[①] 花固然美丽，花的移植者的个人品格和对西藏百姓的贡献才是让大家难忘的根本原因。

6. 民国内地与西藏的文化往来

中华民国成立后，于 1912 年在北京设立蒙藏事务处，取代清朝的理藩院，同年 7 月更名为蒙藏事务局，隶属国民政府内务部，1914 年 5 月改为蒙藏院，与政府各部并列，直属于总统。其后在秘书科设办报处，全权负责《藏文白话报》的编辑出版工作，1913 年元月，《藏文白话报》正式创刊。

诺那活佛（1865—1936）在沟通汉藏文化交流中的所作所为　民国六年（1917）九月，驻类乌齐的川军炮队余金海因为“割草细故”而与藏人发生斗争。“英国与西藏接济五籽枪五千枝，弹五百万。”促使藏军开始进攻川军。此后，诺那拥护中华民国中央政府，配合川军战斗。诺那率军击毙了丁青代本、普龙代本。川军战败之后，诺那被西藏噶厦抓到拉萨受刑，其亲属等人也遭到酷刑折磨。“格热喇嘛的大弟被挖掉膑骨，二弟桑益、孙子久人次仁拉加和贡布三人被割鼻，交给雪多和边坝两宗管押。嘎尔堆江仓的阿加班登等二十八人被割鼻，交边巴宗看押。一个月后，格热喇嘛服所谓吞加（名为临去鞭）的鞭刑，由一个班的士兵押送拉萨。关监前又受了一次所谓觉加（到达时）鞭刑。”在拉萨，“英国人出面调解，诱说诺那，如其降，可被委任为川边康区

① 恰白·次旦平措、诺章·吴坚、平措次仁著，陈庆英、格桑益西、何宗英、许德存译：《西藏通史·松石宝串》，西藏古籍出版社，2004 年，第 970 页。

的统治者。诺那严词拒绝。”“达赖再三诱上师降，不屈。乃于拉萨郊外，掘土牢约深四五丈，底宽仅五六尺”囚之。[①] 1923 年，诺那成功越狱，并逃离了西藏，来到中国内地。1924 年由海路抵达上海后，即在汉地开始弘传藏密无上密法。活佛传法时顺应汉人观点、切合汉人根机，总劝人务必要严持戒律、发菩提心、多注重心性，勿执著于表面外相，或是劝人修持切勿追求速成及神通。对于流传汉地的净土、禅宗、天台等大乘诸宗，以及高僧大德全无门户之见，随缘赞叹。1928 年南京国民政府成立后，经刘湘、格桑泽仁、戴季陶等人帮助，诺那成为国民政府蒙藏委员会委员。1935 年，诺那被刘湘推荐出任西康宣慰使。诺那原来抵抗红军进入甘孜，被俘后经过耐心说服，他转变了对红军的态度，不仅不再敌视红军，而且还教红军的指战员学藏语文，并亲自给红军战士煮酥油茶。

喜饶嘉措为促进汉藏交流作出的贡献 他先后在哲蚌、色拉、甘丹三大寺轮回讲授五部大论，培养出许多有名的人物，十四达赖喇嘛经师赤江活佛、郭莽扎仓堪布曲丕嘉波、格西洋巴次成，藏族史学家根敦群培、贡巴萨·土登吉札、更浪·洛桑坚赞等均出自其门下，而阿沛·阿旺晋美、索康·旺钦格勒、江洛金·索南亚布、德格赛·索南旺堆、擦戎等均为其弟子，可谓影响巨大。1937 年，为了沟通和增进汉藏文化交流，让更多的汉族知识分子对藏族及其悠久的藏文化有所了解，喜饶嘉措应聘为北京、清华、中央、武汉和中山等国立五大学开设西藏文化、历史和佛学理论讲座，深受欢迎，社会影响也十分巨大。

青海藏文研究社与汉藏文化交流 1922 年湖南人黎丹（1873—1938）创立了青海藏文研究社，该社以“学习藏族文字，沟通汉藏文化”为宗旨，传播“中华文化多元一体，藏汉民族血肉相连”的思想。他曾经担任甘肃省西宁道尹。1912 年开始在蒙古半日制学堂改成的蒙

① 罗同兵：《诺那活佛的几个重要史实略考》，《宗教学研究》2004 年第 2 期。

番学堂兼收藏族学生；同时，改革教学方法，采用汉藏蒙三语教学，积极罗致人才，聘请宁玛派高僧古朗仓·久哲曲英多吉、格鲁派高僧的扎·智化达吉、拉卜坚贡·嘉央罗桑多吉，以及罗桑更登为专任教师，组织人员将宗喀巴大师《缘起颂》及藏蒙僧人日常诵读的《宝道开门》等翻译为汉文印行，撰述《实用藏文文法》作为教科书。自1930年至1933年三年多时间中，由杨质夫负责教读古典藏文，如《萨迦格言》、居·米旁《王道论》《格丹嘉言释》《文成公主进藏记》《猴鸟故事》《水木喻》等，陈文授《司徒文法大疏》，海善言教《藏语会话》等。定期选送至湟中塔尔寺、化隆支扎寺和夏琼寺、循化尕楞洛音塘静房、同仁隆务寺等处学习。他们还努力搜集藏汉文典籍，编写《藏汉大辞典》，培养了杨质夫、陈文、欧阳无畏、吴均等大批汉藏翻译、藏学研究人才。

汉藏教理院与推进汉藏文化交流的实践　汉藏教理院的开办宗旨，从该院于1935年给刘湘的公函和1936年报送四川省政府的呈文中说："鉴于康藏地大物博，矿产尤富，英人垂涎，已非一日，侵略计划，无微不至。如因循坐视，势必被其攫取，则西陲藩篱撤而危及内地矣，后患何堪设想！亟应汉藏团结一致，使英人无隙可乘。第自清末，革除达赖封号以来，迄无宁日，今欲化除隔阂，恢复旧好，联成一气，不为外人所利用，则非从沟通文化入手，绝难收效。""为沟通汉藏文化，团结汉藏精神，巩固西陲边防，保全中国领土"而兴办的。公元1932年（民国二十一年）秋，由中国佛学会主席太虚法师倡议，川军军长刘甫澄（刘湘）等赞助，在缙云山上的缙云寺，兴办起了四川第一所高等佛学教育的学府——汉藏教理院，迄至1950年夏，方正式停办。刘湘准备派人到西藏学习藏传佛教，师即建议："派僧入藏留学，不如在四川办一所藏文学院，培训汉僧学习藏文，作入藏留学之准备；同时西藏的活佛、喇嘛来川，也有讲习接待之处，沟通汉藏文化，联络汉藏感情，岂不两全其美。"喜饶嘉措住院较久，用藏语向学生们讲授西藏中观教义，由法尊法师翻译。该院成立至停办，前后招生四百五十多人，五届普通科和专修科的毕业生有一百三十多人。由法尊法师主持，出版了二十余种著作，包括：《菩提道次第广论》《密宗道次第广论》《现观庄严论》《辨了不了义论》《入中论》《西藏民族政教史》《佛教各宗派源流》《现代西藏》《汉藏合璧读本》《藏文文法》《藏文读本》等。[①]

赴藏学法团 1924 年大勇和尚组织的赴藏学习团，成员包括法尊法师等学者。当时英帝国主义支持、教唆西藏封建农奴主上层分子遣军东侵之际，被阻于雅砻江畔，大勇法师解散团员，自己则郁郁圆寂于甘孜。1934 年初夏黎丹自西宁赴藏，翻越唐古拉山口经黑河抵拉萨，与前往拉萨致祭十三世达赖喇嘛的黄慕松会合。黎丹在拉萨经西藏地方政府噶厦的介绍，与哲蚌寺大格西喜饶嘉措结成法友，杨质夫被喜饶嘉措收为弟子，欧阳无畏等成员被分别介绍进入哲蚌寺郭莽学院等处学习。在拉萨两年多时间里，黎丹在西藏僧俗社会广交朋友，树立“中华文化多元一体，藏汉民族血肉相连”主张。1936 年冬，黎丹与蒙藏委员会驻藏代表蒋致余通过教育部和蒙藏委员会向国民政府建议，为加强藏汉文化交流，聘请喜饶嘉措到内地讲学获得批准，由教育部聘请为国立五大学（中央、北大、清华、武汉、中山）开设西藏文化讲座。当时的青海藏文学社、四川教理学院和其他汉藏佛学研究机构，通过学术来服务国家统一、汉藏民族文化的密切交流，经世致用，发挥了良好的社会作用。很可惜，青海藏文研究社从西藏搜罗到的一批藏文典籍、资料和文物，以及喜饶嘉措带回的许多典籍、图像和手稿等，都存放在南京大辉复巷甘青宁会馆中，遭到侵华日寇的狂轰滥炸，这些图书文物全部化为灰烬。[②]

---

① 惟贤口述，达文纪录：《重庆汉藏教理院“再生”》，2003 年 5 月《香港佛教》第 516 期和 2003 年 6 月《香港佛教》第 517 期。

② 吴均：《记青海藏文研究社》，《中国藏学》1996 年第 2 期。

四、西藏文化对中国各兄弟民族文化的吸收和借鉴

1. 西藏文化吸收借鉴古代新疆地区的民族文化

吐蕃借鉴突厥文化　藏文史书《智者喜宴》记载，松赞干布时，因学习邻族建政经验、设官及民政，“自东方汉地及木雅获得工艺与历算之书。自南方天竺翻译了诸种佛经。自西方之胡部、泥婆罗，打开了享用食物财宝的库藏。自北方回纥、突厥取得了法律及事业之楷模”①。《新唐书·吐蕃传》谓：“其刑，虽小罪必抉目，或刖劓，以皮为鞭抶之，从喜怒，无常算。其狱，窟地深数丈，内囚于中，二三岁乃出。”有学者引《隋书·突厥传》《王统世系明鉴》等，认为吐蕃与突厥在治罪的刑法相类似②。在军事组织方面，《智者喜宴》记载，松赞干布时分吐蕃本土为五茹六十一千户。其中，上下伍茹之茹马为白鬃灰白马及赤色豹纹马；上下约茹为棕黄花斑马及白蹄赤色马；上下茹拉之茹马为鹅黄红鬃马及棕色黑鬃马；上下叶茹为赤色火花马及青骢马③。而《史记·匈奴列传》载，公元前200年冒顿单于以四十万骑兵围刘邦于平城（今山西大同市东）之时，曾以马的颜色分类编队，西方尽是白马，东方尽是青龙马，北方尽是黑马，南方尽是赤黄马。匈奴、吐蕃都是以畜牧为主的游牧民族，所养马匹非常多是可信的；其军队以马匹颜色编队的记载虽不可尽信，但基本的事实仍是可以相信的。因此，有学者认为，包括匈奴及其后来的突厥在内的北方游牧民族的骑马编队法影响到

---

① 巴卧·祖拉陈瓦：《智者喜宴》（chos byung mkhas pavi dgav ston），民族出版社，1986年，第119页。

② 王忠：《新唐书吐蕃传笺证》，科学出版社，1958年，第1页。

③ 巴卧·祖拉陈瓦：《智者喜宴》（chos byung mkhas pavi dgav ston），民族出版社，1986年，第186—188页。

了吐蕃[1]。

西藏佛教与于阗佛教的关系 吐蕃时期，佛教从中原和尼泊尔两路传入西藏，并在西藏地方扎根发展。在发展初期就与西域地区的佛教发生过联系，当时的西域地区，特别是南疆边缘的于阗（今新疆和田）地区崇奉佛教，宗教文化浓厚。根据文献记载，曾经有一批于阗僧人南越高山，历尽艰险前往吐蕃，他们相信："有一位菩萨转生为吐蕃国王，在吐蕃兴起佛法，建立佛寺及佛塔，立两部僧伽。""这位藏王（指松赞干布）是大悲观音菩萨的化身和前生是黎域（西域）的一位大德。以上二说均有史实根据。"[2] 当时"于阗国的佛法已接近毁灭之时，于阗的一位年青国王仇视佛教，驱逐于阗国的比丘。众比丘依次离开察尔玛、蚌、墨洛尔、二涅等寺院，逃向吐蕃。"[3] "汉地公主（文成公主）任施主又将受难于于阗、安西、疏勒、勃律、克什米尔的众僧侣请到吐蕃，安置在寺庙供养了三四年。"[4]《青史》也载："（赤德祖赞）于是修建了扎玛正桑等一些寺庙；又从黎域（西域）迎请来出家僧人。"[5] 吐蕃进军西域并占领于阗后，还在于阗修建过一座寺院，《汉藏史集》提到"达哇涅寺"时称："此时吐蕃之王将于阗收归治下，此寺是在吐蕃大臣噶尔·东赞来到于阗时修建的。"赤松德赞时期建桑耶寺，其"底层为汉式，中层为印度式，顶层为黎域（西域）式"[6] 说明两地佛教文化联系密切。布顿《佛教史大宝藏论》在大藏经目录篇中提道："《旁塘目录》中确实指出，《薪烬养护经》和《马头金刚天

① 佐藤长：《古代チベット史研究》2卷，同朋舍1977年再版，第757页。

② 达仓宗巴·班觉桑布：《汉藏史集》（藏文）上册，第68页；陈庆英汉译本，西藏人民出版社，1986年，第59—60页。

③ 布顿仁钦珠：《佛教史大宝藏论》（《布顿佛教史》），中国藏学出版社，1988年，第183页。

④ 达仓宗巴·班觉桑布：《汉藏史集》（藏文）上册，第68页；陈庆英汉译本，西藏人民出版社，1986年，第59—60页。

⑤ 郭勋努白：《青史》（藏文）上册，西藏人民出版社，1985年，第66页。

⑥ 《莲花生遗教》（藏文），四川民族出版社，1988年，第508页。

地庄严经》两部经典，是从黎域（西域）译过来的。”[①] 可见，于阗文佛教经典是吐蕃大藏经的源头之一。吐蕃统治新疆时期，有众多信奉佛教的军队和随军家属进入今新疆南部地区，使佛教与西域这块土地深深结缘，出土的新疆简牍资料反映了这一情形。[②]

从新疆到西藏的玉石贸易　据有关藏文史书记载，赤祖德赞时，还从突厥地方用十八匹骡子运来玉石，建造了著名的九层金顶的“乌香多”宫殿。“其底部三层用石料，中部三层用砖料，顶部三层用木料等来筑成。”[③] “形如大鹏冲天飞翔”[④]。由此知道，唐朝时期，在新疆与西藏两地区之间就存在一个贸易玉石的通道，西域地区特别是于阗地区的名贵玉石被运往吐蕃地区，成为贵族佩戴的物件。松赞干布效仿唐朝建立告身制度，其中第一级就是玉，排在黄金之前，可见那时对玉石的重视，西域于阗等地上等的玉石自然是制作告身的首选，从而推动了两地的玉石贸易和文化交流。

西迁回纥人信奉西藏佛教　《松漠纪闻》记载甘州、沙州回鹘谓：“奉释氏最甚，共为一堂，塑像其中。每斋必刲羊，或酒酣，以指染血，涂佛口，或捧足而鸣之，谓为亲敬。诵经则衣袈裟，作西竺语。”[⑤] 有一则回鹘人初奉佛教的传说：“畏吾儿曾遣使至信仰偶像教之中国延喇嘛至，与珊蛮（萨满）辩论，欲择其辩胜者而从之。诸喇嘛诵其名曰《那木》之圣经，此其道德故事物语最言之汇编也。中有劝人勿害他人、勿害动物、以德报怨等戒。喇嘛分为数派，各派教义不同，其最流行者，信仰轮回之说，诸信仰偶像者在汗前诵圣经若干则，诸珊蛮默不能对，由是畏吾儿首先皈依偶像之教。东方偶像教徒之与回教为敌

① 布顿仁钦珠：《布顿佛教史》，中国藏学出版社，1991 年。

② 王尧、陈践：《吐蕃简牍综录》，文物出版社，1986 年，第 72—74 页。

③ 五世达赖喇嘛：《西藏王臣记》（藏文），民族出版社，1981 年，第 73 页。

④ 达仓宗巴·班觉桑布：《汉藏史集》（藏文）上册，第 144 页；陈庆英汉译本，西藏人民出版社，1986 年，第 121 页。

⑤ 洪皓：《松漠纪闻》，吉林文史出版社，1986 年。

者，无有能逾畏吾儿者也。”[①] 俄国学者曾在畏兀儿都城哈喇和卓（今新疆吐鲁番）遗址中发现丰富的藏传佛教壁画：“教授在一间保存得很好的楼房里发现，在一块拱墙上绘着一只卡鲁德鸟（注：蒙古人观念中的巨大神鸟），是许多蒙古传说中的形象。鸟看起来是带翅膀的人，有马一样的腿和爪子，手里握着箭，身下是低垂着头的女人。另一所房子里部分壁画绘着印度崇拜的凶猛恶神玛哈卡拉，有四只手和猪的嘴脸，端坐在被打倒的敌人尸体上，另一部分壁画画的是花，各式花纹、一些马头和残部。这些东西穿着饰有名贵宝石的衣服，同时还画有坐在莲花上的菩萨。”

藏传佛教传入新疆卫拉特地区与卫拉特蒙古部入藏熬茶 土默特蒙古汗王俺答汗的孙子被认定为三世达赖喇嘛索南嘉错的灵童转世，藏传佛教便像洪水一样，“浸灌于内外蒙古与伊犁矣”。[②] 托忒蒙古文《和鄂尔勒克历史》称：“在喀尔喀乌巴什珲台吉时邀请哲布尊丹巴呼图克图到蒙古地方，从此蒙古人开始皈依佛教。以后，卫拉特人在拜巴噶斯时代，请了察罕诺门汗。”拜巴噶斯通过学习佛法，懂得了“人和天地万物都不是永恒的”道理，便虔诚地要出家当喇嘛，此举遭到所有卫拉特王公的反对，大家向呼图克图（察罕诺门汗）咨询：“是一个人当喇嘛福大，还是众人当喇嘛福大?”呼图克图回答：“众人当喇嘛福大。”于是四卫拉特王公决定每人派一个儿子代替拜巴噶斯当喇嘛。包括：乌巴什汗、杜勒格斯诺颜、清库尔、哈喇忽喇、巴图尔珲台吉、墨尔根岱青，土尔扈特部的和鄂尔勒克、罗卜藏、墨尔根托木尼，杜尔伯特的达赖台吉、辉勒苏勒坦台吉、苏木儿台吉等，每人出一个儿子，总共有32个王公的儿子为僧。同时还从庶民中选了200个男孩作为王公儿子的侍从，一起出家。这些人被送到安多学习，不久又被送到拉萨求学。

① 多桑著，冯承钧译：《多桑蒙古史》，第一卷附录5，商务印书馆，2012年。

② 释妙舟：《蒙藏佛教史》第四篇，广陵书社，2009年5月。

拜巴噶斯当时还没有儿子，便从和硕特巴巴汗诺颜的儿子中认了一个义子，让其出家为僧，此即后来名声显赫的咱雅班第达。[①] 咱雅班第达在西藏学法 10 年，返回新疆后有力推动了佛教在卫拉特四部的传播，他参与了《一六四〇年蒙古卫拉特法典》的制定；1648 年至 1649 年间，他还在巴图尔珲台吉的支持下，以回鹘式蒙古文为基础创制了托忒蒙文。从 1650 年至 1662 年，他与弟子用托忒文翻译藏文经典与著作 152 部，包括《金刚经》《大般涅槃经》《金光明经》《贤劫经》《文殊所说最胜名义经》《无量寿经》等。[②] 新疆卫拉特蒙古部信奉藏传佛教之后，加强了新疆与西藏地区的宗教文化联系，增进了两地人员的往来，特别是推动了两地的经济交流，信奉藏传佛教的蒙古王公，大规模和经常性地入藏布施“熬茶”活动就是重要产物之一。

2. 西藏文化对蒙古文化的交流借鉴

索南嘉措与俺达汗青海湖会见　索南嘉措（1543—1588 年，《明史》称锁南坚措），西藏堆龙（今堆龙德庆）人。明穆宗隆庆五年（1571）封俺答为顺义王。1576 年，顺义王俺答汗派人邀请格鲁派首领索南嘉措到青海湖边的仰华寺会晤。1578 年二人相见，俺答汗赠给索南嘉措“圣识一切瓦齐尔达喇达赖喇嘛”的尊号，索南嘉措则回赠俺答汗“咱克瓦尔第彻辰汗”的尊号。从此有了“达赖喇嘛”名号，后世人们追赠格鲁派领袖根敦朱巴、根敦嘉措为第一世和第二世达赖喇嘛。索南嘉错规劝蒙古人放弃人殉和杀生等陋俗，接受格鲁派教义，从而使蒙古族放弃萨满教，改信佛教。1588 年三世达赖喇嘛圆寂于内蒙古的卡欧吐密，为了继续蒙藏上层之间业已建立的联系，继续得到蒙古

---

① 诺尔博译：《和鄂尔勒克历史》，《厄鲁特蒙古历史译丛》第 4 集，中国社会科学院民族研究所编印，1985 年，第 67—68 页。

② 丁守璞、杨恩洪：《蒙藏关系史大系 · 文化卷》，西藏人民出版社、外语教学与研究出版社，2000 年，第 154 页。

汗王的支持，扩大格鲁派在蒙古地区业已取得的成果，甘丹寺上层联合蒙古王公，寻找俺达汗的曾孙为索南嘉错的转世，此即四世达赖喇嘛云丹嘉措（1589—1616），1616年，明朝万历皇帝派专人进藏，给予四世达赖喇嘛“普持金刚佛”的封号和封文。[①]

蒙古文大藏经《甘珠尔》与《丹珠尔》的形成与蒙藏文化交流
13—14世纪间，蒙古族学者搠思吉斡节儿、沙剌布僧格、苏纳木喀拉等在元朝宫廷崇奉藏传佛教的影响及推动下，撰写和翻译了《佛祖十二行》《大黑天母礼赞》《入菩萨行论》《金光明经》《五卷书》等著作。其中的《入菩萨行论》和《金光明经》后来被收入蒙文《甘珠尔》。中华大藏经蒙古文和藏文一样由《甘珠尔》《丹珠尔》两部分组成。《甘珠尔》包括经、律、论三藏和四续部等，分为七大类。《甘珠尔》108函，《丹珠尔》226函，共334函。《甘珠尔》部分在1629年由蒙古察哈尔部林丹汗最后完成。康熙年间，清朝政府组织全国蒙、藏、汉、满各族佛学家、翻译家，重新审订蒙古文《甘珠尔》，并木刻出版。乾隆年间，清朝政府又组织佛学家、翻译家，将《丹珠尔》译成蒙古文，并木刻出版。清朝名僧章嘉·若必多吉（1717—1786）组织全国各地200余名学者编纂了辞书《智者之源》，后来又翻译刻印了全部《甘珠尔》《丹珠尔》。

大量藏文历史和文学典籍和译著，诸如《萨迦格言》（《苏布喜地》）、《米拉日巴传及其道歌》《玛尼丛书》《贤愚经》《宗喀巴传》《诗镜》《韵律学》《云使》等被翻译为蒙古文。据称在西藏学习19年期间阅读60辆马车书籍的扎雅班智达·洛桑赤列（1642—1708或1715），著有六卷书，《得法录》最为著称。很多蒙古族学者通过学习借鉴，撰写了为数众多的藏学研究著作，如阿拉善·阿旺达杰所著的

① 图齐（G. Tucii）著，李有义、邓锐龄译：《西藏中世纪史》中国社会科学院民族研究所，1980年。

《仓央嘉措秘传》受到藏学研究者的重视。固什噶久巴·洛桑泽培（1760—?）撰写的《蒙古佛教史》，占布拉道尔吉所著《蒙医正典》等，都具有广泛的影响。[①]

蒙藏文化的密切交流　由于接受藏传佛教，以及蒙藏之间的密切交流，明清以来的蒙古族等学者使用藏语文成为一种传统。据有的学者研究，自17世纪以来，用藏文著书立说的就有二百多位蒙古族学者。他们的著作涉及哲学、音韵学、逻辑学、医学等学科。例如扎雅班第达、松巴益西班觉、工布查布等都在藏传佛教和语言、历史文化研究中作出了突出的贡献，其中扎雅班第达用藏文撰写了200余部著作，翻译了177种著作。松巴益西班觉（1704—1788）著有《松巴佛教史》《青海史》等，工布查布则将《大唐西域记》翻译为藏文，他们均为藏族文化的发展、蒙藏两族文化交流作出了巨大贡献。藏族英雄史诗《格萨尔王传》对蒙古族的同名英雄史诗的形成也产生了深刻的影响。与藏传佛教在蒙古地区传播相伴随，西藏的科技，特别是藏医传播到蒙古族地区，从西藏等地请来的医学造诣较深的喇嘛言传身教，为蒙古族培养了许多喇嘛医生，《蒙藏合璧医学》《医学大全》《脉诀》《医学四部基本理论》《药剂学》《药王经》等著作，都是翻译、借鉴藏医学著作的产物。此外，西藏的唐卡绘画艺术和风俗文化也对蒙古族文化艺术发挥了重要的影响。

3. 西藏文化与西南地区各族的文化交流

藏族与纳西族的文化交流　藏族与纳西族之间是同源异流的关系。川西和滇西北的石棺葬与作为藏族、纳西族先民重要组成部分的牦牛羌白狼部落和苯教有密切的关系，纳藏两族源于古羌人。纳藏两族在唐、明两朝既有战争，又有友好联系与政教上层交往、政治制度借鉴等。唐

① 额尔敦白音：《蒙古族高僧藏文著述传统及其全集著作》，《雍和宫》2012年第1期。

时期吐蕃苯教对纳西族的影响，敦煌吐蕃文书与东巴古籍以及东巴教古画《神路图》均有关联，明代纳西族木氏土司对藏传佛教也有贡献。纳藏两族通过“茶马古道”开展贸易，经济联系密切。两族在文学、歌舞、绘画、语言等诸多方面均有交流，如流传在川西、滇西北地区的文成公主和金城公主的故事，东巴教卷轴画中的纳藏文化交融、丽江壁画中的藏传佛教文化内容和艺术风格，以及歌舞、语言中的纳藏文化交汇等。纳藏两族相互融合，滇川藏部分地区纳藏两族相互融合、同化，形成“你中有我，我中有你”的局面。①

相互交流借鉴 藏族通过学习借鉴，并结合青藏高原地区的原始信仰苯教，形成地域色彩浓厚的藏传佛教。在漫长的历史发展过程中，藏族又以藏传佛教文化与艺术为媒介，与国内各民族开展了十分紧密的文化交流。有研究者认为：在艺术领域的第一次大交流出现在以敦煌和长安为舞台的吐蕃时期，敦煌艺术吸收了吐蕃波罗样式的影响，而敦煌流行的胎藏界大日如来与八大菩萨图像也传播到吐蕃地方，成为吐蕃艺术的重要内容；第二次的大交流是在西夏时期，是西夏人将藏、汉、辽、西夏、蒙古艺术推到交流的前台，拉开了元代汉藏艺术交流的大幕。第三次的大交流是元明清时期的北京，以藏传佛教美术为主角开展多民族的文化交流。清代皇室对藏传佛教的尊崇使得藏传佛教艺术以北京为中心传播到全国各地，成为中国美术史的一种独特样式，也是我国藏汉满蒙等各民族共同培养的一种政治文化交流融合的象征。②

藏传佛教影响广泛 藏传佛教还直接对中国西南西北和北方众多兄弟民族的精神文化产生了重大影响。除了蒙古族之外，土、裕固、门巴、珞巴、纳西、普米等民族都信仰藏传佛教，国内分布地区包括西藏、青海、甘肃、内蒙古、云南等省区，国外则包括蒙古、俄罗斯布里

---

① 杨福泉：《纳西族与藏族历史关系研究》，民族出版社，2005 年。

② 谢继胜、贾维维：《元明清北京的藏传佛教艺术的形成与发展》，《中国藏学》2011 年第 1 期。

亚特和卡尔梅克、锡金（今属印度）、不丹等国。

五、西藏文化对外来文化的接纳与吸收

1. 学习借鉴印度文化

学习梵文字母创立藏文　根据藏族史籍记载，吞米桑布扎是吐蕃王朝赞普松赞干布（617—650）时文臣。年轻时奉命携黄金前往天竺（今印度），拜访名师，曾受业于天智狮子和婆罗门李敬，学习古梵文和天竺文字。遵照松赞干布的意愿，他以梵文50个根本字母为楷模，结合藏语言特点，创制了藏文30个根本字母；又从梵文的16个元音中造出4个藏文元音字母。吞弥还从梵文34个子音字中，去掉了5个反体字、5个重叠字，又在元音中补充了元音“啊”字，补充了“迦、洽、扑、夏、撒、阿”（音译）等6个字，制定出4个母音字及30个子音字的藏文。吞米创造藏文后即制藏文颂词献给松赞干布，赞普十分高兴，还拜他为师，在玛如宫潜心学习藏文3年。相传吞米桑布扎还撰写有《文法根本三十颂》和《文字变化法则》等。藏文的创制对西藏文化的发展，文明进步产生了深刻影响。目前藏文使用的地区主要在西藏和川、青、甘、滇四省藏族聚居区，以及锡金、不丹和巴基斯坦拉达克地区。

翻译梵文佛教经典　8世纪时，在赤松德赞的大力扶持下，兴建了桑耶寺，创办译场，分别从梵文、汉文中译出佛教典籍4000多部，并编写成旁塘目录、丹噶目录、青浦目录三个目录，藏文大藏经的内容基本形成。全藏分为甘珠尔、丹珠尔两大类。甘珠尔又名佛部，也称正藏，收入律、经和密咒三个部分，相当于汉文大藏经中的经和律；丹珠尔又名论部，也称续藏，收入赞颂、经释和咒释三个部分；“松绷”

（gsung vbum）即藏、蒙佛教徒的文集。元朝时期的著名学者布顿仁钦珠（1290—1364）全面校勘、整理、编纂前人翻译佛经，将佛经论疏部的著作集结在一起，按照时间顺序编纂了《丹珠尔》，同时佛说部的作品集结成《甘珠尔》，形成藏文大藏经。据统计，藏文大藏经（德格版）共收佛教经籍4569种。除佛教经、律、论外，尚有文法、诗歌、美术、逻辑、天文、历算、医药、工艺等。其内容约97%翻译自印度梵文，足见印度文化对西藏佛教文化的影响。

借鉴印度佛教建筑风格 桑耶寺、托林寺是典型的藏传佛教寺院建筑，其中桑耶寺设计理念主要依据佛教《阿毗达磨俱舍论》，深受印度佛教影响，也是吐蕃时期西藏密宗信仰的直接反映。而托林寺最早建造之迦萨殿则是仿照桑耶寺修建，同样受到印度佛教影响。两寺在清代还被故宫、承德外八庙部分寺院建筑所模仿。

学习借鉴印度文学 从印度梵文翻译过来的主要是佛教经典，但同时也涉及哲学、医学、星象学、文学等。例如，以叙述佛陀一生功德为内容的韵体作品《如意藤》被翻译为藏文后，成为藏族历代诗人必读的范本。萨迦班智达贡噶坚赞是宋元时期西藏地方的大学者，他所撰写的《智者入门》就受到了7世纪印度著名古典文学理论著作、檀丁的《诗镜》的影响，而该书则是由雄敦·多吉坚赞译成藏文的，《诗镜》还是后世藏族僧俗上层文人学习写作的必修课本。印度优秀古典文学名著如《如意藤》《云使》《六青年的故事》《三十四本生传》《胜出灭神赞》《罗摩衍那》《沙恭达罗》（节译）以及格言诗《王行论》《劝诫亲友书》等作品的藏文译本出现，大大地开阔了藏族文学家们的创作视野，[①] 影响到藏族文学的创作和发展。

学习借鉴印度天文历算 11世纪从印度传入《时轮经》历法，同一时期的波斯的班智达达互贡布入藏，著名译师卓希绕扎同他合作翻译

① 次多：《论藏族文学翻译》，《西藏艺术研究》2000年第4期。

了《时轮续文释解》。翻译《时轮释解》的时间恰逢火兔年，故印度的“饶迥”之推算法开始传播，并取代了西藏原有的“琼日”推算法，延续使用至今。“饶迥”的推算法是以铁、木、水、火、土（加以阴阳区别）与十二地支相配合，六十年一轮，即为一饶迥。如第一饶迥的第一年（1027）为阴火兔年，到现在已传为第十六饶迥了。《时轮经》传入吐蕃以后，虽然藏地仍有多种多样的纪年、年首设置及闰月设置方法在流传，但藏族天文历法的计算基本是依据时轮历的。由于藏传时轮历既有藏族古老历法的基础，又从汉族地区不断吸收有用的内容予以调整和完善，所以它在时轮历的基础上又有新的发展。

学习借鉴印度医学　据《玉妥·云丹贡布传》记载，相传在公元4世纪，天竺的著名医学家碧棋嘎齐和碧拉孜入藏，传播了《脉经》《药物经》《治伤经》等五部医典，对《本医》的发展起了积极的作用。公元7世纪，吐蕃赞普松赞干布学习借鉴周边地区佛教与文化。赤松德赞时期，十分重视医学文化，相继从汉地、印度、尼泊尔、喀什米尔、波斯及大食等地请来了多位博学之医师，透过翻译、互相交流及印证与传授医学之方式，培养出第一批西藏医学的医师，据说玉妥·云丹贡布（708—833）集古代藏医之大成，吸收四方医学的精华，编著了《四部医典》，对藏医药学的发展起到重要的推动作用，到公元12世纪该书正式完成。

事实上，印度的佛教哲学、因明学、声明学、文学、医学、艺术、建筑、风俗等，都随着印度高僧至藏传法、西藏僧人入印学习等人员往来，以及各学科经典著作的翻译传入到西藏地方，比较全面和深入地影响到西藏地方精神文化的各个层面。

2. 吸收借鉴尼泊尔文化

吐蕃时代，松赞干布曾经征服过尼泊尔，《旧唐书》记载：“时吐蕃南境属国泥婆罗门等皆叛，赞普自往讨之，卒于军中。诸子争立，久之，国人立器弩悉弄之子弃隶蹜赞为赞普，时年七岁。”[①] 648 年，王玄策率使团出使天竺，遭到天竺劫掠，王玄策在助手的帮助下连夜逃至“吐蕃属地尼泊尔地区，求救于松赞干布”，赞普接到请求后，派精兵 1200 人联合尼泊尔的 7000 骑兵讨伐北印度，擒获其王阿罗那顺。但在文化上，尼泊尔对我国的西藏地方有着多方面的影响，双方的互动交流十分密切。

吐蕃接受尼泊尔佛教文化 中国与尼泊尔宗教文化联系源远流长，晋代高僧法显、唐代高僧玄奘曾到过佛祖释迦牟尼诞生地兰毗尼（位于尼泊尔南部）。唐朝时，尼泊尔公主赤尊与吐蕃赞普松赞干布联姻，带来释迦牟尼八岁身量佛像，并带来部分尼泊尔工匠，在文成公主的协助下修建了拉萨的大昭寺。藏文史书对此有较为详细的记述，如《西藏王臣记》称，赤尊公主坐在装饰华美的骑象所载的精美轿厢中，带着父王所赐的释迦不动金刚和弥勒法轮、度母、旃檀像为主的身语意所依以及无数奇珍异宝，随从侍女、能工巧匠向吐蕃进发。随行前来的还有佛教学者希拉曼殊（Shila Manju）。到吐蕃后，遵照父王的教诲，请求藏王在吐蕃修建一座赞普宫殿和佛殿。于是在红山上建成奇异绝伦、威严壮观的红宫，同时修建佛殿以供放释迦不动金刚佛像等身、语、意所依，取名“惹萨赤囊祖拉康”，即今大昭寺。[②] 646 年，尼泊尔派出王子率领的使团前往唐朝，[③] 开启了中原唐朝、吐蕃与尼泊尔关系的三方互动关系。《贤者喜宴》记载，尼泊尔室利曼殊和汉地和尚玛哈德瓦钦、吐蕃学者吞米桑布扎一起翻译了《正法积宝陀罗尼经》《月灯经》《宝云经》等。[④] 泥婆罗论师有寂护大师、畔迦惹，译师烈如哲、噶法

① 《旧唐书》卷一九六，吐蕃传。

② 五世达赖喇嘛著，郭和卿译：《西藏王臣记》，民族出版社，1957 年。

③ ［尼泊尔］尼兰詹·巴塔拉伊著，刘建、王宏伟等译：《尼泊尔与中国》，天津人民出版社，2007 年，第 66 页。

④ 巴卧·祖拉陈瓦原著，黄颢、周润年译注：《贤者喜宴》，中央民族大学出版社，2010 年。

贤、桑迦室利等。其中，寂护大师几次来藏，在修建桑耶寺时，被任为堪布，初度七人出家，这是藏地正式有佛、法、僧三宝道场的开始。藏地僧人也前往泥婆罗，或途经泥婆罗，有的移居他乡数载，如卓弥释迦智译师居住印度、泥婆罗历时十三载，后来的萨迦派多传承于他。俄·罗敦喜饶赴泥婆罗，后返回西藏弘法，摄授弟子有23000人。塔瓦日幢译师住泥婆罗14年，玛巴法慧（其弟子米拉热巴，旧译弥罗热巴，独得其髓，后建立噶举派）三往印度、四游泥婆罗，菩提心月幢师从泥婆罗班智达北业瓦等得《十一面大慈悲心禁斋法》，并听中观等论，翻译宏扬。

学习借鉴尼泊尔雕塑与建筑绘画艺术　大昭寺的门和梁柱上的木刻画以及门楼佛殿的壁画等，留下了当时尼泊尔的杰出工艺。尼泊尔工匠们还参与修建了由文成公主主持的小昭寺的修建。西藏各大寺庙的修建和装饰如金顶，有很多是由尼泊尔的铜、银匠修建的。西藏所有敬神的各种金、银、铜器及各种画像、佛像，不少是由尼泊尔的工匠做的，或学习借鉴尼泊尔雕塑与绘画艺术。元朝时期尼泊尔建筑大师和雕塑家阿尼哥（Anigo，1244—1306）是中尼文化交流史上一位著名人物。阿尼哥自幼诵习佛书，并通梵文。有从事画塑业的同学读《尺寸经》，他一听即能默记，稍长大后，就善于画塑和铸金为像。泥波罗国曾属于吐蕃王国，九世纪玛剌（Malla）王朝建立后，仍与吐蕃保持着密切的往来。其国人擅长建筑、雕塑、绘画等工艺。中统元年（1260），元世祖忽必烈命八思巴建黄金塔于吐蕃，以泥波罗国多良工，发诏书征召，其国搜罗得80人应征，令推一人为领队，阿尼哥自请任之，时年仅17岁。遂率诸匠至吐蕃，受命督役，次年塔成请归，八思巴奇其才，劝其入朝，乃为之祝发，收为弟子，授以秘典，并荐之元廷。元世祖遣使召阿尼哥至京，问以“汝来何为?”答曰：“臣世家西土，奉诏构塔于吐蕃者二载，见彼土兵难，愿至尊安戢之，特为苍生来耳。”又问其能，答曰：“臣以心为师，粗知绘塑铸镂。”元世祖遂命他修补一尊针灸铜人像，系窝阔台时王檝出使南宋时所得献进者，关膈脉络皆备，但年久损坏，诸匠皆不敢承命修补，阿尼哥请试为之，于至元二年（1265）补成，令诸匠折服，叹为天巧。此后凡大寺庙建塔、造像及重要画塑、铸镂等工事多以委之。至元十二年，立诸色人匠总管府，下统梵像局等 18 个司局，授阿尼哥为总管。时其妻尚留本国，察必皇后遣人赐金。至元十三年，特命中使携黄金 500 两乘驿往召之来京。至元十五年，诏命阿尼哥还俗，授光禄大夫、大司徒，兼领将作院；以宋景献太子孙女妻之，并赐景献太子所有之府库田宅。至元十六年，因建圣寿万安寺塔成，赐京畿良田万五千亩、农夫百人及牛具等物。元贞元年（1295），以建五台山万圣佑国寺，皇太后阔阔真赐银万两，并赐贵戚女为妻。次年，崇真万寿宫建成，诏为其设位置像。元成宗大德十年（1306），病卒于大都。至大四年（1311），加赠开府仪同三司、太师、凉国公，谥敏慧。

阿尼哥巧思绝人，凡塔庙之建筑，像设之铸镂、雕塑或绘织以及其余器物之铸造刻镂，无不精湛。仕元四十余年，主持的大型工事有塔三座，大寺九座，祠祀两座，道宫一座，像设多出其手。著名者如西园之“凌空”玉塔、大圣寿万安寺塔（今北京白塔寺之白塔），五台山佛塔，大都护国仁王寺之庄严佛像，涿州护国寺及所塑摩诃葛剌（大黑天神）主从之像，大都东花园寺所铸丈六金身佛像，圣寿万宁寺所塑千手千眼菩萨及所铸五方如来，大都和上都国学文庙所祀之孔夫子及十哲肖像，元世祖和察必皇后之织像，真金和其长妃阔阔真之织像等。此外还先后铸成内廷之大鹏金翅雕和尚酝巨瓮；制造了镔铁自运法轮，元世祖行幸时用于前导；又创浑天仪及其他司天器物。阿尼哥对中国艺术的主要贡献，其一为创作、传授了佛教造像的“西天梵相”，至元七年建护国仁王寺时，汉族巧匠刘元被召参加塑造佛像，从阿尼哥学西天梵相，得其神妙，遂为绝艺，成为仅次其师的元代最著名的塑像工艺家，这种造像式样也日益盛行。其二设计建造了尼泊尔式塔，最著名的就是现存元大都西城大圣寿万安寺“释迦舍利灵通之塔”，建于至元八年，高 50.9

米，砖造，塔基上建二重复合式方形折角须弥座，其上为覆莲承托之圆瓶形硕大塔身，塔颈作圆锥形相轮状，顶端华盖直径9.9米，其周边悬挂36个铜质透雕之流苏和风铃，其上之塔顶为一铜质小塔（原为一宝瓶）。因塔座、塔身通体用石灰粉妆，故俗称“白塔”。[①]

西藏与尼泊尔的经济交流　《贤者喜宴》载：松赞干布时：“从东方汉地和木雅，引进工艺历算书籍；从南方白色的印度，翻译佛陀正法经典；从西方粟特尼泊尔，开享用财物的宝藏……”《清高宗实录》（卷一三八九）载：“巴勒布在前藏贸易之人，……自康熙年间即在前藏居住，皆有眷属，人户众多，不下数千名口，……而藏内“番民”与之婚姻已久。”不仅有经济上的紧密交流，而且也存在联姻和融合关系。

西藏文化对西亚、中亚地区文化的借鉴　法国藏学家石泰安指出：西藏的西部地区对于西藏文明的形成曾起过重大作用，“那里既与犍陀罗和乌仗（斯瓦特）接壤，又与该地区的其他小国毗邻，希腊、伊朗和印度诸文明中的古老成分都经由那里传至吐蕃”。[②] 在950年左右，迦布罗（喀布尔）的印度国王拥有一尊罽宾（克什米尔）式的毗湿奴的塑像（有三颗头），他声称自己是从吐蕃赞普那里获得的，而后者又是从冈底斯山得到的。[③] 西藏西部的阿里地区曾经是苯教文化的繁荣之地，而苯教在其发展过程中，则接受多种外来文化因素，特别是波斯祆教的影响。

3. 伊斯兰教文化在西藏的传播

藏学家弗兰克（A. H. Francke）认为，伊斯兰教于14世纪从克什米尔（Kashmir）传入西藏（Tibet），在巴尔蒂斯坦（Balitistan）和普

---

① 北京市白塔寺管理处：《阿尼哥画传》，北京燕山出版社，2009年。

② 石泰安著，耿昇译：《西藏的文明》，西藏社会科学院西藏学汉文文献编辑室编印，1985年，第23，22，246—247页。

③ 石泰安著，耿昇译：《西藏的文明》，西藏社会科学院西藏学汉文文献编辑室编印，1985年，第23，22，246—247页。

里（Purig）传播的是什叶派（Shi'ite），而东拉达克（Eastern Ladakh）首府列城（Leh）主要是逊尼派（Sunnite）。[①] 16世纪上半期，伊斯兰化的蒙古人曾由新疆进入拉达克和巴尔蒂地区，其中米尔咱·马黑麻·海达尔（1499—1551）成为克什米尔的统治者。[②]

拉萨的清真大寺 现在拉萨市的清真大寺据称创建于康熙五十五年（1716），最初规模不大，建筑面积只有200平方米。可能由在这里经商的回族所建，[③] 大清真寺内一块约于乾隆年间立的匾中，有“贸易客民马如龙、何文才、马明远”。其中文物包括乾隆三十一年（1766）“咸尊正教”匾，立匾人有守备哈国祥，把总单应举、马国隆、虎文斌等，显然是驻藏清军；乾隆四十六年（1781）千总马大雄，把总虎文林等所立之匾；[④]乾隆四十八年（1783）马明远经手之大清真寺购买店铺的契约，盖有“四川西藏卫藏关防”印。[⑤] 入藏经商的回族穆斯林和克什米尔商人，以及进藏清军中的穆斯林成为西藏穆斯林的主要来源。

生活在西藏的穆斯林 英国人特纳在其《西藏扎什伦布寺访问记》一书中称：“逊尼派穆斯林和印度教徒等非喇嘛教徒至少有300人生活在日喀则。”[⑥] 成书于1886年的《西藏图考》也记载，信奉伊斯兰教的克什米尔商人行踪遍及全藏，并在“前藏设有大头人三名，后藏一名，以为管辖”[⑦]。

位于拉萨八廓街南部的小清真寺修建于20世纪20年代，系为在拉

---

① Francke A. H, *Islam Among the Tibetans*, Moslem Worad XIX, 1925.

② 米尔咱·马黑麻·海达尔著：《中亚蒙兀尔史（拉失德史）》（第二编），新疆人民出版社，1983年，第390、446页注、139页。

③ 西藏自治区文物管理委员会：《拉萨文物志》，1985年，第54—55页、第90页、第141—142页。

④ 薛文波：《拉萨的回族》，《甘肃民族研究》1986年第2期。

⑤ 西藏自治区文物管理委员会：《拉萨文物志》，1985年，第54—55页、第90页、第141—142页。

⑥ 塞缪尔·特纳著，苏发祥、沈桂萍译：《西藏扎什伦布寺访问记》，西藏人民出版社，2004年。

⑦ 黄沛翘编：《西藏图考》，西藏人民出版社，1982年。

萨做生意的克什米尔、拉达克、不丹、尼泊尔、英国等信奉伊斯兰教的人（即卡契）做礼拜而筹资修建。乾隆年间成书之《西藏志》记载："卡契园，在布达拉西五里许，劳湖柳林内。乃缠头回民礼拜之所，有鱼池、经堂、礼拜台，花草芳菲可人。"① 他们主要从事珠宝、丝绸和布匹贸易，"有缠头回民贩卖珠宝"，"有白布回民贩卖氆氇、藏锦、卡契缎、布等类，皆贩自布鲁克（不丹）、巴勒布（尼泊尔）、天竺（印度）等处。"② 在拉萨西郊形成卡契林卡、礼拜堂及墓地。

穿过西藏的朝圣之路　西北地区的穆斯林，渐渐发现一条朝觐的"捷径"——从宁夏、甘肃、青海等地出发，经玉树结古镇，沿唐蕃古道进入卫藏，从日喀则辗转至亚东进入印度，坐火车至阿拉伯海东岸的孟买，再乘坐海船，7 天 7 夜即可抵达圣城麦加。③

伊斯兰文化对藏文化的影响早已融入藏族社会的训诫格言《卡切帕鲁》。藏语中对藏红花的称呼，有 Kha che gur kum 一说，意思是"克什米尔红花"。

① 《西藏志・卫藏通志》，西藏人民出版社，1982 年，第 16 页。

② 《西藏志・卫藏通志》，西藏人民出版社，1982 年，第 32 页。

③ 魏毅：《日喀则的世界意义：被世人遗忘的朝觐之路》，《中国民族报》2011 年 3 月 22 日。

第六章

翻开西藏历史新纪元、开创民族文化新篇章

一、历史变革与民族新生

1. 废除政教合一制度，实现政教分离

旧西藏是政教合一的封建农奴制社会，根据清朝初年统计，当时西藏实有耕地 300 多万藏克（15 藏克相当于 1 公顷），其中官家占 30.9%，贵族占 29.6%，寺庙和上层僧侣占 39.5%。

《十三法典》和《十六法典》，将人分成三等九级，明确规定人们在法律上的地位不平等。杀人赔偿命价律中规定：上等上级的人如王子、大活佛等，其命价为与尸体等重的黄金；而下等一级的人如妇女、屠夫、猎户、匠人等，其命价为草绳一根。

五世达赖喇嘛曾经有指令："拉日孜巴的百姓听我的命令：……如果你们再企图找自由，找舒服，我已授权拉日孜巴对你们施行砍手、砍脚、挖眼、打、杀。"20 世纪初年到过西藏的英国人埃德蒙·坎德勒在所著《拉萨真面目》一书中记载，当时的西藏，"人民还停留在中世纪的年代，不仅仅是在他们的政体、宗教方面，在他们的严厉惩罚、巫

术、灵童转世以及要经受烈火与沸油的折磨方面是如此，而且在他们日常生活的所有方面也都不例外”[①]。

强烈的人身依附　藏文档案文献中保存着大量反映西藏封建农奴制的资料，其中一份哲蚌寺拉基（bla spyi，总管委员会）负责人颁布给属民百姓的永久执照说道：“上官大人对该（哲蚌寺罗色林）扎仓无限关怀照顾，颁发了永久执照，各信徒奉献的所有男女奴隶、土地、草场牧地等统归罗色林所有；此外，在未向本扎仓报告之前，不许暗地里勾结，将土地租给他人；不许奴隶外逃；不许与其他领土的属民结婚，造成属民外流。下属百姓理应安分守己，小心谨慎地支付各自负担的差税，不得拖欠。”[②] 从这件档案中我们可以看到：首先，寺院里的奴隶完全没有人身自由，他们是被作为财产转赠给寺院的；其次，奴隶被固定在寺院的领地上，并禁止逃跑；第三，寺院奴隶没有通婚的自由；第四，他们只是会说话的工具，只能安分守己地为寺院服役缴税。

高利贷盘剥　一份注明“火狗年”的寺庙向百姓索取的甘结反映了寺庙对百姓高利贷盘剥的史实。文谓：“事由：感谢我寺吉祥无比的大扎仓对我等贱民无限关怀，从僧院内库秋季法会的僧俸粮中，按借五还六（即春天借五藏克粮，秋天还六藏克粮）的利率，借给每户麦豆混合粮十八（藏）克。保证在九月一日运送僧俸粮时，按时归还，绝不拖延。并将利息粮晒干扬净，做到无土块、无石子、无秕糠、不潮湿，并且不向过斗人行贿等，自不待言。倘若出现拖欠时，正如全村人保证的那样，在十月二十五日前，由各户自动把息粮送往寺庙，并将本金粮一次还清。保证执行此甘结，决不违背。”[③] 春天借粮，秋天还账，

① ［英］埃德蒙·坎德勒著，尹建新、苏平译：《拉萨真面目》，西藏人民出版社，1989年，第186页。

② 扎西旺堆编，王玉平译：《西藏历史档案公文选·水晶明鉴》，中国藏学出版社，2006年，第30页。

③ 扎西旺堆编，王玉平译：《西藏历史档案公文选·水晶明鉴》，中国藏学出版社，2006年，第31页。

不到一年，利率高达 20%，借出的粮食没有明确的质量标准，归还的粮食却条条分明。农奴租借寺院牲畜有所谓“节美其美”（shye med vchi med）即“不生不死”：不论牲畜死活，出租者依然按照出租数目收取租金或者食物。1875 年噶丹培吉林寺属百姓与寺院之间所订立的甘结反映了这一情形，内称：“噶丹培吉林寺出租‘节美其美’出租牛，每头母牛每年八月初八日，交酥油十秤，不能违背。倘若退还出租牛时，需交 4—6 岁的母牛一头，并带小牛一头。如若违背此规定，罚金 10—15 两。”① 寺院农奴完全处在无权和无法承受的被压榨状态。

维护等级制度、酷刑惨无人道 五世达赖喇嘛罗桑嘉措时期命令第司索南饶登负责制定《十三法典》，一直使用到 1959 年西藏民主改革，沿袭了 300 多年。该法典规定：人分为上中下三等，其中上等又分为上上、上中、上下三等；中等分为中上、中中和中下三等；下等又分为下上、下中、下下三等。上上是至高无上的，命价无法偿还；下下如流浪汉、铁匠、屠夫等，彼等命价值草绳一根。《十三法典》第八条规定：尊者滴血值一钱，卑者滴血值一厘。伤人上、下有别：民伤官，视伤势轻重，断伤人之手足；主失手伤仆，治伤不再判罪。主殴仆致伤无赔偿之说。法律对偷盗进行重罚，其中偷盗王之财物者，偷一罚一百倍；偷盗寺院僧侣之财物者，偷一罚八十倍；偷盗普通人的财物者，偷一罚八倍。②

在那曲桑雄部落民谚谓：

Sangs rgyas stong vjal（偷佛像者偷一赔千）

Bla ma do dgu（偷活佛财物者偷一赔九）

Dge vdun brgyad vlal（偷僧人财物者偷一赔八）

---

① 中国社会科学院、西藏自治区档案馆合编：《西藏社会历史藏文档案资料译文集》，中国藏学出版社，1997 年，第 122 页。

② 周润年译注，索朗班觉校：《十六法典》，《西藏古代法典选编》，中央民族大学出版社，1994 年，第 28—52 页；喜饶尼玛译注，索朗班觉校：《十三法典》，《西藏古代法典选编》，中央民族大学出版社，1994 年，第 89—96 页。

Dpon vdra bzhi ngo lnga（偷官员财物者偷一赔五）

……①

这里明确显示出宗教势力在社会法律中的特殊地位，在政教合一的体制之下，他们的身份甚至高过世俗贵族官员。

旧西藏的刑罚十分严酷。轻者鞭笞，重者则挖眼、割舌、剁去双手或双足、割鼻、割耳、抽脚筋、手指钉竹签、脖子挂石环、戴石帽等，甚至把犯人投入蝎子洞，让毒蝎子慢慢咬死；把犯人缝在一个牛皮袋里丢到河里慢慢淹死；或者让犯人“骑铜马”，马身中空加热把人烤死，等等。寺庙中的上层人士还把人皮、人肉、人心、人肠等作为“念咒经”的祭品，实际上也助长了西藏地方滥兴刑狱的邪恶之风。寺庙对农奴施行残酷刑罚更让人触目惊心。已故十世班禅大师 1988 年 4 月接受《民族团结》记者采访时曾指出：“1959 年民主改革以前，西藏处在政教合一、僧侣和贵族专政的封建农奴社会。其黑暗、残酷的程度，恐怕比中世纪欧洲的农奴制度有过之而无不及。”“那时候，僧侣领主都有监狱或私牢。当时刑罚非常野蛮残酷。像剜目、割鼻、断手、剁脚、抽筋、投水等。在西藏最大寺庙之一甘丹寺就有许多手铐、脚镣、棍棒和用来剜目、抽筋等残酷的刑具。”问题还不仅仅在于这些刑罚的残酷，而在于它是由达赖喇嘛领导下的噶厦政府制定和执行的，佛法的慈悲在这里全然没了踪影。历史在发展进步，社会在进步，1959 年民主改革以前那漫长的岁月是绝大多数普通西藏百姓不堪回首的悲惨历史，过去且让它过去吧，可是，总有那么一部分人还念念不忘那段日子，并试图美化它，甚至幻想着恢复那样的制度，这才是让人大惑不解的地方！

精神压迫与钳制　藏传佛教中有所谓“业报轮回”理论，这一理

① 格勒、刘一民、张建世、安才旦编著：《藏北牧民——西藏那曲地区社会历史调查》，中国藏学出版社，1993 年，第 251 页。

论有其道德上劝善弃恶的积极意义，但是在西藏政教合一的西藏封建农奴制体制下，它在很大程度上发挥着钳制人们精神世界的功能。“业”梵文为 karma，意思是“造作”，通常分身、语、意三个方面，它所带来的后果就是所谓果报。“轮回”梵文 Samsara，就是指有情会依业力在欲界、色界、无色界三界之内的天、人、畜生、阿修罗、饿鬼、地狱六道生死流转，多修善业则能转生到有福乐少祸苦的善趣，多造恶业则必沉沦于畜生、饿鬼、地狱恶趣之中。来世是什么对于相信有来世的人来说无疑太重要了，掌握这一取舍大权的人就是那个挥舞着达摩克利斯之剑的人，他们不是别人，更不是自己的行为，而是上层活佛和高级僧侣。农奴和奴隶遭受苦难被合理地解释为他们前世所修的结果，而僧侣贵族享受荣华富贵也非现世制度的原因。没有能够印证前世贵族和农奴之业如何不同，也没有人可以预知来世将会获得怎样的报应，而现世的极端不平等却得到了合理的维护。亲历西藏的英国人查尔斯·贝尔说，达赖喇嘛能在今生与来世里进行赏罚。“你下一辈子是人还是猪，难道对你没什么关系吗？达赖喇嘛能保你投胎成人，当大官，或者更好一些——在一个佛教兴盛的国度里当大喇嘛。”“毫无疑问，喇嘛采用了精神恐怖手法以维持他们的影响和将政权继续控制在他们手中。”① 在政教合一体制下宣扬“业报轮回”，“如果完全从世俗的观点看，这一说法是设想出来的一种最狡猾、最有害的社会控制方式。对普通的藏人来说，接受了这个教义就使他一生都不能改变自己的命运。按照‘业’的说法，如果一个人生下来是奴隶，那不是奴隶主的错，而是奴隶自己的错，因为他们前世肯定犯了什么错误。而奴隶主则是因为前世做了好事，因此这辈子受到奖励。对奴隶来说，如果他想砸碎身上的枷锁，那他来世的命运注定要比今世更坏。这些想法肯定不会酿成革命。如果说

① 查尔斯·贝尔（Charles Bell）著，冯其友等译：《十三世达赖喇嘛传》（*Portrait of the Dalai Lama*），西藏社会科学院编印，1985 年，第 163 页。

在西藏没有什么农民暴动，那就不奇怪了，因为人们普遍接受了‘业’这一思想。”①

上师制度既是高级僧侣贵族对普通僧众进行有效控制的重要制度，也是进行精神控制的重要手段。藏传佛教徒在念诵皈依佛、皈依法、皈依僧的前面，都要加诵“皈依上师”。亲近、依止上师不仅在阿底峡尊者的《菩提道灯论》和宗喀巴的《菩提道次第广论》中可以找到理论依据，更在藏传佛教的日常实践中得到充分体现。在金刚乘密法中，上师的地位极为突出，被认为是加持的源头和成就的根本。如果轻视上师，怎样刻苦修炼本尊密法，都将一事无成。“密乘十四条根本戒”第一条便是戒诋毁上师，藏传佛教要求弟子对上师要如同对佛一样恭敬，绝对不可以违背上师，否则便犯下根本戒律，便要下金刚地狱。《时轮金刚》云：“于师生嗔一刹那，则毁一劫诸善行，数劫堕入地狱等，恶道遭受深痛苦。”故此，上师对闻法弟子就拥有着精神上巨大的钳制作用，甚至造成以师傅的是非为是非的盲从局面。藏传佛教独有的活佛转世制度，在精神上更赋予这些世代流转的活佛无比崇高的权力。作为格鲁派最大活佛之一与噶厦政府首领的达赖喇嘛自然扮演着非同一般的角色。到过西藏的英国人埃德蒙·坎德勒写道：“毫无疑问，喇嘛采用了精神恐怖手法维持他们的影响并使政权继续控制在他们的手中。……在这样的年代里，他们那些愚昧无知的农奴将逐渐接触到生活的真实面貌，将会开始怀疑若干世纪以来存在于他们与其统治者之间的关系是否公正。但是目前，人民还停留在中世纪的年代，不仅仅是在他们的政体、宗教方面，在他们的严厉惩罚、巫术、灵童转世以及经受烈火与沸油的折磨方面是如此，而且在他们日常生活的所有方面也都不例外。我敢说，在世界历史上顽固和黑暗如此突然地暴露在科学的面前是没有先

① 多尔施·玛丽·弗在：《侗登林实例：西藏难民生活以及有关改革的建议》，《西藏学会学报》，印第安纳州布鲁明顿，1979 年，第 14 期；谭·戈伦夫著，伍昆明、王宝玉译：《现代西藏的诞生》，中国藏学出版社，1990 年，第 31 页。

例的。”①

阶级对立 旧西藏占人口95%的农奴是文盲，他们在失去人身权利的同时，自然也失去了受教育的权利。寺院几乎是唯一正规传播知识的场所，尽管它所传播的知识存在很大的局限性。出家为僧是普通百姓改换身份仅有的途径，但是就是在寺院中，也绝非人人都可以接受教育，获得晋身的机会。贵族出身的子弟依旧把持着寺院组织的权力，并与世俗贵族和管家形成姻亲连带的关系。除了极少数贫困家庭的子女可以通过刻苦学习改换门庭之外，绝大多数只能终身做普通僧人，在寺院从事各种力役杂役，依然处在被剥削和被奴役的地位，寺院依然存在着阶级差别和阶级对立。当时“高级僧侣生活极安适，各有私人第宅或庵堂，且有雇佣仆役七八十人者。低级僧侣生活殊恶劣，其穷苦之状信如川口所云，‘有非言语所能形容者’。各僧徒须自谋生计，课业又过于繁忙不容更事生产……以供给其日用所需。彼等惟饮茶不须付资，但无佐饮之品；常两日不能得食，其惨苦有如此也。”② 足见其内部贫富差别之大。

畸形的社会 根据乾隆二年（1737）理藩院造册资料显示，“达赖刺麻（喇嘛）所辖寺庙三千百有五十余所，刺麻（喇嘛）三十万二千五百有奇，百姓十有二万千四百三十八户。班禅所辖寺庙三百二十七所，刺麻（喇嘛）万三千七百有奇，百姓六千七百五十二户。”③ 一个大约只有一百万左右人口的地区，竟有三分之一的人口是出家的僧尼，他们既不从事旨在增加社会财富的物质生产，也不从事繁殖劳动力的人口生产。十三世达赖喇嘛时期担任过藏军总司令的擦绒·达桑占堆就曾经对驻扎在拉萨的英国人查尔斯·贝尔发出了“西藏地方可耕空地很

① ［英］埃德蒙·坎德勒著，尹建新、苏平译：《拉萨真面目》，西藏人民出版社，1989年，第186页。

② 荣赫鹏（Francis Younghusband）著，孙熙初译：《英国侵略西藏史》（*India and Tibet*），西藏社会科学院情报所编印，1983年，第241页。

③ 魏源：《圣武记》，上册，中华书局，1984年，第226页。

多，但因喇嘛为数庞大，人口减少，土地因而荒芜”[①] 的感叹。应该说，对于高海拔、缺氧、多灾害、自然环境相对恶劣地区和居住在这里的藏族来说，这样的政教合一制度是灾难性的。作为社会生产者的主体农奴，他们被歧视，被奴役，甚至被掠夺，被毫无同情心地虐待致死。这正如曾任西藏地方政府噶伦的阿沛·阿旺晋美在20世纪40年代多次所说的那样：西藏“照老样子下去，过不了多久，农奴死光了，贵族也活不成，整个社会就将毁灭”[②]。可谓一语中的，直击要害。

据中共西藏工委1959年9月一份文件中的统计数字，全区共有大小寺庙2138个，僧尼十一万二千余人。其中参叛寺庙971个，占寺庙总数的45%以上；参叛僧尼六万八千余人，占僧尼总数的60%以上。当时还估计，如果进一步详细核查，参叛寺庙可能达到70%。[③] 进入晚期的西藏封建农奴制全面走向黑暗和没落，严重阻碍着西藏地方经济社会的发展进步，必须加以改革才能挽救百万农奴和整个地方社会。

平息西藏地方上层发动的武装叛乱之后，1959年3月31日，中共中央拟定了“关于在西藏平叛中实现民主改革的若干政策问题的指示(草案)”，要求“继续坚持保护宗教信仰自由政策，藏传佛教各教派一视同仁。参加叛乱的寺庙的土地、房屋、耕畜、农具和粮食一律没收，分配给农民，债务、乌拉和差役一律废除。今后所有寺庙必须爱国守法，不得违反国家的政策法令和干涉政府的行政事宜；不得私藏枪支；不得强迫群众当喇嘛，群众有当喇嘛的自由，喇嘛也有还俗的自由。对寺庙财产，可由寺庙僧众组织管理委员会民主管理，取消寺庙间的隶属

---

① 查尔斯·贝尔（Charles Bell）著，冯其友等译：《十三世达赖喇嘛传》，西藏社会科学院编印，1985年，第174页。

② 阿沛·阿旺晋美：《西藏历史发展的伟大转折》，《中国藏学》1991年第1期。

③ 西藏自治区党史资料征集委员会，西藏军区党史资料征集领导小组：《西藏的民主改革》，西藏人民出版社，1995年，第143—144页，第160页。

关系。”①

2. 百万农牧翻身解放，生产关系得到大调整、生产力获得大解放

西藏社会历史调查剖析问题，寻找改革路径。西藏和平解放后，中央面临西藏今后如何进行改革，要改革就要划分阶级。“我们西藏组有一个非常重要的任务，就是中央要让全国了解西藏社会情况，便于准备将来西藏的改革；并预计明年初西藏的上层人士，很多人大代表都要来京开人民代表大会，也想让他们知道自己所处这个社会是什么情况。”②

民主改革采取了区别对待的办法 对于“没有参加叛乱的寺庙的土地和多余的房屋、耕畜和农具应经过与寺庙协商分配给农民，其多余粮食不予没收，但可经过协商，借一部分给农民，由农民在收获之后归还”。③ 在民主改革中，对叛乱地区先改，未叛地区后改。在叛乱了的农区先实行三反双减（反叛乱、反乌拉、反奴役和减租减息）后进行土地改革；在没有叛乱的地区实行双反双减和土地改革；在寺庙开展三反（反叛乱、反封建特权、反剥削）、三算（算政治迫害、算等级压迫、算经济剥削）和土地改革；在牧区开展三反和两利（牧工、牧主两利）。对参加叛乱或没有参加叛乱的区别对待：对参加叛乱的农奴主及其代理人，没收其占有的生产资料，无偿分配给农奴和奴隶，并进行批判斗争和法律制裁；对没有参加叛乱的农奴主及其代理人占有的生产资料，由国家赎买，然后分配给农奴和奴隶。对他们保护过关，并且不降低他们的政治地位和生活水平。比如对他们的生产资料实行比内地资本家还宽的赎买政策。按当时的物价，把耕地等生产资料折合成银元，

① 中共中央文献研究室、中共西藏自治区委员会编：《西藏工作文献选编》，中央文献出版社，2005 年，第 204—205 页。

② 《西藏藏族社会历史调查——刘忠老师访谈录（1）》。

③ 中共中央文献研究室、中共西藏自治区委员会编：《西藏工作文献选编》，中央文献出版社，2005 年，第 204—205 页。

分期付款，按时兑现。[1] 中国共产党在西藏各族人民心中播下了光明和希望的种子，开辟了西藏社会发展的新道路。

翻身农奴笑容洋溢在脸上，幸福流淌在心里　西藏民主改革已经过去了半个多世纪了，今天的人已经很难体会到从卑微而无望的奴隶，变成拥有自由、土地、牲畜的那些人，发自内心的喜悦和感激。很多歌曲里保存下这段历史记忆，以及发自肺腑的心声："喜马拉雅山再高也有顶，雅鲁藏布江再长也有源，藏族人民再苦再苦也有边呀，共产党来了苦变甜。""太阳啊霞光万丈，雄鹰啊展翅飞翔，高原春光无限好，叫我怎能不歌唱，高原春光无限好，叫我怎能不歌唱。雪山啊闪银光，雅鲁藏布江翻波浪，驱散乌云见太阳，革命道路多宽广。雪山啊闪银光，雅鲁藏布江翻波浪，驱散乌云见太阳，幸福的歌儿传四方。"歌唱翻身喜悦心情，歌颂共产党、毛主席和亲人解放军，歌唱汉藏一家亲等。著名歌唱家才旦卓玛是亲历者、见证者，也是这许多歌曲的演唱者。这些歌曲感动人，固然有优美的音乐做陪衬，关键是透露出翻身农奴的心声，用发自肺腑的真诚唱出了西藏各族人民对共产党、对党的领袖、对祖国深沉的爱。

通过民主改革，获得人身自由的百万农奴成为生产资料特别是土地和牲畜的拥有者　据统计，在民主改革中，国家共支付4500多万元对1300多户未参加叛乱的农奴主和代理人的90万亩土地和82万多头牲畜进行赎买。共没收和赎买农奴主土地280多万亩，分给20万户、80万农奴和奴隶，农奴和奴隶人均分得土地3.5亩多。翻身农奴高唱："达赖的太阳照在贵族身上，毛主席的太阳照在我们穷人的身上。现在达赖的太阳下山了，我们的太阳升起来了。"

生产的积极性空前高涨，社会生产关系得到调整，有力地促进了社会生产力的发展　民主改革后的三年西藏经济快速发展，用当时人的话

[1] 阴法唐：《百万农奴翻身解放的深刻革命》，《光明日报》2009年3月24日。

来说，就是政策好、人勤劳、风调雨顺。土改基本完成的1960年，西藏全区的粮食总产比1959年增长12.6%，比土改前的1958年增长17.5%。牲畜存栏头数1960年比1959年增长10%。在民主改革中，西藏建立起第一个供销社、第一个农村信用社、第一所民办小学、第一所夜校、第一个识字班、第一个电影放映队、第一个医疗卫生机构。1959年底，拉萨市区建立居民委员会28个，先后安置8700多名贫苦游民和乞丐就业，救济8500多名生活困难的贫民，收容120多名孤、老、病、残者。1960年，纳金水电站建成发电，拉萨普通市民首次用上了电灯。1959年至1960年两年内，西藏建立起几十个现代化小型工厂，培养了2万多名藏族工人。90%的县通了公路，公路全长达到1.25万多公里。让西藏各族百姓切身感受到共产党好，新社会好，祖国大家庭好。

建立人民民主政权，保障人民行使当家作主的权利 废除封建农奴制度后，翻身解放的西藏各族人民建立起人民民主政权。到1960年底，西藏成立了1009个乡级政权、283个区级政权，78个县（包括县级区）和8个专区（市）建立了人民政权。藏族和其他少数民族干部达到1万多人，其中乡级干部全是藏族，区级干部90%以上是藏族，300多名藏族干部担任了县以上领导职务。4400多名翻身农奴和奴隶成长为基层干部。1961年，西藏各地开始实行普选。昔日的农奴和奴隶破天荒第一次获得当家作主的权利。百万翻身农奴和奴隶穿着节日盛装，手捧哈达，兴高采烈地参加投票，以极大的政治热情和高度负责的精神行使民主权利，选举产生了基层各级权力机关和政府。1965年8月，西藏乡县选举工作完成，有1359个乡、镇进行了基层选举，有567个乡、镇召开了人民代表会议，西藏约92%的地方建立了以翻身农奴和奴隶为主的乡人民政权，54个县召开了第一届人民代表会议，选出了正副县长，建立了县人民委员会。1965年9月，西藏自治区第一届人民代表大会成功召开，西藏自治区正式宣告成立。出席大会的301名代表中，藏族和其他少数民族代表占80%以上，西藏上层爱国人士和宗教界人士占11%多，藏族代表中绝大多数是翻身农奴和奴隶。人民民主政权的建立为西藏人民行使当家作主的权利提供了有力的政治保障。

1959年的民主改革是西藏地方历史上划时代的伟大事件，改革了社会制度，调整了生产关系，改变了人们的精神面貌，也改变了西藏文化的发展方向。用当事人全国政协副主席阿沛·阿旺晋美先生的话来说，“民主改革拯救了整个西藏”。从西藏文化的发展和命运来看，也可以说，民主改革使西藏文化摆脱噩运，迎来了新生。

民主改革前西藏文化什么样？民主改革以前的西藏地方，由于政教合一封建农奴制的钳制，整个思想文化领域是一种万马齐喑的局面，佛教思想一统地方，其他门派噤若寒蝉，“僧侣即教师，佛经即课本，经堂即课堂”，是现实写照，而“万般皆下品，唯有读经高”是社会的共识。玄妙空疏，脱离实际，脱离百姓，孤芳自赏的佛教神学，统治着人们的整个精神世界。在政教合一封建农奴制度之下，藏传佛教的一些消极因素浸透到社会文化的诸多方面，在佛教脱离其讲究平等、普度众生这些宗旨的同时，传统文化中的优秀成分日趋凋敝，宗教文化界的知识单一，自我封闭，因循重复，缺乏创造力，早已让西藏地方文化丧失自我发展和创新的能力。到了20世纪中期以后，伴随着政治制度腐朽的日益凸显，西藏传统文化也走上末路。作为当时西藏社会知识分子主体的寺院僧尼有12万人，占总人口的10%以上，而作为主要精神供给者的僧侣则有80%是文盲，在初创时期曾经蒸蒸日上的寺院，早已褪去耀眼的光彩，不仅培养不出支撑社会发展的优秀人才，甚至也培养不出优秀的佛学人才，政教合一的噶厦政府更扮演了压制人才、摧残优秀人才的工具，藏族人文主义的代表人物根敦群培（1905—1951）遭受迫害致死的事实只是一个典型例证。

民主改革以前西藏文化领域的等级差别和阶级对立十分鲜明，上层僧侣不仅掌握着普通百姓“来世”的命运，而且掌握着今生的生杀予夺大权。作为三大领主之一，他们既不从事人的生产，也不从事物的生产，却垄断着社会的物质财富和精神财富。他们与贵族和政府官员一起，过着穷奢极欲的糜烂生活，竭力维护其自身的阶级利益和特权，思想封闭、保守，反对推动社会进步的任何形式的改革，限制、扼杀民间世俗文化，容不得任何创新和异端。包括普通僧尼在内的广大百姓，没有接受教育的机会和权利。西藏地方政府还明文规定，不准铁匠、屠户子女进入学校，当时西藏地方儿童入学率不足2%，文盲率却高达95%。占人口绝大多数而缺乏人身自由的农奴和奴隶，被剥夺了接受文化教育的权利，也无法享受文化教育的成果。他们所创造的平民文化或者遭到贬斥和扼杀，或者不能登大雅之堂。绝大多数人是文盲的西藏地区明显缺乏文化发展和创造的动力和源泉，而绝大多数人被剥夺接受文化教育和享受文化成果权利的文化无疑是畸形的，走入政教合一歧途的佛教文化和贵族文化不断呈现出偏颇和狭隘的特性，宛如一潭无法泛起涟漪的死水。

民主改革在文化领域改什么？ 1959—1961年之间进行的民主改革，使西藏文化领域同样发生了翻天覆地的变化，首先，废除政教合一制度，建立新民主主义和社会主义制度文化。政教合一封建农奴制度是西藏传统文化继续发展的最大障碍，废除这一腐朽、没落的旧制度为西藏文化的发展开辟了广阔的前景，这也是挽救西藏传统文化最关键的步骤。同时，改革也指明了西藏文化未来的发展方向，即以马克思主义思想为指导，在共产党的领导下，坚持社会主义道路，为无产阶级服务，为人民大众服务。其次，民主改革废除了阶级压迫，让全体人民成为西藏文化的主体，改变了少数贵族垄断西藏文化的局面。翻身获得解放的百万农奴，在摆脱人身依附、成为国家主人的同时，也成为接受文化、创造文化和享受文化成果的主体。国家通过兴办现代学校和扫盲教育，在不长的时期内让获得新生的农奴和奴隶获得知识和文化，并担负起西藏文化事业建设者的角色，既前所未有地扩大了受教育者、文化创造者和享有者的群体，也极大地激发了文化创造者的巨大活力和主观能动性，为西藏传统文化的新生和社会主义新文化的发展注入无穷的动力。第三，改变了西藏地方神学思想一统文化领域的局面，以马克思主义为指导思想的无产阶级大众文化如雨后春笋，开始在西藏高原这片古老的土地上生根发芽、茁壮成长。在这样的文化里，受到礼重的是大写的人，是有血有肉、有思想、有灵魂、有理想、有信念的人，而且是最广大的人民群众，而不是神，也不是极少数的僧俗贵族。第四，西藏文化领域改变了佛家独尊的局面，出现百花齐放、百家争鸣的新气象。原来的宫廷舞蹈来到民间，推陈出新，拥有群众并焕发青春，而民间的格萨尔故事也步入大雅之堂，不断被录制、整理出版并翻译成汉文，甚至世界多国文字，为世界人民所共享。通过民主改革，人们发现：同样的藏戏题材却更加多样而感人，唐卡画意境更宽阔而幽深，藏医少了神秘因素而多了科学成分，藏文可以表达出更丰富的知识内容。打破了条条框框的禁锢，冲破了神学牢笼的羁绊，西藏文化更加婀娜多姿，明媚璀璨。第五，民主改革还洗刷了殖民文化的耻辱，让站起来的西藏各族人民扬眉吐气，尽现飒爽英姿，西藏文化展露出更加自信的民族品格。最后，民主改革为西藏文化与各兄弟民族文化的交流打下坚实的基础。民主改革，特别是和平解放以前的西藏地方处在一个相对封闭的状态，民主改革以后制度统一，瓦解了阻隔在西藏与内地汉族和其他兄弟民族文化交流之间的壁垒，相互学习、相互借鉴，给西藏文化增添诸多新的元素和光彩。

民主改革以来西藏文化带来怎样的发展？民主改革 50 多年来西藏的文化获得了迅猛的发展：藏语文得到广泛使用，并通过法律形式确立其重要地位；藏文历史文献、传世典籍得到保护、整理、出版；西藏的文物古迹和重点寺庙，如布达拉宫、大昭寺、罗布林卡、萨迦寺等等，国家拨巨资加以维修，非物质文化遗产备受青睐；寺庙宗教活动正常进行，群众信教依法得到保护；西藏的考古事业方兴未艾，藏文档案搜集、整理有序展开；藏文大藏经《甘珠尔》《丹珠尔》校勘出版，有声有色，藏文英雄史诗《格萨尔王传》刊印、录制、传唱，兴致盎然；藏医藏药和天文历算，研究有心得，继承有传人；民族工艺、唐卡艺术、民间歌舞、藏密气功，无不得到发扬光大；现代化学校遍布西藏各地，农牧民子弟成了新一代知识人；科技知识进入课堂，西藏传统文化焕发青春……

民间文化、群众文化、世俗文化在民主改革以后摆脱传统的羁绊，成为民族文化中最亮丽的风景，迅猛发展，活力无限。新中国成立以来，国家有组织、有计划地对流传于西藏民间的民歌、格言、寓言、神话传说、民间故事、史诗、音乐、舞蹈、藏戏等，进行抢救、搜集和整理。20 世纪 60 年代起，国家投入了大量的人力、物力和财力，对西藏民间文学艺术进行有组织的抢救和保护；80 年代，西藏自治区加大了对全区范围内民间文学艺术的搜集、整理工作力度。已经正式出版的西藏民间文学艺术集成有《西藏民间故事集成》《西藏歌谣集成》《西藏谚语集成》《西藏民间舞蹈集成》《西藏民间器乐曲集成》《西藏藏北民间故事》《西藏山南谚语》《西藏山南歌谣》《拉萨民间歌谣》《拉萨民间故事》等。

民间史诗《格萨尔王故事》搜集整理、翻译研究成果丰硕。《格萨尔王传》卷帙浩繁，内容丰富，是研究藏族历史、地理、社会、文化、宗教、风俗习惯、道德、语言等诸方面的重要文献，在某种意义上说，是藏族民间文化的一部百科全书。《格萨尔王传》也逐渐流传到蒙古族地区，成为自成体系的蒙古《格萨尔王传》，称《格斯尔王传》。14 世纪下半叶，即元末明初，在更大范围内得到传播。同时也流传到土族、纳西族、裕固族等与藏地接壤的兄弟民族之中。既是中国多民族文化交流的媒介，也是中外学者关注的焦点领域之一。国外介绍和研究《格萨尔》已经有两百多年的历史。《格萨尔》的部分章节，早已译成英、俄、德、法等多种文字。1716 年（清康熙五十五年），在北京刻印了蒙古文本《格萨尔》之后，外国学者有机会接触到这一史诗。1879 年到

1885年，印度人达斯先后两次到我国西藏地方，搜集了《格萨尔》等大批藏文资料，其后开始发表关于《格萨尔》的论文。亚历山大·达维·尼尔女士曾两次来中国，在四川藏族地区住过很长时期，在义子云登喇嘛的帮助下，直接听民间艺人说唱《格萨尔》，并记录整理，同时搜集手抄本和木刻本，整理成格萨尔故事《岭·格萨尔超人的一生》，于1931年在巴黎出版法文本，1933年在伦敦出版英译本。石泰安教授是著名藏学家，1958年出版的《格萨尔生平的藏族画卷》，1959年出版的《藏族史诗格萨尔王传与说唱艺人的研究》，成为全面系统论述《格萨尔》史诗及其说唱艺人的代表作。

西藏文化的发展方向在哪里？西藏优秀的传统文化不仅要继承，而且要不断发展创新。西藏传统文化是西藏地方藏族和其他兄弟民族在适应自然、改造自然的漫长历史进程中创造的，它具有较为鲜明的高原地域特色、民族特色和宗教文化特色。吐蕃王朝时期是西藏文化的奠定和早期繁荣、鼎盛时期，在历史上留下了灿烂而浓重的一笔；“后宏期”发展起来的佛教教派文化，特别是格鲁派掌权时期政教合一封建农奴制度下的宗教文化，趋向深邃，也趋向封闭和保守；西藏和平解放，特别是民主改革以来，西藏传统文化重新焕发活力，最广大的人民群众第一次成为文化创造者和拥有者的主体，他们的聪明智慧得到极大的发挥，也给西藏传统文化的继承和发展开辟了无限广阔的空间。但是，我们也应该看到，发展西藏传统文化的工作任重而道远，必须在思想文化领域破除迷信、解放思想，多做消除政教合一制封建余孽的工作，这需要一场新的历史条件下的“文艺复兴”的洗礼。必须不断地摈弃狭隘、走出封闭，广泛开展与汉族及其他兄弟民族的文化交流，不断借鉴世界上其他民族的优秀文化成果；文化工作者要有历史责任感和使命感，本着对历史负责，对国家负责，对民族负责，对人民负责的态度，在去粗取精、去伪存真的基础上，以宽阔的胸襟、豪迈的气派来创造发展西藏的传统文化。

3. 民族区域自治制度的成功实践

《中华人民共和国宪法》第四条规定：“中华人民共和国各民族一律平等。国家保障各少数民族的合法权利和利益，维护和发展各民族的平等、团结、互助关系。禁止对任何民族的歧视和压迫，禁止破坏民族团结和制造民族分裂的行为。”西藏自治区建立以及实施民族区域自治制度以来，西藏各方面获得了长足发展，民族干部队伍迅速成长起来，他们中很大一部分人有政治责任感，有知识、懂专业、有能力，西藏各族焕发新的活力。尽管民族区域自治制度还需要在新的形势下不断修改完善充实提高，但是业已为国家的统一，民族团结，民族地区经济社会文化的发展，以及新型民族关系的建立发挥了重要的作用。

二、和平解放60年来西藏文化的创新成就

西藏和平解放60年来，不仅在保护、继承和弘扬西藏传统文化中做出了巨大的努力，取得了举世瞩目的成就，而且创造了适应时代发展，满足人民群众日益增长的精神需求的西藏新文化。我认为，当代西藏文化的创新成就是多方面的，主要包括以下几点。

1. 以马克思主义理论为指导是新文化的突出特色

在政教合一制的旧西藏，神权思想和唯心主义观念是社会的主流意识和指导思想，传统文化中的许多内容都是作为佛教神学思想的附庸而存在和发展的，西藏的传统文化中有优秀的历史遗产，也有封建性的糟粕，既不轻易否定也不能全盘继承。西藏和平解放，特别是民主改革以来，马克思主义理论作为指导思想，逐渐占领西藏的主流思想阵地，从而将西藏文化从旧的神学枷锁下解放出来，破除神学史观、英雄史观、主观唯心主义史观的迷雾，探索人类社会和历史文化发展的规律。确立

辩证唯物主义和历史唯物主义的世界观和方法论，积极探索生产力发展对西藏地方社会进步的决定性作用，用阶级分析的方法探索阶级社会西藏地方的主要矛盾和问题，确立人民群众是推动历史发展的主要动力，重新评价了西藏历史上奴隶和农民起义的地位与作用。指导思想的变革，以及方法论的根本改变，为正确认识西藏传统文化提供了全新的视角，为探索西藏历史文化的发展规律奠定了基础，同时也为西藏新文化的创造指明了方向，确定了方法和路径，为西藏新文化的兴起与繁荣提供了理论基础。

2. 社会主义制度文明是新文化的核心内容

1959 年 3 月 28 日，中央人民政府宣布解散噶厦，废除业已腐朽并严重阻碍西藏地方经济社会和文化事业发展的政教合一的封建农奴制度，使百万农奴翻身解放，极大地解放了生产力，让西藏地方最广大的人民群体从人身依附地位转为自由人，从一贫如洗的农奴成为拥有生产资料的主人，从为官家、寺院和贵族三大领主劳动到为自己的幸福生活、为社会的文明进步工作，从皮鞭威胁下的消极被动劳作到积极喜悦地收获自己的劳动成果。换了人间的社会制度变革给西藏地方带来无尽的生机与发展活力，同时也真正实现了人权事业的伟大进步。社会主义制度在西藏的建立，人民当家作主，管理西藏地方事务，参与管理国家大事，激发起最广大普通百姓无比的自豪感和自信心，并转化为建设社会主义西藏新文化的巨大能动性、创造性。平等团结互助和共同发展的新型民族关系，让西藏人民感受到祖国大家庭的温暖，享受到中华民族振兴繁荣的荣耀与尊严。民族区域自治制度的实施，则为以藏族为主体的西藏地方各族参与国家事务，发展地方经济、文化、语言，弘扬民族优秀传统文化，提高教育水平，提高干部素质，尊重民族风俗习惯，以及保障宗教信仰自由，开辟了广阔的道路。中央关怀，西部大开发政策的落实，以及全国支援西藏政策的贯彻，都是社会主义制度文明优越性的具体体现，也是西藏新文化发展繁荣的制度保障。

3. 人民群众成为主角是新文化的显著特点

1959年民主改革以前，占西藏地方人口95%以上的是农奴和奴隶，处于被压榨被奴役的地位，他们没有机会接受教育，更没有机会享受社会文化的发展成果。西藏实行民主改革以后，百万农奴翻身获得解放，西藏地方新文化的创造者队伍显著增加，当家作主的昔日农奴爆发出无比巨大的创新能量；过去只有寺院部分僧侣和少数贵族才能接受的知识和文化教育，在新西藏迅速得以普及、全民共享。统计资料显示，2010年，西藏拥有普通高等教育院校6所，各级中学122所，小学872所，各类在校学生达50多万人；内地西藏班在校生总数2万余人；内地12省市42所学校开办有中职班；西藏适龄儿童入学率达到99.2%、初中入学率98.2%、高中入学率60.1%、高等教育毛入学率23.4%，青壮年文盲率下降到1.2%，大大提高了西藏地方各民族人民的知识文化水平，增强了他们创造新文化的能力。社会制度的变革，还使西藏地方人民群众首次实现了作为文化创造者与消费者的统一，激发出他们无限的创新热情，而最广大人民群众的积极参与也成为西藏新文化持续创新与发展永不枯竭的动力。人民群众在新文化中的主导地位，直接影响到西藏地方文化的内涵、面貌、价值判断和服务宗旨，封建腐朽的糟粕被剔除，优秀的民间文化成就受到重视，大放光彩。比如，为广大农牧民喜闻乐见的藏族英雄史诗《格萨尔王传》，在旧西藏不登大雅之堂，和平解放后受到高度重视，搜集、整理、翻译、研究、出版工作取得了突出成就，使之成为人类文化的瑰宝。原来作为差役任务的文化艺术创造活动，受到全社会的尊重；被掩埋在尘土中的民间文化艺术，只有在新西藏才得以重见天日，熠熠生辉。从传统文化中汲取营养，吸纳贵族文化中的合理成分，也使西藏新文化具有更大的代表性和丰富性，过去只有贵族才能欣赏的宫廷文化深入民间，而民间文化则异彩纷呈，也是阳春白雪。文化艺术源于人民群众、服务人民群众，成为西藏新文化鲜明的特色和不变的宗旨。

4. 科学精神的培养是新文化有力的支点

西藏传统文化中佛教哲学思想占据统治地位，科学文化所占比重相对较轻，而科学精神尤为缺乏，即使在医学、天文、历算、建筑等传统文化成就相对突出的领域，也处处充斥着佛教的观念和神学思想的影响，它们的存在和发展在很大程度上依附于宗教，或者作为服从于宗教的需要而存在和发展的，天文、历算和建筑更为明显。科学精神的缺乏是西藏传统文化的一个特点，也是制约西藏地方科技进步的重要因素。和平解放后，特别是民主改革以来，在思想意识领域破除封建迷信和神学思想的同时，国家在西藏地方大力普及科技知识，发展现代教育事业，成立了大批科研机构，培养出各类科技人才，使科学方法、科学观念、科学精神日益为群众所掌握，让科学文化成为西藏新文化中一颗璀璨的明珠。据统计，2010 年，西藏共有各类独立科研院所 34 所、民营科研机构 9 所、农牧技术推广机构 140 个，各类专业技术人员 52107 人，完成国家及自治区重点科技项目 3253 项。科技服务经济发展的能力显著提高，贡献率达到 33%，其中对农牧业增长的贡献率达到 40%。科学技术的进步，科学文化的发展，不仅改变着高原人的生活方式、生活质量，也改变着人们的思想观念，同时也改变了西藏地方文化的风貌。科学精神的培养不仅是西藏文化中的新鲜血液，更是孕育现代文明的肥沃土壤，用新知识、新技术、新观念武装起来的当代西藏人，必将为西藏科技文化的发展描绘出最美好的远景，让文化创新拥有一个更坚实的支点和依托。

5. 物质文化空前进步是新文化最大的亮点

由于自然环境、历史因素和政教合一制度的约束，西藏地方的经济社会长期停滞不前，大批青壮年入寺为僧，既不从事物质生产也不从事人口生产，整个地方社会形成重视求法习经，轻视生产劳动；重视剥削者，轻视、压榨劳动者的畸形现象。社会的物质再生产和扩大再生产无以为继，物质文明进步成就屈指可数。最好的建筑只有供佛的寺院和大活佛居住的殿堂。西藏和平解放和民主改革以后，一切都发生了根本变化，国家把满足广大人民群众物质和精神文化需求作为主要目标，而把发展经济摆在核心位置。中央的关怀，全国的支援和西藏地方百姓的努力奋斗，使西藏地方物质文化获得前所未有的辉煌成就。西藏各地不仅出现了高大雄伟、宽敞明亮、设施齐全的现代建筑，诸如拉萨饭店、西藏历史博物馆等，更为重要的是普通百姓都住上了民族特色浓郁、宽敞漂亮的新居。西藏和平解放以前没有一条正式公路，没有一辆民用汽车，往来全靠人背畜驮。和平解放后，修通了川藏、青藏、滇藏和新藏多条公路，还与印度、尼泊尔等国连接起来，方便了与外界的交往。西藏区内交通也有了质的飞跃，到 2010 年底，公路已达 58249 公里；西藏已建成 5 个机场，18 条国际国内航线；高原天路——青藏铁路的运行，大大方便了经济往来和百姓的出行。从青海格尔木到西藏拉萨上千公里的输油管道、迅猛发展的太阳能、沼气利用，以及大型水电站工程，改变了西藏人的能源使用结构，提高了人民生活质量，促进了经济发展，保护了自然环境。免费义务教育、免费医疗、最低生活保障、“安居工程”的实施，解除了广大农牧民的后顾之忧。一年四季只穿一件衣服、只用简单饮食的日子早已成为过去，世界各地的菜肴，琳琅满目的食物品种，改变了西藏百姓沿袭千年的饮食结构；而四季更换的服饰，更彰显出现代西藏男人的英武粗犷、女人的大方美丽。电视、电话、互联网，让西藏边远的农村牧区与祖国内地、与遥远的世界各地息息相通。60 年来的物质文化成就，实现了高原人祖祖辈辈不曾怀有的梦想。

6. 精神文化的开放与清新、多姿多彩是新文化无穷的魅力

与封闭、灰暗、保守和单一的传统文化相比较，新西藏的文化呈现迥然不同的美好景象。文物考古工作成就前所未有，全区现有各级文物保护单位743处，其中全国重点文物保护单位35处、自治区文物保护单位224处。这些成果让西藏地方史前史和早期历史的面目逐渐清晰起来。非物质文化遗产得到高度重视并获得良好的保护，目前西藏有60项国家级非物质文化遗产项目，53名国家级非物质文化遗产传承人，222项自治区级非物质文化遗产项目，227名自治区级非物质文化遗产传承人，其中布达拉宫、大昭寺、罗布林卡已列入世界文化遗产名录，得到全方位保护。同一种历史文化风格或艺术形式，在新西藏具有完全不同的亮丽外貌和崭新的文化内涵。民间音乐歌舞、说唱戏曲、唐卡绘画、手工技艺、藏医藏药、天文历算、体育竞技、节日风俗，通过发掘、整理、提高、创新，焕发出蓬勃的青春，增添了无限的魅力。百姓的歌声更悠扬，舞姿更舒展；艺术构思更新颖，工艺制作更精湛。西藏与内地和其他兄弟民族的文化交流空前紧密，吸收人类优秀文化成果的步伐明显加快，电视电影、话剧歌剧、相声小品等新的艺术形式层出不穷。藏文排版印刷发明普及、藏文应用软件的开发使用，让民族文化继承、积累和创新插上腾飞的翅膀，民族文献积累盛况空前。“百花齐放，百家争鸣”，“古为今用，洋为中用”，让西藏的精神文化创新获得动力、充满活力、色彩斑斓、生机盎然。

西藏新文化不仅是对优秀传统文化的继承、保护和发展，更是一种创造和升华。活泼自信、兼容并蓄、蓬勃向上、充满阳光的西藏新文化，植根西藏大地肥沃土壤，继承民族传统文化精髓，吸收人类文明最新成果，适应时代发展潮流，服务国家人民，促进社会文明进步，必将拥有无比巨大的生命力和无限美好的广阔前景。

三、和衷共济共创繁荣

中国是多民族统一国家，有56个民族，少数民族有一亿多人口，分布在全国各地，民族自治地方占国土面积的64%，西部和边疆绝大部分地区都是少数民族聚居区，互补共生是必然选择。毛主席在《论十大关系》中就“汉族和少数民族的关系”特别指出：“我国少数民族人数少，占的地方大。论人口，汉族占百分之九十四，是压倒优势。如果汉人搞大汉族主义，歧视少数民族，那就很不好。而土地谁多呢？土地是少数民族多，占百分之五十到六十。我们说中国地大物博，人口众多，实际上是汉族‘人口众多’，少数民族‘地大物博’，至少地下资源很可能是少数民族‘物博’。”[①] 汉族和少数民族，各少数民族之间，从千丝万缕的历史联系到相互依存的现实状况，早已是你中有我、我中有你、水乳交融的关系，一损俱损，一荣俱荣。和衷共济，共同团结奋斗，共同繁荣发展是中国各民族的共同命运。“在苏联的总人口中，俄罗斯族占百分之五十多，少数民族占将近百分之五十，而在中国的总人口中，汉族占百分之九十四，少数民族占百分之六，所以中国不能像苏联那样搞加盟共和国。”[②] 所以，中国实行的是民族和区域相结合的民族区域自治，而不是民族自治。

1. 坚定维护国家统一和民族团结

国家统一是各族人民幸福的基础。统一的中国是在漫长的历史发展过程中形成的。近代以来中国遭受的被掠夺、被凌辱、被瓜分的苦难历

① 毛泽东：《论十大关系》（1956年4月25日），《人民日报》1976年12月26日。

② 毛泽东：《在成都会议上的讲话》（1958年3月），《毛泽东文集》第七卷，人民出版社，1999年，第371页。

史，让全体中国人得到一条铁的教训，没有国家统一和富强，就不会有民族的尊严、社会的发展和百姓安定的生活，更不可能有中国人民的人权和福祉。新中国建立以后中国人民彻底摆脱过去受人欺辱的历史，赢得了国际社会的尊重，改革开放30多年来的成就，更彰显国家的繁荣和富强。西藏地方近代曾经遭受英帝国主义两次武装入侵，破坏中央与西藏地方关系，在西藏地方培植一股分裂势力，他们在20世纪40年代上半叶曾经一度活跃，1959年更发动了武装叛乱，至今仍在的“西藏流亡政府”即是他们的余孽，他们始终秉承分裂国家的主张，是国家统一的现实威胁。国际社会也并不太平，中国周边安全环境依然险恶。美国重返东亚，以军事为手段，试图武力迫使中国就范，接受其强加的意志；日本军国主义复活在即，右翼势力蠢蠢欲动。只有维护国家统一，才能抵御国家反华势力和民族分裂势力的罪恶图谋。中国宪法规定：“中华人民共和国是全国各族人民共同缔造的统一的多民族国家。”总纲第4条规定：“各少数民族聚居的地方实行区域自治，设立自治机关，行使自治权。各民族自治地方都是中华人民共和国不可分离的部分。”祖国统一是各族人民的最高利益，各族人民都有维护祖国的安全、荣誉和利益的义务，要大力弘扬爱国主义精神。

民族团结是国家统一的重要保证。近代中国外国势力入侵中国、分裂中国都把挑拨和破坏民族关系作为最主要的手段，日本在东北和蒙古地区挑拨汉满、汉蒙民族关系，英国在西藏破坏汉藏关系等都是最好的例证。而在最危难时机，中国各民族休戚与共的历史联系和紧密团结，也有效地抵御了各种分裂势力的破坏，维护了国家的主权和领土完整。新中国建立以后，国家从法律、政策等各个层面保障各族人民的权力，增进各族人民之间的互相了解与沟通，加强各族文化的交流和联系，促进各民族之间的相互尊重、和睦相处，不断巩固各民族的大团结。1957年，在全国人大民族委员会召开的民族工作座谈会上，周恩来强调：“我们反对两种民族主义，就是既反对大民族主义（在中国主要是反对大汉族主义），也反对地方民族主义，特别要注意反对大汉族主义。”“一方面，如果在汉族中还有大汉族主义的错误态度的话，发展下去就会产生民族歧视的错误；另一方面，如果在兄弟民族中存在地方民族主义的错误态度的话，发展下去就会产生民族分裂的倾向。总之，这两种错误态度、两种倾向，如果任其发展下去，不仅不利于我们民族间的团结，而且会造成我们各民族间的对立，甚至于分裂。”① 邓小平指出，“民族工作确有很多问题要提起注意。当前是如何加强民族团结，反对大汉族主义和地方民族主义，重点是反对大汉族主义。有些少数民族中也有大民族主义。”② 1990 年 8 月，江泽民到新疆视察时指出：“我们伟大的中华民族，是由五十六个民族构成的，在我们祖国的大家庭里，各民族之间的关系是社会主义的新型关系，汉族离不开少数民族，少数民族离不开汉族，少数民族之间也相互离不开。”与此同时，还必须旗帜鲜明地反对大汉族主义和地方狭隘民族主义两种倾向，坚决维护民族团结，严厉打击各种分裂势力，保护全国各族人民的最大利益。习近平在 2014 年 9 月的中央民族工作会议上强调指出：“民族团结是我国各族人民的生命线。做好民族工作，最关键的是搞好民族团结，最管用的是争取人心。……坚决反对大汉族主义和狭隘民族主义，自觉维护国家最高利益和民族团结大局。”③

2. 坚持各民族一律平等

民族平等是共产党领导的新中国解决民族问题最基本的原则，并且是受法律保护的规定，是中国历代统治者民族政策所不具有的新内容。1954 年起草的宪法规定：“中华人民共和国境内各民族一律平等。国家

① 周恩来：《关于我国民族政策的几个问题》，《周恩来选集》（下卷），第 247—248 页。

② 邓小平：《新时期统一战线是社会主义劳动者与爱国者的联盟》（1979 年 9 月 1 日），《邓小平论统一战线》，中央文献出版社，1991 年，第 161 页。

③ 《中央民族工作会议暨国务院第六次全国民族团结进步表彰大会在京举行》，新华网，2014 年 9 月 29 日。

保障少数民族的合法权利和利益，维护和发展各民族的平等、团结、互助关系。”民族平等包括：首先，作为权利主体的各民族不论人口多少、经济社会发展程度高低、风俗习惯异同，都在社会生活的一切方面，同等地依法享有相同的权利，履行相同的义务，具有同等的社会地位。汉族和少数民族一律平等，少数民族和少数民族也一律平等，不允许任何民族享有法律以外的特权。其次，作为法律客体的各民族的权利和义务都受到同等对待和保护，对违法行为一律依法予以追究，决不允许任何民族中的违法者逍遥法外；任何人不得强制任何民族的公民承担法律以外的义务，不得使各个民族的公民受到法律之外的处罚。第三，在社会生活中对少数民族的权利在一些方面实行特殊保护，特别是在发展方面给予特殊帮助，即各民族政治、法律上的平等，努力实现事实上的平等。

民族平等既是一个原则也是一个不断追求的目标。坚持民族平等，还必须承认民族差异，认识解决民族事实上不平等的问题是一个漫长的过程，需要通过各方面的共同努力才能实现。在解决不平等问题过程中，还会出现新的不平等，乃至问题，应该在实践中不断加以纠正，实现各民族一律平等的目标。

3. 共同团结奋斗

坚持巩固和发展平等、团结、互助、和谐的社会主义民族关系，促进各民族互相尊重、互相学习、互相合作、互相帮助，始终同呼吸、共命运、心连心。

历代中央领导特别强调民族团结。毛泽东指出：“国家的统一，人民的团结，国内各民族的团结，这是我们的事业必定要胜利的基本保证。”① 中国共产党十二大报告强调：“民族团结、民族平等和各民族繁

① 《毛泽东选集》第五卷，第362页。

荣，对于我们这个多民族国家来说，是一个关系到国家命运的重大问题。”[①] 江泽民指出：“当今世界正在发生深刻的变化，世界多极化、经济全球化极大地影响着各民族的生存环境和发展前途。民族团结则兴，民族分裂则败，这是历史和现实告诉我们的一条真理。”[②] 胡锦涛指出“我国民族团结进步事业，是中国特色社会主义事业的重要组成部分。我国各民族团结进步是中华民族的生命所在、力量所在、希望所在。”[③] 习近平强调：“民族团结是西藏各族人民的生命线，也是国家发展兴盛、人民安居乐业的重要保证。”[④] 1992 年 1 月在深圳“锦绣中华”微缩景区，走到布达拉宫景区前，小平同志高兴地对身边的工作人员说：“我到过全国很多地方，就是这里没去过。”当年是刘邓大军挺进大西南，促成西藏和平解放，但没有去过布达拉宫却是小平同志的憾事。如今老人家一高兴，说：“我们一家子在这里照个相吧。”其乐融融地留下了一张“全家福”。[⑤] 对各民族大团结饱含深厚的感情。

解决民族自治地区出现的问题，要坚持维护法律尊严，维护各族人民利益，依法妥善处理影响民族关系的各种矛盾和问题。当前中国处在经济转轨、社会转型的重要时刻，市场经济的发展对像西藏这样一个传统影响依然十分浓厚的地区带来巨大冲击，撞击了已有的重精神、轻物质，重因循和安于现状、缺乏敢闯敢拼精神的传统价值观，经济社会的快速发展，也逐渐改变着旧有的社会秩序和人们的身份地位，让一部分人产生失落感和挫折感，并产生不满情绪。这些更多的属于社会发展中的问题，但是被一部分人以民族问题的形式表现出来。2008 年“拉萨 3.14 事件”也充分暴露出西藏反分裂形势的复杂性和艰巨性，国外敌

① 胡耀邦：《全面开创社会主义现代化建设新局面》，1982 年 9 月 8 日。

② 江泽民：《在纪念辛亥革命九十周年大会上的讲话》，2001 年 10 月 9 日。

③ 胡锦涛：《在国务院第五次全国民族团结进步表彰大会上的讲话》，《人民日报》2009 年 9 月 30 日第 2 版。

④ 《西藏要坚定不移的巩固和发展民族团结》，《西藏日报》2013 年 3 月 21 日。

⑤ 吴松营：《邓小平南方谈话真情实录》，人民出版社，2012 年。

对反华势力、达赖集团民族分裂势力和境内的反动势力，制造矛盾、利用矛盾挑起事端，企图分裂中国、实现“西藏独立”图谋的罪恶梦想依然持续发酵。中央第五次西藏工作会议提出“当前西藏的社会主要矛盾仍然是人民日益增长的物质文化需要同落后的社会生产之间的矛盾。同时，西藏还存在着各族人民同以达赖集团为代表的分裂势力之间的特殊矛盾”的论断，为处理不同性质的矛盾提供了依据。随着经济的发展，西藏和其他藏地百姓到内地工作定居，以及内地汉族和其他民族到西藏就业，乃至定居均在增加，这对促进发展，增进民族间的联系，扩大民族文化交流具有重大的积极意义，与此同时，也会因风俗文化的差异产生一些纠纷。这些都是人民内部矛盾，通过明辨是非、协商加以解决，都必须要以法律为准绳，严禁被民族化、扩大化，引发社会冲突，并被分裂分子所利用。

4. 共同发展繁荣

把“发展”的范畴纳入民族问题，是关于民族问题理论上的最大突破，也是对马克思主义民族理论的新贡献。坚持因地制宜、因族举措、分类指导，制定并实施符合少数民族和民族地区实际的政策措施。坚持把加快少数民族和民族地区经济社会发展作为解决我国民族问题的根本途径，坚持国家帮助、发达地区支援、民族地区自力更生相结合，不断改善各族群众的生产生活条件，不断提高各族群众的思想道德素质、科学文化素质和健康素质。西藏地区各族群众也要摈弃“等靠要”的思想，抓住机遇，齐心努力，积极进取，实现西藏经济社会跨越式发展的宏伟目标。毛泽东指出：“我们要诚心诚意地积极帮助少数民族发展经济建设和文化建设。”习近平指出：“加快发展，是解决西藏所有问题的关键。”① 西藏各族人民是西藏经济社会发展的推动者和最大的

① 习近平：《在庆祝西藏和平解放60周年大会上的讲话》（2011年7月19日），《人民日报》2011年7月20日。

受益者。

国家采取的西部大开发战略、全国支援西藏新疆政策，根本的用意就是用特殊的办法来解决西部地区，特别是西藏、新疆地区的发展滞后问题，推动经济社会进步，切实改善民生，提高西部地区各民族的物质和精神文化水平。国家为西藏的经济社会发展专门召开五次中央工作会议，实施一系列重大工程，推动西藏地方的经济社会发展，提高全体人民的物质和精神文化水平。1994 年以来，全国 18 个省市、中央 60 多个部委和 17 家国有重点骨干企业根据中央要求对口支援西藏。2010 年 1 月，党中央、国务院在北京召开了中央第五次西藏工作座谈会，从“事关全面建设小康社会全局，事关中华民族长远生存发展，事关国家安全和领土完整，事关我国国际形象和国际环境”的高度，明确了西藏在全国工作大局中的战略定位。中央决定把对口支援西藏政策延长到 2020 年，继续实行分片负责、对口支援、定期轮换的援藏方式，并确定了援藏省（市）年度援藏投资实物工作量按照该省（市）上年度地方一般预算收入的 1%。大大增强了西藏的经济发展实力，提高了西藏地区自我发展能力，提高了广大人民群众的物质和精神文化生活水平，促进了社会的文明进步。

5. 坚持和完善民族区域自治制度

民族区域自治制度，是指在国家统一领导下，各少数民族聚居的地方实行区域自治，设立自治机关，行使自治权的制度。民族自治地方的行政地位，原则上是依据各自治地方的地域大小和人口多少决定的。自治区与省同级，自治州与地级市同级，自治县与县同级。各民族自治地方的人民政府都是国务院统一领导下的国家行政机关，都服从国务院。民族区域自治制度是中国解决民族问题的一项重要制度。西藏 1965 年建立自治区以来已经经历了近半个世纪的历程，取得了丰富的经验，“文革”时期也有一些教训。坚持和完善民族区域自治制度，切实贯彻民族区域自治法，充分保证民族区域自治地方依法行使自治权，切实尊重和保障少数民族的合法权益。（1）必须加强民族区域自治法的配套法制建设，必须加快各民族自治地方的自治条例、各种单行条例和行政法规的制定和实施工作。（2）必须正确处理好统一和自治的关系。作为共和国不可分离的一部分的民族自治地方，必须坚持党中央、国务院的统一领导，要坚定不移地坚持四项基本原则，坚决维护祖国的统一，不断增强各民族对祖国的凝聚力和向心力。同时要充分保障《宪法》和《民族区域自治法》所赋予民族自治地方的自治权，在政治、经济、文化、教育等方面制定适合民族自治地方的特殊政策和灵活措施，促进民族自治地方的繁荣发展。维护自己的合法权益，增强内部发展活力，同时，充分履行《宪法》和法律规定的各项义务。（3）必须加快发展民族自治地方的经济和文化教育事业。邓小平早就指出："实行民族区域自治，不把经济搞好，那个自治就是空的。"在西藏要增强社会主义商品经济观念，加强与内地特别是发达地区的横向经济联合，积极采用先进的科学技术，努力办好教育，建设团结、富裕、文明的新西藏。（4）大力培养和造就少数民族的干部队伍、知识分子队伍和产业工人队伍。少数民族平等地享有管理国家事务的权利。平等地享有宗教信仰自由。享有使用和发展本民族语言文字的权利。享有保持或改革本民族风俗习惯的自由。目前，西藏共有 40 多个民族，在 300 多万常住居民中藏族和其他少数民族占 92% 以上，他们既是建设和发展西藏的主要力量，也是西藏发展进步的最大受益者。在西藏公务员队伍和四级人大代表中，藏族和其他少数民族分别占 82% 和 93% 以上，享有平等参与国家事务和自主管理本民族本地区事务的权利。西藏自治区历届人大常委会主任和人民政府主席均由藏族公民担任。西藏已建立了从幼儿园到高中的义务教育体系，基本扫除了青壮年文盲。西藏农牧民均能享受国家以免费医疗为基础的公共医疗服务。社会保障体系全面建立，包括寺庙僧尼在内的所有公民均纳入社保体系。①

四、交相辉映的西藏当代文化

文化是民族的血脉，传承西藏传统优秀文化是义不容辞的责任，文化也是一条溪流，也不断吸收新的养分，不断学习借鉴，不断发展创新才会延绵不绝，生生不息。

1. 传统优秀文化得到继承保护

改革开放以来，在国家经济社会不断发展的条件下，西藏优秀传统文化的发展迎来一个难得的发展机遇。20 世纪 80 至 90 年代，中央人民政府共投入 3 亿多元人民币，帮助修复开放了 1400 多座寺庙，对昌都卡若、拉萨曲贡、山南昌果沟等新石器时代遗址进行了科学发掘，填补了西藏史前考古的空白。对扎什伦布寺、萨迦寺、桑耶寺、大昭寺、强巴林寺、夏鲁寺、江孜宗山抗英遗址、罗布林卡、白居寺等古建筑、古遗址进行了重点维修保护。从 2002 年开始，历时 7 年，由国家出资对西藏的布达拉宫、罗布林卡和萨迦寺进行大规模维修，完成了布达拉宫红宫、白宫和雪城 16 处古建筑及壁画维修，罗布林卡格桑颇章等 6 大宫区内的所有古建筑和壁画维修，萨迦南寺的主殿、城墙、敌楼、角楼和壁画维修。总投资为 3.8 亿元，坚持“修旧如旧、保持原状”维修原则，让古老的文化遗产焕发出新的活力。2010 年第三次文物普查登记不可移动文物点 4268 处，主要包括古遗址类 1513 处、古墓葬类 501 处、古建筑类 1443 处、石窟寺及石刻类 581 处、近现代重要史迹及代表性建筑类 207 处。2014 年则有不可移动文物点 4277 处，其中有

① 崔玉英：《从历史、国家、人民和国际四个视角看西藏》，《人民日报》2014 年 9 月 26 日。

全国重点文物保护单位55处、自治区级文物保护单位391处、市县级文物保护单位978处，国家历史文化名城3座。布达拉宫被列入世界文化遗产名录，大昭寺、罗布林卡被列入其扩展项目。抢救、整理、出版藏文古籍261部，达一亿三千多万字。《布达拉宫典籍目录》《雪域文库》和《德吴宗教源流》等文献典籍得到及时抢救、整理和出版。民族医药业、天文历算等传统科技文化受到重视，在集成传统的同时开拓创新，展现出旺盛的生命力。

2. 民间世俗文化持续发展

西藏民间世俗文化是西藏地方传统文化的重要组成部分，是西藏高原人民勤劳智慧的结晶。但是，在藏传佛教一统地方之后，逐渐变为佛教文化的附庸，或者被忽视，逐渐失去自身的光泽与魅力。改革开放以来，国家专门成立相关机构，搜集、整理、出版民间世俗文化著作，西藏和藏族民间故事、民间音乐、民间工艺技术等等，均获得前所未有的发展机遇。以《格萨尔王传》为例，国家专门成立全国格萨尔研究办公室，投入巨大人力和财力研究藏族英雄史诗《格萨尔王传》。2006年5月20日，《格萨尔》经国务院批准列入第一批国家级非物质文化遗产名录。2007年6月5日，经文化部确定，西藏自治区的次仁占堆、青海省的才让旺堆和达哇扎巴、甘肃省的王永福、四川省的阿尼以及新疆维吾尔自治区的吕日甫为该文化遗产项目代表性传承人，并被列入第一批国家级非物质文化遗产项目226名代表性传承人名单。西藏自治区成立专门民族艺术研究机构，组织完成《中国民族民间器乐曲集成·西藏卷》《中国民族民间歌曲集成·西藏卷》《中国曲艺音乐集成·西藏卷》《中国戏曲音乐集成·西藏卷》等重要课题。西藏传统的民间体育、工艺技术等都在国家的支持和社会的关注下得到恢复和发扬光大。民间文化受到重视，民间艺人和世俗文化登入大雅之堂，焕发青春活力，并逐渐改变宗教文化一统西藏地方的局面。全区共有民间文学、传统音乐、传统舞蹈、曲艺、传统戏剧、传统美术、传统技艺、传统医药、传统体育游艺与杂技、民俗等10个非物质文化遗产种类，覆盖了非物质文化遗产包含的所有资源种类。通过近年普查，截至2014年西藏共发现非物质文化遗产项目1000余项。目前，藏戏、《格萨尔》被列入联合国人类非物质文化遗产代表作名录；76个项目入选国家级名录、68名代表传承人入选国家级传承人名录；国家级生产性保护示范基地4个，自治区级项目323个，代表性传习场所113处，350名传承人入选自治区级传承人名录。国家级珍贵古籍158部，全国古籍重点保护单位4个，“中国民间文化艺术之乡”19个。[①] 西藏传统文化保护发展事业如火如荼。

3. 各民族文化交流空前密切

从人类历史发展来看，任何一个民族及其文化都必须与其他民族发生联系和交流，只有在相互交流中才能不断汲取新的影响，才会激发创造活力，才会不断发展进步。这一规律古今中外，概莫能外。中国又是一个多民族统一国家，中华的文化数千年以来生生不息，延绵不断，很重要一个原因就是居住在中国境内的各民族互相学习、互相交流，共同进步。在当今这个飞速发展的时代，保存民族文化的最有效方式不是关起门来，自我封闭，而是不断扩大与各民族的交流与联系，取长补短，增强自身发展活力。汉文名著翻译为藏文，以及藏文历史、文学和科技名著翻译为汉文，丰富了藏语文的词汇，畅通了交流的渠道和信息，满足了群众多层次的精神文化需要。藏文文献与其他民族文献的翻译，乃至国外优秀成果的藏译，都是民族文化发展繁荣的重要条件，就是要建设百花园，迎接文化大发展的明媚春天。

① 尼玛次仁：《西藏传统文化保护欲发展》，“中国西藏发展论坛”《西藏发展的机遇与选择论文集》第150—152页，2013年8月12—13日。

4. 社会主义先进文化灿烂夺目

社会主义先进文化，就是以马克思主义为指导，以培养有理想、有道德、有文化、有纪律的公民为目标的，面向现代化、面向世界、面向未来的，民族的科学的大众的，健康向上的，具有中国特色的社会主义文化。社会主义先进文化是科学的、民主的、大众的、人民的文化。要创新弘扬先进文化的手段和方式，丰富先进文化的思想内涵。坚持为人民服务、为社会主义服务的方向和百花齐放、百家争鸣的方针，坚持贴近实际、贴近生活、贴近群众，创新内容、创新形式、创新手段，弘扬主旋律、提倡多样化。建设中国特色社会主义文化，归根到底是为了满足人民群众日益增长的精神文化需要，不断丰富人们的精神世界，增强人们的精神力量，促进人的全面发展。在大力发展先进文化、支持健康有益文化的同时，努力改造落后文化，坚决抵制腐朽文化。和平解放后，西藏相继成立了歌舞团、歌剧团、话剧团等各类专业文艺表演团体，推出了如《北京的金山上》《翻身农奴把歌唱》《毛主席的光辉》等深受欢迎的歌曲，以及表演唱《逛新城》、歌舞《洗衣歌》、音乐舞蹈史诗《翻身农奴向太阳》、话剧《文成公主》、乐舞《珠穆朗玛》等具有鲜明民族特色的文艺作品。近年来又创作上演了歌舞晚会《珠穆朗玛》《天上西藏》《魅力西藏》，新编藏戏《朵雄的春天》《金色家园》，话剧《宗山魂》《扎西岗》《解放解放》等一批优秀舞台艺术作品，获得国家最高奖文华奖和国家舞台艺术精品工程奖等。[①] 群众民族文艺团体队伍迅猛扩大，演出剧目不断增多。

5. “西藏文化毁灭”论者可以休矣

达赖集团分裂势力打着宗教、民族的旗号，对中国政府的西藏政

① 尼玛次仁：《西藏传统文化保护欲发展》，“中国西藏发展论坛”《西藏发展的机遇与选择论文集》第151页，2013年8月12—13日。

策、西藏和其他藏地各项事业的成就全盘否定，无端诋毁，大多采用的是造谣手法，撒下了弥天大谎，也欺骗了不少不明真相的人。西方一些反华势力在成功颠覆苏联之后，从意识形态出发，试图借所谓“民主”“人权”来破坏中国稳定发展的大举，以达到遏制，乃至分裂中国的目的。达赖集团配合西方反华势力，大力制造西藏“宗教毁灭论”“文化毁灭论”“环境破坏论”“藏族在西藏成为少数”等等，个个抓住了西方人关注的热点，处处却都为搞“西藏独立”着想。西藏旧的封建农奴制等级文化、腐朽没落的农奴制文化和极端享乐的贵族文化，以及对农奴的剥夺和压榨的反动文化，确实被消灭了，优秀的民族传统文化不仅没有灭绝，而且得到保护和发扬，民间文化、世俗文化、先进文化异彩纷呈，绚丽夺目。

世界银行前城市规划顾问约翰·柯尼，从1996年至2010年先后四次作为世界银行的城市规划咨询师进藏，从事对当地人口居住和生活情况的调研工作，对西藏的真实情况有更深入的了解，他认为：西方社会处在一个不平衡的话语体系中，大多信息是单一而片面的，西方人对西藏的观点难免受到“藏独”分子蛊惑。而“藏独”分子更多是投机分子和阴谋论者。“藏独”在华盛顿办公室的隔壁就是一家鼓吹兜售枪支的机构，两个机构的工作人员有时相互流动，“他们缺乏必要的职业道德和素养”。在西方文化体系中，“藏独”分子的动机和手段可以称为是“好莱坞和华盛顿模式的结合”，其手段和方法是夸大和歪曲事实，背后则是不可告人的政治目的。

中华人民共和国没有民族歧视，我们对西藏的政策是真正立足于民族平等。中国有几十个民族，少数民族只占总人口的百分之六，汉族占百分之九十四，但在各级人民代表大会和各级行政机构中少数民族干部所占的比例大大超过百分之六。[①] 针对西方一些人以西藏地方的藏汉人口比例而对我国内政评头论足甚至干涉的问题，邓小平早就指出："西藏是人口很稀少的地区，地方大得很，单靠二百万藏族同胞去建设是不够的，汉人去帮助他们没有什么坏处。如果以在西藏有多少汉人来判断中国的民族政策和西藏问题，不会得出正确的结论。关键是看怎样对西藏人民有利，怎样才能使西藏很快发展起来，在中国四个现代化建设中走进前列。目前西藏情况有了明显的变化，西藏人民生活有了不小的改善，但总的讲还是处于落后状况，还有很多事情要做。不仅西藏，其他少数民族地区也一样。我们的政策是着眼于把这些地区发展起来。如内蒙古自治区，那里有广大的草原，人口又不多，今后发展起来很可能走进前列，那里有不少汉人。观察少数民族地区主要是看那个地区能不能发展起来。如果在那里的汉人多一点，有利于当地民族经济的发展，这不是坏事。看待这样的问题要着重于实质，而不在于形式。"[②] 可谓一语中的，抓住了实质和要害。

五、建设中华民族特色文化基地

1. 坚持道路自信、理论自信和制度自信

在不断深化改革，扩大开放的时代，学习借鉴人类优秀文明成就的机会增多了，中国与外部世界相互联系交流的机会增多了，接受新事物、新技术、新思想的机会也增多了。与此同时，思想和文化领域面临的挑战也增多了，人类社会有普世价值也有各自特点，世界上存在着多

① 邓小平：《立足民族平等，加快西藏发展》（1987 年 6 月 29 日），《邓小平文选》第三卷，人民出版社，1993 年，第 246 页。

② 邓小平：《立足民族平等，加快西藏发展》（1987 年 6 月 29 日），《邓小平文选》第三卷，人民出版社，1993 年，第 246—247 页。

种形式的社会制度，中国是一个有着悠久历史文明和灿烂传统文化的大国，与西方发达国家历史背景不同，现实状况有异，更重要的是社会制度不同。中国特色社会主义道路，即建设社会主义市场经济、民主政治、先进文化、和谐社会、生态文明；中国特色社会主义理论体系是马克思主义中国化的最新理论成果，即科学发展、以人为本、共同富裕等；中国特色社会主义制度，即人民代表大会制度、多党合作和政治协商制度、民族区域自治制度、基层群众自治制度、公有制为主体多种所有制经济共同发展的基本经济制度等。它有着科学的理论、成功实践和人民群众拥护的坚实基础，既不走封闭僵化的老路，也不走改旗易帜的邪路。在这些重大原则问题上，必须要有清醒的认识、坚定的信念和应有的自信。美国宾州大学教授爱德华·曼兹菲尔德和哥伦比亚大学教授杰克·史奈德最近出版了一本著作《选举到纷争：为什么正在出现的民主国家走向战争》。书中的基本观点是：走向西方民主模式的这个过程，最容易引起内部冲突或外部战争，因为政客们只要打“民粹”牌就容易得到选票。整个20世纪90年代里，许多国家举行自由选举后，便立即进入战争状态：亚美尼亚和阿塞拜疆开打，厄瓜多尔和秘鲁开打，埃塞俄比亚和厄立特里亚开打，还有布隆迪、卢旺达的大屠杀，导致100多万人丧生，当然还有南斯拉夫令人痛心的分裂和战争。[①] 中国有自己的历史和文化传统，也有自己的现实国情，应该积极学习借鉴人类文明成果，却绝不能照搬别人。

2. 继承中华民族优秀传统文化精神

中华优秀传统文化核心理念可归纳为以下12个方面：天人和谐、道法自然、以民为本、忧患意识、自强不息、厚德载物、诚实守信、仁

① 张维为：《当西方“民主”遇上中国“实事求是”》，2007年12月19日《中青在线——〈青年参考〉》。

者爱人、尊师重道、和而不同、日新月异、天下大同。[①] 唐太宗李世民说自己有三面镜子，“以铜为镜，可以正衣冠；以古为镜，可以知兴替；以人为镜，可以明得失。”范仲淹：“居庙堂之高，则忧其民；处江湖之远，则忧其君。是进亦忧，退亦忧。然则何时而乐耶？其必曰：先天下之忧而忧，后天下之乐而乐。”“天行健，君子以自强不息”隆礼重法、和而不同、博施济众、与时俱进、经世致用、重德重教、执政为民等思想；又要抛弃男尊女卑、封建等级、愚孝愚忠、权力本位、迷信鬼神等与时代发展不相适应的思想。老子说：“人法地，地法天，天法道，道法自然。”（马王堆出土《老子》乙本）庄子说：“有人，天也；有天，亦天也。”董仲舒提出：“天人之际，合而为一。”（《春秋繁露·深察名号》）孔子《论语》提出“礼之用，和为贵”，孟子提出“天时不如地利，地利不如人和”；荀子“万物各得其和以生”；《中庸》“和也者，天下之达道也”。人与自然圆融无间、共生共荣；人与人“和睦相处”，互相关心，团结友爱；人与社会“合群济众”。

3. 大力弘扬以爱国主义为核心的民族精神、改革创新为核心的时代精神、艰苦奋斗为核心的“老西藏”精神。

一个人，一个民族，一个国家都要有一股精神，有精神才有活力，有创造力。西藏地方历史上由于自然条件、宗教信仰和旧的政治制度的影响，相对自我封闭，社会缺乏创新动力与活力，在全国支援的条件下，也存在某种等、靠、要的依赖思想，在一定程度上束缚了创新意识和苦干精神。要振奋民族精神，实现西藏地方的跨越式发展和长治久安，就必须要有一种激情和干劲，既脚踏实地，兢兢业业，又奋发有为、勇于创新，把爱家乡故土、爱西藏、爱祖国、爱中华民族统一起来，凝聚成一股建设美好家园的巨大的正能量。

---

① 张岂之：《挖掘和阐发优秀传统文化思想价值》，《人民日报》2012 年 12 月 10 日。

4. **放眼世界，海纳百川，发扬科学、民主精神，增强人们的民主法治、公平正义、自由平等观念。**

科学精神集中体现为追求真理，崇尚创新，尊重实践，弘扬理性。欧洲启蒙运动的主要思想来源于科学的理性精神，倡导摆脱神权、迷信和专制。对于经历上千年封建农奴制社会，而摆脱农奴制枷锁只有半个世纪的西藏地方来说，倡导科学精神，破除封建迷信，其意义尤其巨大。科学精神是求真求实，追求真理，人文精神的目标是追求善和美，其核心是以人为本。中国古人倡导，“闻之于政也，民无不为本也。国以为本，君以为本，吏以为本。”（贾谊《新书·大政上》），即人民是国家之本、国君之本、官吏之本。唐代贞观之治的缔造者唐太宗李世民也强调：“国以民为本”，“民可以载舟，亦可以覆舟”（唐太宗李世民《民可畏论》）。

5. **增强中华民族凝聚力向心力**

中华民族是在漫长的历史发展过程中逐渐形成的，各民族之间的经济联系、文化往来、情感交流，以及历代统治者维护国家大一统的观念都发挥了巨大的作用。中国今天的团结统一局面与中华民族凝聚力的不断增强有着十分紧密的关系，中国未来的繁荣兴旺同样有赖于不断增强中华民族的凝聚力和各族人民的向心力。在改革开放以后，西藏地方和全国一样迎来了一个不断发展、不断进步的大好时机，社会进步幅度加快，人民群众安居乐业，社会欣欣向荣。与此同时，由于市场经济的作用，利益多样化、思想多元化日趋受到外来势力，特别是西方反华势力和达赖集团民族分裂势力的渗透和影响，一些人包括一些干部和知识分子维护国家统一和民族团结的意识淡漠了，没有大局观念，只有个人利益没有集体利益，只有本民族的狭隘的利益而没有中华民族的整体利益，甚至把这两者割裂开来、对立起来，接受一些旨在损害中华民族整体利益的理论和观念，实际上暗合了西方反华势力和境内外分裂势力的观点和主张，严重危害着国家的统一和民族的团结。直接和影响到一些危害公共安全事件的发生。实践证明，“我们过去的民族理论宣传，过于强调56个民族之间的差别和特点，忽视了中华民族的共性和公民意识的教育。”① 必须引起高度重视。

以中华民族多元一体的历史观、国家观、民族观、文化观为核心内容，不断深化国家统一和民族团结教育。大力宣传各民族在长期交往、交流、交融和相互依存中共同缔造了我们伟大的祖国、形成了中华民族、创造了中华文化，宣传西藏自古是中国不可分割的一部分、藏民族是中华民族大家庭的重要一员，宣传各民族和睦相处、和衷共济、和谐发展的历史和现实；宣传在中国共产党的领导下平等、团结、互助、和谐的民族关系和各民族共同团结奋斗、共同繁荣发展的良好局面，宣传西藏文化是中华文化的重要组成部分，宣传中华文化在世界文明史上的重要地位和深远影响；宣传西藏各族人民充分享受文化发展成就和昂扬向上的精神风貌，不断增强各族人民对伟大祖国、中华民族、中华文化和中国特色社会主义道路的认同，让各族群众牢固树立“三个离不开”的思想。驳斥达赖集团的“西藏文化灭绝论”和美国政府煽动中国少数民族开展所谓“文化独立运动”的阴谋。

牢牢把握各民族共同团结奋斗、共同繁荣发展的民族工作主题；巩固和发展平等、团结、互助、和谐的社会主义民族关系，努力开创各民族和谐相处、和衷共济、和谐发展的新局面。增强对伟大祖国的认同、对中华民族的认同、对中华文化的认同，对中国特色社会主义道路的认同。着力提升社会主义核心价值体系的引领力、意识形态领域的战斗力、主流思想舆论的传播力、公共文化服务的辐射力、特色文化产业的竞争力、社会主义精神文化产品的供给力，为西藏跨越式发展和长治久

① 马戎：《如何看待当前中国的民族关系问题》，《理论视野》2011年第3期。

安提供思想保证、精神动力、舆论支持和文化条件。[①]

西藏自治区党委和人民政府提出要建设团结、民主、富裕、文明、和谐的社会主义新西藏，并提出和论述了西藏精神的十字方针，即“爱国、团结、和谐、发展、文明”，抓住了中华民族文化的传统内涵，全国人民当前的主要工作任务和目标，以及西藏各族人民肩负的光荣职责，反映了历史的需要和西藏各族人民的心声。这十字方针，深刻论述了西藏精神的紧密关系，“爱国”是核心，“团结”是基础，“和谐”是根本，发展是关键，文明是标志。

坚持中华民族多元一体的国家观，牢固树立西藏自古以来就是祖国不可分割的一部分的思想，切实增强对伟大祖国的认同、对中华民族的认同、对中华文化的认同、对中国特色社会主义的认同，坚定不移反对分裂。在反分裂这个重大原则问题上，始终做到立场坚定、表里如一，坚决同达赖集团的分裂渗透破坏活动作斗争。始终在政治上思想上行动上与党中央保持高度一致，牢牢把握共同团结奋斗、共同繁荣发展的主题，牢固树立“三个离不开”的思想，加强全社会大团结，不断巩固扩大新时期爱国统一战线，加强各民族、各阶层、各方面的大联合大团结。促进宗教和睦，认真贯彻党的宗教政策和国家管理宗教事务的法律法规，大力弘扬藏传佛教爱国爱教、遵规守法、弃恶扬善、崇尚和谐、祈求和平的优良传统，积极引导藏传佛教与社会主义社会相适应。推动社会和谐，按照民主法治、公平正义、诚信友爱、充满活力、安定有序的要求，引导各族干部群众共建和谐西藏，努力实现人与人、人与社会、人与自然的和谐。坚持科学发展，以科学发展观为统领，创新发展理念，转变发展方式。坚持跨越式发展，充分发挥自身优势，努力实现经济更好更快更大发展。坚持和谐发展，统筹区域、城乡、经济社会协

① 中共西藏自治区委员会贯彻落实《中共中央关于深化文化体制改革推动社会主义文化大发展大繁荣若干重大问题的决定》的实施意见，《西藏日报》2012年7月3日。

调发展，处理好加快发展与改善民生的关系，坚持在发展中不断提高人民群众的生活水平，使各族人民共享改革发展的成果。加强政治文明建设，坚持中国特色社会主义政治发展道路，坚持依法治国的基本治国方略，坚持科学执政、民主执政、依法执政，加强民主法治建设，促进社会主义民主政治发展。加强精神文明建设，树立社会主义核心价值观，不断提高全民科学文化素质和思想道德水平，不断提高全社会的文明程度。加强生态文明建设，切实增强生态意识，保护生态环境，认真实施生态安全屏障保护与建设规划，发展循环经济，保护好雪域高原的一草一木、山山水水。

新中国的成立给西藏文化繁荣发展带来了希望，西藏和平解放开启了西藏社会主义文化建设的历史新纪元，民主改革开辟了西藏社会主义文化建设的新天地、确立了马克思主义在意识形态领域的指导地位，改革开放开创了西藏社会主义文化建设的新时代，一大批现代文化设施拔地而起，一大批优秀文化工作者茁壮成长，一大批脍炙人口的优秀作品不断推出，文化事业蒸蒸日上，艺术百花璀璨夺目。[①] 以改革创新为动力，大力实施文化兴区、文化强区、文化富区、文化稳区战略，凝结起维护祖国统一和民族团结的重要精神纽带，把西藏建设成为重要的中华民族特色文化保护地。

1980 年、1984 年、1994 年、2001 年和 2010 年召开了五次西藏工作座谈会，从西藏实际出发，确定新时期西藏工作的指导思想、主要任务和发展规划，做出中央关心西藏、全国支援西藏的重大决策。2012 年党的十八大以来，习近平总书记提出了“治国必治边、治边先稳藏”的重要战略思想，明确了“努力实现西藏持续稳定、长期稳定、全面稳定”的重要工作目标，全国政协俞正声主席强调要坚持“依法治藏、长期建藏，争取人心、夯实基础”，西藏迎来一个又好又快发展的新

① 《西藏自治区党委、政府在拉萨召开文化发展大会》，《西藏日报》2011 年 1 月 19 日。

时代。

6. 践行社会主义核心价值观

2012 年 11 月，中共十八大报告明确提出“三个倡导”，即“倡导富强、民主、文明、和谐，倡导自由、平等、公正、法治，倡导爱国、敬业、诚信、友善，积极培育社会主义核心价值观。”2013 年 12 月中央办公厅印发《关于培育和践行社会主义核心价值观的意见》，将 24 字核心价值观分成 3 个层面：富强、民主、文明、和谐，是国家层面的价值目标；自由、平等、公正、法治，是社会层面的价值取向；爱国、敬业、诚信、友善，是公民个人层面的价值准则。[①] 在新的历史条件下实现“两个一百年”奋斗目标和中华民族伟大复兴的中国梦，必须坚持用社会主义核心价值观构筑当代中国人和中华民族共有的精神家园，巩固中华民族团结奋斗的共同思想基础。[②] 要“积极探索用社会主义核心价值体系引领社会思潮的有效途径，主动做好意识形态工作，既尊重差异、包容多样，又有力抵制各种错误和腐朽思想的影响”[③]。用社会主义核心价值观凝聚精神力量。

六、民族地区工作的新精神新思想

党的十八大以来，以习近平同志为核心的党中央高度重视边疆和民族问题，召开一系列重要会议，提出“强国必治边，治边先稳藏”等一系列强国理政的新思想、新观念、新举措，为民族工作的进一步深入开辟了广阔的空间，为解决民族工作面临的新问题、新挑战提供了基本

---

① 2013 年 12 月 23 日新华社电。

② 许俊：《用社会主义核心价值观构筑共有精神家园》，《人民日报》2014 年 06 月 19 日 07 版。

③ 胡锦涛：《高举中国特色社会主义伟大旗帜，为夺取全面建设小康社会胜利而奋斗》(2007 年 10 月 15 日)，《十七大以来重要文献选编》(上)，中央文献出版社，2009 年。

遵循。

1. 第二次中央新疆工作座谈会

第二次中央新疆工作座谈会2014年5月28日至29日在北京举行。习近平总书记在会上发表重要讲话强调，以邓小平理论、“三个代表”重要思想、科学发展观为指导，坚决贯彻党中央关于新疆工作的大政方针，围绕社会稳定和长治久安这个总目标，以推进新疆治理体系和治理能力现代化为引领，以经济发展和民生改善为基础，以促进民族团结、遏制宗教极端思想蔓延等为重点，坚持依法治疆、团结稳疆、长期建疆，努力建设团结和谐、繁荣富裕、文明进步、安居乐业的社会主义新疆。

（1）社会稳定和长治久安是新疆工作的总目标。必须把严厉打击暴力恐怖活动作为当前斗争的重点，高举社会主义法治旗帜，大力提高群防群治预警能力，筑起铜墙铁壁、构建天罗地网。要并行推进国内国际两条战线，强化国际反恐合作。

（2）坚定不移坚持党的民族政策、坚持民族区域自治制度，并把民族团结视为各族人民的生命线。在各民族中牢固树立国家意识、公民意识、中华民族共同体意识，最大限度团结依靠各族群众，使每个民族、每个公民都为实现中华民族伟大复兴的中国梦贡献力量，共享祖国繁荣发展的成果。各民族要相互了解、相互尊重、相互包容、相互欣赏、相互学习、相互帮助。要加强民族交往交流交融，部署和开展多种形式的共建工作，推进“双语”教育，推动建立各民族相互嵌入式的社会结构和社区环境，有序扩大新疆少数民族群众到内地接受教育、就业、居住的规模，促进各族群众在共同生产生活和工作学习中加深了解、增进感情。

（3）要精心做好宗教工作，积极引导宗教与社会主义社会相适应，发挥好宗教界人士和信教群众在促进经济社会发展中的积极作用。处理宗教问题的基本原则，就是保护合法、制止非法、遏制极端、抵御渗透、打击犯罪。要依法保障信教群众正常宗教需求，尊重信教群众的习俗，稳步拓宽信教群众正确掌握宗教常识的合法渠道。要重视培养爱国宗教教职人员队伍，采取有力措施提高宗教界人士素质，确保宗教组织领导权牢牢掌握在爱国爱教人士手中。

（4）要坚定不移推动新疆更好更快发展，同时发展要落实到改善民生上、落实到惠及当地上、落实到增进团结上，让各族群众切身感受到党的关怀和祖国大家庭的温暖。要坚持就业第一，增强就业能力，引导各族群众有序进城就业、就地就近就业、返乡自主创业。要坚持教育优先，培养优秀人才，全面提高入学率，让适龄的孩子们学习在学校、生活在学校、成长在学校。要吸引更多优秀人才投身教育，国家的教育经费要多往新疆投。要加大扶贫资金投入力度，重点向农牧区、边境地区、特困人群倾斜，建立精准扶贫工作机制，扶到点上、扶到根上，扶贫扶到家。南疆发展，要从国家层面顶层设计，特殊政策，特事特办。对口援疆是国家战略，必须长期坚持，把对口援疆工作打造成加强民族团结的工程。新疆生产建设兵团要科学处理屯垦和维稳戍边、兵团和地方的关系，发挥关键作用。

（5）要在各族群众中牢固树立正确的祖国观、民族观，弘扬社会主义核心价值体系和社会主义核心价值观，增强各族群众对伟大祖国的认同、对中华民族的认同、对中华文化的认同、对中国特色社会主义道路的认同。引导各族群众追求现代文明生活。丰富文化生活，完善公共文化服务体系，加强基层场地设施建设，加强互联网建设和管理。

（6）发挥党总揽全局、协调各方的领导核心作用，全面加强和改进党的建设，为新疆社会稳定和长治久安提供坚强政治保证。要建设一支政治上强、能力上强、作风上强的高素质干部队伍。关心长期在基层一线工作的干部。要大力选拔对党忠诚、关键时刻敢于发声亮剑、有较强群众工作能力和应对突发事件、驾驭复杂局面能力的干部。把基层党组织建设成为服务群众、维护稳定、反对分裂的坚强战斗堡垒。

新疆的发展要更加重视贴近百姓，更加重视惠及当地，更加重视保护环境，更加重视改革开放，更加重视经济社会全面发展，实现参与式、包容性、融合式发展，确保到2020年新疆全面建成小康社会目标基本实现。

在新疆的所有企业和投资项目，都要重视吸纳当地劳动力。吸引内地企业向新疆有序转移、集中布局、集聚发展，实现集中规范就业，积极发展民族特色手工业，同时鼓励新疆群众到内地就业。要扎实办好义务教育等各级各类教育，积极推进“双语”教育和职业教育，帮助新疆各族群众特别是年轻人学好用好国家通用语言文字，为他们带来更多发展机遇。新疆的发展要用好特色优势资源，在资源开发利用上，要让新疆更多受益，提高当地加工、深加工比例，把资源优势转化为经济优势，增强地方自我发展能力，更好地造福当地各族人民。要加大环保投入，加大高效节水灌溉工程建设力度，加强重点流域治理和水污染防治，提高可持续发展能力。

2. 中央民族工作会议

中央民族工作会议2014年9月28日至29日在北京举行。会议的主要任务是：准确把握新形势下民族问题、民族工作的特点和规律，统一思想认识，明确目标任务，坚定信心决心，提高做好民族工作能力和水平。①

（1）多民族是我国的一大特色，也是我国发展的一大有利因素。各民族共同开发了祖国的锦绣河山、广袤疆域，共同创造了悠久的中国历史、灿烂的中华文化。我国历史演进的这个特点，造就了我国各民族在分布上的交错杂居、文化上的兼收并蓄、经济上的相互依存、情感上

① 《中央民族工作会议暨国务院第六次全国民族团结进步表彰大会在京举行》，新华网，2014年9月29日。

的相互亲近，形成了你中有我、我中有你，谁也离不开谁的多元一体格局。中华民族和各民族的关系，是一个大家庭和家庭成员的关系，各民族的关系，是一个大家庭里不同成员的关系。处理好民族问题、做好民族工作，是关系祖国统一和边疆巩固的大事，是关系民族团结和社会稳定的大事，是关系国家长治久安和中华民族繁荣昌盛的大事。

（2）要坚定不移走中国特色解决民族问题的正确道路。让各族人民增强对伟大祖国的认同、对中华民族的认同、对中华文化的认同、对中国特色社会主义道路的认同。民族区域自治制度是我国的一项基本政治制度，是中国特色解决民族问题的正确道路的重要内容。要坚持统一和自治相结合、民族因素和区域因素相结合，把宪法和民族区域自治法的规定落实好，关键是帮助自治地方发展经济、改善民生。

（3）民族团结是我国各族人民的生命线。做好民族工作，最关键的是搞好民族团结，最管用的是争取人心。要正确认识我国民族关系的主流；善于团结群众、争取人心，全社会一起做交流、培养、融洽感情的工作；加强各民族交往交流交融，尊重差异、包容多样，让各民族在中华民族大家庭中手足相亲、守望相助；创新载体和方式，引导各族群众牢固树立正确的祖国观、历史观、民族观；用法律来保障民族团结，增强各族群众法律意识；坚决反对大汉族主义和狭隘民族主义，自觉维护国家最高利益和民族团结大局。

（4）解决一些民族地区群众困难多，困难群众多的问题，必须加快发展，实现跨越式发展。要发挥好中央、发达地区、民族地区三个积极性，对边疆地区、贫困地区、生态保护区实行差别化的区域政策，优化转移支付和对口支援体制机制。要紧扣民生抓发展，重点抓好就业和教育；发挥资源优势，重点抓好惠及当地和保护生态；搞好扶贫开发，重点抓好特困地区和特困群体脱贫；加强边疆建设，重点抓好基础设施和对外开放。

（5）要加强基础设施、扶贫开发、城镇化和生态建设，不断释放民族地区发展潜力。基础设施建设要重点解决路和水的问题。民族地区交通建设，既要打通对内对外联系的“大通道”，也要畅通与“大通道”联系的“静脉”“毛细血管”。建设一批重大饮水调水工程、大型水库和骨干渠网，同时支持地方搞好水利设施建设，全部解决农村人口饮水安全问题。民族地区是扶贫攻坚战主战场，加快推进集中连片特殊困难地区区域发展与扶贫攻坚，提高扶贫效能。民族地区推进城镇化，要与经济支撑带、重要交通干线规划建设和推进农业现代化紧密结合。还要重视利用独特地理风貌和文化特点，规划建设一批具有民族风情的特色村镇。把生态保护放在重要位置，继续在民族地区实施重大生态保护工程，落实好生态补偿机制。

（6）要大力发展特色优势产业，增强民族地区自我发展能力。利用开发好优势资源，推动产业结构上水平，加快发展服务业，逐步把旅游业做成民族地区的支柱产业。充分考虑民族地区的特殊性，在土地使用、金融服务、资本市场建设等方面给予差别化支持。加大改革力度，增强活力，深化投资体制改革，搞好和周边地区的互联互通，通过市场机制与沿海地区连接起来，实现优势互补、合作共赢、共同发展。

（7）要以推进基本公共服务均等化为重点，着力改善民生。既要坚持不懈抓发展，扩大经济总量，也要大力推进基本公共服务均等化，促进社会公平。教育投入要向民族地区、边疆地区倾斜，加快民族地区义务教育学校标准化和寄宿制学校建设，实行免费中等职业教育，办好民族地区高等教育，搞好双语教育。加快改善医疗卫生条件，加强基层医疗卫生人才队伍建设。进一步加强对口支援和帮扶，把改善民生放在首位，帮扶资金主要用于民生、用于基层。

（8）解决好民族问题，物质方面的问题要解决好，精神方面的问题也要解决好。要旗帜鲜明地反对各种错误思想观念，增强各族干部群众识别大是大非、抵御国内外敌对势力思想渗透的能力。加强中华民族大团结，长远和根本的是增强文化认同，建设各民族共有精神家园，积极培养中华民族共同体意识。要把建设各民族共有精神家园作为战略任务来抓，抓好爱国主义教育这一课，把爱我中华的种子埋在每个孩子的心灵深处，让社会主义核心价值观在祖国下一代的心田生根发芽。弘扬和保护各民族传统文化，要去粗取精、推陈出新，努力实现创造性转化和创新性发展。要积极做好双语教育、信教群众工作和少数民族代表人士和知识分子工作。筑牢中华民族共同体的思想基础。

（9）做好城市民族工作，对少数民族流动人口，不能采取“关门主义”的态度，也不能采取放任自流的态度，关键是要抓住流入地和流出地的两头对接。要把着力点放在社区，推动建立相互嵌入的社会结构和社区环境，注重保障各民族合法权益，坚决纠正和杜绝歧视或变相歧视少数民族群众、伤害民族感情的言行，引导流入城市的少数民族群众自觉遵守国家法律和城市管理规定，让城市更好接纳少数民族群众，让少数民族群众更好融入城市。

（10）做好民族工作关键在党、关键在人。各级党委和政府要把民族工作摆上重要议事日程，坚持从政治上把握民族关系、看待民族问题。民族地区的好干部要做到明辨大是大非的立场特别清醒，维护民族团结的行动特别坚定，热爱各族群众的感情特别真诚。要坚持德才兼备的原则，大力培养选拔少数民族干部。无论是少数民族干部还是汉族干部，都要以党和国家的事业为重、以造福各族人民为念，齐心协力做好工作。

3. 第六次西藏工作座谈会

在2015年8月23—24日中央第六次西藏工作座谈会上，习近平总书记指出，在60多年的实践过程中，我们形成了党的治藏方略，这就是：必须坚持中国共产党领导，坚持社会主义制度，坚持民族区域自治制度；必须坚持治国必治边、治边先稳藏的战略思想，坚持依法治藏、富民兴藏、长期建藏、凝聚人心、夯实基础的重要原则；必须牢牢把握西藏社会的主要矛盾和特殊矛盾，把改善民生、凝聚人心作为经济社会发展的出发点和落脚点，坚持对达赖集团斗争的方针政策不动摇；必须全面正确贯彻党的民族政策和宗教政策，加强民族团结，不断增进各族群众对伟大祖国、中华民族、中华文化、中国共产党、中国特色社会主义的认同；必须把中央关心、全国支援同西藏各族干部群众艰苦奋斗紧密结合起来，在统筹国内国际两个大局中做好西藏工作；必须加强各级党组织和干部人才队伍建设，巩固党在西藏的执政基础。

依法治藏，就是要维护宪法法律权威，坚持法律面前人人平等。富民兴藏，就是要把增进各族群众福祉作为兴藏的基本出发点和落脚点，紧紧围绕民族团结和民生改善推动经济发展、促进社会全面进步，让各族群众更好共享改革发展成果。长期建藏，就是要坚持慎重稳进方针，一切工作从长计议，一切措施具有可持续性。凝聚人心，就是要把物质力量和精神力量结合起来，把人心和力量凝聚到实现“两个一百年”奋斗目标、实现中华民族伟大复兴的中国梦上来。夯实基础，就是要标本兼治、重在治本，多做打基础、利长远的工作，把基层组织搞强，把基础工作做实。

西藏工作的着眼点和着力点必须放到维护祖国统一、加强民族团结上来，把实现社会局势的持续稳定、长期稳定、全面稳定作为硬任务，各方面工作统筹谋划、综合发力，牢牢掌握反分裂斗争主动权。

要大力推动西藏和四省涉藏州县经济社会发展。要大力推进基本公共服务，突出精准扶贫、精准脱贫，扎实解决导致贫困发生的关键问题，尽快改善特困人群生活状况。要把社会主义核心价值观教育融入各级各类学校课程，推广国家通用语言文字，努力培养爱党爱国的社会主义事业建设者和接班人。要实施更加积极的就业政策，为各族群众走出农牧区到城镇和企业就业、经商创业提供更多帮助。要坚持生态保护第一，采取综合举措，加大对青藏高原空气污染源、土地荒漠化的控制和治理，加大草地、湿地、天然林保护力度。西藏和四省涉藏州县要坚持自力更生、艰苦奋斗，全面深化改革，不断增强各族群众的发展参与度和获得感。

要大力培育中华民族共同体意识。实现西藏和四省涉藏州县长治久安，要把基础性工作做深做实做细，坚持依法治理、主动治理、综合治理、源头治理相结合，紧紧依靠各族干部群众。要大力加强民族团结，促进各民族群众相互了解、相互帮助、相互欣赏、相互学习。要大力培育中华民族共同体意识，广泛开展民族团结进步宣传教育和创建活动。要大力做好藏传佛教工作，发扬藏传佛教界爱国爱教传统，推进寺庙管理长效机制建设，支持藏传佛教按照与社会主义社会相适应的要求进行教规教义阐释。要坚持不懈开展马克思主义祖国观、民族观、宗教观、文化观等宣传教育活动，凝聚中国特色社会主义思想共识。要落实依法治藏要求，对一切分裂祖国、破坏社会稳定的行为都要依法打击。[①]

以习近平同志为核心的新一届党中央领导集体治藏方略的提出，对于西藏地区全面建成小康社会，实现跨越式发展和长治久安，促进各民族之间交往交流交融，不断增进各族群众对伟大祖国、中华民族、中华文化、中国共产党、中国特色社会主义的认同，以及打牢中华民族共同思想基础和建设美好的精神家园，必将发挥重要的作用。

七、铸牢中华民族共同体意识

党的第十九次全国代表大会以来，围绕加强民族团结，促进各民族交往交流交融，建设中华民族共有精神家园，铸牢中华民族共同体意识，以习近平同志为核心的党中央提出了一系列重要论断，成为当前和今后一个时期民族宗教工作和文化工作的根本遵循。

---

① 《习近平强调依法治藏富民兴藏长期建藏，加快西藏全面建成小康社会步伐》，新华网，2015 年 8 月 25 日。

1. 2017 年 10 月 18 日，习近平在党的十九次全国代表大会报告中，提出了许多重要论述。首先是在民族工作中，要深化民族团结进步教育，铸牢中华民族共同体意识，加强各民族交往交流交融，促进各民族像石榴籽一样紧紧抱在一起，共同团结奋斗、共同繁荣发展。其次是在宗教工作上，要全面贯彻党的宗教工作基本方针，坚持我国宗教的中国化方向，积极引导宗教与社会主义社会相适应。第三是思想教育领域，要加强爱国主义、集体主义、社会主义教育，引导人们树立正确的历史观、民族观、国家观、文化观。第四是在文化领域，提出发展中国特色社会主义文化，强调这一文化源自于中华民族五千多年文明历史所孕育的中华优秀传统文化，熔铸于党领导人民在革命、建设、改革中创造的革命文化和社会主义先进文化，植根于中国特色社会主义伟大实践。并对如何发展中国特色社会主义文化指明了路径和目标，就是以马克思主义为指导，坚守中华文化立场，立足当代中国现实，结合当今时代条件，发展面向现代化、面向世界、面向未来的，民族的科学的大众的社会主义文化，推动社会主义精神文明和物质文明协调发展。要坚持为人民服务、为社会主义服务的宗旨，坚持百花齐放、百家争鸣的原则，坚持创造性转化、创新性发展，不断铸就中华文化新辉煌。①

2. 2019 年 9 月 27 日，习近平《在全国民族团结进步表彰大会上的讲话》，对新时期民族当前和今后很长一个时期的中心任务提出了明确的要求，对铸牢中华民族共同体意识进行了全面的部署。讲话的开篇，习近平提出了“九个坚持”：我们坚持准确把握我国统一的多民族国家的基本国情，把维护国家统一和民族团结作为各民族最高利益；坚持马克思主义民族理论中国化，坚定走中国特色解决民族问题的正确道路；坚持和完善民族区域自治制度，做到统一和自治相结合、民族因素和区

① 习近平：《决胜全面建成小康社会夺取新时代中国特色社会主义伟大胜利——在中国共产党第十九次全国代表大会上的报告》，新华社电 2017 年 10 月 27 日。

域因素相结合；坚持促进各民族交往交流交融，不断铸牢中华民族共同体意识；坚持加快少数民族和民族地区发展，不断满足各族群众对美好生活的向往；坚持文化认同是最深层的认同，构筑中华民族共有精神家园；坚持各民族在法律面前一律平等，用法律保障民族团结；坚持在继承中发展、在发展中创新，使党的民族政策既一脉相承又与时俱进；坚持加强党对民族工作的领导，不断健全推动民族团结进步事业发展的体制机制。①

其次，习近平强调了中国是各民族共同缔造的“共同”理论。包括：（1）我们辽阔的疆域是各民族共同开拓的。各族先民胼手胝足、披荆斩棘，共同开发了祖国的锦绣河山。自古以来，中原和边疆人民就是你来我往、频繁互动，各民族你中有我、我中有你，历朝历代的各族人民都对今日中国疆域的形成作出了重要贡献。今天，960多万平方公里的国土富饶辽阔，这是各族先民留给我们的神圣故土，也是中华民族赖以生存发展的美丽家园。（2）我们悠久的历史是各民族共同书写的。从先秦时期以炎黄华夏为凝聚核心、“五方之民”共天下的交融格局，到秦国“书同文，车同轨，量同衡，行同伦”，开启中国统一的多民族国家发展的历程，又到元朝、清朝一统，都是各民族共同铸就中国历史的伟大历程。（3）我们灿烂的文化是各民族共同创造的。中华文化是各民族文化的集大成。中华文化之所以精彩纷呈、博大精深，就在于它兼收并蓄的包容特性。各族文化交相辉映，中华文化历久弥新，这是强大文化自信的根源。（4）我们伟大的精神是各民族共同培育的。在历史长河中，农耕文明的勤劳质朴、崇礼亲仁，草原文明的热烈奔放、勇猛刚健，海洋文明的海纳百川、敢拼会赢，源源不断注入中华民族的特质和禀赋，共同熔铸了以爱国主义为核心的伟大民族精神。近代各族人民共御外侮、同赴国难，抛头颅、洒热血，共同书写了中华民族艰苦卓

---

① 习近平：《在全国民族团结进步表彰大会上的讲话》，新华社2019年9月27日电。

绝、气壮山河的伟大史诗。中华民族精神是各族人民共同培育、继承、发展起来的，已深深融进了各族人民的血液和灵魂，成为推动中国发展进步的强大精神动力。习近平强调指出，一部中国史，就是一部各民族交融汇聚成多元一体中华民族的历史，就是各民族共同缔造、发展、巩固统一的伟大祖国的历史。各民族之所以团结融合，多元之所以聚为一体，源自各民族文化上的兼收并蓄、经济上的相互依存、情感上的相互亲近，源自中华民族追求团结统一的内生动力。正因为如此，中华文明才具有无与伦比的包容性和吸纳力，才可久可大、根深叶茂。①

最后，习近平提出几点要求。第一，坚持党的领导，团结带领各族人民坚定走中国特色社会主义道路。坚持走中国特色解决民族问题的正确道路，坚持和完善民族区域自治制度，加强党的民族理论和民族政策学习以及民族团结教育，以铸牢中华民族共同体意识为主线做好各项工作，把各族干部群众的思想和行动统一到党中央决策部署上来，不断增强各族群众对伟大祖国、中华民族、中华文化、中国共产党、中国特色社会主义的认同。第二，把各族人民对美好生活的向往作为奋斗目标，确保少数民族和民族地区同全国一道实现全面小康和现代化。推进基本公共服务均等化，让改革发展成果更多更公平惠及各族人民，不断增强各族人民的获得感、幸福感、安全感。第三，以社会主义核心价值观为引领，构建各民族共有精神家园。各民族在文化上要相互尊重、相互欣赏，相互学习、相互借鉴。在各族群众中加强社会主义核心价值观教育，牢固树立正确的祖国观、民族观、文化观、历史观，对构筑各民族共有精神家园、铸牢中华民族共同体意识至关重要。要以此为引领，推动各民族文化的传承保护和创新交融，树立和突出各民族共享的中华文化符号和中华民族形象，增强各族群众对中华文化的认同。要搞好民族地区各级各类教育，全面加强国家通用语言文字教育，不断提高各族群

① 习近平：《在全国民族团结进步表彰大会上的讲话》，新华社 2019 年 9 月 27 日电。

众科学文化素质。要把加强青少年的爱国主义教育摆在更加突出的位置，把爱我中华的种子埋入每个孩子的心灵深处。要牢牢把握舆论主动权和主导权，让互联网成为构筑各民族共有精神家园、铸牢中华民族共同体意识的最大增量。第四，高举中华民族大团结的旗帜，促进各民族交往交流交融。当前我国大散居、小聚居、交错杂居的民族人口分布格局不断深化，呈现出大流动、大融居的新特点。我们要顺应这种形势，出台有利于构建互嵌式社会结构的政策举措和体制机制，完善少数民族流动人口服务管理体系，促进各民族共建美好家园、共创美好未来。要把民族团结进步创建全面深入持久开展起来，创新方式载体，推动进机关、进企业、进社区、进乡镇、进学校、进连队、进宗教活动场所等。大汉族主义和地方民族主义都是民族团结的大敌，要坚决反对。第五，依法治理民族事务，确保各族公民在法律面前人人平等。要全面贯彻落实民族区域自治法，健全民族工作法律法规体系，依法保障各民族合法权益。要坚持一视同仁、一断于法，依法妥善处理涉民族因素的案事件，保证各族公民平等享有权利、平等履行义务，确保民族事务治理在法治轨道上运行。对各种渗透颠覆破坏活动、暴力恐怖活动、民族分裂活动、宗教极端活动，要严密防范，坚决打击。①

3. 2020 年 8 月 28 日至 29 日，中央第七次西藏工作座谈会在北京召开。习近平总书记全面阐述了新时代党的治藏方略，为做好新时代西藏工作提供了根本遵循。

在讲话中，习近平系统概括领导新时代党的治藏方略，即“十个必须”：做好西藏工作，必须坚持中国共产党领导、中国特色社会主义制度、民族区域自治制度，必须坚持治国必治边、治边先稳藏的战略思想，必须把维护祖国统一、加强民族团结作为西藏工作的着眼点和着力点，必须坚持依法治藏、富民兴藏、长期建藏、凝聚人心、夯实基础的

① 习近平：《在全国民族团结进步表彰大会上的讲话》，新华社 2019 年 9 月 27 日电。

重要原则，必须统筹国内国际两个大局，必须把改善民生、凝聚人心作为经济社会发展的出发点和落脚点，必须促进各民族交往交流交融，必须坚持我国宗教中国化方向、依法管理宗教事务，必须坚持生态保护第一，必须加强党的建设特别是政治建设。新时代党的治藏方略是做好西藏工作的根本遵循，必须长期坚持、全面落实。

西藏工作必须坚持以维护祖国统一、加强民族团结为着眼点和着力点。要加强对群众的教育引导，广泛发动群众参与反分裂斗争，形成维护稳定的铜墙铁壁。“要深入开展党史、新中国史、改革开放史、社会主义发展史教育，深入开展西藏地方和祖国关系史教育，引导各族群众树立正确的国家观、历史观、民族观、文化观、宗教观。要重视加强学校思想政治教育，把爱国主义精神贯穿各级各类学校教育全过程，把爱我中华的种子埋入每个青少年的心灵深处。要培育和践行社会主义核心价值观，不断增强各族群众对伟大祖国、中华民族、中华文化、中国共产党、中国特色社会主义的认同。要挖掘、整理、宣传西藏自古以来各民族交往交流交融的历史事实，引导各族群众看到民族的走向和未来，深刻认识到中华民族是命运共同体，促进各民族交往交流交融。要积极引导藏传佛教与社会主义社会相适应，推进藏传佛教中国化。”①

推进各民族在文化上要相互尊重、相互欣赏，相互学习、相互借鉴。积极推进国家通用语言文字的学习和使用，促进各民族之间交往交流交融，牢固树立正确的祖国观、民族观、文化观、历史观，增强各族人民对伟大祖国、中华民族、中华文化、中国共产党、中国特色社会主义的认同，铸牢中华民族共同体意识成为新时代西藏意识形态领域工作和思想文化工作中的中心命题和重要内容，也是迈向实现中华民族伟大复兴宏伟目标的必由之路。

---

① 《习近平在中央第七次西藏工作座谈会上强调，全面贯彻新时代党的治藏方略建设团结富裕文明和谐美丽的社会主义现代化新西藏》，《人民日报》2020 年 8 月 30 日第 1 版。

参考文献与论著目录

一、汉文

（一）史料

1.（西汉）司马迁《史记》，中华书局，1982 年。

2.（东汉）班固《后汉书》，中华书局，1965 年。

3.（唐）房玄龄等《晋书》，中华书局，1974 年。

4.（唐）魏徵等撰《隋书》卷八三，附国传，中华书局，1973 年。

5.（唐）杜佑《通典》卷一九〇，边防·大羊同国，浙江古籍出版社，1988 年。

6.（后晋）刘昫等《旧唐书》卷一九六，吐蕃传，中华书局，1975 年。

7.（宋）欧阳修、宋祁《新唐书》卷二一六，吐蕃传，中华书局，1975 年。

8.（清）彭定求等《全唐诗》，上海古籍出版社，1986 年。

9.（清）董诰等纂修《全唐文》，上海古籍出版社，1990 年。

10.（宋）司马光《资治通鉴》，中华书局，1986 年。

11.（元）脱脱等《宋史》卷四九二，吐蕃传，中华书局，1975 年。

12.（元）苏天爵《元朝名臣事略》，中华书局，1985 年。

13.（元）苏天爵《元文类》（《国朝文类》），上海古籍出版社影印，1993 年。

14.（元）释念常《佛祖历代通载》，《大正藏》第四十九册。

15.《元史》卷八七百官三，卷二〇二释老传，中华书局，1976 年。

16.（明）陈子龙等编《明经世文编》，中华书局，1962 年。

17.（清）张廷玉等《明史》，中华书局，1974 年。

18.《明实录》，（台湾）“中央研究院”历史语言研究所校勘本，台北“中央研究院”，1962 年。

19. 雍正《大义觉迷录》，中华书局，1963 年。

20.《清实录》，中华书局，1985 年。

21. 赵尔巽、柯劭忞等《清史稿》，中华书局，1977 年。

22.《大清宣统政纪》，宣统三年十二月戊午（1922 年 2 月 12 日）。

23. 吴丰培辑《清季筹藏奏牍》，商务印书馆，1938 年。

24.《西藏志·卫藏通志》合刊，西藏人民出版社，1982 年。

25. 王尧、陈践《吐蕃简牍综录》，文物出版社，1986 年。

26. 王尧编著《吐蕃金石录》，文物出版社，1982 年。

27. 王尧、陈践译注《敦煌本吐蕃历史文书》（增订本），民族出版社，1992 年。

28. 王忠《新唐书吐蕃传笺证》，科学出版社，1958 年。

29. 中国藏学研究中心、中国第一历史档案馆、中国第二历史档案馆、西藏自治区档案馆、四川省档案馆合编《元以来中央与西藏地方关系史料档案汇编》，中国藏学出版社，1994 年。

30. 中国第一历史档案馆、中国藏学研究中心合编《六世班禅朝覲档案选编》，中国藏学出版社，1996 年。

31. 中国第二历史档案馆、中国藏学研究中心合编《黄慕松 吴忠信 赵守钰 戴传贤 奉使办理藏事报告书》，中国藏学出版社，1993 年。

32. 中国藏学研究中心、中国第二历史档案馆合编《民国治藏行政法规》，五洲传播出版社，1999 年。

33. 中国藏学研究中心、中国第二历史档案馆合编《十三世达赖圆寂致祭和十四世达赖转世坐床档案选编》，中国藏学出版社，1991 年。

34. 《西藏地方是中国不可分割的一部分》（史料选辑），西藏人民出版社，1986 年。

35. 《西藏人民抗英斗争史料》，《西藏文史资料选辑》，民族出版社，2007 年。

36. 北京大学历史系等编《西藏地方历史资料选辑》，生活 · 读书 · 新知三联书店，1963 年。

（二）专著

1. 白寿彝《白寿彝民族宗教论集》，北京师范大学出版社，1992 年。

2. 蔡美彪《学林旧事》，中华书局，2012 年。

3. 蔡美彪等《中国通史》第七册，人民出版社，1983 年。

4. 陈得芝《蒙元史研究丛稿》，人民出版社，2005 年。

5. 陈得芝《蒙元史与中华多元文化论集》，上海古籍出版社，2013 年。

6. 陈庆英《陈庆英藏学论文集》，中国藏学出版社，2006 年。

7. 邓锐龄《邓锐龄藏族史论文译文集》，中国藏学出版社，2004 年。

8. 邓锐龄《元明两代中央与西藏地方的关系》，中国藏学出版社，

1989 年。

9. 东噶·洛桑赤列《东噶藏学大辞典》，中国藏学出版社，2002 年。

10. 方铁《边疆民族史新探》，知识产权出版社，2013 年。

11. 费孝通、谷苞等《中华民族多元一体格局》，中央民族学院出版社，1989 年。

12. 费孝通主编《中华民族多元一体格局》（修订本），中央民族大学出版社，1999 年。

13. 傅斯年《民族与古代中国史》，河北教育出版社，2002 年。

14. 傅斯年《中华民族是整个的》，《独立评论》1935 年 12 月 15 日。

15. 格勒《藏族早期历史与文化》，商务印书馆，2006 年。

16. 谷苞《民族研究文选》，新疆人民出版社，1991 年。

17. 郝时远《中国共产党怎样解决民族问题》，江西人民出版社，2011 年。

18. 黄颢《在北京的藏传佛教文物》，文物出版社，1992 年。

19. 黄明信《藏历漫谈》，中国藏学出版社，1994 年。

20. 霍巍《吐蕃时代考古新发现及其研究》，科学出版社，2012 年。

21. 焦润明《20 世纪 30 年代傅斯年中华民族思想论析——以〈中华民族是整个的〉一文为中心的考察》，《人文杂志》2015 年第 4 期。

22. 梁启超《饮冰室合集》（全 12 册），中华书局，1989 年。

23. 林耀华主编《民族学通论》，中央民族大学出版社，1997 年。

24. 刘曼卿《康藏轺征》，上海商务印书馆，1933 年；刘曼卿《国民政府女密使赴藏纪实——原名〈康藏轺征〉》，民族出版社，1998 年。

25. 蒲文成、王心岳《汉藏民族关系史》，甘肃人民出版社，2008 年。

26. 石硕《西藏文明东向发展史》，四川人民出版社，1994 年。

27. 释妙舟《蒙藏佛教史》，广陵书社，2009 年。

28. 陶文钊主编《美国对华政策文件集 1949—1972》，世界知识出版社，2003 年。

29. 王晨主编《西藏知识干部读本》，人民出版社，2010 年。

30. 王贵、喜饶尼玛、唐家卫《西藏历史地位辨：评夏格巴〈藏区政治史〉和范普拉赫〈西藏的地位〉》，民族出版社，1995 年。

31. 王森《西藏佛教发展史略》，中国社会科学出版社，1987 年。

32. 王钟翰主编《中国民族史》，中国社会科学出版社，1994 年。

33. 翁独健主编《中国民族关系史纲要》，中国社会科学出版社，1990 年。

34. 吴玉章《中国历史教程绪论》，新华书店，1949 年。

35. 西藏社会科学院《历史造就的统一体——西藏地方和历代中央政权关系简介》，1990 年。

36. 西藏自治区《西藏政治史》评注小组编写《夏格巴的〈西藏政治史〉与西藏历史的本来面目》，民族出版社，1996 年。

37. 西藏自治区党史资料征集委员会，西藏军区党史资料征集领导小组《西藏的民主改革》，西藏人民出版社，1995 年。

38. 张羽新《清朝治藏典章研究》，中国藏学出版社，2002 年。

39. 张云《元代吐蕃地方行政体制研究》，中国社会科学出版社，1998 年。

40. 张云《西藏历史问题研究》（增订本），中国藏学出版社，2008 年。

41. 张云《元朝中央政府治藏制度研究》，黑龙江教育出版社，2013 年。

42. 中共中央统一战线工作部、中共中央文献研究室编《新时期统一战线文献选编（续编）》，中共中央党校出版社，1997 年。

43. 中共中央文献研究室、中共西藏自治区委员会编《西藏工作文献选编》(1949—2005),中央文献出版社,2005 年。

44. 中华人民共和国外交部编《中华人民共和国政府官员和印度官员关于边界问题的报告》(内部刊行),1961 年 3 月。

45. 周伟洲主编《英国、俄国与中国西藏》,中国藏学出版社,2000 年。

46. 周伟洲主编《西藏通史 · 民国卷》,中国藏学出版社,2015 年。

47. 朱风、贾敬颜汉译《蒙古黄金史纲》,内蒙古人民出版社,2006 年。

48. 朱少逸《拉萨见闻记》,商务印书馆,1947 年。

49. 朱绣《西藏六十年大事记》,京报社,中华民国十四年(1925年)。

50. 西藏自治区文物管理委员会、四川大学历史系《昌都卡若》,文物出版社,1985 年。

(三)论文

1.《藏族的体质特征》,《人类学学报》1985 年,第 4 卷第 3 期。

2. 王仁湘《关于曲贡文化的几个问题》,载《西藏考古》第一辑,四川大学出版社,1994 年。

3. 阿沛 · 阿旺晋美《回顾西藏和平解放的谈判情况》,《中共党史资料》1988 年第 3 期。

4. 阿沛 · 阿旺晋美《1959 年“3 月 10 日事件”的真相》,《中国藏学》1988 年第 2 期。

5. 白寿彝《关于中国民族关系史上的几个问题——在中国民族关系史座谈会上的讲话》,《北京师范大学学报》(社会科学版)1981 年 6 期。

6. 才让《藏传佛教中的关公崇拜》,《中国藏学》1996 年第 1 期。

7. 陈连开《中国、华夷、蕃汉、中华、中华民族——一个内在联系发展被认识的过程》,费孝通等著《中华民族多元一体格局》,中央民族学院出版社,1989 年。

8. 陈联璧《民族自决权新议》,《民族研究》2001 年第 6 期。

9. 陈庆英《土观·却吉尼玛及其"颐和园礼赞"》,《藏学研究文集》,民族出版社,1985 年。

10. 多识《藏汉民族历史亲缘关系探源》(一、二),《西北民族学院学报》(哲学版)1993 年第 2 期,1994 年第 2 期。

11. 范文澜《关于中国历史上的一些问题》,载《范文澜历史论文选集》,中国社会科学出版社,1979 年。

12. 方东美《中西哲学之根本差异》,载方东美《生生之美》,北京大学出版社,2009 年。

13. 方国瑜《论中国历史发展的整体性》,《学术研究》1963 年第 9 期。

14. 格勒《略论藏族古代文化与中华民族文化的历史渊源关系》,《中国藏学》2002 年第 4 期。

15. 谷苞《论正确阐明古代匈奴游牧社会的历史地位》,《民族学研究》第 8 辑,1986 年。

16. 谷苞《再论中华民族的共同性》,《新疆社会科学》1986 年第 1 期。

17. 顾吉辰《孔子思想在吐蕃》,《西藏研究》1993 年第 4 期。

18. 顾颉刚《中华民族是一个》,1939 年 2 月 13 日昆明《益世报·边疆周刊》第 9 期。

19. 国务院新闻办公室《2006 年美国的人权纪录》,2007 年 3 月 8 日。

20. 国务院新闻办公室《2013 年美国的人权纪录》,2014 年 2 月 28

日。

21. 何耀华《古代羌人与藏区土著居民的融合》，《中国藏学》1988 年第 3 期。

22. 侯石柱《卡若人从黄河走来》，《中国西藏》（汉文）2001 年第 1 期。

23. 胡岩《中华民国时期中英之间关于西藏问题的交涉》，《中共中央党校学报》1999 年第 1 期。

24. 黄颢《五台山与藏传佛教》，《中国民族报》2003 年 9 月 19 日、9 月 26 日。

25. 黄心川《道教与密教》，《中华佛学学报》1999 年第 12 期。

26. 霍巍《考古学所见西藏文明的历史轨迹》，《民族研究》2010 年第 3 期。

27. 加央平措《关帝信仰与格萨尔崇拜——以拉萨帕玛日格萨尔拉康为重的讨论》，《中国社会科学》2010 年第 2 期。

28. 贾敬颜《“汉人”考》，《中国社会科学》1985 年第 6 期。

29. 拉巴平措《论西藏和平解放的历史基础——纪念〈十七条协议〉签订 50 周年》，《中国藏学》2001 年第 2 期。

30. 拉巴平措《血脉相连　荣辱与共——略论藏族与中华民族的内在关系》，《中国藏学》2006 年第 2 期。

31. 李德成《雍和宫与藏传佛教关公信仰的起源》，《中国藏学》2014 年第 1 期。

32. 李茂郁《历史不容篡改——驳范普拉赫著〈西藏的地位〉一书的谎言》，《中国藏学》1990 年第 3 期，1992 年第 1 期，1994 年第 3、4 期。

33. 李曙华《两种思维方式下的中西文化与科学》，《杭州师范大学学报》2008 年第 3 期。

34. 刘长林《关于中国象科学的思考——兼谈中医学的认识论实

质》，《杭州师范大学学报》2009 年第 2 期。

35. 路见、郝清杰《识破“人权高于主权”的美丽外衣》，《光明日报》2012 年 5 月 16 日。

36. 罗勃著，谢继胜译《夏鲁寺部分壁画的汉地影响及其所在文化情境下的政治寓意》，《故宫博物院院刊》2007 年第 5 期。

37. 罗同兵《诺那活佛的几个重要史实略考》，《宗教学研究》2004 年第 2 期。

38. 马戎《如何看待当前中国的民族关系问题》，《理论视野》2011 年第 3 期。

39. 潘志平《民族问题与民族分立主义——评 nation 的国家、民族一体理论》，《世界民族》1997 年第 1 期。

40. 蒲文成《从藏族历史看西藏与祖国内地的关系》，《青海社会科学》2008 年第 3 期。

41. 曲青山《关于青藏战争的时间问题》，《青海师范大学学报》（哲学社会科学版）1990 年第 3 期。

42. 石硕《从新石器时代文化看黄河上游地区人群向藏彝走廊的迁徙》，《西南民族大学学报》2008 年第 10 期。

43. 宋岳《对历史的篡改　对国际法的歪曲——简评范普拉赫〈西藏的地位〉一书》，《中国藏学》1994 年第 2 期。

44. 孙勇《怎样认识西藏自古以来就是中国的一部分》，见孙勇《西藏：思考的维度》，西藏藏文古籍出版社，2012 年。

45. 索文清《一九〇八年第十三世达赖喇嘛晋京朝觐考》，《历史研究》2002 年第 3 期。

46. 谭立人、周原孙《唐蕃交聘表》，《中国藏学》1990 年第 2、3 期。

47. 谭其骧《历史上的中国和中国历代疆域》，《中国边疆史地研究》1991 年第 1 期。

48. 唐君毅《中国文化之精神价值》，第一章“中西文化精神形成之外缘”，广西师范大学出版社，2005 年。

49. 土丹旦达《〈关于和平解放西藏办法的协议〉签定前后》，《西藏文史资料选辑》（纪念西藏和平解放三十周年专辑），西藏人民出版社，1993 年。

50. 王川《清及民国时期西藏地方的丹达神崇拜》，《中国边疆史地研究》2003 年第 1 期。

51. 王树人《中国象思维与西方概念思维之比较》，《学术研究》2004 年第 10 期。

52. 王树人《中西比较视野下的“象思维”——回归原创之思》，《文史哲》2004 年第 6 期。

53. 王尧《〈大唐西域记〉藏译本及译者工布查布》，《发音》2000 年第 12 期。

54. 惟贤口述，达文纪录《重庆汉藏教理院“再生”》，2003 年 5 月《香港佛教》第 516 期；2003 年 6 月《香港佛教》第 517 期。

55. 吴均《从‘西番观来文’看明朝对藏区的管理》，《藏族学术讨论会论文集》，西藏人民出版社，1984 年。

56. 吴均《记青海藏文研究社》，《中国藏学》1996 年第 2 期。

57. 吴均《论夏嘉同音与羌藏同源》，《中国藏学》2006 年第 2 期。

58. 喜饶尼玛《民国时期出席全国性政治会议的西藏地方代表》，《中国藏学》1989 年第 2 期。

59. 喜饶尼玛《西藏和谈与范普拉赫的“理论”》，《西藏研究》1991 年第 2 期。

60. 夏元敏、吴融西《藏族体质形态的初步研究》，中国人类学会编《中国八个民族体质调查报告》，云南人民出版社，1982 年。

61. 萧登福《试论道教对印度佛教密宗的形成与影响》，台湾密宗国际学术研讨会——密教文化与艺术，真佛宗举办，2005 年 10 月。

62. 谢继胜、贾维维《元明清北京的藏传佛教艺术的形成与发展》,《中国藏学》2011 年第 1 期。

63. 杨公素《评范普拉赫的〈西藏的地位〉》,《中国藏学》1990 年 2 期。

64. 叶秀山《中西关于“形而上”问题方面的沟通》,载《场与有——中外哲学的比较和融通》集刊(一),东方出版社,1994 年。

65. 阴法唐《百万农奴翻身解放的深刻革命》,《光明日报》2009 年 3 月 24 日。

66. 俞敏《汉藏两族人和话同源探索》,《北京师范大学学报》1980 年第 1 期。

67. 袁义达、杜若甫《中国十七个民族间遗传距离的初步研究》,《遗传学报》1983 年第 10 卷第 5 期。

68. 张博泉《“中华一体”论》,《吉林大学社会科学学报》1986 年第 5 期。

69. 张岱年《中西哲学比较的几个问题》,见谢龙主编《中西哲学与文化比较新论》,人民出版社,1995 年。

70. 张广达《关于马合木·喀什噶里〈突厥语词汇〉与见于此书中的圆形地图》,《中央民族学院学报》1978 年第 2 期。

71. 张岂之《挖掘和阐发优秀传统文化思想价值》,《人民日报》2012 年 12 月 10 日。

72. 张世英《中西传统哲学的形成和影响》,《新华文摘》2003 年第 10 期。

73. 张维为《当西方“民主”遇上中国“实事求是”》,2007 年 12 月 19 日《中青在线——〈青年参考〉》。

74. 张毅《试论密宗成立的时代和地区》,载《印度宗教与中国佛教》,中国社会科学出版社,1988 年。

75. 朱穆之《驳“人权高于主权”》,《人民日报》2000 年 3 月 2 日第6版。

76. 朱晓明《关于“西藏自古是中国一部分”研究的历史与现状》，《红旗文稿》2012年第4期。

77. 朱越利《藏传佛教和道教》，《中央民族大学学报》2000年第4期。

（四）译著与译文

1. ［英］埃德蒙·坎德勒著，尹建新、苏平译《拉萨真面目》，西藏人民出版社，1989年。

2. ［美］霍尔《美国、西藏与中国》，《20世纪的西藏——国外藏学研究论文集》，第十辑，西藏人民出版社，1993年。

3. ［英］查尔斯·贝尔著，冯其友等译《十三世达赖喇嘛传》，西藏学参考丛书之七，西藏社会科学院西藏学汉文文献编辑室编印本，1985年。

4. 《俄国外交大臣伊兹沃尔斯基关于达赖喇嘛命运问题即返藏或驻锡青海问题会议情况报告》（1906年6月19［6］日），陈春华翻译《俄国外交文书选译》，《中国藏学》2013年第3期。

5. 《马可波罗行纪》，冯承钧译，上海书店出版社，1999年。

6. ［英］柏尔著，宫廷璋译《西藏之过去与现在》，商务印书馆，1934年9月。

7. 图齐（G. Tucii）著，李有义、邓锐龄译《西藏中世纪史》，中国社会科学院民族研究所，1980年。

8. 多桑著，冯承钧译《多桑蒙古史》，第一卷附录5，商务印书馆，2012年。

9. ［荷兰］高罗佩著，李零、郭晓惠等译《中国古代房内考·附录》，上海人民出版社，1990年。

10. 霍尔著，成军译《美国、西藏与中国》，《国外藏学研究译文集》第10辑，西藏人民出版社，1993年。

11. ［加］谭·格伦夫著，伍昆明、王宝玉译《现代西藏的诞生》，中国藏学出版社，1990年。

12. 李约瑟《中国科学技术史》第二卷《科学思想史》，上海古籍出版社，1990年。

13. ［美］梅·戈尔斯坦著，杜永彬译《喇嘛王国的覆灭》，时事出版社，1994年。

14. ［澳大利亚］内维尔·马克斯韦尔著，陆仁译《印度对华战争》，世界知识出版社，1981年。

15. ［尼泊尔］尼兰詹·巴塔拉伊著，刘建、王宏伟等译《尼泊尔与中国》，天津人民出版社，2007年。

16. 诺尔博译《和鄂尔勒克历史》，《厄鲁特蒙古历史译丛》第4集，中国社会科学院民族研究所编印，1985年。

17. ［法］石泰安著，耿昇译《西藏的文明》，西藏社会科学院西藏学汉文文献编辑室编印，1985年。

18. ［日］矢崎正见著，石硕、张建世译《西藏佛教史考》，西藏人民出版社，1990年。

二、藏文

1.《莲花生遗教》（藏文），四川民族出版社，1988年。

2. 阿底峡尊者发掘，卢亚军译注《柱间史》，甘肃人民出版社，2001年；藏文本，甘肃民族出版社，1989年。

3. 阿旺·贡噶索南著，陈庆英、周润年、高禾福译《萨迦世系史》，西藏人民出版社，1989年。

4. 巴卧·祖拉陈瓦《贤者喜宴》，藏文本，民族出版社，1986年。

5. 巴卧·祖拉陈瓦原著，黄颢、周润年译注《贤者喜宴——吐蕃史译注》，中央民族大学出版社，2010年。

6. 班钦·索南查巴著，黄颢译注《新红史》，西藏人民出版社，1985年。

7. 布顿仁钦珠《佛教史大宝藏论》（《布顿佛教史》），中国藏学出版社，1988年；蒲文成汉译本，甘肃民族出版社，2007年。

8. 达仓宗巴·班觉桑布著，陈庆英译《汉藏史集》，西藏人民出版社，1986年；达仓宗巴·班觉桑布《汉藏史集》，藏文本，四川民族出版社，1985年。

9. 大司徒·绛曲坚赞《朗氏宗谱》（一作《朗氏家族》），藏文本，西藏人民出版社，1986年；赞拉·阿旺、佘万治译，陈庆英校，汉译本，西藏人民出版社，1989年（书名《朗氏家族史》）。

10. 格桑卓噶、洛桑坚赞、伊苏编译《铁虎清册》，中国藏学出版社，1991年。

11. 郭勋努白《青史》（藏文）上册，西藏人民出版社，1985年。

12. 嘉木央·久美旺波著，许得存、卓永强译，祁顺来、李钟霖校《六世班禅洛桑巴丹益希传》，西藏人民出版社，1990年8月版。

13. 恰白·次旦平措、诺章·吴坚、平措次仁著，陈庆英、格桑益西、何宗英、许德存译《西藏通史——松石宝串》，西藏藏文古籍出版社，2004年。

14. 萨迦·索南坚赞著，陈庆英、仁庆扎西译《王统世系明鉴》，辽宁人民出版社，1985年。

15. 土观·罗桑却吉尼玛著，陈庆英、马连龙译《章嘉国师若必多吉传》，中国藏学出版社，2007年。

16. 土观·罗桑却吉尼玛著，刘立千译《土观宗派源流》，民族出版社，2000年。

17. 五世达赖喇嘛著《西藏王臣记》（藏文），民族出版社，1981

年；五世达赖喇嘛著，郭和卿译《西藏王臣记》，民族出版社，1957 年。

18. 扎西旺堆编，王玉平译《西藏历史档案公文选·水晶明鉴》，中国藏学出版社，2006 年。

19. 周家巷《至尊宗喀巴大师传》，藏文本，青海民族出版社，1992 年；郭和卿译，青海人民出版社，2004 年。

三、外文

1. 《英国议会关于西藏文书》1904 年，第 1920 帙。

2. Bell, Charles, Tibet: Past and Present, 1924.

3. Goldstein, Melvyn C. *A History of Modern Tibet, 1913-1951.* University of California Press, 1991.

4. Mongolia-Modern Mongolia, 1911-84, Country Studies US; Treaty text quoted from B. L. Putnam Weale, The Fight For The Republic In China.

5. William Woodville Rockhill , The Dalai Lamas of Lhasa and their Relations with the Manchu Emperors of China 1644-1908, *T'oung Pao*, vol. XI, 1910.

6. 艾尔弗雷德·鲁宾《西藏在国际法上的地位》，《中国季刊》1968 年 7 月—9 月号。Alfred P. Rubin, "Tibet's Declarations of Independence," *AJIL* 60 (1966): 812-814 and Rubin, "A Matter of Fact," *AJIL* 60 (1966): 586.

7. 何炳棣《我对汉化问题的再思考：对罗斯基“再观清代”一文的答复》（Ping-ti Ho, In Defense of Sinicization: A Rebuttal of Evelyn Rawski's "Reenvisioning the Qing", *Journal of Asian Studies* 57, No. 1 [1998], 123-155）。

8. 马克汉姆编著《乔治·波格尔出使西藏及托马斯·曼宁拉萨之行游记》，文殊师利出版社，新德里，1971 年。(Edited by Clements R. Markham, Narratives of George Bogle to Tibet and of the Journey of Thomas Manning to Lhasa.)

9. 瓦代尔《拉萨及其神秘》（L. Austine Waddell, *Lhasa and Its Mysteries*: *With A Record of the Expedition of 1903-1904*, Originally published: New York: Dutton, 1905）。

10. 印度事务部档案（IOR）: MSS Eur F 112/413,《寇松文集》，荣赫鹏致函寇松，1904 年 7 月 12 日。

11. 佐藤长《古代チベット史研究》2 卷，同朋舍 1977 年再版。

后　记

2012年我接受了西藏自治区党委宣传部的委托，承担起西藏自治区哲学社会科学重点课题“多元一体国家中的西藏”的研究任务。开始时我还是有些畏难情绪，尽管我在这个论题上用心学习过，也认真思考过，但是依然觉得需要探讨的东西太多，需要解决的问题又实在不少，特别是在中国当前社会多元、价值观多样的条件下，学习借鉴国外科学理论与学说原本没错，但是对中国文化传统持非理性自我否定的声音不小，拜倒在西方理论和价值观脚下者也并非个别，而历史虚无主义之风还不时刮起，这个话题不仅被国外的一些反华学者和“藏独”集团极力诋毁，也被国内的某些学者轻率否定，甚至误读误解，很有必要深入探讨，明辨是非。

此项成果要求深入浅出，明白易懂。我个人内心里也希望从学理上、史实上和史料上多下功夫，先把这个问题研究明白，然后再做通俗辨析的工作。由于西藏哲学社会科学规划办给的时间较短，我最后采取了折中方案，用不带长篇大论，而是简明扼要的方式讲清楚这个重大问题。书稿通过评审后，我又对全书做了多次修改完善，陆续增补了五六万字，形成现在的规模，却依然保持了原来的简明风格。在该书即将出版之际，首先感谢西藏自治区党委宣传部和哲学社会科学规划办的支持和信任，特别感谢曾在西藏党委宣传部担任部长的董云虎先生，以及欧阳方兴先生、王能生先生、戎新龙先生等的关心和帮助。中国藏学研究中心历史研究所的梁俊艳博士、邱熠华博士和严永山（班玛更珠）博士，还帮我通读书稿，校正失误。本书的责任编辑季垣垣老师编审经验丰富、认真敬业，为我们的《西藏通史》的编辑工作付出了巨大的心血，对该书质量的提升发挥了积极的作用，在此一并表示感谢。本书中难免会存在这样或那样的不足，希望得到读者的批评指正。

张　云

2017 年 1 月 18 日

重版后记

拙作出版后，受到广大读者、有关领导和专家学者的关注，笔者倍感荣幸。此次再版，又采纳了有关方面的意见，修改了书名。同时，将近年来中央有关西藏、民族和宗教工作的新精神和新思想补充进来，使该书的内容更趋系统和完整。感谢中国藏学出版社洪涛社长对拙作出版的关心，感谢责任编辑季垣垣老师的认真负责。

张　云

2020 年 11 月 12 日

图书在版编目（CIP）数据

统一多民族国家中的西藏/张云著．-- 北京：中国藏学出版社，2021.10（2024.11 重印）-- ISBN 978-7-5211-0291-8

Ⅰ.①统… Ⅱ.①张… Ⅲ.①西藏-地方史-研究 Ⅳ.①K297.5

中国版本图书馆 CIP 数据核字（2021）第 019287 号

统一多民族国家中的西藏　　张云 著

出版发行　中国藏学出版社
印　　刷　廊坊市金虹宇印务有限公司
版　　次　2021 年 10 月第 1 版
印　　次　2024 年 11 月第 2 次印刷
开　　本　787×1092 毫米　1/16
印　　张　22.75
印　　数　2001—4000 册
字　　数　327 千字
书　　号　ISBN 978-7-5211-0291-8
定　　价　58.00 元

图书若有质量问题，请与本社联系
E-mail:dfhw64892902@126.com　电话:010-64892902